edition suhrkamp 3316

Redaktion: Günther Busch

7. 80€

Bevor der Begriff ›Emanzipation‹ in den 70er Jahren zu einem gesell-
schaftlichen Schlagwort avancierte, lag mit Erikas Runges Untersuchung
Frauen. Versuche zur Emanzipation bereits ein Buch vor, das die weiblichen Emanzipationsbestrebungen in der bundesrepublikanischen
Wirklichkeit umfassend dokumentierte. »Hier berichten und reflektie-
ren siebzehn Frauen im Alter von 14 bis 84 Jahren über 70 Jahre
deutsche Geschichte, darüber also, was ihnen in einer von der verheiße-
nen Chancengleichheit der Geschlechter noch weit entfernten Gesellschaft widerfahren ist. Soziologisch gesehen, sind alle Schichten und die
wohl häufigsten Frauenberufe vertreten. Wie schon in den *Bottroper
Protokollen* beeindruckt die Unmittelbarkeit der Diktion, die eine geradezu ›literarische‹ Faszination ausüben kann. Aber weitaus wichtiger ist,
daß aus den unterschiedlichen Ansatzpunkten, aus dem historisch wie
inhaltlich weitgespannten Erfahrungsspektrum ein verbindliches Ge-
samtbild der Nöte, Bedürfnisse und Rollenzwänge der Frau entsteht.«
Tagesspiegel
»Es wäre zu wünschen, daß sich möglichst viele in Sachen Emanzipation
noch nicht so weit Fortgeschrittene von der höchst kurzweiligen Lektüre
dieser Lebensläufe zum Nachdenken anregen lassen.« *Westdeutscher
Rundfunk*
Erika Runge, geboren am 22. Januar 1939 in Halle, lebt als freie Autorin
und Regisseurin in Berlin.

Inhalt

Sibylle F.,
14 Jahre alt, Volksschülerin in München. Vater Eisenbahner,
Mutter Hausfrau 7

Helga S.,
19 Jahre alt, Büroangestellte in Dortmund, Mitglied der Sozialistischen Deutschen Arbeiterjugend (SDAJ). Vater Maurerpolier, Mutter Hausfrau 14

Christa G.,
26 Jahre alt, Studentin der politischen Wissenschaften in Berlin. Verheiratet mit einem Wissenschaftler, ein Kind 31

Marlene O.,
32 Jahre alt, in der DDR als Ingenieurin ausgebildet, im Westen zur Miß Universum gewählt. In erster Ehe mit einem
Hollywood-Schauspieler, jetzt mit einem Lehrer verheiratet.
Hausfrau, ein Kind 48

Brigitte L.,
33 Jahre alt, gelernte Schneiderin, dann Fabrikarbeiterin,
jetzt Büroangestellte in München, Mitglied des Betriebsrats.
Geschieden, zwei Kinder 68

Gertrud M.,
38 Jahre alt, Unternehmerin in München. Verheiratet mit
einem Unternehmer, vier Kinder 84

Peggy P.,
Schauspielerin und Sprachlehrerin in Hamburg. Jüdin, Eltern
in Auschwitz ermordet. Geschieden, ein Kind 98

Tabea R.,
41 Jahre alt, Pastorin in Gelsenkirchen 123

Anna und Monika B.,
43 und 16 Jahre alt, Mutter und Tochter, Bäuerinnen in Kipfenberg   141

Ursula D.,
Malerin und Dozentin für Literaturwissenschaft in Stuttgart. Geschieden, ein Kind   152

Mathilde N.,
46 Jahre alt, gelernte Verkäuferin, jetzt Angestellte im Landratsamt und zweite Bürgermeisterin von Miesbach. Mitglied der SPD. Verheiratet mit einem Buchhalter   165

Caroline H.,
46 Jahre alt, verheiratet mit einem Bankdirektor, sieben Kinder, lebt bei Frankfurt   186

Grete T.,
55 Jahre alt, gelernte Buchhalterin, jetzt hauptamtliche Politikerin, Mitglied der DKP. Lebt in Wuppertal, geschieden, ein Kind   205

Solveig A.,
69 Jahre alt, Witwe eines Staatsanwalts in Bremen, vier Kinder   222

Susanne M.,
73 Jahre alt, früher Dienstmädchen, in erster Ehe mit einem Butter- und Käse-Händler, dann in München mit einem Arbeiter verheiratet. Witwe, fünf Kinder   239

Antonia T.,
84 Jahre alt, lebt als pensionierte Lehrerin in Berlin   251

Nachwort von Erika Runge   271

Sibylle F.

Ich bin jetzt 14 und werde, am 4. November werd ich 15. Ich hab noch 2 Brüder, mein großer Bruder, der arbeitet als Buchdrucker. Und mein kleiner Bruder, der geht in die 4. Klasse. Mein Vater, der ist bei der Bundesbahn, und der hat manchmal Nachtdienst, wie heut, da hat er um 3 Uhr in der Früh angefangen also, und heute mittag ist er, glaub ich, heimgekommen, aber das weiß ich net so genau, weil, den seh ich meistens net. Und meine Mutter, die ist Hausfrau. Früher da war sie in so ner Fabrik, wenn mich net alles täuscht.

Wir haben eine Küche, ein Wohnzimmer, ein Schlafzimmer, das Bad, also s Klo, dann noch einen kleinen Flur und ein kleines Kammerl, und in dem Kammerl schlafen meine 2 Brüder in den Doppelbetten. Wir haben die Küche abgetrennt, da schlaf ich. Ich hab früher im Schlafzimmer geschlafen, aber da bin ich immer aufgewacht, wenn mein Vati vom Nachtdienst heimgekommen ist oder so. Das war bis vor ungefähr einem halben Jahr.

Das 1. Schuljahr war ich auf dem Land, da waren wir 4 Klassen in einem Klassenzimmer, da hat der Lehrer den einen erst eine Aufgabe gegeben, nachher den andern, dann hat er sich mit denen wieder ein bißl unterhalten, und dann hat man wieder eine Aufgabe gekriegt, und dann hat er mit denen wieder a bißl geredet, es war schrecklich. Das war die 1., 2., 3. und 4. Klasse. Und nachher bin, sind wir umgezogen nach München. Da kam ich in eine neue Schule, da ist man den ganzen Tag drinnen, also das ist da einmalig. Was man am Vormittag net fertig gebracht hat, oder was man noch machen muß, das macht man einfach am Nachmittag. Und nachher soviel Sportarten, da kann man machen, was man will, wenn man frei hat. Chor oder so Hobbygruppen. Morgens, da treff ich, wart ich meistens im Schulkeller, stehn schon paar Freundinnen: »Ja, Servus« begrüßen wir uns halt. »Ja, wie wars gestern?« Da erzählen wir uns halt die Erlebnisse, sozusagen. »Wie wars gestern im Freizeitheim, hast den Hansi getroffen?« Oder: »Wie gehts dir, was hast gestern angstellt?« und so. Und nachher geh ich in die Heimleitung runter und helf dem Herrn H., weil, ich bin Heimnachrichtensprecherin. Da hat der Herr H. solche Zettels, und da hat er Nachrichten aufgeschrieben, also was jeder hören will, zum Beispiel: Am Montag kommt der Bücherbus und so. Oder die Frau S. aus der Küche ist unten verunglückt und hat sich am Fuß irgendwas zugezogen. Und das sagen wir auch durch, also daß jetzt die Küche Unterstützung braucht. Und die 7. Klasse, die hat zum Beispiel Firmung jetzt bald und daß die heute zum Beichten ham gehn müssen, und morgen habens Firmprobe unten in der Kirche. Ich bin jetzt, glaub ich, die beste Sprecherin, weil ich deutlich sprech und net so, so reinnuschel. Und dann führ ich halt noch die Klassenkasse, da muß jedes Kind 20 Pfennig neinzahlen, und das sammel ich auch ein, lauter so Kleinigkeiten.

Na ja, nachher fangt halt noch der Unterricht an. Da besprechen wir erst noch ein bißl was, so zum Beispiel, wenn wir ein Handballspiel oder sowas gehabt haben, diskutieren wir da ein bißl drüber. Und der Unterricht, der ist net streng, das ist, also der Herr H. macht dann noch so, nicht direkt Witze, aber daß man halt ab und zu auch lacht, net daß man immer so steif drinnen sitzt. Der Herr H., also der ist der netteste Lehrer, den ich mir vorstellen kann. Er frägt uns, was wir haben wollen: »Also, was wollt ihr haben? Wollt ihr erst Rechnen, Deutsch, Naturkunde?« Wir bestimmen halt, und das find ich ganz toll. Da macht einem das Lernen viel mehr Spaß, wenn man das selber bestimmen kann. Und da sagen wir: »Rechnen tun wir alle net gern, nehmen wir zuerst Rechnen, da haben wirs hinter uns.« Und wenn wir dann mitten im Rechnen sind, da dauerts meistens bis zur Pause, und das sind 3 Stunden. Da merkt man gar nicht, wie die Zeit vergeht! Das ist ganz gut, ehrlich. Und ich freu mich auch, daß ich in der Schule bin. Früher, da hat man sich nichts fragen getraut, weil die andern, die andern hätten vielleicht gelacht oder so. Und hier frägt man halt, wenn man was nicht weiß. Und da lacht keiner, weil ja alle fragen.

Mittags, jeden Tag ist ein anderer Tischdienst, um $1/2$ 1 stehn die auf, ganz von selbst, holen das Essen rauf, und wenns Essen im Klassenzimmer ist, gehn die andern raus, waschen sich die Hände, manche auch nicht, gell, kommt drauf an.

Dann wird der Tisch gedeckt, also die Suppe kommt rein im Teller, dann wird vorher gebetet, und dann fangen wir alle an. Freitags gibts meistens Kaiserschmarrn, Apfelmus, vorher Suppe, also immer ein sehr gutes Essen. Und so viele Sorten auch, es ist sehr abwechselnd. Man wird schon satt, kann man sich nicht beklagen. Nachher tun wir wieder beten. Dann muß der Tischdienst das Wasser raufholen zum Abwischen, und die andern räumen inzwischen auf, die Teller weg.

Ich war früher an einem Tisch gesessen, da haben wir das ganze Mittagessen über gelacht, haben fast gar nichts vom Essen angerührt, haben bloß immer gelacht, übern Unsinn so, zum Beispiel, wenn im Fernsehen irgendein Film war, so, so ein Lustspiel-Film oder was, ah, das ist eine Sensation, da haben wir den ganzen Tag nachher drüber gelacht. Und jeden Tag sitzt Herr H. an einem andern Tisch, oder das Fräulein, eine Erzieherin halt, also, wo er eingeladen wird der Lehrer. Da gibts manchmal Streit, der Peter, der will immer, daß der Herr H. bei ihm sitzt, immer, das ist schrecklich, der muß jeden 2. Tag bei ihm sitzen. Und dann wird halt gesprochen, über Probleme, wenn wir irgendwas wissen wollen, oder wenn wir im Schullandheim waren, da erzählen wir auch immer so von unsern Erlebnissen. Und dann sprechen wir auch über die sexualen Probleme, also, wir sprechen mit unserm Lehrer über diese Dinge sehr offen. Da fangt halt immer eine an: »Herr H., was halten Sie davon, wenn ein Mädchen in unserem Alter schon die Pille nimmt?« Der sagt: »Naja, die sollte vorher zum Arzt gehen, soll sich untersuchen lassen und dann erst die Pille nehmen.« Und aus dem Gespräch wird eine Diskussion, die dann in die ganze Klasse übergeht, vielleicht an einem Nachmittag oder Vormittag. Wir sind ja nochmal in der Schule aufgeklärt worden, in der 6. Klasse. Aber ich habs durch ganz schmutzige Wege erfahren, vorher, und das tut meiner Mutter heute noch leid. Und zwar, da hab ich ein Mädchen gekannt, und die hat mir das so grob beigebracht, daß ich so richtig Angst gekriegt hab davor. 4$^{1}/_{2}$ war ich, glaub ich, da. Die hat gesagt, na, ich weiß es gar nimmer, auf alle Fälle: »Also, die ziehen sich dann aus, und das tut dann weh und, und«, und was weiß ich, was die noch alles gesagt hat. Ich kann mich nicht mehr so genau erinnern dran. Das Mädchen war 7 oder 8. Ich würde, meine Kinder würd ich im Alter von 5 Jahren oder wenn sie, wenn sie die Frage stellt: »Woher kommt das kleine Kind?« also die würd ich nicht so aufklären, wie man das wirklich macht, sondern vorher. Ich find das eine ganz ernste Sache. Ich glaub, viele sind noch net gescheit aufgeklärt, die wissen nicht, was Petting ist und das alles. Das kann ihnen später vielleicht mal sehr zu Schaden kommen, die können ja an einen jungen Mann kommen, der bloß das eine will, und dann stehen die da und das, und das ist verkehrt, find ich.

Meine erste große Liebe, das war ein Junge hier von der Schule, hier von der Beatband. Der heißt Michael. Damals hat er mir sehr gut gefallen. Das war vorigen Sommer. Er war zu mir nett, und ich war zu ihm nett. Da hat er halt gefragt, da waren wir, in der Bayernhalle waren wir draußen, da war grad das mit der Kilius und dem Bäumler. Und am Abend, da hätt ich ein kleines Mädchen heimbringen sollen, da hab ich ihn gesehn, und das Mädchen war spurlos verschwunden, und nachher ist er halt mit mir heimgegangen, und da hat sich das so ergeben. Da waren wir noch in einer Gaststätte, haben halt Cola getrunken und ein bißchen was gegessen, dann hab ich ihn halt immer, haben wir uns so gegenseitig angelacht. Und da ist halt unsere Freundschaft entstanden. Am Anfang ist das ganz komisch, da ist man so überglücklich und meint, jetzt hat man einen, gell. Aber mit der Zeit gewöhnt man sich nachher schon dran, das ist dann gar nimmer so, so wuchtig, gell. Er hat mich dann so enttäuscht, ich weiß nicht, der hat mich einfach stehenlassen. Also, da wollt ich mich ehrlich umbringen. Das weiß ich noch, da bin ich an der Brücken dort oben gestanden, hab mir denkt: Sollst jetzt runterspringen oder net? Und ich kann auch, ehrlich gesagt, jedes Mädchen verstehn, das Selbstmord begeht aus Liebeskummer, kann ich ... Und da heißt es immer: »Was bringt sich die schon um?« und auf die bayrische Art: »Und so a jungs Früchterl, was versteht die davon?«

Aber wenn ich daheim bin, hab ich keinen Freund, weil, da muß ich meiner Mutti helfen. Meine Mutti muß so viel machen, Wäsche waschen und das, alles für so viele Personen. Die Höchstzahl wär für mich 4, also mein Mann und ich und nachher vielleicht 1 oder 2 Kinder, aber mehr niemals. Und meine Mutti, die hat so viel zu machen, die ist immer ganz erschöpft am Abend. Wohnung saubermachen, also die ist jedenfalls, den ganzen Tag ist die beschäftigt, bügeln, stopfen, das ist ganz viel. Samstags geh ich dann einkaufen, und die Betten mach ich, und das Wohnzimmer. Und Sonntag, da muß ich fast die Hälfte vom Essen machen, über die Hälfte, meine Mutti macht nur das Fleisch, und ich muß dann das andere machen, Suppe und Knödel und Salat. Mein Vati und die Brüder, die sitzen drinnen, mein Vater tut nachher meistens Kreuzwort-Rätsel machen, ich auch mit meinem Vati immer, wir sind zwar keine großen Kreuzworträtsler, aber mit Atlas und so bringen wirs schon immer raus. Dann holt mich meine Mutter zum Kochen. Und mein Bruder tut Tonband anhorchen, mein kleiner Bruder spielt. Also Kochen, das mag ich ja gern, aber Abspülen, das ist das einzige, was ich hasse. Früher, da hat mein großer Bruder immer abgespült, ich abgetrocknet, mein kleiner Bruder aufgeräumt. Aber das ist jetzt weggefallen. Da war meine Mutti im Krankenhaus, da war nachher meine Oma da, und die hat dann das gemacht. Und wo dann meine Mutti aus dem Krankenhaus gekommen ist, da hat sich dann das einfach so geregelt, daß ich nur noch das gemacht hab, hab ich keinen Einspruch erhoben. Ich wollt halt a bißl größer erscheinen, wenn ich das alleine schaffe. Mein kleiner Bruder, der tut immer den Aschenkübel runtertragen und so, aber richtig helfen kann man das nicht nennen. Und mein großer Bruder, der kommt immer spät abends heim, den seh ich fast die ganze Woche nicht, bloß samstags, dann schläft er bis 10 Uhr, samstags und sonntags. Und nachher geht er zum Fußballspielen, der ist fast nie daheim. Na, ich glaub, das ist auch besser, weil, sonst hätten wir viel Streit miteinander, nicht direkt Streit, aber ... Wenn ich da was nicht gemacht hab, wies meine Mutti gesagt hat oder wie er es gesagt hat, dann hat er immer fein rumzukommandieren, obwohl er nur 5 Jahr älter ist. Aber ist doch mir egal. Er sagt auch immer: »Ja, ja, das muß alles die Hausfrau machen, alles ein Mädel. Du wirst amal Hausfrau, du mußts jetzt schon einüben.« Lauter so ein Käs hat er mir immer dahergeredet. Ich hätt immer alles machen sollen, und er war natürlich immer im Sofa dort gesessen und hat nur Fernsehn angeschaut. Na, ich hab ihn reden lassen, und dann hab ichs, teils hab ichs gemacht, aber manchmal nicht, weil, das ist auch nicht schön, wenn sich ein Mädel so bevormunden lassen soll durch so einen Bruder.

Mein Vati will aus mir was Gescheites machen. Aber das kann einem langsam auch auf die Nerven fallen, wenn er so rummäkelt: »Ja, das mußt du so machen, das mußt du so machen.« Zeichnen oder was, früher, so vor 2 Jahren, da hab ich nicht gescheit zeichnen können, da hat er mir hundertmal erklärt, wie man das machen muß. Oder einen Brief schreiben, das hab ich früher so was von ungern gemacht, aber wenn ich mal angefangen hab zu schreiben, dann hab ich immer gleich 2 Seiten schreiben müssen, so mit der Schreibmaschine. Wenn ich jetzt noch ans Briefschreiben denke, dann wirds mir schon schlecht, weil, dann weiß ich, daß mein Vati gleich daherkommt. Dann fang ich halt erst gar nicht an. Der sagt immer: »Das geht net, daß du dich da hersetzt und faulenzen tust, du mußt schon der Mamma helfen«, gell. Aber er holt auch schon mal Kohlen rauf, oder wenn meine Mutti nicht da ist, dann räumt er ein bißl auf und tut staubsaugen, und wie meine Mutti im Krankenhaus war, da hat er den ganzen Haushalt gemacht, das ist schon gut. Ich kann mich nicht beklagen. Im Eheleben ist Gleichberechtigung ja sehr gut, aber in der Politik, also, ich weiß nicht, ob sich da eine Frau so durchsetzen kann wie der Mann, aber dann, dann find ichs schon gut.

Ich interessier mich gar nicht für Politik. Also, ich war schon in mehreren Vorträgen und so, ich hab mich bearbeiten lassen von einigen Freunden, ich soll mit in den Vortrag kommen, und der ist vom Wirtschaftsminister oder, oder, ich weiß nimmer, ich kenn mich da nicht aus, weil ich mich ja nicht dafür interessiere. Ich hab abgelehnt. Und so Gemeinschaftskunde, das haben wir schon lang nimmer gehabt. Da hat der Herr H. gemerkt, daß uns das gar nicht so interessiert, nachher hat er halt geschaut, daß er das schleunigst fertig bringt. Da war grad die Wahl von dem Nixon, und da haben wir halt das gelernt vom Parlament und das, mh, das war langweilig.

Ich möchte kaufmännische Angestellte werden. Ich schreibe gern, also Rechnen und Schreiben sind meine Lieblingsfächer. Und da hab ich schon eine Arbeitsstelle bei einer Bank gehabt, aber da hab ich keinen Lehrvertrag bekommen. Und draußen beim Sportverein, da ist eine Ältere, die hat schon ausgelernt und die hat zu mir gesagt: »Ja, komm doch zu uns.« Die ist auch kaufmännische Angestellte, in so einer Papierfabrik oder was das ist. Ich sag: »Ja.« Und dann hab ich mit meinen Eltern geredet drüber, und da haben die gesagt: »Ja, das mußt du entscheiden, wo du hingehen willst, ob lieber auf die Bank oder in die Papierfabrik.« Na ja. Ich möcht schon lieber in die Papierfabrik, erstens einmal, weil da die Freundin dort ist und zweitens, weil ich da einen Lehrvertrag hab. Ich hab mir überlegt: Ist schon besser, wenn ich einen Lehrvertrag hab, ist sicherer. Also, ich bin froh, wenn ich ausgelernt hab, nicht wegen dem Lernen, sondern weil ich Geld verdienen kann. Ich krieg kein Taschengeld daheim. Ich will erst mal feste Geld verdienen, dann will ich mir das Leben schön machen. Also, ich möcht nicht gleich heiraten, wenn ich ausgelernt hab oder was. Wenn man einen Mann hat, dann ist man so anhänglich, und wenn dann vielleicht nachher noch ein Kind da ist, das hat man zur Last. Bei uns wohnt nämlich so eine junge Frau im Haus, der ihr Mann war vorher ganz nett, er ist jetzt auch noch nett, gell, aber jetzt trinkt er halt ab und zu und kommt spät heim und so. Die hat einen kleinen Buben, und auf den paß ich manchmal auf. Und da hat sie gesagt: »Mei, sei nie so blöd und heirat«, hat sie gesagt, »mach dir erst das Leben schön.« Das find ich, soll ich auch erst machen. Einen Freund hat man ja immer, aber man denkt nicht gleich ans Heiraten. Und dann, vor allen Dingen will ich, daß ich glücklich bin, daß meine Kinder eine gute Erziehung haben, vielleicht eine bessere als ich, und daß ich einen Mann hab, der kein Playboy ist, sondern ein richtiger Familienvater und Ehemann. So was wünsch ich mir mal.

Helga S.

Ich wurde im November 48 geboren, ich bin jetzt 19, und ich stamme aus einer fast kleinbürgerlichen oder spießbürgerlichen Familie. Mein Vater war Maurerpolier, wurde dann später Rentner und zwar schon sehr früh, mit, ich kann mich gar nicht recht erinnern, so Anfang 40 war er, als er Rentner wurde, und war natürlich den ganzen Tag dann zu Hause, und das wirkte sich auch auf das Familienleben aus. Und meine Mutter hat sich einfach und immer untergeordnet. Was mein Vater sagte, das mußte gemacht werden und so, die hat nie irgendwelchen Einspruch erhoben. Wir hatten, als wir noch Kinder waren, eine Peitsche in der Ecke hängen, und wenn da irgend jemand was ausgefressen hatte, dann sagte mein Vater: »Also los, jetzt geh und hol die Peitsche.« Und das war so ein Stock mit 7 Riemen dran, 7 Lederriemen, und dann bekam man richtig mit der Peitsche was. Später gab es immer nur Ohrfeigen. Aber man kann sich vorstellen, mein Vater war Maurer, der hat also eine ganz heftige Faust, und wenn er schlägt, da kann einem schon der Kopf ganz schön brummen. Dann hat sich meine Mutter fürchterlich aufgeregt und fing an zu heulen. Dadurch hat mein Vater mich wohl auch nicht so leiden können, er ist dann hingegangen und hat gesagt: »Deine Tochter! Wenn ich deine Tochter anfasse, dann regst du dich auf. Aber die Jungs, die kann ich hundertmal verprügeln, da sagst du kein einziges Wort!« Dann haben die immer meinetwegen Streit gehabt. Na ja. Es ging auch um das Finanzielle und so. Schlimm wurde es dadurch, daß mein Vater eben zu Hause war, er hatte keinen Ausgleich, hat Zeitung gelesen, den ganzen Tag Radio gehört. Und wenn man das so vom Standpunkt meiner Mutter aus betrachtet, es ist ja auch nicht immer einfach, wenn der Mann den ganzen Tag so im Haus ist und praktisch in die Kochtöpfe guckt usw. Mein Vater trank dann auch. An einem Abend hatte er getrunken, und es gab Streit über ich weiß nicht mehr was. Auf jeden Fall, es wurde schon so Mitternacht und mein Bruder, ich habe noch 3 Brüder, einer der ist jetzt 21, einer ist 19 und einer 10, also der stand plötzlich auf und sagte: »Das geht nicht so weiter, ich möchte jetzt endlich schlafen, ich muß morgen früh um 5 Uhr aufstehn, ich muß arbeiten. Jetzt endlich Schluß und Ruhe.« So was hatte es ja in unserer Familie noch nicht gegeben, daß endlich mal einer aufstand und sagte: »So geht das nicht.« Es war also richtig eine Revolution. Früher wurde immer gesagt von meinem Vater: »Also, ich bin hier der Herr im Hause«, so drückte er das aus, »was ich sage, wird gemacht.« Auf jeden Fall wurde meinem Bruder gesagt: »Am 1. ist der Letzte für dich!« Er kam gerade aus der Lehre, hatte gerade seine Prüfung bestanden als Starkstrom-Elektriker, mit Auszeichnung bestanden.

Meine Eltern wollten sich früher mal scheiden lassen. Das war natürlich fürchterlich, vor allen Dingen, wenn man klein ist, da hat man so ganz bestimmte Vorstellungen, und man glaubt immer, da muß ein Vater in der Familie sein. Auf jeden Fall ist mein Vater abends losgezogen. Und ich erinnere mich ganz genau, da kam ein Nachbar herein, und der wollte meiner Mutter helfen. Und da fragte ich ihn: »Bist du jetzt unser Papa?« Obwohl der mit der ganzen Sache überhaupt nichts zu tun hatte. Auf jeden Fall, meine Mutter, wir zogen dann um nach Lütgendortmund hier, das ist ein Vorort von Dortmund, da wohnte meine Oma, da wohnt sie immer noch. Mein Opa, der war schon über 70, der war Sattler und Polsterer von Beruf. Und meine Oma sagte zu meiner Mutter: »Ich habs dir von Anfang an gesagt, das ist keine gute Partie!« Mein Vater war überhaupt der erste Mann im Leben meiner Mutter. Und das ist ja das, was meine Mutter mir heute auch hauptsächlich vorwirft: »Ich war damals 24, als ich zum erstenmal einen Mann überhaupt kennenlernte. Und jetzt kommen hier schon so viele an und wollen dich abholen und so. Ich mußte mit 20 Jahren um 8 Uhr zu Hause sein!« Das kann sie nicht vertragen. Ich glaube, ein wenig spielt auch Neid eine Rolle, denn sie fühlt wohl, sie hat so vieles in ihrem Leben versäumt, und ihre Ehe ist auch oder war nicht ganz so glücklich. Und sie hätte doch wohl vieles anders machen können. Auf jeden Fall, damals in Lütgendortmund waren sie sich alle einig, daß mein Vater der große Buhmann ist und daß er überhaupt keine guten Eigenschaften hat. Und wir Kinder haben uns natürlich auch beeinflussen lassen, wir waren uns hinterher alle einig, er hätte uns immer schon schikaniert, und wir wollten alle nicht wieder zurück undsoweiter undsofort. Meine Mutter strebte da so allerlei Zeug an, ging zu verschiedenen Ämtern und beantragte eine Wohnung und wollte sich scheiden lassen. Und das wäre auch geregelt worden. Nur ich hatte da auf einmal so ein Gefühl, solch eine Angst, die konnt ich irgendwie nicht zum Ausdruck bringen und hab es auch nie getan, daß sich das Leben immer so abspielen würde. Denn wenn meine Oma und meine Mutter zusammen sind, die sind sich immer unheimlich einig, wir fühlten uns also, ich fühlte mich plötzlich ganz ausgeschlossen. Und außerdem hatte ich das Gefühl: Ja, wenn wir jetzt nicht wären, dann wäre alles viel einfacher für meine Mutter. Wenn ich nach Hause kam, dann waren meine Mutter und meine Oma wieder auf irgendeinem Amt, und dann saß mein Opa da und hat geschimpft, und mein kleiner Bruder, der hat viel geweint, der war immer so nörgelig. Ich kann mich entsinnen, daß ich dann losgegangen bin, und wenn ich dann nicht mehr weiter wußte, bin ich einfach losgegangen und hab ihn verhauen, regelrecht verhauen. Und das ist unbegreiflich für mich heute, daß ich mich hab so weit gehenlassen.

Nach 6 Wochen kam mein Vater dann an und bat meine Mutter um eine Unterredung, sie wollten sich doch mal aussprechen. Da kam er in die Wohnung, und meine Oma war ganz aufgeregt: »Der Mann soll hier nicht reinkommen, ich will ihn nicht wiedersehn. Laßt den nicht hier rein, sag, du bist nicht da!« Und so. Und dann konnt ich mich nicht mehr halten und fing an zu heulen und hab geheult wer weiß wie und hab immer nur geschrien: »Laßt den Vati rein!« Wir haben ihn umarmt und uns fürchterlich gefreut, daß er wieder da war, wir fühlten, daß wir ihn brauchten. Und mit meiner Oma als Ersatzvater ging es nicht, wir wußten ja, daß sie eine unheimliche Herrschaft ausübte. Und während wir in der Schule waren, da haben mein Vater und meine Mutter sich zusammengesetzt und dann doch beschlossen, daß wir wieder zusammenleben wollen.

Meine Mutter ist sehr religiös erzogen worden, neuapostolisch, und na ja, das hat auch eine große Rolle gespielt. Ich weiß nicht, ob Sie sich damit schon mal befaßt haben mit dem neuapostolischen Glauben. Auf jeden Fall ist das so, daß man nach Möglichkeit alle weltlichen Umgänge vermeiden soll. Man sollte nie ins Kino gehn und niemals tanzen gehn, man dürfte überhaupt nie irgendwelche Freunde haben aus der Welt, undsoweiter. Damit konnte ich mich natürlich nicht abfinden. Und zu guter Letzt wars dann so weit, daß meine Mutter mir regelrecht befahl, in die Kirche zu gehn. Und dann saß ich da, und es wurde von oben herab gepredigt: »Also, liebe Eltern, Ihr müßt achtgeben auf Eure Kinder, sie gehn merkwürdige Wege, das dürft Ihr nicht zulassen.« Überhaupt, die Kirche hat ja einen großen Einfluß auf meine Mutter, wöchentlich kam ein Priester und klärte sie sozusagen auf. Überhaupt meine ganze Erziehung! Als ich 13 war, hat meine Mutter mich aufgeklärt. Da ist sie hingekommen und hat gesagt: »Hör mal, jetzt will ich dir das mal sagen, wie das so ist mit den Kindern. Ich hab da gesehn, du hast auf der Straße mit einem Jungen gespielt und so. Vielleicht weißt du das schon, also das mit dem Klapperstorch, das stimmt nicht. Die Kinder werden durch den Mann gezeugt und so, und dann 9 Monate im Mutterleib.« Ich kann mich nicht hundertprozentig an die Formulierungen erinnern, aber so in etwa war es. Und wenn ich sehe, daß meine Mutter weint, dann muß ich automatisch mitweinen, das kann ich irgendwie nicht haben. Dann fing sie also an zu weinen und sagte: »Paß bloß auf, denn die Männer sind alle schlecht, und die wollen alle nur das Eine.« Und da mußte ich weinen, ich weiß nicht warum, ich mußte einfach mitweinen. Und überhaupt, im Laufe der ganzen Jahre, während meiner Jugend, so bis zirka 17 oder 18 und auch heute noch manchmal, wenn das Gespräch aufkommt, dann sagte sie: »Nimm dich bloß vor den Männern in acht!« Dadurch bin ich irgendwie richtig verkrampft und verklemmt geworden, ne. Bis ich überhaupt mal irgendwie so mit einem Jungen ausging, erstmal wagte ich überhaupt nicht, so bis zirka 15 Jahren, mit einem Jungen allein zu sein, selbst wenn es in einem Tanzlokal war oder auf der Straße oder sonst allgemein. Immer wieder sah ich den drohenden Finger meiner Mutter: »Paß bloß auf, die wollen nur auf das Eine raus, und die können dein Leben ruinieren!« Sich davon erstmal freizumachen, das ist wirklich ein unheimlicher Kampf. Aber ich denke, bevor man heiratet, sollte man wirklich mit einem Mann zusammenleben, um herauszubekommen, wie er sich verhält. Ich war schon in mehreren Situationen, und zwar ist es dann soweit gewesen, und ich meine, ich hab den Jungen auch gern gehabt und so, aber ich konnte wirklich nicht bis zum Letzten, einfach weil ich immer wieder meine Mutter sah, die sagte: »Und denk daran!« Ich habe einen Bekannten, der hat mir mal gesagt: »Wenn man heiratet, da gibt es 3 Punkte, die die Ehepartner verbinden müßten. Und zwar ist es die körperliche Übereinstimmung und die seelische Übereinstimmung und auch die geistige.« Und das hab ich mir zu eigen gemacht, ich finde, das ist sehr wichtig.

Ich war bis zum 6. Schuljahr keine Leuchte in der Schule, ne, oder bis zum 4., sagen wir mal. Aber so mit 9, 10 Jahren, da änderte sich das schlagmäßig. Meine Freundin, das war gleichzeitig die Klassenbeste, und wir haben zusammen Schularbeiten gemacht, und ich war plötzlich unheimlich interessiert an dieser ganzen Sache, ich wollte immer zur Schule gehen. Und wenn meine Mutter mal sagte: »Na ja, heute freier Samstag, Einkaufstag, fahren wir mal nach Dortmund, bleib du aus der Schule.« Man schwänzt ja immer mal, aber ich hab mich dann fürchterlich dagegen gesträubt, ich wollte in die Schule gehen, während das bei meinem Bruder ganz anders war. Ich war immer noch die beste von uns dreien, hab die besten Zeugnisse nach Haus gebracht, und meine Eltern haben sich nie irgendwelche Sorgen gemacht, haben sich nicht weiter drum gekümmert. Als ich so ins 7. oder 8. Schuljahr kam, als dann das Bewußtsein erst richtig da war, wie wichtig die Schule ist und eine richtige Ausbildung undsoweiter, da wollte ich zur Schule gehn. Aber mein Vater stand eben auf dem Standpunkt, daß ein Mädchen doch nicht zur Schule zu gehn brauchte, sie heiratet ja sowieso mit 19 oder 20. Na ja, in dem Alter hat man nicht den rechten Überblick, man kann sich auch nicht so durchsetzen, und deshalb habe ichs dabei gelassen.

In der Volksschule hatten wir einen prima Lehrer, ich fand, daß der ganz revolutionär war. Er war unser Hauptlehrer, bei dem hatte man also sämtliche Fächer, na ja, also Deutsch, Geschichte und Rechnen, Raumlehre und das Übliche. Dieser Lehrer war erstens noch jung, und zweitens fand der Unterricht so statt, daß die Bänke völlig umgestellt wurden. Er hat die Tische hufeisenförmig gestellt und saß praktisch, er saß in unsrer Mitte. Es fand mehr ein Gespräch als ein Unterricht statt. Das fand ich schon bemerkenswert. Und dann hat er uns auch ganz zart und leise und ganz sachte und ohne da irgendwie jemanden zu verletzen auf das Leben vorbereitet. Er hat von den Konflikten gesprochen, die wir höchstwahrscheinlich alle mit unsern Eltern bekommen würden, und daß sich irgendwann sowieso mal die Wege trennen müßten, spätestens dann, wenn der Junge oder das Mädchen nach Hause kommt mit einem Schwiegersohn beziehungsweise einer Schwiegertochter, und die sind den Eltern nicht so genehm. Außerdem, wenn man sich irgendwie eine andere politische Überzeugung aneignen würde, das könnte auch Konflikte geben, undsoweiter. Vor allen Dingen hat er gesagt: »Na ja, vielleicht«, immer so in diesem Ton, »vielleicht, wenn Ihr jetzt Eure Lehren macht, und dann seid Ihr Arbeiter, und mit 20 werdet Ihr heiraten, und dann wird sich eine Wohnung angeschafft, auf Teilzahlung, und das Fernsehen ist erstens wichtig, und dann kommt jedes Jahr ein Kind an, und der Papa kommt abends ganz müde nach Hause und will seine Zeitung lesen, und die Mama zieht ihm die Schuhe aus. Und dann setzt man sich vorn Fernseher, und wenn die Kinder dann noch schreien, dann schreit er: Hoffentlich sind die Blagen bald im Bett, ich will meine Ruhe haben!« Auf alle Fälle, das hat mich so beeindruckt, dann hab ich gesagt: »Nee, also wirklich, das ist nicht das, was ich mir unter einer Ehe vorstelle, so möcht ich nicht werden.« Dadurch, daß er uns dieses spießbürgerliche Leben so kraß darstellte, auf jeden Fall wollte ich nicht so werden. Und das hat natürlich meine Entwicklung ganz entscheidend beeinflußt. Meine Lieblingsfächer in der Schule unterrichtete er, das waren Geschichte und Deutsch. Wir haben im Deutsch-Unterricht ›Das Tagebuch der Anne Frank‹ gelesen. Das war in den damaligen Klassen, also bei meinen Freundinnen, nicht üblich, die hatten wirklich Deutsch-Unterricht mit Diktat und Aufsatz und so. Wir haben unheimlich viel Literatur durchgenommen, Brecht, und ›Die Weber‹ von Hauptmann, und das sprach natürlich unheimlich an. Geschichte hatten wir auch bei ihm, da haben wir uns über den Faschismus unterhalten, ich bin überhaupt gegen jegliche Gewalt, hasse sie sozusagen, überhaupt alles, was mit Krieg zusammenhängt. Dieser Lehrer wird heute unheimlich angegriffen in unserem Städtchen, man sagt, er sei Kommunist, und verschiedene Leute wollen sich jetzt zusammenraffen und die Kinder aus der Schule herausnehmen. Ungeheure Sachen gehn da vor sich. Dann nimmt er immer am Ostermarsch teil. Vor zirka 2 Jahren, da sind meine Freundin und ich auch hingegangen. Obwohl ich mich überhaupt noch nicht, bis dahin, politisch betätigte.

Na ja, ich lese an sich auch ziemlich gern. Früher hab ich Streitigkeiten zu Hause gehabt, denn ich weiß nicht, ob das allgemein so üblich ist, daß man sich plötzlich zu einer Leseratte entwickelt. Das war wirklich anomal, ich wollte gar nicht mehr nach draußen gehen, als ich so zirka 10, 11 war, wollte gar nicht mehr im Sandkasten spielen oder überhaupt spielen, sondern ich verschanzte mich zu Hause hinter Büchern. Meine Eltern, die haben mir nie zum Geburtstag Bücher geschenkt oder so, ich hab so gut wie gar keine eignen Bücher. Ich fange jetzt aber an, mir eigne Bücher zu kaufen, und das, was ich hier so hab, Marx und Lenin und Engels und so, behalte ich jetzt. Es sind meine eignen. Aber sonst, früher, da bin ich einfach wahllos hingegangen, hab erstmal sämtliche Magazine gelesen und dann die Romane, und wenn ich irgendwie mal ein Buch erwischen konnte, dann hab ich das gelesen. Dann konnte meine Mutter hundertmal rufen: »Du sollst jetzt abtrocknen kommen.« Dann hab ich gesagt: »Nur noch eine Seite!« Und abends mit der Taschenlampe unter der Bettdecke und so, wie das üblich ist, nich. Ja, und als meine Freundin dann ihren Freund hatte, und ich hatte keinen, hab ich nur zu Hause gesessen und gelesen. Aber ich hab dann doch gedacht: So kann das nicht weitergehn. Ich hab sowieso immer das Gefühl, daß ich irgend etwas versäume. Wenn da ältere Leute sagen: »Schön ist die Jugend, es gibt sie nur einmal« und so, dann denkt man: Na ja, wenn jetzt nicht die Jugend ist, dann hast du was versäumt, dann kannst du hinterher nicht sagen: »Schön ist die Jugend.« Auf jeden Fall bin ich nach einem halben Jahr losgezogen und hab mir einen eigenen Bekanntenkreis gesucht und hab mich da auch sehr wohlgefühlt. Das Höchste, was ich so erreicht habe, war, daß ich mal mit einem Jungen zusammen ein halbes Jahr ging. Und zwar lernte ich ihn durch die Firma kennen. Wir haben uns nur samstags und sonntags gesehn, sind zum Tanzen gegangen, das war alles, und zwischendurch haben wir uns angerufen. Wir haben uns so ganz allgemein unterhalten, über das Geschäft undsoweiter, über Arbeitskollegen, haben uns manchmal ein wenig lustig gemacht und so. Er hatte wohl auch feste Absichten, wollte mich heiraten, mußte dann aber zur Bundeswehr. Ich wollte damals schon nach Schottland. Auf meiner Seite war es auch mehr eine platonische Freundschaft. Es ist eben ganz schön, wenn man ab und zu so einen Freund hat, mit dem man zum Tanzen gehn kann, und der einen dann nach Hause bringt, und mit dem man sich unterhalten kann. Ich habe mir daraus nie etwas gemacht, wenn ich irgendwie mal Schluß hatte mit einem Freund oder so, das hat mich gar nicht gerührt. Aber momentan wär für mich ein Grund zu heiraten oder die Ehe in Betracht zu ziehen, obwohl ich es gar nicht mal so möchte, daß ich es einfach im Moment leid bin zu arbeiten. Deswegen. Im Grunde genommen möchte ich gar nicht arbeiten, wenn ich meine Arbeit heute so sehe. Aber gleichzeitig habe ich immer noch den großen Traum von der großen Karriere. Ich wollte mal Dolmetscherin werden. Wenn sich das natürlich verwirklichen läßt, und ich hoffe noch, irgendwann zur Schule gehn zu können, dann natürlich ist es ganz klar, daß meine Karriere auch eine Rolle spielt. Ich kann nicht, nur um dem Mann einen Gefallen zu tun, einfach zurückstecken. Ja, aber im Moment kann ich es mir finanziell nicht leisten.

Ich hab in Dortmund eine 3jährige kaufmännische Lehre gemacht, obwohl meine Eltern sich am Anfang dagegen sträubten. Aber ich hab mich dann durchgesetzt, was mein jüngerer Bruder nicht konnte. Als ich in die Lehre kam, ich bin so veranlagt, daß ich immer glaube, mit allen Schwierigkeiten fertig werden zu müssen, also, ich hatte da gleich Schwierigkeiten in der Firma. Denn es ist ganz klar, wenn man 8 Jahre zur Schule gegangen ist und kommt da plötzlich hin und soll richtig produktive Arbeit leisten, das geht nicht so einfach. Das beschränkte sich vorerst darauf, daß ich Kaffee kochen mußte und Botengänge machen. Und wenn ich mich ungeschickt benahm, dann fing ich plötzlich an zu zittern und hatte überhaupt kein Selbstvertrauen mehr. Wir haben dann Rundschreiben herausgegeben, und ich mußte da die Matrize schreiben. Das war übrigens ein kleiner Betrieb, zwei Chefs, eine Chefsekretärin und ich. Und vorher ist die Sekretärin hingegangen und hat mir gesagt: »So, hör mal, jetzt mußt du das soundso machen.« Sie hat mir genau gezeigt, wie man die Matrize in die Maschine einspannt und das dann abrollt und daß, wenn die Matrize nicht richtig eingespannt wird und irgendein Hebelchen nicht richtig, dann geht die Matrize kaputt. Und wenn ich da nicht aufpasse, dann ist der Teufel los. »Ich habe heute keine Zeit, mein Verlobter holt mich um 5 Uhr ab. Wehe, du machst das nicht richtig!« Meine Hände haben schon gezittert, ich hab die Matrize eingespannt und prompt sie ging auch kaputt. Und das Rundschreiben mußte am gleichen Tag noch raus! Die Frau hat mich ausgeschimpft und hat gesagt, ich wäre doof, und was mir überhaupt einfiele, so ein doofes Stück wie mich hätte sie noch nie gesehn und so. Ich hab nur gezittert und geweint. Dann sagte sie: »Und jetzt schreib wenigstens den einen Umschlag!« Und warf mir da so eine Adresse auf den Schreibtisch. Erstmal fiel dreimal der Briefumschlag auf die Erde und dann, bis ich den mal in der Maschine hatte, war er falsch rum, und dann mußte ich ihn mindestens fünfmal schreiben, und vor lauter Tränen sah ich schon gar nichts mehr. Das war ganz fürchterlich. Und der Verlobte, der stand schon in der Tür und sagte: »Na, Karin, jetzt mach schon.« Und die schrie dann los: »Das doofe Stück da, dadurch muß ich jetzt Überstunden machen!« Und dann hat er noch gesagt, ich war da immer die Kleine: »Wie kannst du die Kleine nur so ausschimpfen.« Meine Chefs haben überhaupt keinen Einspruch erhoben, denn der jüngere Chef, obwohl er verheiratet war, war sehr gut befreundet mit dieser Chefsekretärin. Aber der ältere, der ist schließlich doch hingegangen, als das Wort »doofes Stück« fiel, und hat gesagt: »Fräulein Schulze, hören Sie mal, so geht das nicht. Die Kleine, die hat das hier zum erstenmal gemacht. Und wenn Sie auch eine Stunde länger machen müssen, können Sie das, Ihre ganze Wut, doch nicht so auslassen.« Dafür war ich dem Mann unheimlich dankbar und hab auch später in Kauf genommen, wenn er mich mal ausgeschimpft hat oder so. Das war eine Handelsvertreter-Firma, also Handelsvertreter, und die waren damit beschäftigt, die ganzen Lebensmittel-Großhändler abzuklappern. Und nach 2 Monaten sagte die Chefsekretärin: »Na, so innerhalb von 2 Monaten mußt du die ganzen Arbeiten, die ich hier erledige, intus haben, denn ich gehe in Urlaub. Und wehe, du machst das nicht richtig. Wir hatten im vergangenen Jahr auch schon eine, die hat das auch nicht richtig gemacht. Die haben wir dann gefeuert.« Und ich dachte: Wenn die dich feuern, das ist wirklich das Allerletzte, dann nimmst du dir das Leben. Auf jeden Fall, ich mußte das schaffen, unter allen Umständen. Und als sie dann in Urlaub fuhr, hab ich es auch geschafft. Aber ich war unheimlich mit den Nerven fertig, mit Überstunden und allem, was dazu gehört. Sie haben mich gelobt, wirklich, und haben mir einen 20-Mark-Schein extra gegeben. Ich war 14 und natürlich unheimlich stolz und fühlte mich bestätigt und so.

Als ich dann ins 2. Lehrjahr kommen sollte, kündigte diese Chefsekretärin, und ich übernahm sowieso alle Arbeiten. Das war wirklich kurios, ich mußte mit Geschäftspartnern verhandeln, auf höchster Ebene, und gleichzeitig ging mein Chef und sagte: »Hör mal, Helga, koch mal eben Kaffee.« Oder: »Hol mal eben Briefmarken von der Post«, ne. »Geschäftsinteresse«, so hat mir die Chefsekretärin gleich am 3. Tag erklärt, »ist furchtbar wichtig.« Und dann hab ich mich immer bemüht, dieses Geschäftsinteresse zu haben, zu bekommen und sowas alles. Na ja, bei dieser Firma war ich 3 Jahre. Ich bekam im 1. Jahr 80 DM, im 2. Jahr 100 DM, im 3. Jahr 140 DM, obwohl ich die Arbeiten der Sekretärin noch zur Zufriedenheit erledigte und meine eigene Arbeit, also meine Funktion als Lehrling, auch noch ausübte. Ich habe dann ab und zu mal 20 DM bekommen. Die haben sich auch versichert, daß sie keine Schwierigkeiten bekommen würden durch meine Eltern wegen Überstunden und so. Bevor ich in Urlaub fuhr, mußte ich regelmäßig eine Woche vorher abends bis 10 Uhr arbeiten. Ich fühlte mich unheimlich, wenn die mich dann lobten. Ich bin hauptsächlich weggegangen, weil ich mir finanziell nichts mehr versprach, ich bekam 340 Mark brutto, das war netto so um die 290, im 1. Berufsjahr, das war 1965 bis April 66. Na ja, hinterher änderten sich die Tarife, und ich bekam 380, so im letzten halben Jahr als Sekretärin, und sie hatten immer noch keinen Lehrling.

Dann hab ich auf Schottland spekuliert, hatte das Angebot bekommen von meiner Cousine, da hinzugehn. Mich hielt hier sozusagen gar nichts. Ich versprach mir davon die große

Freiheit. Und dann bin ich hingekommen, und es hat sich auch in etwa bestätigt. Ich habe dort ein ganz anderes Leben kennengelernt. Ich habe in einem Krankenhaus gearbeitet, ich wollte ja Englisch lernen, und außerdem, in dem Alter hat man sowieso mal Fernweh. Und ich habe dort ein ganz anderes Leben kennengelernt, habe mich über meine ganzen Verhältnisse unterhalten mit meiner Cousine, die ist zwar im Grunde genommen eine Cousine meiner Mutter und auch schon 55 Jahre, aber doch sehr, sehr aufgeschlossen, überhaupt hatten wir ein ganz tolles Verhältnis. Mit meiner Mutter hab ich ja nie irgendwelche Gespräche führen können, die interessierte sich nur für ihren Haushalt, hauptsächlich, erst kam der Mann, dann kam der Haushalt und dann eben die Kinder, na ja. Und als ich aus Schottland zurückkam, da konnte ich mich hier zuerst gar nicht mehr zurechtfinden. Ich wollte öfters ausgehn. Und davor hatten sie eine Grenze gesetzt: abends bis 9 Uhr, genau. Und außerdem, das hab ich früher nie gemacht, kamen viele Leute ins Haus, alle meine Freunde und so. Ich habe mich überhaupt ein wenig distanziert, denn früher habe ich immer mit meinen Eltern zusammengesessen und habe Fernsehn gesehn, obwohl mich das nie interessierte, nur, um ihnen einen Gefallen zu tun. Auf jeden Fall hatte ich ganz wirre Vorstellungen, ich wollte plötzlich ein anderes Leben zu Hause beginnen. Aber das mit meinen Eltern, das klappte nicht. Es waren immer noch die gleichen Leute. Auf jeden Fall stand fest, daß ich das Leben zu Hause nicht länger aushalten konnte. Ich hab meine Eltern wirklich gern, ja, es muß wirklich solche Bande geben, die einen irgendwie verbinden, ich möchte auch nicht, daß sie durch mich irgendwelche Streitigkeiten bekommen. Und dadurch, daß ich eben in Dortmund arbeite, mußte ich um $^1/_2$ 6 aufstehn und kam normalerweise abends so zirka 6 Uhr nach Hause. Ich habe zwar meinen eigenen Schlüsselbund gehabt, aber wenn mal eine Veranstaltung stattfand, und es wurde später, wurde immer das Sicherheitsschloß abgeschlossen, ich konnte trotz meines Schlüsselbundes nicht hinein, und dann ist meine Mutter gekommen und hat mich da um 12 Uhr empfangen und ein fürchterliches Theater gemacht. Das könne so nicht weitergehn, um 12 Uhr nach Hause kommen, und außerdem würde ich ihr gar nicht mehr

im Haushalt helfen, und es wäre ihr großer Fehler gewesen, daß sie mich hat ziehen lassen nach Schottland, und ich wäre da wohl in die ganz falschen Kreise gekommen, und überhaupt, die Nachbarn würden sich schon aufregen. Auf jeden Fall sagte meine Mutter: »So geht das nicht, morgen früh gehst du in die Kirche!« Ich sagte: »Nein. Ich geh morgen früh nicht in die Kirche, ich schlaf mich morgen aus.« »Du gehst morgen früh in die Kirche, sonst, sonst werden deine Freunde hier herausgeworfen, die hier ankommen!« Sonntagmorgen, da kommen immer alle meine Freunde, und wir verabreden uns dann. »Die werden dann auf jeden Fall alle rausgeworfen. Dann darfst du überhaupt nicht mehr rausgehn übers Wochenende. Und denk daran, du bist noch keine 21!« Na ja, dann hab ich gedacht: Eventuell gehste doch in die Kirche und schläfst da son bißchen. Und dann dachte ich allerdings: Jetzt ist Schluß. Dann haben meine Eltern sich abends unterhalten im Bett, unsre Schlafzimmer, die grenzten so aneinander, daß ich das hören konnte. Da sagte mein Vater: »Ich bin auf die Kinder nicht angewiesen. Von mir aus können sie doch alle ausziehn.« Er sagte: »Ich brauch sie nicht. Die nehmen sowieso keine Rücksichten. Wir könnten es uns schön und gemütlich machen, wenn sie erst weg wären, ne.« Da hab ich gedacht: Na ja, warum sollst du denen das Leben schwermachen, wenn es einfacher geht für beide Seiten. Meine Mutter, die hat meinem Vater wirklich beigepflichtet und hat gesagt: »Also wirklich, du hast recht«, undsoweiter. Ich hab natürlich die ganze Nacht nicht geschlafen, meine Probleme wälze ich immer nachts, wenn ich schlafen sollte. Hätte meine Mutter mich tatsächlich gebraucht, ich meine nicht gebraucht im Haushalt, um putzen zu helfen, sondern wirklich, dann wäre ich nicht ausgezogen.
Ich hatte, bevor ich zurückkam, meinen Bruder unterrichtet, und da hat er gleich die Samstagsausgabe der ›Westfälischen Rundschau‹ bereit gehabt, und ich hab die Anzeigen durchgesehen. Und zwar spekulierte ich gleich auf Dortmund. Da fand ich eine Firma, die suchte eine Stenokontoristin. Na ja, das hat dann auch geklappt. Im Moment bekomme ich 610 Mark, nein, 600 brutto, das macht 450 netto. Aber ich hoffe, jetzt bald eine Gehaltserhöhung zu bekommen. Dadurch, daß ich älter werde, bekomme ich ja mehr Geld.

Die Rita, meine Freundin, war eigentlich diejenige, die mitgewirkt hat, mich politisch zu engagieren. Wir sind gemeinsam zu Vorträgen gegangen, politischen Vorträgen undsoweiter, und dann auf einmal war das Interesse da, dabei kommt die Rita aus einer Familie, der Vater ist selbständig, der hat ein Malergeschäft und ist natürlich sehr auf seinen Ruf bedacht. Er meint, Politik wäre etwas Gefährliches, und die Mutter meint das auch. Aber wir haben uns über den Ostermarsch unterhalten, haben daran teilgenommen, sind dann später noch zu einer Veranstaltung gegangen, das war gegen den Krieg in Vietnam. Es wurde da ein Referat gehalten, wir fanden das sehr interessant. Wir waren auch ziemlich einer Meinung mit dem, was da oben gesagt wurde. Wir dachten, wir sind jetzt auch dagegen und so, aber man müßte sich doch irgendwie politisch engagieren, man müßte sich doch irgendwelchen Leuten anschließen können. Ich finde, man sollte sich irgendwie zusammensetzen mit andern. Und da fiel uns ein Junge auf, der war furchtbar lang und dünn, und er trug eine gelbe Regenjacke. So richtig knallig. Und da gingen wir hin und haben ihn gefragt, welcher Organisation er angehört, und ob wir uns nicht anschließen könnten. Da sagte er: »Ja, also, Ihr habt Glück, Kinder. Bei uns wird in den nächsten Tagen ein neuer Klub gegründet. Und zwar ist das der Klub ›Independent‹, Dortmund, Lange Straße.« So haben wir uns diesen Leuten einfach angeschlossen. Dort waren wir immer übers Wochenende, haben ein wenig getanzt, politische Diskussionen gemacht und so. Meinem Vater kam das alles fürchterlich merkwürdig vor, daß ein Mädchen plötzlich hingeht und über Politik spricht. Er ist der Ansicht, Mädchen brauchen überhaupt keine Schulbildung, die werden sowieso heiraten, Hauptsache, sie können einen Haushalt versorgen. Ich hab mich trotzdem mal mit ihm unterhalten. Ich wußte zwar, mein Vater wählt SPD, er war auch richtig überzeugt, bis es zur Großen Koalition kam, ne, da fühlte er sich verraten und verkauft. Er würde die SPD jetzt nicht mehr wählen, das heißt, er müßte es sich noch überlegen, denn wählen müßte man ja, aber er wüßte es noch nicht. Später, besonders in der letzten Zeit, kamen immer politische Diskussionen auf. Mein Vater, der ist so ein Typ, also, wenn der sich aufregt, dann muß er gleichzeitig dabei schreien. Und im Moment ist er körperlich sehr geschwächt und fühlt sich auch nicht wohl. Auf jeden Fall hat er sich furchtbar aufgeregt, und meine Mutter kam dann und sagte: »Du mit deiner Politik, der Vater kriegt noch einen Herzinfarkt! Du gehst jetzt raus!« Wir unterhielten uns, ich glaub, es war der Krieg in Vietnam, ja sicher, und er fand das Verhalten der Amerikaner dort wohl richtig und unterstützte das auch. Der Kommunismus müßte eben vernichtet werden, undsoweiter. Als ich widersprach, fing er auch noch von Dutschke an, der war damals ganz aktuell: »Solche Leute, die sollte man doch wirklich nicht erlauben. Und wenn ich was zu sagen hätte, dann würd ich hingehn mit nem Knüppel dazwischen!« Dann haben wir uns natürlich ganz schön in der Wolle gehabt, und ich wurde auch lautstark. Meine Mutter kam dazu: »So geht das nicht! Aufhören! Rausgehn!« Und ich bin dann rausgegangen. Aber mein Vater sagte: »Komm, komm, komm! Bleib hier! Wir unterhalten uns!« Er kam so richtig in Rage und fing wieder an zu schreien. Das Ganze fand in unserm Wohnzimmer statt, das Fernsehn lief dabei, man sah demonstrierende Studenten, und das ging da ganz lautstark her. Mein Vater, ich meine, was die Politik betrifft, das ist nun mal ein richtig überzeugter SPD-Mann, aber SPD nur insofern, als sie eben die Partei der Arbeiterschaft ist, Interessen der Arbeiterschaft vertritt undsoweiter, deswegen. Wenn man ihm nur im entferntesten kommt mit Sozialismus und Kommunismus, dann sieht er im wahrsten Sinne des Wortes rot. Mit solchen Leuten will er überhaupt nichts zu tun haben.

Ich bin im Mai der Sozialistischen Deutschen Arbeiterjugend beigetreten, da war ich auf der Gründungsveranstaltung in Essen und habe mich dort der Ortsgruppe Dortmund angeschlossen. Ein Teil der Leute hier war früher auch schon im Klub ›Independent‹, das ist also jetzt sozusagen eine Clique, und jeder kennt da jeden. Menschlich finde ich sie ganz in Ordnung, denn wenn ich irgendwie da nicht konform gehn könnte, oder wenn ich irgendwie eine Art Antipathie hätte, dann würde ich mich höchstwahrscheinlich da nicht aufhalten. Wir unterhalten uns nicht nur über Politik, sondern auch ganz allgemein, daß ein lustiges Gespräch aufkommt, undsoweiter. Ich könnte mich niemals mehr nur in diesen Beatschuppen aufhalten, immer nur tanzen. Wenn ich mal einen Freund hätte und wenn ich mal heiraten würde, ich könnte einfach keinen politisch Desinteressierten haben, das hat also meine ganze Denkungsweise stark geändert. Wenn man Bücher liest, möchte man doch hingehn, wenn sich daraus irgendwelche Fragen ergeben, und das ausdiskutieren. Zum Beispiel Marx und Lenin und Engels, undsoweiter. Und Ulbricht, dann Brecht. Meine Lieblingsschriftstellerin war vor zirka 2, 3 Jahren die Sagan. Also, ich hab sämtliche Bücher zigmal gelesen. Ich hab mich früher ja noch nicht so mit dem Marxismus-Leninismus befaßt, das ist ein unheimliches Gebiet. Ich bin im Arbeitskreis ›Schulung‹ und im Arbeitskreis ›Agitation‹. Wir versuchen, erstmal die Grundlagen zu erarbeiten. Wenn man sich überlegt, was Politökonomie für eine Wissenschaft ist! Also, wir wollen uns ein einigermaßen solides Wissen anschaffen und gleichzeitig in die Vorortgruppen gehn, die jetzt gegründet werden. Und in ›Agitation‹ besprechen wir Aktionen, die stattfinden, also zu aktuellen Themen planen wir Aktionen, zum Anti-Kriegstag zum Beispiel, am 1. September, Flugblätter verteilen und einen Stand errichten undsoweiter, oder auch in die Betriebe hineingehn und da eventuell Flugblätter verteilen.

In der Firma sitze ich mit 2 Abteilungsleitern zusammen in einem Großraumbüro, das durch mehrere Glaswände aufgeteilt ist. Gleich nebenan ist ein riesig-großer Schreibsaal, und die machen einen fürchterlichen Krach mit ihren Maschinen. Na ja, ich bin mit der Arbeit nicht zufrieden, es ist zu eintönig. Neulich kam eine Bemerkung meines Chefs, sagte er: »Fräulein S., Sie müssen das und das machen.« Und da hab ich gesagt: »Ich muß überhaupt nichts machen! Wenn ich etwas mache, dann mach ich das freiwillig«, undsoweiter. Wir haben dann einen kleinen Streit gehabt. Da sagte er: »Sie sind nur eine einfache Schreibkraft, und Sie sind mir Rechenschaft schuldig!« Da platzte mir natürlich der Kragen. Aber diese Firma existiert sowieso nur einmal, bei uns wird unheimlich viel getan für Vergnügen undsoweiter, und wenn da ein Geburtstag ist, also wirklich, da hat fast jeden Tag einer Geburtstag und kommt an mit einer großen Flasche Wein. Mich stört das im Grund genommen gar nicht, das heitert die ganze Stimmung auf, besonders, weil die Büroarbeit immer so eintönig ist. Ich muß Aufträge abschließen und Rechnungen schreiben, die Rechnungen gleichzeitig auswerten und alles, was damit zusammenhängt. Da habe ich einen Chef, der läuft den ganzen Tag überall rum, ist nur nicht dort, wo er hingehört, nämlich an seinem Schreibtisch. Also erledige ich seine ganzen Telefongespräche mit. Als ich grad 4 Wochen in der Firma war, ging die eine Sachbearbeiterin in Urlaub, und ich mußte ihre Arbeit übernehmen. Da ist man morgens um 1/2 8 angekommen und hat gesagt: »Hören Sie mal, jetzt machen Sie das mal.« Mußte ich natürlich machen. Die Sachbearbeiterin, die hat von morgens 1/28 bis 10 nach 4 drangesessen und hat nichts anderes getan, während ich mit der ganzen, mit der gleichen Arbeit um 12 Uhr fertig war. Und dann haben sie mir natürlich noch mehr aufgehalst. Dann ging die Faktoristin in Urlaub, das war für mich ein völlig neues Gebiet, das mußte ich auch gleich mit übernehmen. Im Endeffekt sah es so aus, daß ich da 14 Tage für 3 gearbeitet habe, obwohl die ungefähr das Doppelte an Geld bekommen. Ich hab mich mit dem Betriebsrat darüber unterhalten, und der sagte, ja, bei ihm wäre genau das gleiche gewesen: »Dadurch, daß Sie hier neu am Platze sind, kann man das natürlich abtun. Sie müssen eben überall eingewiesen werden, Sie müssen im Falle eines Falles alle hier vertreten können.« Und damit hat er das abgetan. Er sagte noch: Ja, es wäre meine eigene Schuld, daß ich mit der Arbeit um 12 fertig wäre. Ich sollte doch langsam gehen lassen, wenn es mir nicht gefiele.

Na ja, in dieser Firma, das ist sowieso komisch. Auf der einen Seite bezieht man mich in die Gespräche ein und nimmt mich richtig als vollwertigen Partner. Auf der andern Seite tut man mich ab, daß ich ne Kleine bin und so, viel Firlefanz im Kopf und die Beatles und so. Aber als die Sache mit der ČSSR passierte, da kam unser technischer Betriebsleiter und sagte: »Ja, ja, Fräulein S., jetzt ham Sie ja endlich mal wieder die Möglichkeit und die Gelegenheit zu demonstrieren, war ja lange nichts mehr los.« Ich sag: »Nö, hab ich gar nicht. Warum sollte ich demonstrieren?« Der begriff das am Anfang gar nicht. Ich sag: »Wenn die ›Bildzeitung‹ dazu aufruft, dann heißt es nicht, daß ich da hingehe und demonstiere.« Und dann haben wir uns darüber unterhalten. Man sollte doch den Kommunismus vernichten und so, und gleichzeitig war er für die Freiheit der Tschechoslowakei, und auf jeden Fall war das ganz verworren. Und als ich dann noch ankam und sagte: »Die DDR ist ein fortschrittliches Land«, hat man mich fürchterlich angegriffen. Das Ganze endete damit, daß ich an meinem Schreibtisch saß und 5 Herrn standen da rum, und die redeten alle auf mich ein, und ich hab mich heftig zur Wehr gesetzt. Zum Schluß sind dann noch einige Arbeitskolleginnen dazugekommen, die haben sich das angesehn, wie ich da diskutierte, und haben sich halb totgelacht: »Die Kleine da gegen 5 Mann!«

Christa G.

Geboren bin ich 1942, meine Mutter ist Büroangestellte. Meinen Vater hat sie in der Firma kennengelernt, sie haben ziemlich früh geheiratet. Mein Vater ging in den Krieg, ich wurde geboren, da hat er mich noch einmal gesehn und ist dann erst 45 wieder zurückgekommen. Die Ehe meiner Eltern war nicht besonders glücklich, zumindest nur zeitweilig, weil mein Vater häufig Seitensprünge gemacht hat. Meine Eltern haben sich dann irgendwann scheiden lassen. Ich weiß aber nicht mehr genau, wann. Mein Vater hat trotzdem weiter bei uns gewohnt, das war ständig ein Hin und Her. Er wurde im Krieg schwer verletzt, hatte Fleckfieber, und wäre also beinah gestorben. Beim Fleckfieber ist es ja wohl so, daß entweder die Leute wirklich draufgehn oder doch empfindliche Störungen zurückbleiben, Persönlichkeitsveränderungen, am Anfang unmerklich. Er hat dann Vertretungen gemacht für sehr große Werke, weite Bezirke, hat am Anfang ziemlich viel Geld verdient und war beruflich gut, aber sehr unstet. Später kamen Unregelmäßigkeiten vor, oder er hatte überhaupt keine Lust mehr zu arbeiten, wechselte relativ häufig die Stelle. Das wurde zum Schluß immer schlechter, so daß er im Endeffekt gar nicht mehr arbeitsfähig war. Er bekommt eine Rente und ist öfter mal im Krankenhaus. Meine Mutter hat also ständig gearbeitet, mußte sie ja auch, weil das mit Vater geldlich und so nicht richtig hinhaute.
Zu meiner Mutter steh ich sehr gut, die kann alles mit mir besprechen und ich alles mit ihr. Meine starke Opposition gegen Hausarbeit rührt allerdings ein bißchen daher, daß meine Mutter das ziemlich fanatisch gemacht hat, am Sonnabend, und zwar alles, und alles gründlich. Sie hatte wenig Geld und meinte, es müsse wenigstens alles ordentlich und sauber sein. Sie versuchte natürlich auch, meine Sachen zu nähen, und war dann traurig, wenn sie wieder kaputt waren. Das führte zu Reibereien. Aber seit dem Moment, wo wir nicht mehr zusammen leben, ist es wirklich ein sehr schönes Verhältnis.
Mit 13, 14 kam ich durch reinen Zufall an eine Jugendgruppe, und zwar einen Jugendverband, der mal durchaus anti-

faschistisch war, sich vom Wandervogelverein, na, wie sagt man, abgespalten hat und weder konfessionell noch politisch irgendwie gebunden war. Das war eine bunte Mischung von allen möglichen Leuten, mit nationalistischen und antiautoritären Anschauungen, Arbeiter, Studenten, ganz lustig eigentlich. Was damals interessant war für uns, war eben, durch die Gegend zu trampen, in der Nacht am Feuer zu sitzen und Gitarre zu spielen. Ich habe das wirklich genossen. In diese Zeit fiel auch meine erste Liebelei, das war ja relativ früh, so mit 15 hab ich mich in einen Jungen verliebt, der wesentlich älter war als ich, er war Verkäufer und der Held unserer Clique. Er sah sehr gut aus, war unser bester Gitarrespieler. Er war damals 19, also 4 Jahre älter, was in dem Alter ja viel ausmacht. Das war bei mir ne richtig schwärmerische Liebe. Ich glaub nicht, daß ich meiner Mutter gesagt habe, wie weit das nun gegangen ist; es ist auch nicht sehr weit gegangen, obwohl ich sagen muß, daß ich das dem Jungen zu verdanken habe. Wir haben uns natürlich geküßt, umarmt, zusammen geschmust, aber ich weiß, daß mir, sobald er weiter nach unten kam mit der Hand, daß mir das unangenehm wurde. Ich glaube, am Anfang findet man daran keinen Gefallen. Ich war also durchaus zufrieden, wenn ich ihn nur sah, und wenn er sich um mich kümmerte. Obwohl ich glaube, daß ich damals so verknallt war, daß, wenn er mehr von mir verlangt hätte, daß ich das bestimmt ohne weiteres getan hätte. Das hat sich dann so ungefähr ein Jahr hingezogen. Er wohnte in einer andern Stadt und kam mich nur ab und zu besuchen. Er schwärmte für Saint-Exupéry und wollte gern Pilot werden, gehörte dann aber nur zum Bodenpersonal oder wie man das nennt. Ich hab sehr lang an ihm gehangen.

Ich war gut in der Volksschule, und mein Vater wollte, daß ich zur Oberschule gehe. Meine Mutter traute sich nicht wegen der Finanzen, es kostete damals noch Schulgeld. Ich wollte natürlich gerne. Aber von 30, 40 Mädchen in der Klasse, ich bin auf einem Mädchengymnasium gewesen, sind höchstens 5 bis 6 aus der Mittel- bis Unterschicht gekommen. Meine Mutter war, wie gesagt, sehr ordentlich, sehr sauber, hat meine Hefte eingebunden, was die andern nicht hatten, und was denen die Möglichkeit gab, ein bißchen darauf herabzusehn. Und alle die, die etwas schlechter angezogen waren, waren befreundet, und alle die, die etwas besser angezogen waren, auch. Meine Mutter hat sich ziemlich abgestrampelt, um mir zu ermöglichen, was den andern möglich war. Das hat natürlich nicht verhindert, daß ich am Anfang ziemliche Schwierigkeiten hatte, um mich durchzusetzen.

Meine Eltern sind beide aus der Kirche ausgetreten, schon vorm Nationalsozialismus. Mich haben sie aber taufen und auch zum Kindergottesdienst gehn lassen, wenn die andern Kinder gingen. Irgendwie beeinflußt hat mich das aber nicht, weil es im Hause nicht weitergeführt wurde, in der elterlichen Erziehung. Ich bin dann mit 14 Jahren aus der Kirche ausgetreten. Wenn ich das heute jemandem erzähle, sagen die einfach: »Also, das stimmt doch nicht.« Das stimmt aber. Und zwar wollte ich nicht mehr am Religionsunterricht teilnehmen, weil die Lehrerin schlecht war, und ich es einfach abgelehnt habe und es lächerlich fand, solche Märchen zu erzählen, die man auch noch auswendig lernen mußte und so. Ich wollte das nicht mehr machen, und mein Vater hat den Antrag dann auch unterschrieben. Wir hatten aber unsere Ideale, die uns allerdings geradezu angezüchtet wurden auf der Schule. Alles, was unter Goethe war, war sowieso schlecht. Wirklich schlimm. Ich hatte von Politik keine Ahnung, das war alles schlechtes Zeug, sozusagen obszön, wirklich. In der Art und Weise wurde einem das beigebracht. Sogar Mathematik war eigentlich nicht so das Wahre für eine höhere Töchterschule. Ich meine, ich bereue diese Phase nicht, weil man dadurch doch gelernt hat, eine gewisse Empfindung für Literatur zu entwickeln. Wir waren damals richtig romantisch, ich wollte dichten, alles mögliche wollte ich zu der Zeit. Ich habe auch Gedichte geschrieben, in Tagebuchform. Dann kam Gottfried Benn als großes Erlebnis hinzu. Diese Einflüsse waren schon sehr wichtig für mich, ich meine, der Existentialismus und Benn, und in der Schulzeit besonders Camus. Ich machte in der 11. Klasse dann einen Schüleraustausch über den American Field Service mit, nach Amerika, 1 Jahr. Ich kann mich noch erinnern, daß meine amerikanische Pflegemutter sagte: »Ich hab überhaupt nichts gegen Schwarze, aber falls meine Tochter jemals einen mit nach Hause bringen sollte, fliegt sie raus.« So ungefähr. Und trotzdem, das antiautoritäre Verhalten in der Schule ist dort stärker ausgeprägt als in Deutschland. Zu der Zeit war es jedenfalls ein großer Unterschied. Ich wurde natürlich ziemlich amerikanisiert, ich war 16, wurde 17 drüben, war also in einem Alter, in dem man sehr beeinflußbar ist. Ich war von vielen Dingen hell begeistert, hatte politisch noch keine Ahnung. Ich kam zurück und schaffte es, die Klasse zu überspringen, obwohl ich in Amerika nur das gemacht hatte, was mir lag, nämlich Kunst, Musik, Dramaturgie und solche Geschichten. Aber ich hatte dann mit diesen alten konservativen Lehrern ziemliche Schwierigkeiten, mußte auch aufpassen, daß ich Mathematik und Physik unter Dach und Fach kriegte, aber ich hab das tatsächlich geschafft und mich wohl auf eine relativ günstige Art und Weise wieder angepaßt.

Das war auch die Zeit, wo man jeden Sonnabend zu irgend jemandem zu einem Fest ging. Da hab ich, durch einen Zufall eigentlich, in der 12. Klasse, nee, in der 13. schon, einen Jungen wiedergetroffen, den ich aus meinem ersten Jugendgruppen-Lager kannte, der war genauso alt wie ich, 2, 3 Monate älter. Mit dem hatte ich früher mal ein bißchen geflirtet, aber sonst hatte er für mich keine große Rolle gespielt, und das hat ihn wohl sehr verletzt. Also, ich hab mich in diesen Jungen ein bißchen verknallt. Und wir machten dann etwa gleichzeitig Abitur. Es war ein herrlicher Sommer, wir haben alle Prüfungen zweimal gefeiert. Inzwischen war ich wirklich richtig in ihn verliebt. Er wohnte in Braunschweig, ich in Hannover. Und irgendwann ist es dann passiert, seine Eltern waren, glaube ich, nicht zu Hause oder so, da konnte ich bei ihm schlafen. Das Erlebnis war für mich tatsächlich schön, obwohl nicht in der Beziehung, daß ich sexuell einen Höhepunkt erreichte, sondern ich war so verliebt, daß es mir schön erschien. Er ging später nach Göttingen. Ich fuhr einmal hin, um ihn zu besuchen, wir verabredeten uns, aber er war nicht da. Das hat mich unheimlich verletzt, und ich fuhr ziemlich wütend und traurig wieder nach Hause. Und dann, einige Zeit darauf, klingelte es plötzlich an unserer Tür, und er stand da, als wäre nichts gewesen. Ich meine, das hat mich auf die Dauer auch ein bißchen schwach gemacht, weil ich die Sache ziemlich ernst genommen habe. Nicht daß ich gesagt hätte, ich will ihn heiraten, aber das Bewußtsein, daß er vielleicht

auch noch ein anderes Mädchen hatte, das hat mich damals
schon gequält. In dem Moment, wo ich nach Berlin gegangen
bin, hat sich das langsam gegeben, als wir uns nicht mehr
sahen und uns sehr selten geschrieben haben und so. Aber
gelitten habe ich eine ganze Zeit darunter.

Zu dem Zeitpunkt kam für mich nur ein Studium in Frage;
ich hatte noch keine ausgesprochenen Berufsinteressen, damals war ich in Philosophie und Deutsch sehr gut und wollte
eben Philosophie und Deutsch, also Germanistik studieren,
ich wollte außerdem nach Berlin, weil ich da Bekannte hatte,
und weil ich damals auch glaubte, Berlin als Stadt gefiele mir
gut. Aber für Germanistik gab es besondere Zulassungsbe-
schränkungen, das Fach war völlig überlaufen. Und das
Otto-Suhr-Institut hatte gerade ein neues Gebäude gekriegt,
und da sagte mir der Zulassungsreferent: »Schreiben Sie sich
mal erst in politischer Wissenschaft ein, wechseln Sie nach
einem Semester, wenn Sie unbedingt wollen.« Das tat ich
dann auch. Aber in meiner ersten Verwirrung, zum erstenmal an der Uni, kein Mensch half mir, Tutorengruppen wurden erst 2 Semester später eingerichtet, wußte ich gar nicht
richtig, was ich machen sollte. Ich hatte viel zu viele Wochen-
stunden belegt. Ich bin wie eine Wilde von Vorlesung zu Vorlesung gelaufen, sowohl Politik wie Philosophie, hab von
keinem was mitgekriegt. Ich hörte immer nur, man muß auch
lesen zu Hause, schleppte also alle möglichen Bücher ran,
schaffte überhaupt nichts, es war katastrophal, wirklich.

Ich hab zuerst bei Amerikanern gewohnt, um die Miete zu sparen. Das ging aber nicht gut, weil die 4 Kinder hatten und ich
mich auch ein bißchen hab ausnutzen lassen. Ich bin dann zu
einer Freundin gezogen in ein Hinterhaus, und das haute
dann auch nicht hin, denn die war nicht Studentin und ver-
kehrte im »Eden«. Sie fühlte sich da sehr wohl, da guckte
ich also auch mal rein. Dieses »Old Eden«, das ist so ein
Beatschuppen, wie man das heute nennt, da werden Aktbil-
der gezeigt zu schöner Musik, und alle Leute stehn dumm rum
und reden dumm, man ist einfach da, man sieht sich und man
spricht miteinander, mit Filmleuten und welchen, die es gern
werden wollen. Über sexuelle Erlebnisse wurde ziemlich frei-
zügig und oft gesprochen, naja, das stank mir nach einer
Weile, die Leute schienen alle eine Art Sexfimmel zu haben.

Das war nicht die Offenheit, die man als angenehm empfindet. Ich hab mich da nie wohlgefühlt und praktisch immer nur den Zuschauer gemacht. Ich hab dann durch einen großen Zufall, durch einen farbigen Studenten, den ich im Institut getroffen hatte, einen Platz im Studentendorf gekriegt. Damit war meine Anfangsleidenszeit ziemlich vorbei, weil ich da auch ältere Studenten kennenlernte, die mir halfen. Ich jobte auch nebenbei, ich hatte auf Wunsch meiner Mutter Steno und Schreibmaschine gelernt. Meine Mutter wollte das, weil sie Angst hatte, daß sie es finanziell einfach nicht durchhält, die Studiengebühren und alles mögliche. Ich kriegte zwar, da mein Vater kriegsbeschädigt war, ein Stipendium, nicht Honnef, sondern vom Sozialamt. Meine Mutter mußte allerdings etwas dazuzuzahlen. Also ganz einfach war das nicht. Ich brauchte ja auch ab und zu mal was zum Anziehen.

Nach dem 1. Semester habe ich bei einer Zeitung volontiert, bei der »Hannoverschen Presse«, Lokalredaktion, das hat mir unheimlich Spaß gemacht. Ich war da die Jüngste, und die mochten mich jedenfalls, außerdem war ich kein Konkurrent. Die haben mir dann gesagt: »Was? Germanistik willst du studieren? Ach, mach doch keinen Unsinn. Politik mußte studieren, wenn schon. Für die Zeitungsarbeit brauchst du eigentlich überhaupt nicht zu studieren. Philologen haben wir viel zu viele, alles Mist.« Bei der Zeitung hab ich eine Menge Selbstbewußtsein gesammelt. Ich ging zu Lokalterminen in einem Schlotterpullover, und die machten ihre Verbeugung, weil der Pressevertreter da war. Das imponierte mir natürlich, obwohl ich es durchschaute, aber es war lustig und man wurde anerkannt. Am Anfang lästerten die Kollegen natürlich viel, aber dann waren sie wirklich freundlich. Der eine hat mich mal ins Stripteaselokal mitgenommen, weil er da einen Termin hatte, wohlgemerkt. Sie halfen mir, ich meine, diesen Zeitungsstil, den hat man nicht, wenn man von der Oberschule kommt. Aber zum Schluß hab ich eine ganze Menge Sachen allein gemacht, vom Kaninchenzüchterverein bis zur Hochzeit, und es hat mir Spaß gemacht.

Im 2. Semester lernte ich einen Studenten kennen, älteres Semester vom Otto-Suhr-Institut, der verliebte sich heftig in mich. Ich teilte es am Anfang nicht so sehr, aber das gab sich dann, später waren wir beide sehr verliebt. Er hat mir viel geholfen, er hat mir Referate mitgebracht und mich praktisch reingebracht, obwohl ich sagen muß, daß mir bis vor relativ kurzer Zeit das Studienfach immer ein bißchen fremd war. Ein politisches Interesse war bei mir im Grund gar nicht da: es ist ja nicht so, daß ich, weil ich aus armen Verhältnissen stamme, sozialistisch angehaucht gewesen wäre, nichts dergleichen. Zwar waren meine Eltern in der SPD, aber die Erziehung im Gymnasium war so konservativ, daß ich innerhalb kurzer Zeit genauso reaktionär war wie alle andern in meiner Klasse und bei mir sozusagen alles verschüttet war. Und bis mir das allmählich bewußt wurde, hat es doch eine ganze Weile gebraucht. Ich tendierte dann anfangs zur SPD, weil dieser Freund, den ich da hatte, engagiertes SPD-Mitglied war; er hatte längere Zeit Parteiarbeit gemacht.

Dieser Junge hat mir immer vorgeworfen, daß ich früher schon andre gekannt habe. Das hat zwischen uns zu heftigen Differenzen geführt, weil ich einerseits ihm gegenüber teilweise wirklich ernsthafte Schuldgefühle gehabt habe, das aber andererseits vernunftmäßig abgelehnt habe. Er hatte wohl auch selbst gewisse Schwierigkeiten und Komplexe und kompensierte die oft durch Angeberei. Das ist mir heute klar, und ich kann darüber lächeln. Aber damals gab das natürlich Spannungen. Vor allem aufgrund der Vorwürfe, die er mir machte, weil ich mich nicht wie er quasi »bewahrt« hätte. Wahrscheinlich lag es bei ihm aber nur daran, daß er vorher auf sexuellem Gebiet große Scheu hatte und einfach kein Mädchen fand, das er so gern hatte und das ihn so gern hatte, daß es mit ihm hätte schlafen wollen. Wir haben uns dann verlobt, und ich hab seine Eltern kennengelernt und er meine Mutter und so. Meine Mutter war am Anfang gar nicht begeistert, nicht daß sie ihn nicht mochte, aber sie meinte, daß er, obwohl er 2, 3 Jahre älter war als ich, daß er zu jung wäre für mich, irgendwie nicht der Richtige zum Heiraten. Dann fuhr er für ein Jahr nach Amerika. Er wollte das, weil er meinte, ich hätte ihm zuviel voraus, weil ich da ja mal gewesen war. Es war eine sehr schmerzliche Trennung. Und nach einem guten halben Jahr ergaben sich dann in den Briefen gewisse Spannungen. Später machte er mir auch noch Vorwürfe. Ich sollte zur Silberhochzeit seiner Eltern fahren, auf ein Dorf in Schleswig-Holstein, und ich wollte das nicht. Ich hatte keine Lust, mich da als zukünftige Schwiegertochter ausstellen zu lassen, auf einem Kaffeeklatsch. Ich war ja Weihnachten dagewesen bei den Eltern, und es war alles ein bißchen lächerlich. Und da hat er mir heftige Vorwürfe gemacht, weil ich nicht wieder hinfahren wollte. Das hat mich ziemlich irritiert, denn er hatte zu seinen Eltern kein besonders gutes Verhältnis, nur nach außen hin. Ich meine, ich war ihm niemals untreu, ich hatte keine andern Freunde. Erst am Ende des Jahres lernte ich einen anderen Jungen kennen, der sich in mich verliebte, aber ich hatte damals so eigene moralische Kategorien aufgebaut, inwieweit die echt waren oder artifiziell, das weiß ich nicht genau. Aber ich glaube, daß sie mir in gewisser Weise entsprachen. Und dann war es andererseits so, daß ich diesen anderen Jungen doch unheimlich gern hatte, wir hatten die gleiche Wellenlänge, wir sind spazierengegangen in Zehlendorf, haben bis morgens 3 oder 4 geredet, nicht nur über uns persönlich, sondern über alles mögliche. Das sind Dinge, die unheimlich verbinden, die vielleicht genauso verbinden können wie sexuelle Erlebnisse, ich bin jedenfalls heute noch mit ihm befreundet. Im Frühjahr kam der Junge, mit dem ich verlobt war, dann wieder. Sein ständiges Gerede: »Bist du mir treu?« hing mir schon zum Hals raus, und dann ergab sich hinterher, daß er mir keineswegs treu gewesen war, und zwar schon zu einer Zeit, wo wir diese ganzen brieflichen Zwistigkeiten wegen seiner Eltern noch gar nicht gehabt hatten. Er hatte inzwischen eine Freundin drüben. Das hat mich ziemlich erbittert, weniger wegen der Tatsache als solcher, das hätte ich ihm ohne weiteres verziehen, als wegen der Art, in der das passiert war. Und das hat mich gewarnt, hat dann auch zum Abbau dieses ganzen Verhältnisses beigetragen. Ich wollte mich von ihm trennen, dann kam er wieder an und sagte: »Wir wollen doch.« Dann sagte ich: »Also gut.« Dann sagte er: »Wir wollen vielleicht doch nicht.« Dann sagte ich: »Nein, ist auch besser.« Und so ging das hin und her. Das hat mich ziemlich nervös gemacht und meine Arbeitsmoral auch nicht gerade gefördert. Er fand dann, als ich mal verreist war, eine neue Freundin, in dem Moment war alles vorbei.

Dann lernte ich meinen jetzigen Mann kennen. Meine Freundin machte mit ihm zusammen Examen. Während ich verreist war, hatte meine Freundin meinen Schlüssel, er hat in meinem Zimmer geschlafen, als sie mal bis spät nachts gelernt haben. Und sie hatte ihm gesagt: »Die ist sauber, da kannst du ruhig schlafen.« Als ich zurückkam, sagte sie: »Du, in deinem Bett hat der kleine Italiener geschlafen, der ist aber ganz sauber, das macht nichts, du kannst ruhig wieder drin schlafen.« Mein Mann ist Italiener. Und ich hatte zu der Zeit grade niemanden, und er hatte sich auch grade vor einiger Zeit getrennt von seiner Verlobten. Ich meine, es war wirklich die normale Anziehung. Mein Mann ist Mediziner, und das Examen zieht sich ja endlos hin, über Monate. Wir gingen dann mal zusammen ins Kino oder was trinken und so. Mein Mann ist etwas kleiner als ich. Ich weiß noch, das erstemal, als wir uns sahen, hatte ich auch noch richtig hohe Absätze an, und meine Art Illustrierten-Vorstellung von einem idealen Ehepaar, na, die hielt mich davon ab, mich sofort in einen wesentlich kleineren Mann zu verlieben. Aber ich fand ihn ausgesprochen nett und anziehend. Er hatte eine sehr nette Art, vielleicht höflicher, mehr Kavalier als viele Deutsche, ich mochte das, grade in dieser Studentendorf-Atmosphäre. Es war zunächst eine durchaus lose Beziehung, wir sind oft zu viert weggegangen, meine Freundin heiratete dann, weil sie eine Wohnung bekommen konnten, dann sind wir zusammen Gardinen kaufen gegangen, weil mein Mann wußte, wo's die billiger gab. Und eines Morgens sagte mein Mann zu mir, ob ich nicht auch gerne ins Theater ginge, er hatte Theaterkarten besorgt, obwohl er sonst nie früh aufstand. Und dann sind wir zusammen ins Theater gegangen und haben uns hinterher stundenlang unterhalten. Dann verlief es ganz normal, erste Umarmung, Händchenhalten, ich war durchaus einverstanden, es hat sich dann ziemlich schnell entwickelt. Und irgendwann fing es für mich an, die große Liebe zu sein.

Er ist dann nach seinem Examen nach Hause gefahren. Ich machte zu der Zeit Zwischenprüfung, habe mich aus dem Studentendorf abgesetzt, bin in die leere Wohnung meiner Freundin gezogen, habe da 5 Wochen richtig gelernt, sonst hätt ich meine Zwischenprüfung, glaub ich, nie bestanden. Ich bin dann auch nach Italien gefahren, wir haben uns in Bozen getroffen. Einerseits faszinierte er mich sehr, andererseits war mir seine

Lebensart zu der Zeit doch relativ fremd. Ich war verliebt, aber Heiratsabsichten – nein! Wir waren damals wirklich noch sehr verschieden, inzwischen haben wir uns schon richtig angeglichen. Das Problem der Emanzipation war ein Grund, weshalb ich gedacht habe, daß ich ihn nie heiraten würde. Es ging zum Beispiel ums Hemdenbügeln. Das weiß ich noch wie heute, da sagte er einmal: Also, Hemden bügeln, das müßte man gut können. Ich sagte: »Ich kann keine Hemden bügeln, und ich werde auch nie Hemden bügeln. Hemden kann man doch zum Waschen und Bügeln geben.« Das sei zu teuer, meinte er. Ich hab ihn nur ausgelacht und gesagt: »Also, wenn jemand heute Hemden bügelt, hat er selber Schuld.« Er war richtig befremdet, was mich amüsierte. Das hab ich später meiner Mutter erzählt, und meine Mutter wollte sich halb totlachen und sagte: »Wieso? Das kommt doch drauf an, in welchen Verhältnissen du lebst, da mußt du doch sowas auch machen.« Ich sagte: »Nee, nee, das werde ich auf keinen Fall.« Da sagte sie: »Dann darfst du nicht heiraten.« »Na gut«, sagte ich, »dann werde ich damit warten.« Dann ging alles ziemlich schnell. Auf der Rückfahrt hatte ich Beschwerden, Unterleibsbeschwerden, ich hatte meine Tage früher gekriegt und hatte starke, krampfartige Schmerzen, trotz Tabletten. Mein Mann hatte mir gesagt: »Also, du mußt, wenn du in Berlin bist, sofort zum Frauenarzt gehn.« Der untersuchte mich und sagte: »Sie haben ein Myom, ein gutartiges Gewächs. Sie sind ja noch sehr jung, tja, Sie können keine Kinder haben.« Ich hatte zu der Zeit noch keineswegs an Kinder gedacht, mochte meinen Mann aber schon sehr gerne und wußte, wie kinderlieb er ist. Und ich wollte natürlich gern Kinder haben als Frau, nicht sofort, aber irgendwann. Das hat mich also ziemlich erschüttert. Der Arzt sagte dann so leichthin: »Na, Sie könnten es ja mal probiern, aber ich glaube, das wird nach 3 Monaten eine Fehlgeburt geben.« Da hab ich im Moment gedacht: Lieber jetzt sofort ein Kind, als nie. Irgendwie gehörte das für mich als Frau dazu, daß man ein Kind bekommt, weniger, weil ich glaubte, daß eine Frau nur als Mutter ihre Lebenserfüllung finden kann, sondern weil mir eine Geburt eine wesentliche Erfahrung zu sein schien.

Mein Mann kam, Gott sei Dank, zwei Tage später aus Italien

zurück und beruhigte mich: »Erstmal zum andern Arzt und erstmal sehn, ob das wirklich alles stimmt.« Es war für mich eine echte Krise, und das hat sich auf ihn übertragen, weil er mich auch sehr gerne hatte. Alle Differenzen, die bei uns da waren, nicht Streit oder so, aber diese Verschiedenheit in gewissen Dingen, das verschwand einfach alles. Der erste Arzt, bei dem ich war, wollte mich so bald wie möglich operieren. Da wir das nicht wollten, sind wir zu Professor G. gegangen, und der hat gesagt: »Vorsichtig, erstmal abwarten, solange das Ding nicht größer wird.« Ich nahm damals noch keine Antibabypillen. Und irgendwann hatten wir mal keine Präservative. Aber wir glaubten damals ja, es sei ohnehin egal. Es war wirklich nicht so, daß wir bewußt in dem Moment das Risiko eingehn wollten, daß ein Kind kam, aber daß es unbewußt geschehn ist, das kann man auch nicht sagen. Wir waren zu der Zeit vielleicht besonders stark miteinander verbunden. Ich kann mich noch an jede Einzelheit erinnern, ich weiß genau, wie mein Mann gegangen ist und wie ich mich fühlte und so. Es ist mir besonders im Gedächtnis haften geblieben, weil er nämlich nach einer halben Stunde wiederkam, er hatte ein Telegramm aus Bozen bekommen, daß es seinem Vater sehr schlecht ginge. Er fuhr am nächsten Tag sofort nach Hause, sein Vater starb ein paar Tage darauf.

Mein Mann machte damals seine Doktorarbeit, wir haben nachts immer ziemlich lange gearbeitet. Mir war dauernd schlecht, aber wir haben nicht gedacht, daß ich schwanger sein könnte. Und dann, gegen Ende des zweiten Monats, bin ich zum Arzt gegangen, wurde ein Test gemacht: ich war schwanger. Als er mir das sagte, hab ich doch einen Schreck gekriegt. Ich hab mich mit meinem Mann getroffen, hab ihm gesagt: »Also schön, ich krieg ein Kind.« Er guckte mich an und sagte: »Na gut, ist ja prima. Dann heißt es jetzt handeln.« Wir haben ziemlich schnell sämtliche Formalitäten erledigt, haben unsere Eltern unterrichtet, daß wir heiraten müssen, unsere Freunde auch, für die das reichlich überstürzt kam, aber wir haben uns im Grunde gefreut, wirklich. Wir wollten in Bozen heiraten. Aber dann kriegte ich Mitte des dritten Monats so starke Blutungen, daß mich mein Mann sofort ins Krankenhaus gebracht hat, am Sonntag. Im Krankenhaus haben sie natürlich gedacht, wir hätten eine Abtreibung eingeleitet, die Oberärzte waren überzeugt, bis der Chef selbst kam und sagte: »Moment, sie will das Kind wirklich haben. Wir wollen alles versuchen, das zu erhalten.« Ich fühlte mich sehr mies und hatte Angst, wenn es jetzt einen Abort gibt, dann ist das ein Zeichen, daß ich wahrscheinlich nie ein Kind werde haben können. Ich mußte 3 Wochen im Krankenhaus liegen, nur liegen, und bin dann nach Hause gegangen. Dann war Wohnungssuche und alles mögliche, ich konnte mich daran nicht beteiligen, weil ich dauernd liegen mußte. Widerliche Zeit, wirklich. Auch die ständige Angst, daß irgendwas passiert. Das waren böse Monate. Im fünften Monat haben wir dann in Berlin geheiratet. Dabei habe ich meine Schwiegermutter kennengelernt, verständigen konnte ich mich sowieso nicht mit ihr, weil ich kein Italienisch sprach, aber die Familie meines Mannes hat das wirklich mit Liebe und Fassung getragen und uns viel geholfen, auch meine Mutter.

Die Geburt war völlig normal, sie hat 6 Stunden gedauert, aber eine schmerzlose Geburt war es wirklich nicht. Ich hab hinterher gesagt: »So schnell nicht wieder. Irgendwann vielleicht, aber das Ganze ist eine üble Sauerei für eine Frau, wirklich.« Der Professor hatte sich sehr um mich bemüht, ist auch nachts gekommen und hat die Geburt selbst entwickelt und eingeleitet und so weiter. Gegen Morgen wurde das Kind geboren. Ich weiß noch, wie er es mir hinhielt, bevor ich die Spritze kriegte, ich sah dies schleimige Ding an, dann war ich weg. Als sie mir das Kind später in den Arm gelegt haben, hab ich als erstes gefragt, ob es gesund ist. Ich hatte häufig Tabletten genommen am Anfang, besonders als wir an der Doktorarbeit von meinem Mann gearbeitet haben. Und dann mit diesem Myom, ich hatte also panische Angst, daß da irgendwas sein könnte. Aber das Kind, es war ein Junge, war gesund. Ich war wirklich selig. Ich glaub, ich war selten in meinem Leben so glücklich, so vom Kopf bis zu den Fußspitzen körperlich glücklich. Es war unheimlich.

Als ich mit dem Kind zu Hause war, die erste Zeit, da war ich sehr glücklich, aber später war ich dann auch oft völlig am Boden zerstört, weil ich dachte: Studium und so, das klappt nicht. Ich hab gemerkt, daß mir alles zuviel wurde. Ich wollte auf jeden Fall weiterstudieren, ich hatte mich nicht mal beurlauben lassen. Zuerst haben wir bei den ehemaligen

Wirtsleuten meines Mannes gewohnt, die uns sehr nett aufgenommen haben, in so einer Kellerwohnung. Später haben wir eine größere Wohnung gekriegt, da war das Kind zwei Monate alt. Ich mußte mich erst langsam daran gewöhnen, ein Kind zu haben und einen Haushalt und so was. Mein Mann war damals noch Medizinalassistent, er mußte regelmäßig und oft lange arbeiten, konnte mir also wenig helfen. Daß ich meine Haushalts- und Mutterpflichten mit Schwung erfüllt hätte, wäre wirklich übertrieben. Nicht, daß es echte Krisen gab, die uns beide betrafen, unser Verhältnis zueinander, aber die Umstände waren keineswegs angenehm, obwohl ich das Kind sehr gern hatte, ich hab es wirklich genossen in jeder Lebensphase.

Ich hab dann versucht, weiterzustudieren, aber es haute alles nicht hin. Irgendwann sind wir auf die Idee gekommen, daß wir das Kind wohl doch in die Krippe geben müssen. Mein Mann wurde Vollassistent, kriegte also mehr Geld. Ich hab zwei Semester lang ein Darlehen gekriegt, so daß es einigermaßen reichte. Wir kriegen auch ein bißchen Unterstützung vom Bruder meines Mannes. Und dann haben wir also Krippen besichtigt, und da war ich so entsetzt, daß ich nicht wollte, und daß ich sehr im Zwiespalt war: Studium oder das Kind in die Krippe. Kind in die Krippe wollte ich nicht, Studium wollte ich aber trotzdem. Und so hab ich dann einen Zettel in der Uni angemacht: »Suche Babysitter stundenweise.« Da haben sich viele gemeldet. Ich habe mich für eine Japanerin entschieden. Sie war lieb zu dem Jungen, auch durchaus emanzipiert, und von dieser stillen, sanften Art, daß ich ihr das Kind in Ruhe überlassen habe nach den ersten Tagen. Ich bin wirklich gerne wieder zur Uni gegangen und hab mit Vergnügen festgestellt, wie es ist, wenn man sich ohne Kinderwagen frei auf der Straße bewegen kann. Die Japanerin machte mir auch den Abwasch mit, so daß ich den ganzen Kleinkram vom Hals hatte. Ich war dann auch wesentlich ausgeglichener, das hat mein Mann natürlich gemerkt. Studieren wollt ich ja auf jeden Fall, und mein Mann hat mich dabei unterstützt. Er meinte: »Ein abgebrochenes Studium nützt dir nicht viel.« Wir hatten auch ein Beispiel vor Augen, das war ein Freund meines Mannes, der auch geheiratet hatte, weil ein Kind kam. Die Frau hatte auch studiert, hörte aber auf und verblödete allmählich, muß ich sagen. Ich meine, da kommen so viele bewußte und unbewußte Faktoren zusammen, auch daß die Geschwister meines Mannes alle fertigstudiert hatten, selbst die Frauen, und daß meine Mutter sehr gern wollte, daß ich fertig studiere, und daß ich mir eben selber auch sagte: Es ist gleich, was für einen Beruf ich später ausübe, auf meinen Plan, nach dem Studium regulär bei einer Zeitung zu volontieren und Redakteurin zu werden, hatte ich wegen des Kindes bereits verzichtet, aber ein Studium bot mir auf jeden Fall eine günstige Ausgangsposition, um nicht als Nur-Hausfrau zu enden.

Es stellte sich aber rasch heraus, daß ich trotz guten Willens einfach zu wenig Zeit hatte, um intensiv zu studieren. Am Anfang kriegte das Kind 5 Mahlzeiten, dann 4, und ich war bis abends beschäftigt. Mein Mann nahm mir am Anfang relativ wenig ab, und daß ich die anfallenden Arbeiten sehr flott organisiert hätte, das kann ich wirklich nicht sagen. Es war sehr schwierig. Ich meine, alles in allem schaffe ich längst nicht soviel, auch jetzt noch nicht, wie ich schaffen würde, wenn ich kein Kind hätte, das ist mir klar. Aber wenn ich im Frühjahr kein Examen mache, na schön, dann mach ich es eben ein Semester später. Das ist auch meinem Mann klar, das ist uns beiden klar. Es ist inzwischen bloß so, daß ich mindestens 300 Mark für Babysitter im Monat brauche, 300 Mark Miete, Telefon, Unkosten, wir passen nicht so auf mit Kleinkram, so daß die Unkosten relativ hoch sind. Das wird auf die Dauer finanziell eine ziemliche Belastung, ich hätte gern einen Halbtagsjob, damit ich etwas dazuverdiene und davon wenigstens die Babysitterin bezahlen kann. Inzwischen will das Kind ja nicht nur versorgt sein, sondern beschäftigt und angeregt werden, was mir wirklich Spaß macht, aber damit das Studium zu vereinbaren ist schwer, und natürlich kommen die anderen schneller vorwärts. Ich möchte jetzt intensiv arbeiten, wirklich etwas erarbeiten, weil mich inzwischen das Fach mehr interessiert als das Studentsein. Und dann zu sehn, daß ich einfach nicht die Zeit habe, obwohl ich gern möchte, weil ich nachts um 12 Uhr einfach müde bin . . . Da hat sich natürlich ergeben, daß ich mir überlegt habe, wie ich das abändern kann. Ich habe verlangt, daß mein Mann mir in bestimmten Dingen behilflich ist, was ihm oft kaum möglich war, weil er zu der Zeit anfing, wissenschaftlich zu arbeiten, am Anfang ziemlich viel theoretisch aufarbeiten mußte, um sich reinzufinden. Und da hat es zwischen uns Differenzen gegeben um Kleinigkeiten. Ich habe zu meinem Mann gesagt: »Also, ich hab heute wieder den ganzen Tag nichts geschafft, obwohl die Babysitterin da war, weil ich heute morgen einkaufen war, weil ich Rechnungen bezahlen mußte, weil ich dies und jenes erledigen mußte, auch Handschuhe für das Kind gekauft habe. Ich weiß nicht, wie ich es machen soll.« Er sagte dann: »Ich kann es doch auch nicht machen. Wann soll ich es denn machen?« Doch ich hielt ihm vor, daß er nicht nur arbeitet, um mich zu ernähren, sondern daß er eben 12 Stunden und mehr am Tag arbeitet, weil es ihn interessiert, weil er gerne wissenschaftlich arbeitet, weil er das und das erreichen möchte. Er meinte, es käme schließlich auch mir zugute, wenn er im Beruf etwas erreicht. Ich sagte: »Gut, aber du kannst auch eine Praxis aufmachen, genau das gleiche Geld verdienen, einen halben Tag arbeiten und den andern halben Tag mir alles mögliche abnehmen. Das ist es also nicht, sondern es macht dir Spaß. Mir macht das auch Spaß, so zu arbeiten! Und deshalb muß man irgendwie eine Möglichkeit finden, weil du mir ja an sich theoretisch den gleichen Anspruch zugestehst.« Darauf sagte er: »Ja, aber ich muß innerhalb der nächsten Jahre möglichst viel schaffen, weil es sonst nicht klappt, weil die Konkurrenz auf meinem Spezialgebiet sehr groß ist.« Und da hat er recht, leider, da kann ich nicht das Gegenteil behaupten, ich kann nicht sagen: »Also gut, forsche nur 6 Stunden am Tag, dann kommst du langsamer voran, ich komme aber dann schneller voran, und wir haben unsere Entwicklung gleichzeitig.« Das geht in der Theorie sehr schön, aber in der Praxis sehr schlecht, weil ihm dann andere seine Forschungsprojekte wegnehmen. Die Gesellschaft ist ja leider nicht so, daß alle ihr Leben wie wir zu regeln versuchen, sondern daß eigentlich nur wenige das so machen. Aber durch solche handfesten Gespräche über Aufgabenteilung wurde mir bewußt, daß er doch nur teilweise recht haben konnte. Zuerst war es bei mir eigentlich eine Opposition gegen die Umstände, weil ich nicht wußte, wie ich es machen und praktisch lösen sollte. Und von daher bin ich dann zu der Einsicht gekommen, daß es, wenn wir abends zusammen essen, an sich eine Selbstverständlichkeit sein sollte, daß er mir hilft beim Abwaschen hinterher. Warum soll ich das machen, warum nicht auch mal er, oder warum das nicht abwechselnd machen? Mein Mann sah das auch ein. Aber in der Praxis war es im Endeffekt immer wieder so, daß zuviel an mir hängenblieb, und das hat mich natürlich oft empört.

Die andere Sache, die hinzukam und die mir vieles klarmachte, war die Aufklärung von seiten des SDS und andrer Gruppen in bezug auf gesellschaftliche Probleme, die ich sehr begierig aufgenommen habe. Ich habe einige SDSler kennengelernt bei Aktionen, habe mich intensiv auch an der Vorbereitung und Durchführung einer Demonstration gegen das griechische Militärregime beteiligt. Auch über Vietnam haben wir heftig diskutiert, denn gerade an diesem Beispiel kann man zeigen, wo das Recht und wo das Unrecht ist. Damals wuchs bei vielen, die an sich unpolitisch waren, die Bereitschaft, sich linken Gruppen anzuschließen. Das war auch bei mir so. Es war zunächst eine gefühlsmäßige Sympathie für die Linke, die den besseren Standpunkt vertrat. Aber am 2. Juni 67 wurde mir dann richtig bewußt, daß es auch hier bei uns Unterdrückung gibt. Als sich rausstellte, daß Benno Ohnesorg bei der Demonstration vor der Oper, der Demonstration gegen den Schah, von einem Polizisten erschossen worden war, radikalisierte ich mich. Ich hatte ja den Umweg über die gewaltfreie Aktion gemacht, aber als ich gesehn habe, daß nichts dabei rauskommt, auch theoretisch wenig, bin ich allmählich zu einem Befürworter linker Demonstrationstechniken, einschließlich einer bestimmten Gewaltanwendung, geworden. Der Zusammenhang ist ziemlich klar. Zuerst hat man eine gefühlsmäßige Sympathie für die linke Bewegung, dann Einsicht in die linke Theorie, und dann kann man sehn, daß das stimmt und kann es nachvollziehn. Der ganze linke Jargon kam mir früher immer ein wenig übertrieben vor. Ich dachte: Man kann es doch auch dezenter ausdrücken. Inzwischen bin ich zu der Einsicht gekommen, daß man es gar nicht dezenter ausdrücken darf, daß ›Unterdrückung‹ kein Schlagwort ist, sondern daß dieser Begriff einen Wahrheitsgehalt hat. Mit dem Begriff ›Manipulation‹ verhält es sich ähnlich. Wenn man erst erkannt und erfahren hat, daß diese Manipulation tatsächlich existiert und daß nicht nur der Arbeiter manipuliert wird, sondern daß diese Manipulation alle Schichten umfaßt, dann begreift man irgendwann auch, daß die Mythologie der Frau, wie sie heute propagiert wird in ›Brigitte‹ und ›Jasmin‹ und wie immer diese Blätter heißen, eine Funktion erfüllt, und daß sie reingenommen werden muß in den Begriff der Manipulation. Aber mit dem Durchschauen dieser Tatsache ist noch nichts geändert, denn viele Männer durchschauen das ja auch, die linken SDSler durchschauen sie, aber handeln trotzdem keineswegs im Sinne der Emanzipation, wie ich sie mir vorstelle, oder wie sie sich der ›Aktionsrat zur Befreiung der Frau‹ vorstellt. Wenn wir die Emanzipation wirklich auf breiter Basis erreichen wollen, bleibt nichts anderes übrig, als tatsächlich eine gesamtgesellschaftliche Änderung herbeizuführen, obwohl zur Zeit die Möglichkeit dazu sehr gering ist. Was nicht bedeutet, daß man nicht trotzdem weiter aufklären und eventuell mal eine Revolution machen soll, wenn die Zeit reif ist. Fragt sich nur, wann.

Marlene O.

Also, ich bin am 4. Februar 1937 in Breslau geboren, Breslau ist ja die schlesische Hauptstadt. Und meinen Vater, den seh ich heute noch vor mir, der war eigentlich der Inbegriff meiner Kindheit. Und das war natürlich ein riesengroßer Schlag, als er im Krieg fiel. Also, wir wissens nicht, er ist vermißt. Mein Vater war Kaufmann. Wir waren oft in der Firma, für die er da Prokurist war, ich hab nur eine Erinnerung vom Schreibtisch, es war eine Zuckerfirma, und da hatte er verschiedenen Kandiszucker liegen. Meine Eltern hatten eine sehr, sehr glückliche Ehe. Mein Vater war ein sonniger Mensch, der seine meiste Zeit eigentlich mit mir spielte, auf dem Bett rumturnte, sogar auf der Teppichstange den Affen machte, sich kratzte und so. Meine Mutter, die sagte dann immer: »Gleich gibts ein Geheule!« Meine Mutter war eher die Außenstehende, die Kritisierende. Sie war strenger. Und ich war mehr ein stilles Kind, Verwandte erzählen heute, wenn man mir sagte: »Setz dich da hin«, und vergaß zu sagen, daß ich wieder aufstehn soll, dann saß ich da Stunden um Stunden. Meine Schwester hat meinen Vater gar nicht gekannt, denn meine Schwester war ein Kriegskind, die wurde sozusagen nur produziert, regelrecht, damit meine Mutter nicht in die Waffenproduktion mußte.
Eigentlich kam ich erst in der Schule in irgendwelche Gemeinschaft von Kindern, ich war eben sehr schüchtern. Meine Mutter ging dann mal stolz zur Lehrerin und wollte sich, wie so jede Mutter, erkundigen. Dann hieß es: »Ja, die Marlene träumt immer nur und ist sehr langsam.« Also, ich kam schlecht mit, das war in der 1. Klasse. Und nach der 1. Klasse gingen wir ja, mußten wir flüchten.
Ich weiß nur, wir sollten weg aus Breslau, und riesige Körbe standen da, und ich hatte einen alten Teddy, den ich immer wieder in den Korb tat, und meine Mutter schmiß den immer wieder raus im weiten Bogen und sagte: »Wir ham wichtigere Sachen einzupacken.« Bis ich nachher wußte: Also ich muß ihn ganz unten hinstecken, daß sie ihn nicht mehr sieht. Und so kam der Teddy dann doch mit. An sich dachten wir,

wir kämen zurück, nur etwas ahnte man ja schon. Ich weiß, als wir dann im Zug saßen, es war einer der letzten Züge, die rausgingen, jedenfalls sang ich immer vor mich hin: »In der Heimat, in der Heimat, da gibts ein Wiedersehn ...« und schluchzte so in meine Ecke rein.

Und dann kamen wir in ein Dorf im Harz. Wir haben erst beim Bauern gewohnt und dort mitgearbeitet. Meine Großmutter kam nachher, die kam mit 12 Pferden, mit einem Treck, wie sich das damals nannte, mit ihren ganzen Arbeitern, die hatte ja in Schlesien ein Gut, und 12 Wagen, kam da an mit unheimlich vielen Sachen. Und nach einem Jahr hat ja der ostzonale Staat da die Bodenreform durchgeführt, und wir mit unsern Pferden und Kühen, was wir da hatten, was meine Großmutter mitgebracht hatte, nahmen nun das Land, was uns zugeteilt wurde, mit freudigen Händen. Meine Mutter, die war ja eigentlich in der Stadt erzogen worden bei ihren Großeltern, wir waren Fabrikanten, wir waren eigentlich nicht so ländlich eingestellt. Aber die hat dann eine Plantage gepachtet, eine Obstplantage, und aus dem Geld, was sie herausgewirtschaftet hat, hat sie sich eine neue Plantage, die viel größer war, angepflanzt und hat Häuser drauf gebaut.

Man war sehr gegen die Flüchtlinge eingestellt, die einheimischen Kinder ließen uns Flüchtlingskinder nicht mitspielen. Das änderte sich allerdings in der 6. Klasse, als nicht mehr nach schönen Kleidchen beurteilt wurde, sondern nach Können. Und dadurch, daß in dem Dorf sehr viel Inzucht war, wie das auf Bauerndörfern so ist, die sind ja nicht sehr beschlagen, wir waren dann besser in der Schule. Dann haben wir uns dafür gerächt, was uns in den früheren Zeiten zugestoßen war. Ich war bald die Beste in der Schule und ging ab mit Auszeichnung. Auf so einer Dorfschule, da gehört ja nicht allzuviel dazu. Mathematik war mein liebstes Fach.

Die Oberschule befand sich in der nächsten Stadt. Ich ging nach Wernigerode, das heißt, meine Mutter gab mich in Pension zu einer Beamtenwitwe. Ich hatte auf der Dorfschule kaum Zeit für Schularbeiten gehabt. Meine Mutter war der Meinung, Schule ist nicht so notwendig: »Ach, Mädchen, bleib mal heut zu Hause, die Schule, das ist sowieso alles zu schwer für euch.« Mittags wartete schon der Wagen, der Schulranzen irgendwohin, oder der wurde noch mitgenommen, und dann gings mit einem Ackerwagen 3 Kilometer weiter auf das Feld, das wir zugeteilt bekommen hatten. Die Schularbeiten wurden dann früh in der Pause gemacht. Und in Wernigerode, das war nun die Freiheit, da hatte ich mittags frei, und wir gingen in der Stadt spazieren. Die Frau Thomas, die Beamtenwitwe, die war wirklich wie ne 2. Mutter, die war ganz reizend und paßte natürlich auf, wenn wir da von jemanden ins Kino geführt wurden, daß es ja von 6 bis 8 war und nicht von 8 bis 10. Und mittags mußten wir raus, frische Luft schnappen. Also wirklich, man hätte sich nichts Besseres wünschen können. Und ich hatte vorher an sich nie unter Aufsicht gestanden, meine Mutter hatte gar keine Zeit. Aber ich denke, das ist im Menschen sowieso drin.

Es machte mir dann sehr großen Spaß, daß ich mich zum erstenmal richtig schulischen Dingen widmen konnte. Das war alles immer wunderbar, die Pausen und auch die Stunden. Und mit den Schülern hab ich mich auch gut vertragen.

Wir, die von östlich der Oder-Neiße herkamen, wir machten natürlich unserm Gegenwartskundelehrer, so hieß der damals, der uns so die politischen, einige Schwierigkeiten. Er war übrigens ein alter Arbeiterveteran, also einer, dem man verzeihen muß, daß er Kommunist ist. Und dem sagten wir nun unheimliche Sachen: völkerrechtlich wäre das überhaupt nicht zu machen, daß Ulbricht da unterschreibt, die Oder-Neiße-Grenze wäre für immer. Allerdings, in alten Aufsätzen lese ich heute flammende Reden für den Kommunismus, es ist klar, diese Lehre hat eben das Bestechende. Aber dann sieht man nach kurzer Zeit, daß sie nicht realisierbar ist. Nur als junger Mensch denkt man: Das ist doch wunderbar, wenn alle Menschen gleich sind, und wenn keiner mehr arm sein muß. Ich wußte schon zu der Oberschulzeit, daß ich also mit dem System nichts zu tun haben wollte. Man richtet sich darauf ein, daß dieser Staat eine Macht ist, daß man nach dieser Macht sich richten muß, wenn man irgendwie auf einen Posten kommen will, der seinem Gewissen, eh, Wissen gerecht wird. Zum Beispiel dachte ich damals: Ich möchte studieren, also muß ich mich jetzt nach dem Staat richten. Man brauchte weiter nichts zu tun, als FDJ-Mitglied zu sein, und natürlich in der Schule im Gegenwartskunde-Unterricht muß man über das System sprechen.

Ich war, sagen wir mal, sehr spätreif, also nicht wie heut die heutige Jugend. Meine Mutter hat mich auch nicht aufgeklärt, und ich bin eigentlich, wie das nun kam, wie ich nun wußte, daß der Klapperstorch nicht die Kinder bringt, das weiß ich eigentlich gar nicht. Ich glaube, wir haben nur mal ab und zu bei meiner Tante im Arztbuch nachgeguckt. Also mit 24 war ich noch nicht besonders, hatte ich nicht besonders viel erlebt. Zwar Händchenhalten und mit zu Schulfesten gehn und ins Kino, ich ging auch so weit wie ein Kuß, aber weiter ging ich eben nicht. Da hatte meine Mutter mir allerdings gesagt, was ich vielleicht meiner Tochter auch sagen sollte, sie sagte: »Hinterher wirst du nicht mehr so geliebt.« Und da dachte ich immer, wenn ich auf jemand irgendwie Wert legte oder so: Um Gottes willen, je mehr ich erlaube, desto weniger liebt er mich! Das ist ja auch so, ein Junge mit 20 will ja noch nicht heiraten und will auch keine Frau fürs Leben. Die wollen was erleben! Und deswegen ist es auch ganz gut, wenn eine Mutter einem Mädchen etwas sagt. Ich glaube auch, daß eine Frau unberührt in die Ehe gehn sollte, ich bin davon sehr angetan. Obwohl, die Männer heutzutage, die legen dadrauf keinen großen Wert mehr. Aber ich, ehrlich gesagt, ich würde mir einen Mann wünschen, der dadrauf Wert legt. Ich glaube doch, daß die Frau der draufzahlende Teil ist in der Beziehung. Und eine Frau, die tiefer empfindet, trägt da ihr ganzes Leben lang eine Narbe davon, wenn sie schon durch diese Schule gegangen ist. Ich meine, der Mann geht weg, der schüttelt sich und geht daraus hervor, und ein Mädchen wird eben gezeichnet. Und deswegen, rein aus egoistischen Gründen schon, ne.

Beim Abitur dann, ach Gott, man war derart bedrückt, man war ein laufender Computer, voll mit Sachen. In Geschichte kam ich immer mit der Französischen Revolution dran, bei jeder Prüfung, die ich im Leben durchzustehn hatte, immer zog ich den Zettel mit der Französischen Revolution. Ja, und sonst ging auch alles glatt, auch im deutschen Aufsatz. Das war über Schiller, was Schillers Werke für den Ostzonenstaat da bedeuten oder irgend sowas. Es gibt natürlich 3 Themen, aber das, worüber ich schrieb, war glaub ich: »Der Mensch wächst mit seinen, die Leistungen wachsen mit den Fähigkeiten, oder die Fähigkeiten mit den Leistungen.« Nee.

»Die Anforderung ...« Es war jedenfalls ein Satz von Schiller.

Ich hatte mich auf 2 Schulen beworben, eine als Architektin und eine als Ingenieur. Und ich bekam von der Ingenieurschule die Zulassung. Architektur war überfüllt. Es ist in der Ostzone so, der Staat lenkt, was man wird. Also zu meiner Zeit war es noch so, daß man nur sagte: »Das ist überfüllt. Nehmen Sie das.« Ich ging dann nach Jena, da war diese Ingenieurschule, sehr modern, ein wunderbares Gebäude, und alles war herrlich. Unten im Keller waren die ganzen Maschinen, diese Riesendinger, an denen man erst eine praktische Ausbildung machen mußte. Da war ich natürlich immer sehr ängstlich, hab mir etliche Narben geholt, aber dann hatte ich das auch überstanden. Es hat eigentlich ganz großen Spaß gemacht. Wir waren nur 4 Mädchen und 30 Jungs. Also, als Frau erlebte man da direkt den Himmel auf Erden. Dann hatte ich einen Freund aus unsrer Klasse, ein sehr ritterlicher Mann. Aber nachdem er doch etwas zu ritterlich war und überhaupt gar keine Anstalten machte, mich mal zu küssen, hatte ich dann einen andern Freund. Der war auch aus meiner Klasse, aber der war 4 Jahre älter, und das war da nun der Allerbeste von der ganzen Schule. Wenn die Lehrer uns eine Arbeit gestellt hatten, und er hatte ein anderes Ergebnis raus, rechnete der Lehrer seine noch mal durch! Und er gab seine Arbeit, die in 2 Stunden geschrieben werden sollte, nach einer Viertelstunde ab, ging nach Haus und hatte trotzdem die 1. Jedenfalls, ich war hin- und hergerissen von so viel Können. Und daß er der Klassenälteste war und die ganze Meute unter sich hatte, das war ja nun klar. Er hatte damals ein Motorrad, als einziger von der ganzen Schule, weil er eben ein so hohes Stipendium bekam. Es ist ja drüben so, die Eltern zahlen nichts. Es darf auch keiner studieren, der nicht die Begabung hat. Wenn man auf 3 steht, überhaupt nicht, da können die Eltern Massen an den Staat zahlen, man kommt eben auf keine Schule drauf. Und wenn man 2 und 1 steht, dann bekommt man vom Staat Geld, regelrecht wie ein Beruf ist das dann, wenn man zur Schule geht, schon zur Oberschule und später erst recht zur Universität oder zu Ingenieurschulen. Man kriegt direkt einen Arbeitslohn, und der richtet sich danach, wie die Leistungen sind. Und mein Freund eben, der kriegte ein derartiges Gehalt, sozusagen das Studiengehalt, daß er ein Motorrad hatte mit allem drum und dran. Wir fuhren dann, er stellte mich seinen Eltern vor, das waren mehr kleinere Leute. Aber er war nun der große Star der Familie und ich nun seine Freundin. Das war eigentlich herrlich. Er hat sich auch für Politik interessiert, er hat den Lehrern und so derart viel gesagt, daß wir uns gewundert haben. Aber er hat an das System geglaubt. Er dachte zum Beispiel, es sind nur Fehler, die hier stattfinden. Und da man um sein Wollen und seinen Glauben gewußt hat, hat man ihm auch nicht übelgenommen, wenn er nun mal furchtbar geschimpft hat. Nach dem Studium gingen wir beide zusammen nach Berlin zum Wissenschaftlichen Institut für Maße und Gewichte, das war in Berlin am Alexanderplatz.

Dann floh meine Familie nach Westdeutschland. Meine Mutter hatte doch die Gärtnerei, die Obstplantage und das Ganze, was sie sich nun aufgebaut hatte, die Häuser und alles. Und jetzt sollte drüben die Kollektivierung einsetzen. Und meine Mutter ist kein Typ, der irgendwo unter jemand anderm arbeitet. Wahrscheinlich wäre sie da die Oberste geworden, aber das wollte sie auch nicht. Wenn man arbeitet, möchte man das ja für sich tun. Sie hatte inzwischen wieder 12 bis 15 Angestellte, nur jetzt meine Mutter, meine Großmutter hatte extra welche, wir hatten sehr viele Angestellte. Und deswegen wollte sie das eben nicht aufgeben, sie wollte nicht in der Kollektivwirtschaft mitarbeiten. Und dann ging sie eben über Westberlin, wir trafen uns noch. Sie sagte: »Du willst hierbleiben?« Ich sagte: »Ja.« Als Ingenieur hatte ich mein Einkommen, ich war auch nicht politisch verfolgt, und ich dachte: Ach, ich bleib ruhig hier. Ich hatte eine gute Stellung, gute Arbeitskollegen undsoweiter. Und dann ging sie, fuhr weg, das war 1960. Die Reaktion von meinem Freund war: »Wir werden hier bald keine Leute mehr haben! Was machen sie es nicht besser, alle haun uns noch ab.« So sagte er. Wir blieben aber weiter dort, obgleich das Gespenst der ewigen Trennung, der totalen Trennung ja immer irgendwie schwebte, zumal, wenn man jemand hier hatte, und man war selbst da drüben. Man dachte doch, es ist besser, wenn man zusammen ist, wenn mal irgendwas passiert. Und da fing ich langsam an, ohne meinem Freund davon zu erzählen, mich mit dem Gedanken zu befassen. Ich fuhr also mit der S-Bahn rüber. Ich hatte ein kleines Köfferchen genommen, in dem ich Schmuck undsoweiter untergebracht hatte, weil meine Freundin, die war in Westberlin, der wollte ich das abgeben. Jedenfalls schnappten die mich noch im Osten, und dann wurde ich geprüft, und dann wurde ich verurteilt zu einer Geldstrafe. Mir hatten sie ja nichts nachweisen können, ich hab nichts zugegeben, aber trotzdem, in dem Amt für Maße und Gewichte wurde in meine Akte geschrieben: »Zu Entwicklungsarbeiten nicht mehr zugelassen.« Zu geheimen Entwicklungsarbeiten. Also dachte ich: Jetzt muß ich so schnell wie möglich rüber! Aber mein Freund fühlte das irgendwie und sagte von alleine: »Wenn du rübergehst, dann komm ich mit.« Im Juni ging ich rüber, und 14 Tage danach kam er selbst. Ich hatte gehört, Marienfelde ist das Lager, und ich ging dann ins Lager.

Da wurde man als Nummer genommen, Einemillionhunderttausend, Marlene S. zur H-Probe, zur Entlausung, zur weiß ich was, also direkt wie, also 45 war nichts dagegen, wie man da behandelt wurde. Die Leute waren derart feindlich gesinnt, weil es ja alles Westdeutsche waren, die zu dem Zeitpunkt schon einen gewissen Dünkel hatten, bestärkt auch durch Leute, die da rübergekommen waren, wo sich wirklich Asoziale auch drunter befinden, nein, eine derartige Voreingenommenheit! Wie bei einem Tiertransport ging das da vor sich. Man wurde angeschrien und runtergemacht wie der letzte Mensch und nahm auch zwangsläufig sofort solche Haltung an. Ich arbeitete damals in der Küche, man konnte zum Küchendienst sich melden und kriegte wohl 1 Mark, D-Mark-West, für einen Tag Arbeit. Jedenfalls hab ich mich dazu gleich gemeldet, das erste Westgeld war ja überhaupt wie, Dollar kann ich nicht sagen, aber wie ein Barren Gold. Und wenn ich da Käse fand oder so, dann nahm ich den sofort mit und schrieb nach Haus also zu meiner Mutter: »Ich bringe unheimlich viel Käse mit, kauft Euch nächste Woche nichts.« Und die schrieben zurück: »Laß das alles da, wir haben ja genug zum Essen.« Das konnte ich mir gar nicht vorstellen, ich lebte, das ist ganz komisch, wenn der Mensch auf eine Stufe runtergesetzt wird, die dem Tierischen entspricht. Wir wurden nun ordentlich geprüft, ob der Körper gesund ist und ob man auf die westdeutsche, zivilisierte Bevölkerung losgelassen werden kann. Und man hat uns ausgefragt. Ich hatte Untersuchungen mit Zucker durchgeführt in dem Amt für Maße und Gewichte, und als die nun hörten: »Untersuchung über die Drehungen im Licht«, war überhaupt alles in heller Aufregung, daß da vielleicht Zucker zu irgendwelcher Munition benutzt würde. Das war eine amerikanische Stelle, die da die Verhöre durchführte. Und da nun alle, die irgendwie vom Osten kommen, Spione oder was sein müssen, naja, dann stellte sich heraus, daß ich wirklich nichts wußte und wirklich nur mit Zucker gearbeitet hatte und nicht mit Munition. Ein oder zwei Tage haben die mich befragt. Und eines Tages konnte ich dann nach Hattingen fahren, wo meine Mutter war.

In Hattingen kam ich zum Arbeitsamt und sagte: »Ich war Ingenieur.« Aber die sagten mir: »Ja, da können Sie hier gar nichts werden als Ingenieur, die werden ja hier überhaupt nicht anerkannt und als Frau sowieso nicht.« Ich sag: »Ich mach alles, wenn ich irgendwo scheuern kann oder irgendwas, ist mir ganz egal.« Und da sagten die: »Frau, ja können Sie denn schippen, na Kohle schippen oder was?« Sag ich: »Ja, ich kann auch schippen.« Und mein Freund hatte sofort eine Anstellung bei Siemens in München. Er schrieb mir nun: Du schreibst jetzt die und die Werke an, und du wirst sehn. Er hat mir dabei geholfen. Und alle schrieben mir mit der Fahrkarte sofort: Ich soll mich vorstellen kommen. Ich nahm ein Angebot gleich an und zog nach Stuttgart. Und das erste, was ich mir anschaffte, war ein Kofferradio. Alle lachten mich furchtbar aus: »Ja, da will sie wohl am Sonntag mit ihrem Freund ins Grüne ziehen«, undsoweiter. Ich sag: »Nein, das Kofferradio will ich dafür, wenn ich ein Auto habe, kann ich es gleich benutzen als Autoradio.« Da brach schallendes Gelächter aus: »Ein Auto!« Die waren so lange schon da und hatten noch kein Auto. Aber Tatsache, nach 4 Monaten hatte ich ein Auto, dadurch, daß ich die Miß-Germany-Wahl mitgemacht hatte.

Meine Mutter sagte: »Wir müssen das versuchen.« Es war ja ein Preis für 25 000 Mark ausgesetzt. Wir wußten damals noch nicht, daß es dafür ein Auto gab, das waren dann nur Sach-Preise. Ich ging also zum Fotografen, ließ mich foto-

grafieren, sagte ihm aber nicht wofür. Der hat dann mein Bild im Fenster ausgestellt. Und Tatsache, nach einem Monat bekam ich ein Telegramm, von Opal kam das: »Sie haben die erste Hürde bereits übersprungen, kommen Sie am soundsovielten, Fahrkarten werden geschickt.« Also, ich war erstmal glücklich. Dann dacht ich: Ach Gott, auf den Bildern sah ich gut aus, gut getroffen, die werden einen Schreck kriegen, wenn sie mich in Natur sehn. Also, wenn man aus der Ostzone kommt, ein, ein graues Gebiet, ein grauer Staat, graue Stoffe und schwarz, keine Farben und nichts. Und in Westfalen, wo ich nun war, da hat es ja auch nicht so gewimmelt vor Lippenstift undsoweiter. Und als ich zur Vorauswahl kam, stand ich vor einer Menge von sozusagen Titelschönheiten. Ich wollte am liebsten gleich wieder nach Hause fahren. Da draußen war ein kleiner Saal, da saß eine Jury, 2 Mannequinlehrerinnen und von Opal Leute und einer von der Zeitung und einer vom Film. Leute eben, die das ein bißchen beurteilen können. Ich lief da raus, also ich hatte einen Gang an mir durch das Feldgehn in meiner Jugend, also, ein Ackerkutscher ist nichts dagegen. Ich rechnete mir nicht die geringsten Chancen aus. Zwischendurch hatte noch einer von Opal gesagt: »Fräulein, wenn Sie das nächstemal rauskommen, bitte glänzen Sie nicht so wie eine Speckschwarte.« Ich war ordentlich eingecremt, die andern hatten alle Puder drauf. Jedenfalls dacht ich: Jetzt bin ich schon durchgefallen. Mit einmal wurde mein Name aufgerufen und es hieß: Ich wär die erste von den allen. Ich kriegte einen Blumenstrauß, ich zitterte da und wußte gar nicht, wie mir geschah. Jedenfalls von diesen Mannequins hagelten Schmähungen auf mich herab: Wie ich liefe, die hätten mich nur genommen wegen meines Gesichtes und meiner sonstigen Statur. Aber so könnte man mich auf kein Publikum loslassen. Jedenfalls sollte die Mannequinlehrerin mich am nächsten Sonntag in ihre Hände nehmen, und das tat sie dann auch.
In Stuttgart sagte ich nichts im Betrieb, ich setzte mich wieder an meinen Schreibtisch, machte meine Messungen und führte meine Berechnungen durch. Plötzlich um die Mittagszeit fiel das ganze Büro aus den Wolken, irgend jemand, Reporter vom »Stern«, wollte mich fotografieren. Der kam in das Büro reingestürzt, dirigierte alles um, machte die Tische um-

gekehrt hin, nahm die Aufnahmen von der Erde, ging zur Leiter hoch, machte von oben und von unten, wie ich nun am dekorativsten an meinem Reißbrett saß. Jedenfalls, im Büro legte sich die Aufregung 3 Tage nicht mehr. Dann mußten wir nach Frankfurt. Und dann kam eben die Haupt-Wahl. Es war eine derart feindliche Stimmung zwischen den Mädchen, wie ich sie überhaupt nie wieder erlebt habe. Meine Ängstlichkeit wurde etwas überwunden, weil bei den Proben schon solche Kulissenschieber dagesessen hatten und mir aufmunternde, also daß sie gesagt haben: »Oh, wie süß!« Oder irgend sowas. Jedenfalls, die erste Zeit hab ich immer noch dadrin geschwelgt. Dann gingen wir da auf und ab, sollten uns noch ein Lied dazu aussuchen, hatte ich mir so einen Cowboy-Marsch ausgesucht, also ich war ganz burschikos. Und es wurden Intelligenzfragen gestellt, die allerdings vorher mehr oder weniger abgesprochen waren. Aber die Stimme ist doch etwas, das zur Abrundung der Persönlichkeit irgendwie beiträgt. Mich fragte er, glaub ich, nach dem Ohmschen Gesetz, das hab ich dann gesagt, und die andern hat er wohl, viele ware Friseusen und Stenotypistinnen, die hat er dann natürlich irgendwas aus ihrem Beruf gefragt. Es war eine Jury da, aber das Publikum stimmte ab. Und ich kann es mir nicht verkneifen zu sagen, daß ich mit 700 Stimmen weit vor der nächsten lag, die hatte nämlich 92. Jedenfalls, vom Publikum waren welche sogar auf die Tische gesprungen, paar Männer, da sagte man nachher, das wäre mein Chef gewesen. Der war aber gar nicht da, der distanzierte sich noch davon, daß er auf den Tisch gesprungen wäre. Und als ich gewählt war, dacht ich im Moment: »Ich hab es bekommen, ja, ich habs geschafft! Ein Auto bekam ich, Geschenke, Flasche Eierlikör, Fernseher, Krokodilledertasche, Schirm, Knirps, alles mögliche. Und wenn man noch nie fotografiert worden ist, plötzlich muß Polizei die Fotografen zurückdrängen und so, an sich denkt man da gar nichts, nur: Hoffentlich kommst du gut auf die Bilder oder so. Man hatte vorher unterschreiben müssen, daß man hinterher ein Jahr für Opal tätig ist. Aber die Unterschrift hatte ich nicht gegeben, denn man sollte ein Gehalt von 800 Mark bekommen im Monat, und mein Ingenieur-Gehalt überstieg das, beziehungsweise kam dem ungefähr gleich. Also dachte ich: Warum soll ich nun da rumreisen für Opal und in Warenhäusern Autogramme geben undsoweiter. Ich hatte jedenfalls nicht unterschrieben, und Opal war in höchsten Schwulitäten, für die ist es die Werbung, deswegen machen die das nur. Und weil ich nun wirklich sah, daß sie schlimm dagesessen hätten, wenn ich nun gar nicht, hab ich mit meiner Firma gesprochen und hab gesagt: »Gut, ich möcht ein Jahr Urlaub haben«, die sollen die Arbeitsstelle freihalten, und nach dem einen Jahr sitz ich wieder da. Ich ging nach Berlin für Opal, mußte mich an einen Strumpfstand stellen wie Butter an der Sonne, ich hab Autogramme gegeben auf Bilder von mir. Ich hab im vornehmsten Hotel gewohnt. Dann kam ein Anruf von Arthur Brauner CCC, ich sollte mich sofort vorstellen. Ich sag: »Ich wollte überhaupt gar nicht zum Film.« Aber man ist ja derart plötzlich, wirklich, man ist von jeder Bodenständigkeit entfernt. Man wohnt im Hotel in einem ganzen Flügel mit 6 Zimmern und ist entfernt von jeder Realität, vollkommen isoliert. Alles kommt in Anbetung, und man will es gar nicht. Man freut sich zwar über die Artikel und über die Liebesbriefe, die man natürlich massenhaft kriegt, aber man wird von diesen Gesellschaften derart bewacht, daß man überhaupt keinen, man kann kaum mehr mit seiner Mutter sprechen. Die betrachten einen als Eigentum. Man wird ja, was viele Leute vielleicht gar nicht wissen, zu einem richtigen Symbol, zu einem Wert, der täglich verkauft werden muß. Und dieser Wert muß hochgebracht werden erstmal und muß da gehalten werden. Deswegen wurde mir auch gleich das Visum ausgestellt, 14 Tage danach war schon diese Miß-Universum-Wahl.

In New York bekam jede ein extra Auto mit Chauffeur, hinten saß man ganz alleine drin. Das ist dann immer eigentlich dasselbe, Fotoaufnahmen, Essen, Besichtigungen, vielleicht Interviews noch, Bevölkerung gar nicht, höchstens die stehn am Straßenrand, dann kommt Applaus. Und dann flogen wir nach Miami. Jedes Mädchen bekam einen Wachhund in Form einer Hostess. Jede Hostess will nun, daß ihr Mädchen gewinnt, denn das sind Frauen, die tun das ehrenamtlich, das sind Rechtsanwaltsfrauen so oder welche, die sich schon zur Ruhe gesetzt haben, und die das nur machen für die Stadt. Das ist auch so eine Attraktion dort. Und vor der Wahl fingen dann die Wetten an, praktisch wie beim Pferderennen, wird auf dieses Land gewettet, auf jenes Land gewettet, dann unter den Mädchen eine Umfrage gehalten, wer es wohl sein könnte. Das ist in ganz Amerika ein Ereignis, also wie die Krönung der Königin in England. Weil die ja nun keinen Adel haben, was hier in Europa das A und O ist, und haben auch keine Geschichte in dem Sinne, also versuchen sie das zu ersetzen durch die Schauspieler und durch solche Ereignisse. Denn jede Bevölkerung will ja was haben, was in der Zeitung steht und was angebetet wird.

Jedenfalls wurde ich die Erste da. Greece neben mir, die fiel gleich in Ohnmacht, denn sie war nicht dabei. Und als die 2. Wales war, Wales war auch eine, die immer so im Gespräch war, da wußte ich schon. Und dann kam es auch: »The most beautiful girl of the world is from Germany«, und dann erst mein Name. Also ich war, ich weiß nicht, ob ich geheult habe oder so, jedenfalls, hinter mir stand Miß Luxemburg, die tippte mich immer wieder an und sagte: »Du, du, du!« Und dann plötzlich, ich weiß nicht, wie, jedenfalls hatte ich die Krone auf dem Kopf, schief war sie wohl, dann hatten sie mir noch einen Umhang umgehängt, und dann mußte ich den Steg langgehn. Und die Leute haben geklatscht, und alles war eine riesige Brandung. Ich hörte eigentlich gar nichts mehr. Dann wurde alles abgeriegelt von Polizei, und die Reporter stürmten ran. Die größte Aufregung: von Deutschland war keiner da. Ach, das war was! Und dann wurde ich in ein Zimmer geführt, da war ein Riesen-Schreibtisch, alles fast dunkel, und da sollte ich nun einen Vertrag unterschreiben. Ja, den Vertrag durchzulesen oder so, kam mir gar nicht in den Sinn vor lauter, weiß ich, Glück, Ehrfurcht oder was es auch immer war. Jedenfalls, ich unterschrieb. Und das war dann wieder ein Vertrag für ein Jahr. Das ist die Firma, die das in Amerika macht. 10 000 Dollar kriegte ich für die Ausführung, also während des ganzen Jahres, und dann natürlich den Preis von 5000 Dollar an diesem Abend, und die andern Preise noch, Sachpreise, Nerz und andre Pelzmäntel und was es sonst noch war. Aus dem Vertrag mit Opal war ich damit raus.

Am nächsten Tag kam ich sofort in einen andern Flügel des Hotels. Alles für mich alleine, zig Telefone um mich herum,

dann 3 Leute, die mich nur bewachten, die mir Ratschläge
gaben. Einer, der mir die Schuhe anzog, einer, der mir das
Haar kämmte, es war wirklich phantastisch. Eine saß nur am
Telefon und sagte: »Nein, heute noch nicht, sie muß erst
ausschlafen.« Von dem Zeitpunkt an durfte ich übrigens
nicht mehr im Badeanzug fotografiert werden, die Amerikaner sind, wie sagt man, puritanisch. Also, nicht daß da nun
etwa Pin-up-Girl-Fotos gemacht wurden, das wurde extra
untersagt, nur bis oben geschlossen und ganz auf höhere
Tochter und College-Girl. Mir wars selbst etwas prüde, aber
ich dachte: die müssen das ja wissen. Dann kriegte ich einen
Plan: an dem Tag Chicago, nächsten Tag Detroit, nächsten
Tag San Francisco. Dann Südamerika runter, alle Länder in
Südamerika durch. Meine Aufgabe war, nur da zu sein. Zum
Beispiel, wenn eine Brücke oder eine Straße eingeweiht wird,
das Band durchzuschneiden. Oder dadurch, daß ich Ingenieur
war, mußte ich oft Fabriken besichtigen und da nun was
sagen. Ich sagte nur irgendwelche banalen Dinge über eine
Maschine oder sowas, aber das wurde dann groß als Schlag-
zeile nächsten Tag gebracht. Die Leute bezahlten an diese
Gesellschaft sehr hohe Summen für mich. In Südamerika
2000 Dollar pro Tag, das sind 8000 Mark. Daß die nun nicht
zwischendurch sagten: »So, jetzt ruhn Sie sich mal aus«, das
ist klar, die wollten ihre 8000 für den Tag nun wirklich rausgeholt sehn. Und da hab ich nun gesagt, als armer, alter Ost-
zonen-Geschulter: »Also, 7-Stunden-Tag!« Das hab ich erst
Weihnachten gesagt, nachdem ich rausbekommen hatte, wieviel überhaupt für mich gezahlt wird. Hab ich gesagt: »Unter
den Umständen möchte ich auch prozentual beteiligt werden.« Denn das stand ja in gar keinem Verhältnis, was ich
davon kriegte. So wurden dann auch andre Regelungen getroffen, jedenfalls nicht mehr wie es am Anfang war. Ich war
bis um 2 zur Cocktail-Party, oder ich kam zum Beispiel
3 Uhr 45 in Rio de Janeiro an, und früh um 8 standen die
ersten in meinem Schlafzimmer, Reporter sozusagen, weil die
da derart aufdringlich sind. Die sind da so furchtbar arm,
und nur wer das beste Bild hat, der bekommts los. Die dran-
gen also förmlich bei mir ein, und da hatte ich fast einen
Nervenzusammenbruch. Und so wurde die andre Regelung
getroffen, daß ich soundsoviel Ruhe haben müßte zwischen

den einzelnen Auftritten oder Pressekonferenzen, auch Fernsehn mal.

Aber was mich dann furchtbar erschüttert hat in Südamerika, war die Armut, von der man sich hier überhaupt gar kein Bild machen kann. Also schon 10 Meter vom Flughafen entfernt fingen die Höhlen an, in denen die lebten, also das, das war furchtbar. Ich hab die ersten paar Stunden nur geweint. Dann hab ich mir angewöhnt, um den Reportern nicht dauernd als heulendes Elend vorzukommen, hatte ich mir eine schwarze Sonnenbrille sofort gekauft. Und von diesen Ereignissen kam ich dann, wurde ich in die sonntägliche Stierarena, das Amüsement, was die Armen da sich vielleicht noch absparen, geführt. Das war ja nun auch das letzte, was man sich als Europäer ansehn muß. Darüber hab ich dann natürlich meine Sachen gesagt und kriegte viele Dankschreiben von Europäern, die da schon lange leben, und die das auch furchtbar grausam finden. Mich hat nur gewundert, daß die Kirche nichts unternommen hat, denn Kirchen gibt es da unten wie Sand am Meer. In San Salvador gibt es alleine in dem kleinen Ort 300 Kirchen, innen mit Gold, alles vergoldet, und außerhalb der Kirche humpeln dann diese Aussätzigen und die schmutzigen und barfüßigen, zerlumpten Kinder. Also, daß die Kirche das mitmacht! Ich halt ihr nur zugute, daß sie vielleicht nicht anders kann, daß, wenn ein Pfarrer da anders will, daß er eben von den 7 Familien abgesetzt wird, die da wirklich das Land unter sich haben. Also, die Zukunft eines solchen Landes kann nur der Kommunismus sein, das kann nur er sein. Deswegen hab ich solchen Haß gegen diese reichen Familien, bei denen ich mich da dann bewegt habe, weil ich wußte: das sind die Schrittmacher des Kommunismus!

Zu der Zeit schloß ich einen Vertrag ab mit einer amerikanischen Firma, das war damals die größte Agentur für Künstler, die bilden Leute aus, die sie für geeignet halten für Film, beziehungsweise zur Sängerin oder als Mannequin. Ich fühlte mich sehr geschmeichelt, ich war die erste Miß Universum, die diese Leute angesprochen hatten. Ich verständigte mich durch eine Dolmetscherin mit denen, ich konnte doch gar kein Englisch. Und so sagte ich bei den Interviews: Also, das wäre nun das nächste, was ich anfangen wollte, entweder Sängerin oder Film. Mit diesen Gedanken kam die nächste Miß-Universum-Wahl heran, bei der ich nun wieder der andern die Krone aufsetzen mußte. Und in der Jury der Miß-USA-Wahl war mein erster Mann Jury-Mitglied. Es stand in allen Zeitungen, er ist ja drüben ein berühmter Filmstar gewesen, und er war immer umringt von Autogrammjägern, von Mädchen natürlich. Und es muß wohl so gewesen sein, daß er sich wunderte, weshalb ich nun nicht stürme. Jedenfalls kam er zu mir und sagte: »Da muß ich mich mal vorstellen, ich bin der und der.« Tja, ich hatte soviel bekannte Leute gesehn, die Präsidenten von den südamerikanischen und die Bürgermeister von den nordamerikanischen Staaten, ich guckte gleich wieder weg, fuhr fort in meinem Gespräch. Das muß ihn geärgert haben. Er fing dann an, meine Hostess zu bestechen mit Konfekt und Kleidern und Parfüm undsoweiter, ich wurde auch nicht mehr so streng bewacht, es konnte ja praktisch nichts mehr passieren: Die neue Miß Universum war sozusagen im Kommen. Na jedenfalls, meine Mutter war damals in Amerika und reiste mit mir die letzten Wochen. Ich hatte natürlich zu der Zeit sehr viele Verehrer. Und nun galt es für ihn, den Kampf mit den andern aufzunehmen. Und das machte er meisterhaft und zwar über meine Mutter. Während ich auf Rendezvous ging, ging er mit meiner Mutter aus. Und ich kriegte dann abends zu hören, wie nett er gewesen war und daß er doch viel netter noch als meiner war, mit dem ich ausgewesen bin undsoweiter. Ich hatte einen Bekannten, der war Hotelbesitzer in Miami und, und in Los Angeles auch. Und dann war einer, Mister D., der hat diesen D.-Investment-Fonds, das ist auch hier in Deutschland bekannt. Ach, alles so ziemlich bekannte Leute. Man wird eingeladen, und die Einladung ist nur abends zum Essen, die verpflichtet zu gar nichts, ist gar keine Bindung. Und dazwischen immer mein späterer Mann. Nun hatte er soviel Ähnlichkeit mit meinem Vater, und meine Mutter schwärmte von ihm, hin und zurück. Dann dachte ich auch: er wäre sehr, er wäre ein sehr netter, sehr netter Gatte. Dazu kam noch, daß alle wirklich von ihm so schwärmten, und alle waren so hingerissen von ihm, daß ich wirklich, schon deswegen, ne. Ja, und dann haben wir geheiratet.

Er machte grade einen Film, diesen Kennedy-Film, da war er

nicht Kennedy, aber der nächste. Am Tag war ich bei den Dreharbeiten mit dabei. Und diese deutsch-amerikanische Familie, bei der ich wohnte, die hatte ein Privatflugzeug, und mit dem Privatflugzeug fuhren wir, um nicht so ein großes Tohuwabohu zu machen, nach Georgia, das ist etwas weiter, und da ging es nun vor sich, haben wir geheiratet.

Und dann wurde ich in eine Villa gesetzt, wo alles fertig war, wo das Personal rumrauschte, was nun wirklich nicht dem entsprach, was ich wollte. Ich hatte mir eigentlich als Ehe vorgestellt, daß sich zwei Menschen irgendwie auf einem Punkt treffen und da nun gemeinschaftlich etwas bauen, was ihre Zukunft ist, beziehungsweise ihr Leben. Aber hier war ich, sagen wir mal, schon Frau, aber mein einziger Zweck war der eines Ausstellungsstücks. Miß Universum war doch zu Ende, ich wollte jetzt wieder ins Leben zurück, aber das war irgendwie eine ewige Fortführung! Ich saß immer noch da oben, ich hatte keinen Punkt, wo ich mich festhalten konnte. Und mein Englisch war nicht so, daß ich irgendwie mich hätte können in Vereine stürzen, Frauenvereine, wie das da drüben üblich ist. Ich saß da plötzlich und wartete auf nichts als auf den nächsten Tag. Und meine Probleme waren vollkommen unverständlich für Amerikaner. Amerikanische Ehen sehn nur so aus, daß die Frau desto mehr wert ist und desto höher angesehn, je mehr sie es versteht, Diamanten vom Mann zu bekommen, Autos reihenweise in ihrer Garage da zu stehn hat. Und desto teurer eine Frau da drüben ist, um so besser für eine Frau. Und man spricht nur übers Wetter oder so. Mit meinem Mann hab ich mich ja rein persönlich gut verstanden, also er hat versucht, wie er es von amerikanischer Warte aus sah, das Heimweh zu lindern, hat deutsche Platten gekauft, mich mit meinen deutschen Lieblingsliedern geweckt, er hatte etwas Deutsch gelernt, aber wir konnten auch schon ganz gut englisch miteinander sprechen. Gerade letztens stand in einer deutschen Zeitung, er hätte in einem Interview gesagt: Ich wollte immer spazierengehn, und er wollte nicht spazierengehn. Ja, da drüben ist jemand regelrecht anomal, der einen Hang zum Spazierengehn hat. Wenn man abends um 9 irgendwo auf der Straße ist, wird man sowieso schon zur Polizei gebracht, am Tage wird man nur komisch angeguckt: »Na, wahrscheinlich nur ein leichter Fall«, deswegen lassen sie einen draußen laufen. Wirklich! Und ich arbeite so leidenschaftlich gerne im Garten. Das war was, was ich in Hollywood nicht tun durfte. Selbst als ich schwanger war, da ist doch frische Luft gut und ein bißchen Gartenarbeit, nein, dazu sind doch Leute da, Personal, man durfte nichts tun.

Mein Mann wollte nicht, daß ich filme. Mir sind zwar etliche Angebote gemacht worden von Filmgesellschaften, er hat sie mir zum Teil gar nicht ausgerichtet und hat gesagt: »Nein.« Also, in dem Moment dachte ich, er wäre wie ein europäischer Mann: Keine eigene Karriere für die Frau, sozusagen. Aber ich hielt eigentlich nicht mehr so viel von der Filmerei. Jeden Satz dreimal: »Nein, die Träne war nicht echt! Bitte, kommen Sie nochmal aus der Tür raus!« Das ist so was, wenn man wirklich einen Beruf hatte, der etwas geistige Ansprüche verlangt hat, also, das wäre nicht das Richtige gewesen. Aber er hat mich dann regelmäßig mitgeschleppt. Und ich dachte doch, ich könnte jetzt ausruhn, endlich mal zu Hause, Nest bauen. Aber es ging von einem Film zum nächsten. Und wenn wir nach Hause kamen, nun endlich in unser Haus, und da waren wir mal für Tage, dann wurde geplant: »Neues Haus wird gekauft, wir müssen umziehn!« Er verstand mich ja gar nicht. Er sagte: »Du hast doch alles! Willst du noch was? Komm, wir gehn ein Auto aussuchen. Oder willst du das und das? Ja, du brauchst noch ein Kindermädchen, du bist überarbeitet!« Das ist was Furchtbares: in einem Land alleine zu sitzen und die Eltern und alle, die einen verstehn würden, Tausende von Kilometern weit.

Dann bekam ich die Tochter, etliche Monate war mir so schlecht, das kam nun noch dazu. Dann hatte ich 25 Pfund abgenommen. Blieb mein Mann früh vom Studio zu Hause und sagte: »Ich muß sehen, daß du auch frühstückst, ob du auch das alles aufißt, 3 Eier, das und das.« Kriegte ich dann alles reingeschaufelt. Mir war so übel! Und das Essen ist doch so anders als hier, kein festes Brot, nur dieses pappige. So wurde ich gefüttert, damit ich nur am Leben blieb. Also wirklich. Aber meine Mutter kann das auch nicht verstehn. Ich habe dann gesehen, es gibt keinen Weg da weiter. Ich hab ihm das nicht gesagt. Und dann bin ich, sozusagen bei Nacht und Nebel, weg mit dem Kind.

Meine Mutter brauchte zu der Zeit jemanden im Geschäft, und ich sagte: »Ich will erstmal im Geschäft helfen.« Mein Mann kam nach Bochum, und er hat dauernd angerufen und Briefe geschrieben. Er konnte ja nicht immer weg. Er sah das Problem, hat es aber bis heute nicht richtig erkannt. Ich hab die Scheidung eingereicht, natürlich war es sehr schwer, eine Scheidung zu bekommen, denn die Gründe, die ich vorbrachte, verstand natürlich auch kein amerikanischer Richter, versteht sowieso schlecht nur jemand. Ich bin dann mit ins Geschäft gegangen, von früh bis abends. Zu der Zeit hat meine Großmutter auf meine kleine Tochter aufgepaßt. Ich hatte wohl Lust, wieder als Ingenieurin zu arbeiten. Aber das ist irgendwie sozusagen der Fluch der Öffentlichkeit. Erstmal hatte ich ja nun gesehen, daß man in viel kürzerer Zeit viel mehr Geld verdienen kann. Und ich wäre weg von meiner Familie gewesen, ich hätte nicht gewußt, wo ich meine Tochter unterbringen soll, nehm ich jemand, die sind heutzutage so teuer, daß ich mehr zuzahle, dann bleibe ich lieber zu Haus. Und auch die Öffentlichkeit hätte gesagt: »Nun wieder als Ingenieur?« Wenn der Name schon einmal in der Zeitung stand, dann würden sich sofort Zeitungen wieder draufstürzen und irgendwie das in den Schmutz ziehn: »Doch nichts geworden«, und so. Der Blumenladen war schließlich meiner.

Außerdem dachte ich, ich muß ja sowieso wieder heiraten wegen des Kindes, dem Kind wollte ich so früh wie möglich wieder einen Vater geben. Ich hatte an sich gar keine Zeit für Freunde, so ein Geschäft, da geht es früh um 8 los, beziehungsweise $1/2$ 8 oder 7. Und man kommt abends derart, also ich war fix und fertig, da ich gar keine körperliche Arbeit gewöhnt war, kaum, daß man noch fernsehen konnte. Ich bekam natürlich sehr viele Briefe, schon als ich nach Deutschland zurückkam und das in den Zeitungen bekannt wurde. Aber ich weiß nicht, ob bei mir eine Liebe entstehn könnte zu jemand, der mir erst einen Brief geschrieben hat, er ist soundso alt und hat die und die Höhe und ist soundso schwer und hat den und den Beruf. Bei mir ist das so: Ich muß jemand auf der Straße begegnen, und das muß, sozusagen wie Prinz und Prinzessin, die große Liebe sein! Aber so ne Art wie eine Heirats-Annonce, nein. Und dann kam noch im

»Stern« der Artikel: »Ich suche einen Mann aus dem Mittelstand!« wo ich einen Schock kriegte. Da setzte erst eine Flut ein, das war wirklich nimmer schön. Ich hab die Kisten noch zu Hause stehn. Und dann, in diesem ganzen Trubel, da kam eine Geburtstagseinladung, ich kannte den von Amerika her, von den Philippinen, den Botschafter hier in Bonn. Und der hatte mich dazu eingeladen. Und da war mein Mann auch, mein jetziger Mann. Na ja, und da war das eben, wie ich es sozusagen gewollt habe: Liebe auf den ersten Blick. Das war natürlich erstmal sein Aussehen, und dann auch, daß er also mir hundertprozentig geben konnte, was ich drüben vermißt hatte. Wir kamen sofort in ein Gespräch, das nicht enden wollte. Er lebte hier in Saarbrücken, war Studienrat hier. Und da kam ich nun in eine typische Junggesellenwohnung, also alles drunter und drüber. Und ich, ich halte nichts von Frauen, die sich so in Männerwohnungen mit Aufräumen brüsten wollen oder so, weil, dann denk ich immer: Jetzt denkt der, ich mache das, um ihm zu gefallen. Aber da war wirklich alles so, und er saß so hilflos dazwischen, daß ich mir wirklich dachte: Hier werd ich gebraucht und, und hier muß ich sein! Und der ist auch heute noch so, so ein richtiger Mann, so furchtbar hilflos. Obwohl er mir bei allem dazwischen redet. Aber ich bin ein Mensch, der sich gern an jemand anlehnt und nicht von alleine jetzt bestimmt. Und mein Mann ist ein Mann, der sehr, sehr darauf bedacht ist, daß die Frau nicht gleichberechtigt ist. Er möchte immer dabeisein, auch wenn ich in die Stadt gehe, er möchte dabeisein, er möchte mich unter Kontrolle haben. Und ich finde es eigentlich schön.
Allerdings jeden Tag ist Politik bei uns, wir können uns sogar ganz doll in die Haare kommen. Mein Mann ist sehr objektiv, wie ich es auch wäre, wenn ich hier in Westdeutschland großgewachsen wäre. Aber ich sehe rot, wenn nur was Kommunistisches irgendwie sein könnte. Wenn jemand am Fernsehschirm erscheint, und er sagt 3 Sätze, dann kann ich schon entscheiden: »Das is n Kommunist.« Das kann ihn dann aufregen. Und, und mich kann aufregen, ich sage: »Du bist links! Und du wirst sehn, die überrollen uns noch! Über dem Kritisieren hier darf doch nicht vergessen werden, daß da ganz große Feinde vor der Tür stehn!« Ich bin zum Beispiel gegen diese Studentendemonstrationen, während mein

Mann den Standpunkt vertritt, in der Universität sind Sachen rückständig, die sind aus vorigen Jahrhunderten mitgeschleppt und die müssen beseitigt werden. Und ich sage: »Das sind bezahlte, vom Osten eingeschleuste Leute.« Und das will er nicht einsehn, er denkt, die wollen nur wirklich das Gute. Und das bringt mich manchmal sogar von der CDU weg und mehr zur NPD hin, wenn ich sehe, wie sich die Regierung da mit solchen hinsetzt wie zum Beispiel dem Rabehl. Da an dem einen Abend war eine solche Runde im Fernsehn, da setzt sich der Minister Stoltenberg, der Heinemann und dann der Scheel wars wohl, mit denen hin und redet mit denen. Wo gibt es das in einem andern Land, daß die Politiker sich direkt an einen Tisch setzen mit diesen Studenten, die noch nicht mal wissen, was sie vorzubringen haben.

Brigitte L.

Ich bin 1935 geboren, in Treuchtlingen, das liegt zwischen Donauwörth und Nürnberg die Strecke da rein. Und zwar ist es so, daß mein Vater Metzger war. Meine Mutti hat im Forst gearbeitet, auch nur deshalb, weil mein Vater sehr gern in die Wirtschaft gegangen ist, will ich ehrlich sagen. Wir waren 5 Kinder, 4 Jungs, und ich war die kleinste, ein Mädel. 2 Jungen sind aber klein schon gestorben, und dadurch wars an sich für die Mutti, so traurig es ist, ein bißl leichter. Die Mama war den Sommer über immer im Forst, also da hat man so Pflänzchen eingesetzt und solche Sachen gemacht, und im Winter hat sie dann für uns Kinder genäht und für andre Leute. Sie hat an sich keinen Beruf gehabt. Mein Vater hat zwischenzeitlich auf dem Marmorwerk gearbeitet, bei uns sind ja die Jura-Marmor-Werke, als Sprengmeister. Später ist er nach Nürnberg dienstverpflichtet worden in den Schlachthof. Für den Krieg war er nimmer tauglich, weil er 1914–18 schon Verwundungen hatte. Und dann ist die Ehe eigentlich auseinander gegangen, muß ich sagen. Er ist alle 4 Wochen mal zu uns gekommen, hat das Geld gebracht und ne Wurscht und so Zeug, was er halt noch gekriegt hat. Aber da waren eigentlich sehr viele Auseinandersetzungen grad wegen Geld, weil, mein Vati hat mehr für sich verbraucht, als er eigentlich für uns gehabt hat. Er hat sich dann 45, nach dem Krieg sind doch die ganzen TBC-kranken Tiere geschlachtet worden von den Amerikanern aus, da hat er sich dann infiziert und ist 49 an Lungen-TBC gestorben. Das war eine sehr schwere Zeit, mein Vati hat sehr wenig Rente geklebt, und die Mutti hat dann nebenbei immer genäht, und ich hab Handschuh gestrickt und andres Zeug.

Ich bin gern zur Schule gegangen, aber nur bei Lehrerinnen oder bei Lehrern, bei Klosterschwestern hab ich sehr viel Schwierigkeiten gehabt. Die Klosterschwestern haben im Krieg immer unterrichtet, weil die Männer alle weg waren, ja. Und nachdem ich halt sehr lebhaft war und sehr aufgeweckt, und ich war halt immer ein bißel eitel auch, und da haben wir bei uns im Dorf einen Friseur gehabt, und der hat

2 Mädchen gesucht, die für ihn Modell sitzen, mußte ja jeder erst seinen Beruf wieder aufbaun und so. Meine Freundin und ich sind also hin, und dann haben wir da so ganz große Locken gehabt, außen rum, und wie wir in die Schule gekommen sind, war das natürlich aus, dann hats geheißen: »Dummheit und Stolz wächst auf einem Holz!« Das hat uns natürlich irgendwie weh getan, weil wir uns gesagt haben: »Ja, warum? Ein jedes Mädel will doch hübsch sein.« Und dann war auch mit den Hosen das damals noch so, da haben wir aus alten Decken Hosen gehabt, also, wenn ichs heute überleg, die waren ja scheußlich. Die Mutti hat gesagt: »Für den Winter ist das gut genug, die ziehst du an.« Und die Schwester hat gesagt: »Das kann man net! Die Mädel lange Hosen an, wie sieht das aus! Sinds doch bitte so gut, und gebens ihr a Schürzel drüber.« Und da hat meine Mutti gesagt: »Wenn die a Hosen anhat und einen Pullover, das reicht und aus.« Und wir waren natürlich ganz frech, die Hände in den Hosentaschen, mei, in dem Alter, wir waren halt auch schon 12, 13, da will man dann schon ein bißl dagegen sein.

Bei uns im Dorf war das so, in der Kirche sind vorn die Mädchen gesessen und eine Bank dahinter die Jungen. Und da haben wir so einen feschen, hübschen Mann gehabt, also einen Jungen aus dem nächsten Dorf, das war an sich ein evangelisches Dorf, und die Jungen sind immer zu uns zur Kirche gekommen. Und da haben die sich immer vorgebeugt während der Kirche und gefragt: »Geht ihr heute nachmittag mit?« Das war eigentlich recht interessant, muß ich sagen. Später haben wir noch einen Briefwechsel gehabt zusammen, er ist dann nach Eichstätt gefahren in die Lehrerbildungsanstalt, er wollte ja Lehrer werden, ich weiß gar net, was inzwischen draus geworden ist. Mit 16 war ich mal im Urlaub zu Hause, und ich bin dann 40 Kilometer nach Eichstätt geradelt und wieder 40 Kilometer zurück, nur um mit dem am Nachmittag Eis zu essen, also das war ja das erste Verliebtsein. Es war eigentlich eine sehr schöne Zeit.

Ich war aber froh, wie ich von der Schule weg war, irgendwie, ich weiß nicht warum. Später hätte ich gern was anderes lernen wollen, vor allem Sprachen, das hat mich narrisch interessiert, das hat mich immer schon begeistert, wenn ich jemand gehört hab, der eine andre Sprache gesprochen hat und so. Aber in der damaligen Zeit hat es geheißen: »Mein Gott, du mußt was verdienen!« Und da waren die Lehrplätze auch sehr rar, da mußte man froh sein, wenn man überhaupt einen Lehrplatz kriegte.

1950 bin ich nach München gekommen zu meiner Tante und zu meinem Onkel, bei uns unten war überhaupt keine Lehrstelle. Und die Mutti hat gesagt: »Du mußt was lernen, gell, also ein Beruf ist sehr wichtig.« Damals hab ich das nicht so verstanden, aber jetzt bin ich froh, weil, eine Berufsausbildung ist ja immer was, wo du einfach was hast. Ich hab dann in München gelernt als Schneiderin. Ich muß sagen, ich hab da schon sehr viel Hemmungen gehabt. Erstens einmal, die Mutti hat immer, was Kleidung anbelangt, vom Versandhaus Sachen schicken lassen, so weinrote Kleider mit weißen Tupfen, also, so richtig zopfert halt. Und die andern Mädel sind doch immer schick angezogen gewesen. Und da war gegenüber so eine Schmiedewerkstatt, da haben immer die Burschen rausgeschaut, und die haben dann meine Kollegin gefragt, ob ich ein Flüchtlingsmädchen wär, weil ich so selbergestrickte Kniestrümpfe gehabt hab. Die hab ich dann versteckt, die hab ich nie mehr angezogen. Ich hab mir dann ja viel selber nähen können, und dadurch, daß praktisch die Stoffe einigermaßen billig sind, hab ich mich schon ein bißl fescher anziehn können, und ich bin dann mit der Zeit schon selbstsicherer geworden. Ich hab also die Berufsausbildung als Schneiderin gehabt, 3 Jahre mit abgeschlossener Prüfung. Aber dann bin ich mit 18 hier rein in die Fabrik wegen der günstigen Arbeitsbedingung, Arbeitszeit vor allem. Dadurch, daß ich eine Tochter schon gehabt hab, ich hab ja mit 18 Jahr schon ein kleines Mädel gehabt, braucht man für den Haushalt viel Zeit, und in der Fabrik hat man praktisch um 17 Uhr Arbeitsschluß. Deshalb hab ich mich entschlossen, daß ich da reingeh.

In jedem 2. Brief von der Mutti stand immer: »Paß auf in München, also die Männer sind schlecht.« Ich hab direkt Angst gehabt vor dem Namen »Mann« allein schon, ich hab mir gedacht: Um Gottes willen, was kommt alles auf dich zu! Und das war an sich sagen wir mal sehr schlecht, mich hat niemand aufgeklärt. Ich hab meine Erfahrung praktisch zahlen müssen.

Mit 17 hab ich meinen 1. Mann kennengelernt, auf dem Faschingsball, nach einem halben Jahr hab ich ernste Beziehungen angefangen, im Mai so ungefähr war das, mußte ja unbedingt im Mai sein, da ist man ja so romantisch. Aber dann im Juni, also nach 4 Wochen, war ich halt schon schwanger mit meiner Kleinen. Das war schon tragisch. Ich hab immer gedacht: Ich heirate nicht so früh, nachdem ich bei meiner Mutti gesehn hab, was da alles auf einen zukommt. Eigentlich wollt ich nicht heiraten. Dann hab ich halt das mit ihm besprochen, er hat gesagt: »Ja, mein Gott, vielleicht finden wir jemand, der uns da was gibt, daß es weggeht.« Und dann hat er gesagt: »Ich hätt da einen Kollegen, der hat eine Frau«, und da müßte ich hinfahren, kriegte eine Spritze. Da hab ich gesagt: »Ne, das mach ich nicht mit, nur wenn es hundertprozentig ist, daß es ein Arzt ist«, hab ich gesagt. »Wenn du mich nicht heiraten willst mit dem Kind«, hab ich gesagt, »dann zieh ich das Kind allein auf.« Es hat ja auch Heime gegeben, wo man reinkann als junges Mädchen, wo man dann entbinden kann, das hab ich ja schon gewußt. Und ich hab mir gedacht: Na gut, dann gehst du als Hausmädchen irgendwo rein und verdienst dir da dein Geld. Aber man ist so unglücklich, ich hab meine Nähmaschine, die hab ich vor und rück getragen, weil ich gedacht hab, daß man dann einen Abgang hat und so. Aber ich war ja ein gesunder Kerl, da ist wirklich nichts zu machen gewesen. Dann hab ich mich von der Treppe runterfallen lassen, nachher war ich ganz blau da hinten, es war schrecklich. Man ist wirklich so unglücklich. Also, ich wünsch das keinem jungen Mädchen. Dann hat mein Onkel gesagt: »Ja, wenn du ein Kind kriegst, dann kann ich dich auch nicht mehr brauchen.« Und meine Mutter hat bei meinem Bruder gewohnt, die war ja auch nicht selbständig, so daß man sagen konnte, ich geh zu der in die Wohnung. Also ist mir praktisch nichts anderes übriggeblieben, als zu meiner zukünftigen Schwiegermutter zu ziehn.

Wir wollten an sich vorher noch heiraten, bevor ich entbunden hab, aber mein Mann war noch nicht 21, und da mußten wir warten auf eine Volljährigkeitserklärung vom Jugendamt. Und dann haben wir noch soviel Angst gehabt, weil, die Schwestern kommen immer zum Nachschaun, ne. Ich hätte ja normalerweise noch nicht zusammenwohnen dürfen mit ihm. Wenn es am Sonntag oder wann in der Früh geläutet hat, sind wir schon aus dem Bett gefahren: »Gottes willen, jetzt kommt eine vom Jugendamt!« Es war eine schreckliche Zeit. Im Herbst hab ich ausgelernt, war ja schon schwanger, und hab dann keine neue Arbeitsstelle mehr angenommen, hab natürlich viel Zeit gehabt, hab viel geschlafen und viel gegessen und bin natürlich furchtbar dick geworden. Und die Tochter hat 10 Pfund gehabt, und ich bin ja nicht groß, ich hab schon Schwierigkeiten gehabt, hab 2 Tage gebraucht und bin dann auch genäht worden. Beim zweiten hab ich dann schon Angst gehabt, aber die Geburt ist eigentlich leichter gegangen. Da bin ich um 1 Uhr in die Klinik, und um 3 Uhr war der Junge da. Da hat man auch Narkose gekriegt und so, während beim 1. Mal, wie ich daheim entbunden hab bei meiner Mama mit der Hebamme, da haben wir geglaubt, das sind zwei, weil ich doch so stark war. Hat die Mutti gesagt: »Ja, um Gottes willen, Kind, also eins kann ich ja großziehn, aber wenns zwei sind, dann mußt du es wieder mitnehmen.« Das war schrecklich.

Meine Tochter ist im Februar auf die Welt gekommen, und im Juni haben wir dann geheiratet. Ich muß sagen, der Pfarrer war an sich sehr nett, ja, der wollte uns aufklären, da haben wir gesagt: »Das brauchen wir an sich nimmer, wir haben schon ein Baby.« »So«, hat er gesagt, »wart schon früh dran.« Er hat uns dann alles umsonst gemacht, also wir haben praktisch für die kirchliche Trauung nichts bezahlen müssen. Das hat mir eigentlich imponiert, obwohl ich ansonsten recht mißtrauisch bin, gottlos, eben durch die Kindererfahrung mit den Klosterschwestern. Ich bin an sich schon katholisch, aber meine Mutti hat das auch nie so streng genommen, weil sie gesagt hat: »Ja, mein Gott, jeder hilft sich selber, es hilft ihm ja im Grund genommen niemand.«

Mein 1. Mann war Automechaniker, hat aber in den 2 Jahren, wo wir verheiratet waren, 500 Krankheitstage gehabt, gewollte und ungewollte. Ich hab wenig verdient, im Verhältnis für 3 Personen, ich hab 45 Mark verdient in der Woche. Ich mußte praktisch ihn auch noch mit ernähren, Krankengeld war ausgesteuert, und das letzte Vierteljahr ist er dreimal nicht zum Stempeln gegangen, also hat er auch kein Stempelgeld gekriegt. Und das war dann Weihnachten 56, da hab ich mir gedacht: Na, das ist das letzte Weihnachten, und bin dann auch im Frühjahr sofort zum Anwalt und hab dann, da waren noch Tätlichkeiten dabei, hab ich gesagt: »Schluß, aus«, und hab die Scheidung eingereicht. Die Kleine hab ich zu meiner Mutti gegeben und mußte dann um ein Zimmer schaun. Da hab ich aber, Gottseidank, sag ich jetzt, ich hab kurz vorher einen Verkehrsunfall gehabt und hab da 700 Mark gekriegt, und das ist mir dann zugute gekommen. Ich hab mir das Zimmer ein bißl einrichten können, ich konnte doch bloß einen Schrank mitnehmen, wir haben ja nicht viel gehabt damals. Und obwohl ich erst 21, noch nicht 21 war, war ich doch irgendwie schon reifer als wie mein Mann mit 22. Er war so unselbständig, einfach gar nicht, wie ich mir einen Mann vorstelle, der eine Familie ernähren soll und so. Das hat natürlich auch dazu beigetragen, daß ich immer selbständiger geworden bin.

Zu der Zeit hab ich dann in der Fabrik gearbeitet, da waren wir fast 6000 Arbeiter, aber mit Angestellten. Da hab ich in der Optik gearbeitet. Ich tu gern basteln und so, die Linsen, die mußten ja sehr sauber geprüft werden, und das war alles neu für mich, also ich hab das schon interessant gefunden. Und dann bin ich in den Instrumentenbau raufgekommen. Da sind die kleinen Galvanometer gebaut worden, mit Spiralen und allem möglichen Zeug. Das Arbeitsklima ist an sich recht nett. Es gibt natürlich überall Schwierigkeiten, vor allem wenn die Arbeit knapp ist, dann sind die Frauen untereinander oft sehr böse. Das ist eine Sache der Lieferung, wenn die nämlich zu wenig liefern, ist für uns im Akkord die Stückzahl nicht gegeben. Ich meine, die Meister haben natürlich reklamiert, aber das sind natürlich auch Menschen, die eben, na ja. Also rennt dann jede raus oft um 10 Stück, und da hat es schon manchmal gekracht, hauptsächlich mit griechischen Gastarbeitern haben wir da Schwierigkeiten gehabt. Die haben keine Rücksicht genommen, die haben natürlich auch versucht, 1000 Stück zu holen, ob jetzt die andere was gehabt hat oder nicht, das war der egal, vielleicht hat sie es auch gar nicht verstanden, aber da haben wir schon Streitigkeiten gehabt. Die haben natürlich versucht, möglichst viel zu verdienen, ist ja verständlich. Aber auf der andern Seite haben wir gesagt: »Moment mal, die bleiben 3 Jahre in Deutschland und, und verpfuschen uns die ganzen Akkorde. Das geht nicht, denn die anderen müssen darunter leiden.« Und die haben gesagt: »Ja, warum seid ihr auf uns so böse?« Dann haben wir gesagt: »Ja, ihr geht wieder nach Griechenland und hütet eure Schafe und zieht eure Kinder groß. Und wir müssen dann praktisch bis 60 arbeiten mit der Akkord-Zeit, die ihr uns da versaut.« Und so. Da hat es natürlich schon Schwierigkeiten gegeben. Hier gibt es Bänder, da verdienen die Frauen an sich sehr wenig, 3,50–3,70. Es ist leider so, daß die meisten Frauen in der Lohngruppe 2 sind, das ist die niedrigste Gruppe. Aber ich finde, für die Arbeit, die die Mädchen zum Teil machen, ist das ungerecht, die machen ja hochqualifizierte, feine Arbeit. Da haben wir schon jahrelang Streitigkeiten, aber es findet sich niemand, der aufs Arbeitsgericht geht. Es sind höchstens 10 Prozent Frauen, die gehn zum Meister, wenn ihnen was nicht paßt, und sagen: »Also, entweder wird das geändert, oder ich geh«, oder sonst was. Aber der Großteil ist sehr hörig und genügsam, also geduldig oder wie man da so sagt, ja, weil sich jede Frau einbildet, nur 3 Jahre in den Betrieb zu gehn. Ich hab das auch gemeint, und jetzt sind es 15 geworden inzwischen.

Damals hat der Betriebsratsvorsitzende gesagt: »Ach, sind Sie doch so nett und kassieren Sie mir mal ab und zu die Frauen, Gewerkschaftskasse.« Hab ich gesagt: »Natürlich mach ich das.« Und dann war mal eine Versammlung, und da ist man dann auch hingegangen, und dann hat mich das wirklich so interessiert, weil ich eben gemerkt hab, daß man wirklich oft ausgenützt wird, und wo soll man sich denn hinwenden? Die Unwissenheit der Frauen wird dermaßen ausgenützt, also das ist unwahrscheinlich. Grad die Akkordzeiten, wenn eine neue Kollegin reinkommt, kriegt sie ihre Stückzahl, soundsoviel muß sie machen oder kann sie machen. Man sagt ihr aber nicht: »Du, sei vorsichtig, verrechne nicht zu viel, es ist dein eigner Schaden. Du verdienst zwar momentan viel Geld, aber hernach kommt ein Zeitnehmer, nimmt die Zeit zurück und du mußt genausoviel arbeiten, verdienst aber meinetwegen 20 Pfennig weniger.« Ich finde, man soll den Frauen alles aufklären. Aber wenn die neu sind, sind die Kolleginnen auch sehr mißtrauisch.

Es ist so, daß die ganze Betriebsratsarbeit in Ausschüsse eingeteilt ist, also den Unfallausschuß und Kantinenausschuß und, na was haben wir denn noch alles, ja Akkord, also Tarifausschüsse, und dann ist der Verhandlungsausschuß noch, aber der ist meistens aus den Vorsitzenden zusammengesetzt, die dann da sind für die Geschäftsleitung, um eben zu verhandeln. Also, der Unfallausschuß hat sehr viel Arbeit gemacht, da bin ich jetzt nicht mehr dabei, weil mir das zuviel war mit meinem neuen Arbeitsplatz. Ich hab gesagt: »Ich hab das jetzt 8 Jahr gemacht, und jetzt soll es mal jemand anders machen.« Man muß jede Woche ungefähr 2 Stunden in Abteilungen rumgehn, um zu schaun, was unfallmäßig nicht richtig ist, während der Arbeitszeit, wird vom Betrieb bezahlt, denn laut Gesetz ist es ja so, daß die Betriebsratsarbeit bezahlt werden muß. Natürlich kriegt man schon manchmal Schwierigkeiten: »Ja, jetzt bist du schon wieder weg!« und vor allem, wenn man einen Arbeitsplatz hat, wo die andere abhängig ist. Aber die letzten Jahre hab ich mich schon durchgesetzt und hab gesagt: »Also, das geht nicht, du mußt jetzt jemand anders hersetzen!«

Ich hab durch die Gewerkschaft einen Schreibmaschinenkursus gemacht, abends, ein Vierteljahr bin ich einmal in der Woche 3 Stunden rein und hab dann oben im Betrieb auch gesagt: »Also, wenn irgendwie was mit einer Schreiberin ist, die Löhne ausrechnet oder so, dann sollen sie mich hernehmen.« Im Frühjahr ist oben bei uns eine Kraft ausgefallen, und da hat es geheißen: »Na, was ist?« Da hab ich gesagt: »Na gut, ich mach das.« Dann war mir das ein bißl zu eintönig, die Briefpost holen und dann aufmachen und dann ein bißl das Rechnen, irgendwie war mir das einfach zu wenig. Dann hab ich gesagt: »Also, wenn das da nicht anders wird, also daß ich mal ins Angestelltenverhältnis komme.« Irgendwie hat es mir einfach nicht gepaßt, das Laufmädchen zu machen. Hab ich gesagt: »Wenn ich mein Fünfzehnjähriges hab, dann hör ich hier auf und geh auf eine Bank.« Ich möchte immer dazulernen, und grad so Geldsachen, ich finde das narrisch interessant. Ja, da wollten sie mich in die Arbeitsvorbereitung schicken. Da hab ich gesagt: »Das ist mir zu eintönig, das ist unmöglich, ich muß ein bißl Unterhaltung haben und muß verschiedene Sachen machen.« »Ja«, hat der Chef gesagt, »ich weiß schon, Sie sind genauso wie ich.« Und dann haben sie mir im Herbst gesagt, da im Verkaufsbüro wäre jetzt eine Stelle frei, weil die Sekretärin es allein nimmer schafft. Sie muß ja die ganze Auslandskorrespondenz machen, und da bräuchten die jemand, der die internen Sachen macht. Hab ich gesagt: »Gut, das ist interessant, ich schau mirs an.« Aber so ein Karteikasten, mir ist ganz zweierlei geworden. Da hab ich schon ein bißl Angst gehabt, muß ich ehrlich sagen. Aber ich habs jetzt ganz gut geschafft, nächsten Monat mache ich die Prüfung, die interne Angestelltenprüfung. In der Fertigung hab ich ungefähr 740, 750 Mark brutto gehabt, das ist netto 550 ungefähr. Und das werde ich jetzt im Angestelltenverhältnis auch wieder bekommen, zumindest im ersten halben Jahr. Und dann, wenn ich mal fest im Sattel bin, werde ich dann schon kommen und sagen: »Ja, Moment mal, entweder ich krieg mehr, oder ich hör auf.« Das muß man machen, ich meine, ich muß die 2 Kinder großziehn, da nützt alles nichts.

Im Sommer damals hab ich die Scheidung gehabt, da hab ich aber meinen 2. Mann schon gekannt. Mein 1. Mann war im Krankenhaus, und da war mein 2. Mann auch, der war Feinmechaniker hier in der Firma, unten im Kundendienst. Ich hab im Herbst wieder geheiratet, leider, im gleichen Jahr. Es war dann so, daß ich wieder, ja ich war ja leider wieder schwanger von meinem 2. Mann. Und dann hab ich gesagt: »Diesmal wart ich nimmer so lang, bis das Kind auf die Welt kommt, lieber heiraten wir vorher.« Das war natürlich auch nicht günstig, aber, mein Gott, was sollte man denn machen. Heute seh ich ein, ich wollte natürlich nicht dastehn mit 2 Kindern und keine Wohnung, das war ja unmöglich. Das war einfach ein Zwang, ich mußte mich wieder verheiraten und hab eben dann bei den Schwiegereltern wieder gewohnt. Aber, wie gesagt, es war nicht das Richtige. Ich hab nach einem älteren Menschen gesucht, hab mir gedacht: einen Gesetzten, hab aber da leider auch nicht grad das Günstigste erwischt. Jetzt leb ich wieder in Scheidung.

Mein Mann hat an sich sehr gerne gekocht, er hat mir eigentlich auch was abgenommen, als Hobby. Manchmal wars besser, daß ich überhaupt nichts anrührte, und das war natürlich ein bißl schwierig. Aber so hab ich schon, sagen wir mal, ein bißl Zeit gehabt für mich. Und seit ich Schneiderin bin, ist das

alles wieder in die Näharbeit gelaufen. Ich hab viel für mich genäht und auch für die Kinder, für die Tochter natürlich hauptsächlich. Und ich bin oft mit den Kindern noch spazierengegangen oder mit dem Rad rausgefahren. Aber wir haben immer ein bißl Schwierigkeiten gehabt, weil mein Mann sehr fürs Fernsehen ist und ich nicht, weil ich mir gesagt hab, erstens mal, wenn ich den ganzen Tag so viel Leute um mich rum hab, möchte ich abends mal eine Unterhaltung haben. Man hat doch Probleme! Und da sitz ich den ganzen Abend vorm Kasten, muß mir das anhörn. Ich finde, man hat doch den Kopf zum Denken und nicht alles so fertig gekocht da alles. Also, ich les lieber gelegentlich ein Buch und überleg. Und dann haben wir Schwierigkeiten gehabt wegen der Kinder, hauptsächlich mit dem Kleinen, der ist da sehr hörig, was Fernsehen anbelangt. Aber ich seh das nicht ein, daß er bis um 8 oder 9 Fernsehen sieht, der geht jetzt um 7 ins Bett. Na ja, und dann hat es Tränen gegeben, und dann zum Schluß hat der Mann gesagt: »Ja, laß ihn halt noch sitzen, wenn du ins Bett gehst, dann kannst du die Kinder ja ...« Er hat geglaubt, er macht es richtig, weil er eben dem Jungen die Freude machen wollte. Aber das ist nichts, ich meine, man muß weiterdenken, in der Schule ist es ja so, daß er dann sehr zerstreut ist. Und wenn mein Mann jetzt auszieht, hoffe ich, daß er den Fernseher mitnimmt, daß das Problem erledigt wird.
Ich hab immer versucht, mich ein bißl zu bilden. Also, ich hab mal zeitweise lauter russische Bücher gelesen, von Tolstoi, von Gorki und so. Und dann hab ich von Hemingway die ganzen Bücher gelesen, und dann auch Biographien von Paganini, ich versuch immer, ein bißl was nachzuholen, was ich eigentlich nie gelernt hab, in der Berufsschule hat man ja so was auch nicht gelernt. Jetzt zum Beispiel hab ich von Thomas Mann den »Faustus« daheim, also da hab ich ja schon Angst, das anzufangen, weil das ja sehr schwierig ist, ne. Aber wenn ich Urlaub hab, dann möcht ich raus, obwohl, ich bin sehr gern allein, vielleicht auch durch die Schwierigkeiten, die man im Leben gehabt hat. Aber ich geh auch gern aus und so, was mir eigentlich sehr gefehlt hat in meiner Ehe, weil mein Mann viel für sich ausgegangen ist. Vielleicht hab ich deshalb die Geselligkeit gesucht mit der ganzen Betriebs-

ratsarbeit, man braucht eben eine Bestätigung, das ist ja nicht das Leben allein, wenn ich bloß in die Firma geh und wieder heimgeh und so.

Mein Mann liebt die Wirtschaft, Stehausschank und dergleichen, das ist eigentlich der Hauptgrund, warum ich mir sag: »Das seh ich nicht ein, daß ich in die Arbeit geh, und der macht sich Vergnügen.« Ich meine, das kostet ja auch Geld, so was, und dann ist es so, ein Mann ist nicht immer schön, wenn er so heimkommt, ne, und wenn man das mal 11 Jahre mitmacht, dann ist es einfach eines Tages aus. Ich war dann auf Funktionärsversammlungen, bin manchmal doch 2 Abende in der Woche weggewesen, und dann hat es immer geheißen: »Ja, du gehst weg!« Dann hab ich gesagt: »Das ist doch zumindestens was andres, als wenn du in die Wirtschaft ...« »Ja, wenn du weggehst, kann ich auch weggehn!« Er war dagegen, daß ich wegging. Mein Mann ist gute 10 Jahre älter, war vielleicht die Eifersucht dabei, ich meine, man kommt ja mit sehr vielen Männern zusammen, und ich bin an sich ein lustiger Kerl und mache gern Spaß und kann mich unterhalten und alles, und das hat vielleicht schon ein bißl was ausgemacht, das Ganze.

Und dann hab ich natürlich auch gesagt: »Wer A sagt, muß B sagen, ich muß mich informieren!« Dann hab ich Kurse nebenbei gemacht, also Zeitstudien. Wenn die Refa-Männer ihre Zeitaufnahme machen, und man weiß da nicht Bescheid, man kann ja das gar nicht ablesen, man muß das glauben. Dagegen, wenn man selber mal eine gemacht hat oder einen Einblick hat, dann kann man nachrechnen oder sagen: »Moment mal, geben Sie mir mal so eine Zeitaufnahme, ich schau mal nach.« Oder mit den Leistungsgraden, also Leistungsgrad ist die Bemessung, wie der Mensch arbeitet, schnell arbeitet oder langsam arbeitet. Und es ist ja meistens so, daß die Herren die Leistungsgrade so einsetzen, daß sie auf ihre Zeit hinkommen, die vorkalkuliert ist. Und wenn man das abzuschätzen weiß, sagt man: »Das ist doch 120 und nicht 110.« Wie gesagt, da bin ich ein halbes Jahr dann weggewesen, einmal in der Woche, immer donnerstags. Manchmal hat mein Mann schon gesagt: »Ja, heirat doch deine Gewerkschaft!« Ich meine, das ist schlimm, aber mit der Zeit gewöhnt man sich daran, und man weiß ja, was man antworten soll.

Wenn Diskussionen waren, und wenn ich mehr gewußt hab, ich meine, das ist natürlich schlecht für einen Mann. Aber wenn er auch schon über 40 ist, deswegen ist er doch nicht so verkalkt, daß er sagt: »Ja, ich interessier mich nicht.« Aber da ist einfach nix zu machen gewesen. Und ich finde, in 10 Jahren wird das noch viel schlimmer. Er muß auch wissen, wenn man eine Frau hat, die ist nicht bloß zum Arbeiten da und abends zum, zum..., nein, ich find das nicht richtig. Man kann nicht eine Frau heiraten und dann einfach sagen: »Gut, ich geh meine Wege und fertig, aus.« Ich hab wirklich versucht, hab gedacht: Na, jetzt wenn du 4 Wochen weg bist, wird das wieder besser. Aber, sagenhaft, die Schwiegermutter hat mir sogar die Erholung vorgeworfen! »Ja, also, welche Frau kann sich schon leisten, daß sie 4 Wochen auf Erholung fahren kann!« Sag ich: »So, und wer wirft mir vor, daß ich 14 Jahr ins Kamera-Werk gegangen bin?« Ich hab an sich mit dem Herz ein bißl Schwierigkeiten und nervöse Kreislaufstörungen und so. Und dann haben die mir die Mandeln rausgenommen und Blinddarm und alles mögliche. Der Arzt sagt: »Das ist natürlich auch seelisch bedingt durch die ganzen Spannungen.« Man ist halt immer unruhig, man weiß ja nicht, kommt er heim, kommt er nicht heim? Und dann hat mein Mann immer so richtig hysterische Anfälle gehabt, da hat er zu schreien angefangen und ist dann auch tätlich geworden, und das war mir natürlich zuviel. Dann bin ich zum Rechtsanwalt. Und am gleichen Tag abends hat mein Mann sich so aufgeführt und hat mich rausgeworfen aus der Wohnung, ich mußte die Funkstreife holen und so alles. Und dann war natürlich für mich das der Rest, dann war ich blau gehaun und weiß Gott alles, bin dann zum Arzt, hab mir gleich ein Attest schreiben lassen. Wir haben 4 Termine jetzt gehabt, weil er sich natürlich wehrt, er will sich vor allem nicht schuldig scheiden lassen. Ich hab gesagt: »Gut, machen wir halbhalb.« Dann hat aber der Anwalt gesagt: »Seien Sie vorsichtig, erstens mit dem Sorgerecht fürs Kind, dann mit der Wohnung und mit allem. Und so wie die Dinge liegen, laufen Sie nicht schlecht, wenn Sie eben keine Schuld auf sich nehmen.« »Gut.« Und das war der Anwalt, wo ich das 1. Mal schon war. Hat er gesagt: »Wir haben den ersten geschafft, da schaffen wir auch den zweiten.« Das ist ein ganz gewandter Mann.

Solang ich die Kinder bei mir hab und sie großziehn muß, werde ich nicht nochmal heiraten. Wenn, dann möcht ich einen Menschen haben, mit dem ich allein bin. Also, ich finde Kinder und die ganze Erziehung bringen soviel Unruhe und soviel Schwierigkeiten und vor allem grad jetzt, weil ich doch praktisch aus 2 Ehen Kinder hab. Aber später, sagen wir mal, vielleicht in 5 Jahren, dann ist der Junge 16, geht in die Lehre, und Michaela ist derweil 20, die ist dann sowieso schon aus dem Haus, dann vielleicht schon, daß ich sag: »Gut, ich bind mich wieder.« Aber ich bin halt auch sehr miß-trauisch, ich kann mirs nicht vorstellen. Man kann sich ja auch einen Bekannten suchen, man ist ja noch nicht so alt. Aber fest binden, also ich hätte da schon Angst davor, wirk-lich . . .

In Zukunft hab ich halt jetzt vor, wenn ich mal alleine bin, daß ich nächstes Jahr den Führerschein mache. Und dann, wenn meine Tochter mitverdient, ein altes gebrauchtes Auto, meine Kinder rein und weg. Damit ich wenigstens was von allem seh, ich bin ja an sich nirgends hingekommen. Ich möcht, möchte eigentlich schon, sagen wir mal, nach Tölz rein, so die Gegend, und Kochel- und Walchensee und so, also die finde ich ja wunderbar, da kann man stundenlang rum-krabbeln und Wanderungen machen, ohne daß man sich ir-gendwie anstrengt. Am Wochenende bin ich oft mit den Kin-dern zum Baden oder in den Wald rausgefahren, Tannen-zapfen, alles mögliche haben wir gemacht. Aber Michaela, die hat schon ein bißl ihre Freundin, Freundinnen, die will schon mehr an die Isar und so, das ist selbstverständlich, die wollen ja unter jungen Menschen sein, ne. Aber der Kleine, mit dem bin ich letztes Jahr an die 6 Stunden gewandert in Österreich, es war herrlich, herrlich war das. Hat er halt gestrahlt, hat er gesagt: »Gell, mir zwoa!« Und dann sind wir runter vom Berg, und da hat er gesagt: »Mutti, jetz sing ma!« Und da habe ich gesagt: »Wolfgang, ich kann nimmer singen.« Ich war wirklich fertig. Und dann hat er allein noch gesungen. Kinder, was die für eine Energie an sich haben, gell. Also ich war vollkommen fertig, ich hab nimmer gewußt, bin ich a Manderl oder a Weiberl. So kaputt war ich.

Ich muß sagen, ich hab ein sehr nettes, kameradschaftliches Verhältnis mit meiner Tochter. Aber eine Zeitlang, mit 13,

14, da war sie ein bißl kontra. Vor allem auch am Anfang von der Realschule, da hat sie immer geglaubt – ich meine, ich bin in Deutsch wirklich keine Kanone, das weiß ich ganz genau, und ich mußte oft fragen: »Du Michaela, wie schreibt man das?« »A ja, gell, Mutti!« Sag ich: »Du brauchst nicht eingebildet zu sein, weil ich ... Wenn ich die Schule nicht bezahl, kannst du nicht gehn. Und wenn du dir das raushängen läßt, dann gehst du ab morgen in die Arbeit, und dann ist die Sache erledigt, gell.« Sie hat das dann mit der Zeit auch eingesehn. Jetzt gehts sehr gut. Sie kommt auch mit ihren Schwärmereien, also sie sitzt immer abends vorm Bett: »Stell dir vor ...« und so. Sie hilft mir auch sehr viel, zum Beispiel jetzt, sie hat Ferien, hat sie gestern gesagt: »Morgen mach ich die Wohnung sauber, dann hast du am Samstag deine Ruhe.« Ich meine, wenn man jung ist, ist es schwierig, ein Kind zu haben, aber jetzt in dem Alter, ich bin jetzt 34, und sie ist 15, also ich finde das schon nett.
Ich hab sie auch schon vollkommen aufgeklärt. Wie sie zum 1. Mal, wie die Mädel so spielen, mit Kissen reinstecken und so, da hab ich sie halt mal beobachtet, wie sie gekichert haben, da hab ich gesagt: »Schau mal Michaela«, hab ihr das alles erklärt, und daß es eben doch irgendwie eine andächtige Sache ist und nicht so lächerlich und so, ne. Dann waren natürlich auf dem Block verschiedene Frauen schwanger, da hab ich das so erklärt: »Das ist praktisch was Gleiches mit dem Blütenstaub«, hab ihr gesagt, wie das befruchtet wird und so. Und das hat sie ja dann ganz schön kapiert. Und 2 Jahr später war dann meine Schwägerin schwanger, da hat die Oma gesagt: »Naja«, hat sie gesagt, »jetzt reichts, jetzt hams 4 Kinder.« »Na«, hat meine Tochter gesagt: »Oma, du kannst net wissn, ob der Onkel Michael nochn Blütenstaub hat.« Und später hab ich ihr alles erklärt mit der Schwangerschaft, mit den empfängnisfreien Tagen und so. Und sie kommt eigentlich mit allen Sachen zu mir, wenn irgendwas ist, sie hat eigentlich ganz offen mit mir gesprochen. Obwohl mir das schon manchmal zum Vorwurf gemacht worden ist von meinen Schwiegereltern, daß ich die Kinder zu früh aufgeklärt hab. Aber ich hab gesagt: »Ich weiß bloß, was für Erfahrungen ich gemacht hab.« Ich hab auch mit der Michaela schon über die Pille gesprochen, und die hat gesagt: »Mutti, wenn ich mal

16 bin, wenn ich mal einen festen Bekannten hab und so.«
Ich möcht ja auf jeden Fall, daß sie das nimmt, bevor sie so
unglücklich ist und so Schwierigkeiten kriegt, wie ich sie gehabt hab. Ich find das eine sehr schöne Einrichtung, die hätten wir schon 20 Jahre früher gebraucht. Dann wäre viel
Elend und, es ist hauptsächlich, was die Frauen betrifft, die
Männer, die gehn ja dann meistens, und die Kinder, die stehn
da, und, und wer soll sich dann denn kümmern drum.
Ich hab an sich die Absicht, Michaela ins Finanzamt reinzu-
stecken, da hab ich einen Bekannten, der ist da Amtmann.
Und sie hat auch, sagen wir mal, keine bestimmte Vorstellung, sie sagt nur: »Ich möcht bloß einen guten Posten haben, und gut verdienen.«
Mit dem Kleinen, er heißt Wolfgang, also da weiß ich noch
gar nicht recht. Der ist sehr lebhaft, und schulmäßig ist er
auch, er hat keine Ausdauer, ist zu unruhig, er kann sich einfach nicht so richtig konzentrieren. Wenn er um 5 vom Hort
kommt, hat er die Schularbeiten schon gemacht, aber ich
meine, man muß nachschauen, manchmal sind sie recht, wie
soll ich sagen, schlampert gemacht. Es sind 3 oder 4 Jungs
aus der gleichen Klasse, da wird oft abgeschaut, also man
muß schon streng dahinter sein, daß das alles 100prozentig
ist. Ich meine, wenn ich daneben sitze und sage: »Wolfgang,
so und so«, dann gehts natürlich schon. Er hat gesagt, er
möchte Kellner werden. Ich finde eigentlich, er hat kein Ta-
lent dazu. Ich wollt ihn gern in die Aufbauschule schicken.
Ich war vor kurzem beim Lehrer, und der sagt, ich soll versuchen, ihn in eine Tagesheimschule zu geben. Aber hier bei
uns sind ja leider sehr wenig. Ich möcht versuchen übers Jugendamt, ob mir da jemand hilft. Heuer im Januar hab ich
dort gefragt, ob es nicht möglich wäre, daß die mir helfen in
bezug auf eine Wohnung, mein Mann will ja auch nicht verzichten drauf. Aber die Dame hat mir dann gesagt: »Es ist
eben sehr schlecht, im Jugendamt da eine Hilfe zu erwarten.«
Und ich muß sagen, daß unsere Sozialabteilung von der Firma auch nicht sehr kulant ist. »Ja«, hat der gesagt: »so lang
Ihr Mann bei uns beschäftigt ist, haben Sie die schlechteren
Chancen in bezug auf die Wohnung.« Dabei hab ich vom
Wohnungsamt schon wieder die Genehmigung für eine So-
zialwohnung, die muß man ja auch haben.

Aber ich finde, daß unser Staat da dermaßen rückständig ist, also das ist ja unwahrscheinlich. Um die Grundzüge ist es bei uns so schlecht bestellt, ob das Horte sind oder Kindergärten. Und ich hab mich da vor Jahren mal so aufgeregt über die Festansprache von, von unserm Herrn Lübke da. Hat er gesagt über die Jugendkriminalität, es wäre halt besser, wenn die Frauen zu Hause blieben ..., also ich bin aufgestanden, hab den Fernseher ausgemacht, weil, ich hätte sonst ... Mein Mann hat gesagt: »Reg dich doch net so auf.« Sag ich: »Überleg doch nur, Heinz, was der gesagt hat: Wir sollen zu Hause bleiben, damit angeblich die Jugend besser erzogen wird! Auf der andern Seite stecken sie jahrelang von uns Steuern, alles, ein, und wer profitiert denn davon?« Man kann eigentlich sehr wenig darüber reden über solche Probleme mit den Frauen. So durch die »Bildzeitung«, man urteilt zu schnell, sagt: »Mein Gott, die hat jetzt das Kind umgebracht, oder der Mann hat das Kind so geschlagen, und die Eltern haben sich gegenseitig verprügelt oder so«, aber was wirklich dahintersteht, daß die jahrelang bloß ein Zimmer haben, daß keiner für sich mal eine Stunde allein ist, das muß man sich mal vorstellen!
Ich hab an sich immer mit der SPD sympathisiert, aber die sind alle zu nachgiebig. Ich meine, sicher die SPD ist Arbeiterpartei, sagt man, aber inzwischen haben sich die ja wirklich so geändert, daß man da nimmer allzuviel erwarten kann. Grad die sozialen Probleme, auch mit den Schulbüchern und so. Da sagt man jetzt, wenn man nur ein Kind hat, muß man die Schulbücher selber kaufen. Das finde ich nicht richtig, ich meine, die Schule ist doch so wichtig für den ganzen Staat. Die Bücher, das muß doch vom Staat gestellt werden, aber der Staat will ja im Grund genommen dumme Menschen, weil ers dann leichter hat, er hat doch leichteres Machen. Das hat man ja bei der Notstandsgesetzgebung jetzt gesehn. Also, das ist mir auch zum Vorwurf gemacht worden von meinem Mann, daß ich da am Karlsplatz demonstriert hab, anstatt mich um die Kinder zu kümmern ...

Gertrud M.

Meine Kindheit wurde sehr wesentlich bestimmt durch die
Zeit im Krieg und nach dem Krieg. Ich bin 1931 geboren und
war also gerade in die Schule gekommen, als der Krieg begann. Und außerdem ist vielleicht wesentlich, daß ich die älteste von 5 Geschwistern bin, und daß der nächste grad 5
Jahre jünger ist, so daß ich also immer eine gewisse Stellung
zwischen den Erwachsenen und den kleineren Geschwistern
hatte. Das Jüngste war 14 Jahre jünger und kam gerade 45
in der sehr schweren Zeit auf die Welt, so daß ich also praktisch dieses Kind mit aufgezogen habe, was natürlich einerseits das Verhältnis zu den Geschwistern etwas beeinflußte,
positiv und negativ, und zum anderen natürlich die eigene
Entwicklung bestimmt hat, weil man natürlich mit jungen
Jahren doch sehr viel verantwortungsvoller denken und
praktisch damals schon seinen Mann stehn mußte. Meine Geschwister und ich, wir haben dann alle studiert, die eine ist
Tiermedizinerin, die jüngste, die andre Medizinerin, einer ist
Jurist und einer ist Betriebswirt. Wir waren relativ sportlich,
wir mußten viel auf den Berg gehn, wir haben viel ge-
schwommen, wir mußten Radtouren mit meinem Vater machen, was hin und wieder nicht so sehr begrüßt wurde, aber
rückblickend eigentlich doch sehr schön war. Es war damals
natürlich noch einfacher mit dem Rad zu fünft eine Tour zu
machen als heutzutage, wo man also aufpassen muß, daß
man nicht überfahren wird.
Meine Mutter kam eigentlich aus einem Geschäftshaushalt,
aber sie hat das nie als sehr glücklich empfunden, in einem
Geschäftshaushalt aufzuwachsen, und hat sich wesentlich lieber den Kindern gewidmet und der Familie als gerade dem
Geschäft. Mein Vater war Kaufmann und war sehr aktiv für
die Kaufmannschaft, er war nicht nur hier im Einzelhandel,
sondern er war in übergeordneter Funktion, er hat die Organisation des Einzelhandels gegründet und ausgebaut und
versucht, den Einzelhandel zu einem Stand, vor allem den
Lebensmitteleinzelhandel, zu einem anerkannten Stand zu
machen. Er war ein wirtschaftlich denkender Kaufmann, ein

Wirtschaftler eigentlich. Ich möchte sagen, ich hatte ein, natürlich ein engeres Verhältnis zu meinem Vater als zu meiner Mutter, und zwar deshalb, weil wir eben irgendwo anlagemäßig sehr ähnlich sind und uns beruflich sehr gut ergänzen.

Im Krieg war mein Vater zeitweilig eingezogen, und zeitweilig war er wieder in der Wirtschaftsversorgung beschäftigt. Er hatte die ganze, na, die Bewirtschaftung unter sich, also die Lebensmittelmarken und all das, die ganze Einteilung in Deutschland war praktisch sein Ressort. Er war ab, ich glaube, er war 37 oder 38 in Berlin und war dann im Wirschaftsministerium und hatte eben diesen Versorgungssektor. Und dann war er immer ein paar Monate oder ein halbes Jahr irgendwo an der Front, und dann wurde er wieder rausgezogen zur Inlandsversorgung. Insofern war mein Vater also seit Anfang des Krieges wenig zu Hause. Das war also schon ein Merkmal. Das andre Merkmal war, wir hatten den Lebensmittelbetrieb, da hat man natürlich als Kind auch schon etwas von der Ration, eh, ich brings schon nicht mehr zusammen, Rationierung mitgekriegt. Mein Großvater war damals schon pensioniert, da kann ich mich noch gut erinnern, es mußten immer die ganzen Marken aufgeklebt werden mit Kleister auf so große Bögen, später wurde das dann noch gebündelt. Das sind so Erinnerungen aus dem Jahr 39, wie das nun losging. Dann kamen die Bombenangriffe, dann wurde unsere Wohnung hier zerstört, dann kam ich relativ bald schon ins Internat, weil die Familie mit den kleineren Kindern aufs Land ging.

Ich kam in die Max-Josef-Stiftung in München und dann in das Kinderlandverschickungslager am Tegernsee bis Anfang 45. Und dann wurde ich nach Hause geschickt, weil das dort Lazarett wurde. Ich war ganz gern im Internat, muß ich sagen, kam ja mit 11 Jahren schon hinein und mit fast 14 nach Hause dann. Und ich bin nie ungern zur Schule gegangen. Aber ich möchte auch nicht nochmal gehn müssen.

Daß der Krieg verlorenging, hat einen natürlich schon getroffen, wenn man so 13, 14 ist, ich meine, man hatte ja damals noch einen gewissen, doch Idealismus, auch als junge Leute vor allem. Man kannte so viele, die im Krieg waren. Und vor allem das Kriegsende dann, wo sich diese zerlumpten deutschen Soldaten durch die Wälder schlichen und um etwas

Lebensmittel gebettelt haben und so, wir haben das sehr intensiv da draußen miterlebt. Und das war natürlich für ein junges Mädchen schon irgendwie erschütternd. Dann der Einmarsch der Amerikaner und die Ausschreitungen, die ja immer bei solchen Dingen vorkommen, und das alles zusammen war natürlich schon so, daß man darüber nachdenken mußte.

Mein Vater war interniert, man hat auch Kontakt gehabt, sagen wir mal, ab Ende 45, ich hab ihn da sogar ein paar Mal besuchen können, später. Wir wußten aber nicht, wann er wieder freikam. Ich dachte damals auch nicht, daß es so lange ginge, aber, na ja. Natürlich hat er sich damals verantworten müssen, mein Gott, das hat seine Zeit gebraucht, bis das alles durch war. Dann kam die Entnazifizierung noch in München, und dann konnte man erst richtig wieder beginnen. Es war natürlich knapp, als er fort war und es sind sehr viele Freunde damals eingesprungen für meine Eltern und für meinen Vater und, und er hat also alle möglichen Hilfestellungen von Freunden eigentlich bekommen, privaten Freunden, also wirklich. Nun war meine Großmutter noch da, und ein bißchen Vermögen war ja auch da, aber man mußte sich bescheiden. Aber wer mußte das damals nicht. Es ist ihm nach dem Krieg sehr schwer angekommen, es mußte damals vollkommen von vorne angefangen werden. Er kam erst aus der Gefangenschaft 48 wieder, Ende 48. Da er aber kein ungeschickter Kaufmann ist, hat er in kurzen Jahren doch wieder eine vernünftige Substanz geschaffen. Er hatte eine zerstörte Lebensmittelfirma, die unter Treuhandschaft stand und die mit minus 10- oder 20000,– Mark in die Währungs . . ., wie hieß es, die Währungsreform ging. Und damit begann er wieder. Er hatte einen alten Namen und keinen Wert und eine Baracke und einen sehr guten Namen und war in den Bank- und Wirtschaftskreisen angesehen. Er bekam eben sehr viel Personal-Kredit. Also, das war der erste Start wieder.

Ich bin dann nach dem Krieg zunächst wieder nach München voraus, die Familie war noch auf dem Land, weil, ich mußte ja wieder in die Schule ab Winter 45, ich hab dann hier die Schule besucht, die Oberschule im Anger oder, wie heißt das, im Angerkloster, ja. Ich war dort sehr gut aufgehoben, muß ich sagen, und die Schwestern waren sehr nett. Obwohl sie wußten, daß mein Vater damals interniert war, waren sie also äußerst neutral, also wirklich, ich muß sagen, ich kann nur mit Hochachtung davon sprechen. Ich habe bei meiner Großmutter gelebt, die hatte eine Wohnung und 4 Untermieter, und hab also so langsam mit Hilfe des Arbeitsamtes ein Zimmer in der Wohnung bekommen. Und dann kam mein Bruder nach München, dann bekamen wir noch ein Zimmer, und so langsam konnten wir in dieser Wohnung Fuß fassen, und die Untermieter zogen langsam raus. In dieser Wohnung hat sogar mein Vater sein erstes Büro dort aufgemacht. Es war also dann sehr eng am Schluß. Es war grade die Zeit vor dem Abitur, ich war ziemlich angespannt mit der Schule, es gab ja keine Bücher, man mußte alles mitschreiben und zu Hause dann nachschreiben. Ich hab dann aber nebenbei angefangen, für ihn die Büroarbeiten zu machen, was mir sichtlich Spaß gemacht hat und mich im Grunde wesentlich mehr befriedigt hat als die Schule, schon damals. Ich kann mich erinnern, daß ich dann einmal seine Sekretärin im Urlaub vertreten mußte, und es war also für mich eine eigentlich gute Aufgabe, mal zu sehn, ob man sowas schaffen kann mit der ja nicht gerade fertigen Ausbildung. Ich muß sagen, es hat mir sehr viel Spaß gemacht, mit meinem Vater damals zu arbeiten, es hat vielleicht auch dann bestimmt, daß ich überhaupt in diese Richtung gegangen bin.

Ich war eigentlich immer, also, es war für mich klar: entweder ich ging aus der 6. Klasse raus und wollte Geld verdienen, das hab ich damals erklärt: »Jetzt also Schluß«, das war im Jahr 47, ich habe gesagt: »Also jetzt nicht mehr länger, ich muß nicht in diese blöde Schule. Oder aber ich mache möglichst schnell fertig und schau, daß ich einen vernünftigen akademischen Beruf mir erarbeite.« Meine Eltern haben gesagt: »Aus der Schule? Kommt nicht in Frage!« Also hab ich gesagt: »Dann überspringe ich ein Jahr.« Mit Schwierigkeiten dann hab ich ein Jahr übersprungen und wurde deshalb relativ zeitig fertig und ging sofort auf die Uni, aber vorher erstmal 5 Monate nach England.

Ich hatte da eine alte Großtante, die war Klosterschwester und Philologin in einem Schulorden, und die hat mich eingeladen. Zu der Zeit gabs ja noch keine Devisen und nichts. Da war ich dann, nach dem Abitur gleich, so ungefähr ein halbes

Jahr, ich habe dort einerseits etwas Deutschunterricht und Sportunterricht gegeben, andrerseits die Schlafsäle gereinigt, und dafür durfte ich also dort sein, sie haben mir die Fahrt bezahlt. Die Zeit war allerdings nicht so furchtbar interessant. Man ist damals doch natürlich noch sehr deutschfeindlich gewesen, also ich hab da einige Sachen miterlebt, aber es war eben noch relativ kurz nach dem Krieg. Damals hat man sich dann doch schon mal in Diskussionen eingelassen, man war ja 18, 19 Jahre, und das ist ja die Zeit, in der man sich mal unterhalten muß. Und das war dann damals doch eine sehr schwierige Zeit.

Ich kam zurück, war bereits an der Universität eingeschrieben und stieg in das laufende Semester ein, in Jura, und fing also eigentlich völlig unvorbelastet an, Jura zu studieren. Ich hatte dann durch ein paar Corps-Brüder meines Vaters Verbindungen, so daß ich also schnell zum Pauker kam und was man eben so tut, wenn man überhaupt mal da gehen lernt in diesem Apparat. Ich hab nebenbei aber sehr bald Betriebswirtschaft begonnen, weil mir das für mich doch eigentlich interessanter schien, und Buchhaltung und all das, was man eben normal haben muß, ich habe dann nach 3 oder 4 Semestern mich ganz auf Betriebswirtschaft verlegt. Und dann ging ich nach Köln. Es war damals so, daß auch die, sagen wir mal, Wohnverhältnisse so eng wurden, die Geschwister wurden größer, ich hab mir gesagt: »Möglichst schnell von zu Hause fort an eine andere Uni.« Ich habe von zu Hause einen Wechsel bekommen, der allerdings relativ sehr bescheiden war. Nebenbei hat man dann als Werkstudentin gearbeitet oder Blut gespendet, das war sehr beliebt damals, oder Gelegenheitsarbeiten gemacht, Autozählungen und weiß ich was alles. Aber es war an und für sich ganz lustig.

Es kamen damals die Diskussionen mit der, wie hieß die, Freie Deutsche Jugend, die Ostzonenjugend, FD, nein FDJ, da waren mal Diskussionen, damals noch in München. Das hat mich persönlich sehr interessiert, der Aufbau, es ging wieder los in München mit dem Aufbau der Studenten-Verbindungen. Mein Vater ist Corps-Student gewesen, und der hat sich also auch mit den Jungen auseinandergesetzt. Nun waren die Jungen damals, waren ja alles Kriegsteilnehmer, alles Leute um die 30, Offiziere meistens, die nun angefangen haben zu studieren und die natürlich, sagen wir mal, wesentlich ernst zu nehmender gewesen sind als jemand, der grad von der Schule kommt. Da haben sich heiße Diskussionen entsponnen, was der Sinn solcher Dinge noch ist, über das Corps-Studententum ganz speziell, das damals sich wieder etwas rekrutiert hat. Und politisch die FDJ, ich habe mit ihnen diskutiert, damals hab ich als Werkstudentin gearbeitet in Osnabrück, es waren Austauschgruppen, und ich habe also festgestellt, daß die Laute uns haushoch überlegen sind in Diskussionen, weil wir ja gar nicht auf solche Dinge geschult sind, weil jeder seinem Fachstudium nachläuft und im übrigen höchstens noch die Zeitungsüberschriften liest. Ich persönlich wollte in 6 Semestern mein Studium fertig machen, das war mir klar. Ich meine, man mußte ja verdienen.

Ich habe an und für sich schon politische Interessen, soweit mir die Zeit dazu bleibt, mich mit den Dingen tatsächlich zu beschäftigen. Ich habe mich etwas intensiver mit der Mitbeschäf . . ., eh, Mitbestimmung beschäftigt. Es ist eben einfach unmöglich, daß ein Betrieb nur von einem Mann heute noch geleitet werden kann, denn er braucht soundsoviele technische Experten und kaufmännische Experten, sagen wir: ein Team. Aber ich bin natürlich sehr dagegen, daß man Leute aus, sagen wir mal, außerbetrieblichen Organisationen, Gewerkschaftskreisen oder sowas, in Betriebe hereinnimmt. Wenn, dann müßte man diese Management-Gremien aus der Belegschaft herausbilden. Das ist meine persönliche Meinung, weil ich es ungern habe, wenn einer im Betrieb ist, der nicht aktiv in der Arbeit mit drin steht. Aber es ist wirklich schwer, sich heutzutage politisch festzulegen. Es wird so vieles getan, nur um dem politischen Beruf nachzugehn und nicht eigentlich der politischen Verantwortung. Die Leute, die haben eben einen Posten, und sie möchten eben schauen, diesen Posten verbessern, aber nicht, sagen wir mal, wirklich ein politisches Konzept durchführen. Der will einen Ministersessel, und der will noch ein höheres Gehalt, und der will noch höhere Tagesspesen, und es ist eben alles so, ob Sie die linke oder die rechte Seite oder die FDP anschauen, es ist ganz egal, Sie haben nicht das Gefühl, daß einer sich wirklich aus Überzeugung engagiert, sondern mehr, um sich persönlich gut zu placieren. Wenn ich allein denke, daß man unserm vergangenen Bundespräsidenten eine derartige Jahres-Apanage zahlt, dann habe ich eben einfach das Gefühl, die Leute sind alle, sie wissen nicht mehr, wie man wirklich das Geld verdienen muß. Das weiß man natürlich in einem eignen Betrieb sehr genau, und man muß sehr genau rechnen, auch in der Konjunktur, denn ohne daß das Geld erstmal verdient ist, kann man keine Steuern zahlen. Aber das kennen diese Leute eben alle nicht. Mit einer Verantwortungslosigkeit geben die unsre Steuergelder aus, und das ist das, was einen doch eigentlich als Staatsbürger sehr erschüttert.

Ich hatte mich mit dem Lebensmittelhandel sehr beschäftigt, aus dem ich ja nun auch kam. Und durch einige glückliche Verbindungen hatte ich auch die Möglichkeit, damals eine sehr vernünftige Diplomarbeit zu liefern über die Selbstbedienung im Lebensmitteleinzelhandel, die damals noch im Anfang war. Und ich hab dann beschlossen, das weiter auszubauen und bin kurz nach dem Examen noch hier in einem Fleischbetrieb gewesen. Das war eigentlich ein Betrieb, der sehr viel Verlust gemacht hatte und der unserem Firmenbetrieb angeschlossen war. Ich sollte nun diese Sache untersuchen und versuchen, den Betrieb auf vernünftige Beine zu stellen. Es waren ungefähr 20 Metzger, und ich bin morgens um 3 mit auf den Schlachthof, um überhaupt, sagen wir mal, irgendwo in diese Dinge einzudringen. Vom Praktischen her war das eine ganz interessante Zeit. Ich habe einiges dazu beigetragen, allein schon abrechnungsmäßig, kontrollmäßig und so, und das hat sich dann ganz gut angelassen. Aber es war eine sehr schwierige Aufgabe. Die Metzger, die haben das etwas mißtrauisch betrachtet, die ganze Sache. Aber wir kamen dann ganz gut zurecht. Ich habe langsam über Abrechnungen, über Kontrollen und so versucht, die Dinge in die Hand zu kriegen, was mir da schon auch gelungen ist. Aber es war also, es war immerhin eine Erfahrung.

Ja, und dann bin ich nach Amerika, 1953, und ich hatte eine Empfehlung, über meine Arbeit hier und über die Universität, an den Filialisten-Verband, Lebensmittel-Filialisten-Verband drüben. Ich bin völlig unbelastet eigentlich mit Hin- und Rückfahrkarte und 150 Dollar losgezogen und kam dann in die Staaten auf so einem Auswandererdampfer. Ich hatte noch eine Adresse von einem Freund meines späteren

Mannes, einem Studienkollegen damals, der mich in New York in Empfang nahm, und im übrigen wußte ich: Ich möchte nach Washington, da sitzt diese Vereinigung, und bei denen werde ich mich melden und dann sehn, wie die Sache läuft. Ich wußte auch, daß ich ein halbes Jahr drüben bleiben wollte. Nun hatte ich aber weder eine Arbeitsgenehmigung, noch hatte ich irgendwas außer 150 Dollar und einer Rückfahrkarte. Ich war einen Tag in New York oder zwei, und dann waren von den 150 Dollar mindestens 50 weg, denn dort ist ja alles doch sehr teuer auch damals schon gewesen für uns. Ich bin dann schnellstens in den Zug und nach Washington, hab mich dort gemeldet und gesagt: »Sie, ich möchte am nächsten Tag bitte arbeiten, ich muß arbeiten, ich will hierbleiben, will was lernen.« Man hat mich dann in einen recht guten Betrieb gebracht, und dann hab ich mir ein Zimmer gesucht und blieb also da, 4, 5 Monate. Da war ich teils in der Werbeabteilung, teils abends in dem Laden. Ein großer Supermarkt war das, mit großer Werbeabteilung. Später habe ich sogar Statistiken gemacht, und das war da ganz interessant, da konnte man sich auch etwas entfalten. Abends und samstags habe ich noch zusätzlich verdient, indem ich im Laden war. Es war wahnsinnig heiß, ein sehr heißer Sommer und ein sehr feuchtes Klima. Mir hat es an und für sich ganz gut gefallen. Aber was mir nicht gefallen hat: es ist alles relativ unpersönlich. Und, sagen wir mal, mit Amerikanern wirklich gut Kontakt zu bekommen ist gar nicht leicht, wenn man allein drüben ist. Man lehnt sich dann im Grunde immer wieder an etwas europäisch- oder deutschstämmige Leute an, die einen weiterreichen in ihren landsmannschaftlichen Kreisen.
Ich ging dann nach Chikago, und da hat es mir im Grunde sehr viel besser gefallen. Ich war als Kassiererin im Supermarkt und habe dann so als Assistent-Manager gearbeitet. Auch das Institut für Selbstbedienung war in Chikago, da konnte ich also ziemliches Material sammeln. Ich war dann noch auf einer Tagung der Filialbetriebe. Und dann sagte ich: »So, also jetzt hab ich mir soviel erspart, jetzt möchte ich noch eine Reise durchs Land machen.« Ich traf den Sohn von Bekannten auf dieser Tagung, der auch drüben arbeitete und der auch nach der Westküste wollte. Wir haben uns auf eine Anzeige gemeldet, daß wir ein Auto überführen wollten. Er hatte

keinen Führerschein, ich hatte einen Führerschein, wollte aber nicht fahren drüben, also mir war angst vor den langen Strekken. Und dann fuhren wir also gemeinsam. Und das war sehr nett, wir mußten in 6 Tagen dort sein, das Benzin wurde bezahlt, hat uns praktisch gar nichts gekostet, wir mußten nur immer fahren, fahren, jeden Tag ungefähr 6–700 Kilometer. Wir haben uns noch Los Angeles angeschaut, ich suchte mir wieder eine Fahrmöglichkeit und fuhr dann mit einem Mann und zwei älteren Damen, der hat also drei mitgenommen, die hat er zahlen lassen, Benzin zahlen lassen, nach Florida, wieder in 5 bis 6 Tagen. Da war ich dann nochmal auf einem Kongreß, und das hat mir sehr viel genützt, fachlich. Na, und das war das Ende meiner Amerika-Zeit. Ich hatte mein Schiffsbillett in der Tasche, das Geld war auch erschöpft, ich bin also wieder nach Hause.

Ich hatte dann leider gleich einen sehr ungeschickten Autounfall mit meinem Vater zusammen, der mir einen neuen Betrieb zeigen wollte. Wir fuhren gegen einen Baum, um nicht eine Radfahrerin mit Kind zu überfahren, es blieb nur die Wahl: entweder der Baum oder die Frau, und da blieb natürlich nur der Baum. So lag ich dann erstmal 4 Wochen auf der Nase, habe aber noch im Krankenhaus angefangen, meine Doktorarbeit zu schreiben, habe eben diese ganzen Supermarkt-Erfahrungen damals zusammengeschrieben. Es war eine Sensation, und es war vor allem deshalb ganz interessant, weil so sehr viel praktische Erfahrungen dabei waren, ich habe ja nun tatsächlich alles gemacht, im Laden gearbeitet, an der Kasse und in der Werbung und so Dinge. Es war sicher nicht eine hochwissenschaftliche Arbeit, aber eine für Betriebswirtschaftler ganz zweckmäßige Arbeit.

Mein Vater hat für seine Betriebe auch davon profitieren können, ich bin dann nämlich nach der Promotion gleich in den Betrieb und habe angefangen, den 1. Münchner großen Selbstbedienungsladen zu machen. Das war die Firma S. am Rot-Kreuz-Platz damals, die haben wir also in 2 Nächten umgestellt, alles selbst geplant noch mit dem Hausschreiner, es gab zu der Zeit noch kein Mobiliar in der Form, man mußte das alles noch selber entwerfen, man mußte schauen, daß man Einkaufswagen herbrachte, das war also auch noch unbekannt, Körbchen. Ja, das war also alles neu. Und dann ha-

ben wir sehr schnell die Betriebe auf Selbstbedienung umgestellt. Es hat sich schlagartig rentiert. Die Leute waren, ich
muß sagen, interessiert, es gab natürlich ein paar alte Leute,
die fanden das komisch, und es gab sehr viele Alte vor allem,
die dann gestohlen haben, ich weiß nicht, diese Fülle und so,
die Versuchung war ziemlich groß. Die ersten Erfahrungen
in der Zeit waren, daß sehr viel alte Hausfrauen sich da bereichert hatten.

Bald nach dem Doktorexamen hab ich dann geheiratet. Ich
hatte meinen Mann an der Uni getroffen, in Köln damals,
er war im selben Semester, glaube ich. Er arbeitete sehr
schwer auch als Werkstudent, und wir haben gemeinsam aufs
Examen gelernt. Mein Mann, der war aktiver Offizier gewesen, war schwer verwundet, er lag fast ein Jahr, ist noch in
Ostpreußen verwundet worden, er hat dann versucht, an der
Uni anzukommen, was ihm als Offizier damals nicht gelungen ist. Er hat dann eine, wie nennt man das, eine technische
Lehre gemacht bei einer Maschinenbaufirma in Braunschweig
und in Abendkursen den Ingenieur gemacht. Und wie er das
fertig hatte, hat er gesehn, mit Ingenieur allein kommt man
noch nicht weit und hat dann Betriebswirtschaft dazu gemacht. Ja, das war eine Leistung, vor allem, wie er fertig war
und war dann bestimmt gut 30 Jahre damals, dann hat man
ihn mit 375,– Mark Anfangsgehalt 1950 bei Deutz eingestellt, brutto. Eigentlich hat er mir besonders gefallen, das ist
vielleicht auch ein bißchen aus der Zeit zu erklären, daß man
besonderes Interesse an Leuten genommen hat, die 7 Jahre
ihren Kopf für uns hingehalten haben und, sagen wir mal,
die dann sich hingestellt haben und wieder von vorne angefangen haben. Das hat nun schon zunächst imponiert. Und
dann waren diese Leute natürlich über das, sagen wir mal,
Flegelalter hinaus, es waren eben ernstzunehmende Männer,
mit denen man auch diskutieren konnte und die auch allgemein aufgeschlossen waren. Das hat mir mehr gelegen
als Gleichaltrige. Mein Mann hatte bald durch Glück
eine wesentlich bessere Stellung in München bekommen, er
war da Assistent der Geschäftsleitung, und das war für ihn
auch sehr lehrreich. Und das hat sich dann sehr gut getroffen,
weil ich hier weitermachen konnte. Damit waren die Weichen
gestellt für eine ständige berufliche Tätigkeit. Mein Mann ist,

er hat jetzt einen technischen Betrieb, technischen Großhandel, den er auch leitet.

Ich glaube, wir waren vielleicht $1^1/_2$ bis 2 Jahre verheiratet, da kam das 1. Kind, es kam im Grunde so nebenbei. Ich war nach wie vor und mehr denn je im Supermarktgeschäft, die Personalschulung war ja noch sehr wichtig, überhaupt dem Personal beizubringen, wie es sich gegenüber der Kundschaft zu verhalten hat, daß natürlich die Kundschaft genauso zu bedienen ist wie vorher, nur eben in anderer Weise, daß ich den Kunden behilflich sein muß, daß ich die Sachen verkaufswirksam hinstellen muß, daß ich alles auszeichnen muß, es gab hunderttausend Kleinigkeiten. Dann, zu der Zeit gab es noch sehr viel Lehrlinge, überhaupt die Lehrlingspflege damals. Ich kann mich erinnern, im Jahre 55 hatte ich noch 60 Lehrlingsbewerbungen, da hat man gesiebt, dann hat man sich die angeschaut, hat man sie nochmal getestet, also, das ist heutzutage nicht mehr vorstellbar. Das Kind war ein ganz natürliches Geschehen sozusagen, es ging mir immer gut, und je mehr Arbeit ich hatte, desto weniger hat man die kleinen Unzulänglichkeiten bemerkt. Und als das Kind da war, hab ich es auf dem Land gelassen, und wir sind nur zum Wochenende dann raus, und dann hab ich mein Kind versorgt und mich an ihm erfreut. Sonntagabend mußten wir eben wieder rein. Das blieb auch so bis mindestens über das 1. Jahr, dann hatten wir eine eigene Wohnung, wir wohnten zuerst bei meinen Eltern noch, und dann hab ich ein junges Mädchen bekommen, das war damals auch noch leichter, und dann ging eigentlich erst das normale Leben los. Der nächste ist dann 2 Jahre später geboren, und dann sind allerdings 4 Jahre dazwischen, und dann kamen nochmal 2 kleinere, also 2 große und 2 kleinere. Ich hab mich nie auf die Zahl festgelegt, ich hätte noch ganz gerne eins dazwischen gehabt, aber das läßt sich ja auch nicht immer einreden. Man ist allerdings schon sehr eingespannt, Kinder, Haushalt, Beruf, und es ist wahrscheinlich auch leichter, wenn man einen abhängigen Beruf hat, so daß man sagt: »Gut, um 5 ist Schluß«, und dann ist wirklich Schluß, was bei uns ja nie der Fall ist. Ich habe es mir aber sehr zur Aufgabe gemacht, daß ich abends für die Kinder da bin und daß das Wochenende absolut den Kindern gehört. Und deswegen sind wir auch selten weg sonst, was eigentlich auch schade ist.

Am Wochenende machen wir einen vereinfachten Haushalt. Ich koche an und für sich ganz gern, sehr gern sogar, aber möglichst nur so, daß das minimale Zeit in Anspruch nimmt, weil, das ist dann wirklich schade, wenn man sich nicht den Kindern widmen kann, sondern am Kochtopf steht. Die großen Kinder helfen schon sehr mit, sie werden eingeteilt, mein Mann organisiert dann dieses Hilfskommando, greift auch mal ein, aber im allgemeinen setzt er die Hilfsvölker in Bewegung. Wir machen oft Wanderungen mit den Kindern zusammen, eigentlich jeden Sonntag, also entweder wir gehn skilaufen, da gehn die Kinder jetzt auch schon alle mit, oder wir wandern und kochen dann mal am Berg ab oder braten Würschtl oder grillen. Wir gehn viel auch zu Freunden und auf Einladungen, das heißt relativ viel, alle 14 Tage einmal, oder wir haben sehr viel Freunde bei uns im Haus, das ist mir immer noch lieber. Es ist eigentlich, sagen wir, mehr oder minder ein gemischter Freundeskreis, es sind also weniger Geschäftsleute als private Freunde, Ärzte, Rechtsanwälte, Studienfreunde. Aber ich meine, in den Jahren, wo die Kinder ranwachsen, sind ja eigentlich die Kinder das Wichtigere. Und ich glaube, unsre Kinder, die größeren auf jeden Fall, haben schon begriffen, daß eben Arbeit Arbeit ist und Freizeit Freizeit, und daß man ohne Arbeit nicht weiterkommt, und daß das eben einfach sein muß und man dafür eben die Zeit hernach auch wieder genießen kann. Wir haben versucht, auf jeden Fall den Kindern das begreiflich zu machen. Aber meine Tochter, die sagt: »Also nie, nie eine eigene Firma so wie du. Das ist ja entsetzlich.« Dann sehn die Kinder natürlich, daß man mittags mindestens dreimal angerufen wird in einer halben Stunde. Und sie sehn, daß man abends oft mal erst um 7 heimkommt, oder daß etwas geplant war und dann kommen Geschäftsbesuche, man muß am Abend mal weggehn, oder es ist grade ein Kinderfest oder irgend etwas, und dann heißt es: »Es geht nicht.« Ich meine, solches sehn die Kinder natürlich schon und empfinden dafür natürlich kein Verständnis. Aber im Grunde sind sie eigentlich, ich glaube, auch ein bißchen stolz. Wenn man es so raushört: »Ja, also weißt du, deren Mutter ist nur zu Hause«, oder so. Sowas hört man natürlich schon: »Ach weißt du, sie ist nur Hausfrau.« Ja, es ist lustig.

Ich hatte an Kräften im Haushalt zum Teil ganz nette Mädchen, jetzt habe ich eine sehr nette Haushälterin und natürlich eine Zugehfrau, ein-, zweimal wöchentlich, dreimal, je nachdem, wie man sie kriegt. Aber man muß brutto mindestens schon mal 1100,– Mark bis fast 1200,– Mark heute rechnen, wenn man bedenkt, man hat jemand, dem man einen Barlohn zahlt, dem man die ganzen Abgaben zahlt, die Wohnung, die Verpflegung, all das, was sonst dazu kommt.

1959 habe ich mich dann mit meinem Mann zusammen selbständig gemacht. Wir hatten gemeinsam eine Beratungsfirma: Beratung für die Einrichtung und Organisation von Selbstbedienungsgeschäften und Cafeterias. Aber das ist eine Sache ähnlich wie ein Architektenbüro, im Grunde arbeitet man immer nur für andere Leute. Und wenn man einen eigenen Betrieb gewohnt ist, ist das nicht das Wahre. Außerdem ist man sehr viel unterwegs, und das ist natürlich etwas, was, wenn man Kinder hat, nicht unbedingt sein soll, denn dann wirds wirklich schwierig. Und dann kam ich durch Zufall in den Import-Handel und habe also eine Import-Handelsfirma aufgebaut. Mein Mann hatte sich ganz anders orientiert. Ich hatte schon als kleinere Handels-Agentur gearbeitet, eines Tages rief das Reisebüro an und sagte: »Wir hätten eine 50%-Reise nach Tokio. Sind Sie nicht interessiert?« Ich sag: »Nein, ich nicht, aber vielleicht ein Mitarbeiter.« Das war ein Einführungsflug von der KLM damals. Und dann sagte ich zu dem Herrn: »Wenn Sie fliegen, können Sie ja mal das mitmachen und das mitmachen und jenes mal anschaun.« Also mal schauen, ob man Tücher importiern kann, und dann hörte ich, daß Neckermann Hemden oder was von drüben sucht, und die Kaufhalle wollte also Turnschuhe. Und nachdem ich ihm alles sagte und wir auch schon ein paar Adressen hatten, fiel mir ein: Es wär doch sinnvoller, selber mitzufahren. Dann hab ich also meinen Mann und meinen Vater überzeugt, daß das eine dringende Notwendigkeit sei, daß ich hinüberfuhr. Und daraus hat sich dann praktisch eine neue Firma entwickelt. Die Sachen drüben waren zu dieser Zeit noch außerordentlich preiswert, allerdings war es noch neu, die Formen waren noch schlecht. Die Turnschuhe zum Beispiel hatten nur englische Größen und andere Leisten, eigenartigerweise haben scheinbar Engländer und Deutsche andere Füße, also ich weiß es auch nicht, auf jeden Fall, die sind ganz anders geschnitten gewesen, waren aber eben kolossal preiswert damals durch die niedrigen Löhne. Es war eben reine Handarbeit, und die war billig dort, zum Teil auch Heimarbeit. Es hat sich aber in den 8 Jahren jetzt doch sehr nach oben entwickelt auch, also ich meine, heute hat man richtige Paßformen und kennt die Waren kaum von europäischen weg, im Gegenteil, sie sind zum Teil besser. Ich hatte dann ein paar Besuche bei Neckermann gemacht, dann bei Quelle mit ein paar Mustern und habe gesehn, was die Leute suchen, und was sie brauchen. Inzwischen sind natürlich die großen Firmen alle selbst drüben vertreten, haben ihre eigenen Büros, und unser Abnehmerkreis hat sich sehr wesentlich gewandelt, damit auch das Geschäft. Zuerst haben wir nur auf Vorbestellung gekauft, und das war dann gelistet bei den Konzernen und war also ein, ein relativ einfaches Geschäft, bis auf die Schwierigkeiten, die auftraten, daß also die Größen nicht paßten. Aber heute ist es so, daß wir eben sehr viel an mittleren, an den Mittelstand verkaufen und an Verbrauchermärkte, an Warenhäuser kleinerer Art. Dadurch ist das Geschäft arbeitsreicher geworden oder, sagen wir mal, unsere Lagerhaltung ist größer, unser Risiko ist größer geworden. Inzwischen haben wir auch einen sehr breiten Lieferantenstamm und haben Vertretungen von französischen Firmen, von italienischen Firmen, auch von Ost-Block-Handelsgesellschaften, wir kaufen von dort. Man kann ja nicht auf einem Bein, das etwas wacklig ist, stehn. Das Ost-Geschäft wird sich sicher ausweiten, die Leute arbeiten zum Teil sehr ordentlich. Und wenn man ein bißchen bewegliche Partner findet, die auch, sagen wir mal, ein bißchen wirtschaftlich denken und verstehn, daß man Saisonware zur Saison dahaben muß, und die Osterhasen nicht erst im Sommer, das ist natürlich die Schwierigkeit.

Die Firma könnte sich wesentlich vergrößern, wenn man es anstreben würde. Aber im Grunde möchte ich sie nicht so sehr vergrößern, weil man dann natürlich auch noch mehr drinhängt. Ich meine, stehenbleiben darf man sowieso nicht, und wenn man nicht strebt, die Sache auszubauen, dann geht man sowieso schon rückwärts. Die Konkurrenz ist sehr groß.

Peggy P.

Wenn ich an meine Kindheit denke, denk ich an meine Mutter. Sie war klein, dann hat sie eine ganz duftende Haut gehabt, weil sie sich immer wusch. Wir waren sehr arm, so daß sie sich an so einem eiskalten Handstein in der Küche waschen mußte. Und obwohl sie so abgearbeitet war, hatte sie Hände wie Lilien, weil sie sich immer mit Vaseline einschmierte. Und wenn ich besonders brav war, durfte ich bei ihr schlafen. Was ich jetzt so ekelhaft finde, mit jemanden zusammen zu schlafen, war damals der Höhepunkt. Und dann zwischen diesen duftenden Brüsten, also ich finde Brüste ekelhaft, besonders volle Brüste, aber sie hatte volle, glatte, weiche, warme Brüste, in die man so richtig rein sich verstecken konnte und drin schlafen. Und ich erinnere mich sehr an ihr Gelächter, sie lachte viel und laut, dabei hab ich als Erwachsene erfahren, daß sie die Hölle hatte, Nervenkrisen und Zusammenbrüche.

Mein Vater war ja ein Spieler, er schwor ungefähr einmal in der Woche, nie wieder zu spielen. Er war 30 Jahre älter als meine Mutter und hatte schon reichlich Frauen gehabt, die er ruiniert hat, und Männer auch, alle flogen auf ihn, weil er soviel Charme hatte, soviel Witz und soviel gute Laune. Und alle zahlten immer drauf. Mich hat er unendlich geliebt, viel zu sehr, und mir immer erzählt, wenn ich erwachsen würde, müßte ich einen Juden heiraten, nur keinen Goien. Ein jüdisches Mädchen hat sauber zu sein und brav und ehrlich und klug und besser als alle andern, das hat er mir jeden Tag erzählt. Ich hab noch einen Bruder, der lebt jetzt in London, er wurde später Engländer. Und ich wurde Schwedin.

Ich war als Kind schon intellektuell oder nur als Kind vielleicht und bin stehengeblieben. Ich wollte alles wissen, wollte jedem die Maske runterreißen, jedem Erwachsenen vor allem. Und ich war immer erst zufrieden, wenn ich den Dreck sah, wenn ich dahinterkam, daß die Erwachsenen logen. Das bezog sich weitgehend auf sexuelle Dinge, die mich sehr interessierten. Meine Mutter hat mich aufgeklärt, als ich 4 war. Und für mich war das, war das phantastisch, daß meine Eltern mit-

einander schliefen, das fand ich gut. Wenn er abends nach
Hause kam, dann besprang sie ihn, als hätte sie ihn Jahre nicht
gesehn, mit einem Juchzer so auf ihn rauf und die Beine um
ihn geschlungen und die Arme, und dann küßten sie sich erstmal minutenlang. In bezug auf die beiden empfand ich das
als Liebe, aber in bezug auf andere als vulgär oder als, als
eine minderwertige Nachahmung.

Etwas, was mich sexuell eigentlich lahmgelegt hat auf sehr
lange, ist, daß ein sogenannter Sittlichkeitsverbrecher zwei
Jahre lang an mir rumspielte – ein Bekannter der Familie,
aber uns bekannt nur dadurch, daß es uns so schlecht
ging, und mit einem Fabrikarbeiter aus der Marzipanfabrik
befreundet zu sein, das war schon was. Als ich merkte, daß
der mich anfassen wollte, hab ich gesagt: er dürfte das, wenn
er mir erzählt, was er mit andern Frauen gemacht hat in seinem ganzen Leben. Aber ich fand ihn gräßlich. Er hat vor
mir immer am Handstein onaniert, das hat mich angekotzt.
Als ich schließlich sagte, ich würde es meiner Mutter erzählen,
drohte er, mich umzubringen, griff zum Messer und jagte
mich um den Tisch. Da hab ich ein hübsches, dummes Mädchen in der Schule angesprochen und gesagt, daß es wahnsinnig schick wäre und spannend, und sie sollte mal mitkommen.
Ich hatte mir ausgerechnet: wenn der mich schon haben will,
dann wird er die Hübsche erst recht wollen, dann wäre ich ihn
los. Aber die hat es einer andern erzählt, die hat es zu Hause
erzählt, der Schuldirektor hat es von den Eltern erfahren, die
Kripo benachrichtigt, und der Mann kriegte 5 Jahre Zet.
Mein Vater wollte mich erschlagen, er hat symbolisch ein
großes Porträt von mir durchgerissen und gesagt: »Jetzt bist
du tot.« Wie ich meinen Bruder zur Gute-Nacht küssen wollte, hat er gesagt: »Küß die nicht, die ist vergiftet«, undsoweiter. Dann mußte ich zum Prozeß, da war ich wieder das
arme Kind, das arme, arme Kind, das unbescholtene, dem
Fürchterliches geschehen war. Und nur ich wußte, daß ich
schuldig bin. Ich hab geglaubt, daß er nur durch mich ge-
stolpert ist . . .

Ich war immer die Häßlichste, aber ich war sehr gut in der
Schule. Und da tat ich mich mit der Hübschesten zusammen,
die doof war, und so profitierten wir dauernd voneinander.
Ich war das Lieblingskind der Lehrerin. Die Schule wurde

dann geschlossen, weil die Hitlerjugend immer draußen stand und mit Steinen warf.

Ich weiß, daß meine Eltern überallhin Anträge stellten, um ausreisen zu können. Mein Vater hatte eine zerquetschte Lunge seit dem 1. Weltkrieg, er war hochdekoriert und sehr stolz darauf. Und er war immer mutig, er war gewitzt und wendig. Aber weil er krank war, und weil sie kein Geld hatten, wären sie eine schlechte Einfuhr gewesen. Kein Land wollte Juden ohne Geld sehn.

Wir sind morgens verhaftet worden. Mein Vater machte sich noch lächerlich, indem er sein Kästchen mit Orden den Arschlöchern unter die Nase hielt. Er konnte nicht begreifen, daß das nichts ändert, er dachte sicher, er hätte sich hier um irgend etwas verdient gemacht. Dann wurden wir langsam durch die Straßen gefahren, überall wurde mal gehalten, um noch mehr Juden aufzusammeln, oder damit jeder einen Stein werfen konnte und nochmal spucken konnte und was zurufen, was Fröhliches. In unserer Straße haben sie sich anständig benommen, es war eine Arbeitergegend. Dann kamen wir in eine Turnhalle, ich war außer mir vor Wut, weil die meisten Juden da auf den Knien rumrutschten und zu Gott beteten. Von einer Sekunde zur andern wußte ich, daß es keinen lieben Gott gibt, ein *lieber* Gott könnte das nicht zulassen. Anstatt sich zur Wehr zu setzen! Da hab ich gewünscht, daß ich erwachsen wäre, und gedacht, daß wir doch reichlich in der Überzahl sind und denen eins in die Fresse hauen könnten, den Bewachern.

Irgendwann sagte mein Vater, daß ich zu einem Typ da »Papa« sagen sollte, mit dem rausgehen und mich nicht wieder umdrehen. Wenn ich mich doch wenigstens noch mal umgedreht hätte! Ich hab ihn nie mehr gesehn. Meine Mutter kam auf ähnliche Weise nochmal raus, die hat er gezwungen, sich als die Frau eines Bekannten auszugeben. Wir waren dann eine Zeitlang wieder zusammen. Und jedesmal, wenn ein Fahrrad auf der Straße klingelte, fiel meine Mutter fast vom Stuhl. Mein Vater fuhr ja immer Fahrrad und klingelte, wenn er kam. Es gab Leute, denen ist das Herz schier zerrissen. Eine alte Frau legte heimlich nachts große Brote vor unsere Tür und schob Zettel ins Brot rein, wie leid ihr alles tat. Meine Mutter muß fast verhungert sein. Wir durften ja nichts kaufen, und Geld hatten wir auch nicht. Zum Schluß ging sie betteln, da kriegte sie auch wieder Prügel. Wir baten nur um einige Eier für uns in einem Geschäft, das so voll Eiern war, Mensch, damit hätte man jetzt überall schmeißen können. Das war ein Kellergeschäft, da hat man sie die Treppen hochgeschmissen, zur Abwechslung.

Wir Kinder wurden dann nach Schweden geschickt, Mutti hat uns zur Bahn gebracht, Hamburger Hauptbahnhof, seitdem hasse ich den Bahnhof noch mehr als andere Bahnhöfe. Ich kann auch keine Züge sehn, ohne daß mir schlecht wird. Sie hat versucht, uns vorzugaukeln, daß sie in einem halben Jahr nachkäme. Sie hat, wissend, daß es das letztemal war, gelacht, ihr herrliches Lachen mit weit aufgerissenem Mund, und sie hat gewunken und weiß der Teufel was, solange sie zu sehn war. Sie liebte uns mit einer Besessenheit, wir lieben alle in der Familie so, daß, daß wir daran zerspringen.

In Schweden hab ich im Laufe von 6 Jahren bei 12 Familien gelebt als deren Kind. Und ich hab die alle gehaßt. Die waren absolut unterschiedlich, es war völlig egal. Ich hab immer gewünscht, daß ich krank würde und gepflegt würde, so wie meine Mutter mich verwöhnt hat. Als ich noch kein Schwedisch konnte, nur son bißchen, bin ich losgefahren und hab nach dem Schloß gefragt, hab gesagt: »Ich will zum König.« Das fanden die alle ganz lustig und niedlich, wollten mich aber wieder nach Hause schicken. Da hab ich mich auf den Boden geworfen und so gellend geschrien, daß ich immer weitergereicht wurde bis zum Adjutanten des Königs, und der hat alles aufgeschrieben. Ich stellte die Bedingung, daß sie meinen Eltern das Leben retten sollten, und nicht nur denen. Die haben sich sogar bereit erklärt, was zu unternehmen – und konnten dann nichts mehr tun. Die Grenzen waren geschlossen, dann war gar nichts mehr möglich.

Und ich fand ständig, daß ich ins KZ gehöre, fand es ungerechtfertigt, daß ich da in Schweden rumhing, eine zu willkürliche Auslese des Überlebens. Und als ich erfuhr, daß meine Eltern tot sind, hab ich mich sehr gefreut. Ich wußte, was sie durchmachen, ich war froh, daß sie es nicht mehr durchzumachen brauchen. Gleichzeitig war ich ständig halb wahnsinnig, weil ich meine Mutter nicht mehr hatte. Ich bekam einen Brief, in dem drinstand: »Heute wäre sie soundso alt geworden.« Und da wußte ich: wenn sie so alt geworden *wäre,* ist sie tot. Da fragte dieser Idiot am Tisch noch, dieser S., Direktor S.: »Was guckst du so blöde?« Da hab ich gesagt: »Ich hab grade erfahren, daß meine Eltern tot sind.« Und da sagt er: »Na, sei froh, 2 Juden weniger.« Ich war wie versteinert, ich hab 12 Jahre nicht weinen können, keine Träne. Ich hab nur geflucht, geschimpft, war sowas von steinhart, ich war sehr, sehr aggressiv – und wollte die Welt selbstverständlich verbessern.

Ich hatte überhaupt kein Gefühl für jemand anders als für meinen Bruder. Alles, was ich für meine Mutter gefühlt habe, hab ich auf ihn übertragen, weil er mich so brauchte. Und der hat mich vergöttert. Er hatte nur einen Traum: mich zu heiraten, wenn er erwachsen würde. Als ich ihn dann mal drüber aufklärte, daß wir nicht heiraten dürften, hat er viele Stunden geweint. Dann mußte ich ihm schwören, daß ich auch niemanden anders heirate. Das hab ich leichten Herzens getan. Und er ist völlig außer Fassung geraten, aus seiner inneren Balance, wenn er je eine gehabt haben sollte, als er erfuhr, daß ich ein Kind bekommen habe.

5 Jahre hat mein Bruder in Schweden in einem Kinderheim gelebt, einem katholischen Heim für Waisenkinder. Und ich durfte ihn nur jeden 2. Sonntag 2 Stunden besuchen – und liebte ihn bis zum Wahnsinn. Ich bekam 20 Öre die Woche Taschengeld, das waren vielleicht 20 Pfennig, und dafür kaufte ich meistens Cremehütchen, die hab ich geviertelt, damit es dann viele waren, und ihm mitgebracht. Ich war immer fast am Explodieren, wenn ich dahin rannte, und ich wußte nie, ob ich reingelassen werde. Da stand sie, groß wie ein Haus, dieses Satansweib, und breitete die Arme aus, also die hat beide Türpfosten festgehalten, so daß sie den Weg versperrte, und glotzte auf mich runter, die dann immer kleiner wurde, ich war sowieso sehr klein. Und das hielt die immer an die 5 Minuten durch, diese Tortur. Dann sagte sie meistens: »Was willst du?« Und dann mußte ich sagen: »Ich will meinen Bruder besuchen.« Und mein Bruder war dann schon im Korridor und fing an zu weinen und meinen Namen zu schreien. Entweder trat sie dann endlich langsam beiseite, oder sie sagte: »Es geht nicht.« »Ja, warum nicht?«

»Er ist krank.« »Wieso, da steht er doch!« »Du hörst, was ich sage, er ist krank.« Und ich erfuhr 2 Wochen später, daß sie ihn dafür schon wieder verprügelt hatten. Wenn ich reingelassen wurde, haben wir immer versucht, uns zu verkriechen, dann sollte er mir alles erzählen, was in den 2 Wochen war, alles, alles anvertrauen. Ich hab lange gespart, um ihm zu seinem Geburtstag eine rote Feuerwehr zu kaufen, sowas Schönes hatte er in seinem Leben noch nicht gesehn, mit einer ganz langen Leiter und groß und irrsinnig rot. Die hab ich ihm gebracht, er konnt es nicht fassen, ich konnt es natürlich auch nicht fassen, daß ichs endlich zusammengespart hatte. Wir waren fast ohnmächtig vor Wonne. Und da kam diese Drecksau und hat die Feuerwehr genommen und hat gesagt: »Die ist zu schön für dich.« Dann hat sie die oben auf einen Kleiderschrank gestellt, er hat sie 2 Jahre lang jeden Tag sehen können, und nie durfte er ran. Eines Tages kam er aus der Schule, tagsüber war dort Kindergarten, da hatte sie die Feuerwehr runtergenommen und den Kindergarten-Kindern zum Spielen gegeben. Und die hatten sie kaputtgemacht. Ah, war das schrecklich! Ich hab immer die ganzen Jahre darauf gewartet, erwachsen zu werden, um mich an dieser Frau zu rächen. Und dann kam ich zurück, erwachsen, beeindruckend, ich hatte mich schick gemacht, war weltgewandt, London-erfahren, mir konnte keiner was, hart wie Stahl und ich konnte ihr nichts tun – nur angewidert gehn.
Für meinen Bruder klaute ich in der Zeit in Warenhäusern und überall, wo ich das Gefühl hatte, daß die Inhaber so reich waren, daß sie sich den Verlust leisten könnten. Und ich hab das dann bei meiner Freundin gestapelt in Koffern. Konserven, jede Menge, ein meterlanges Marzipanbrot, das zur Reklame auslag in einem Luxusgeschäft, bin ich unterm Arm mit rausgegangen. Und dann hatte ich mich vollgestopft mit allen Käsesorten, jedenfalls schnappte mich der Warenhausdetektiv und sagte: »Darf ich Ihnen tragen helfen?« Und führte mich in ein Büro, da mußte ich alles auskippen. Und ich sah so schick aus. Nun lagen da, wie in einem Idiotenwitz, Hunderte von Käsedingern auf dem Tisch. Diese Beamten dachten, ich hätte auch das geklaut, was ich am Leib hab, und wollten wissen, ob ich auch Juwelen geklaut hätte, es gab ja

da alles zu klauen. Und dann sagte der eine: »Sie mögen wohl sehr gerne Käse?« Und ich hab mich vor Ekel umgedreht, ich konnte ja kaum atmen. Und als sie begriffen, daß ich nun wirklich keinen Käse esse, und daß der nicht für mich war, da haben sie mir den ganzen Käse abgenommen und haben mich laufenlassen. Und das Komische war: In London hatten irgendwelche Weltmeisterschaften stattgefunden, die Schweden hatten Gold gekriegt, und mein Bruder war für die wie ein Maskottchen gewesen. Und der war ja so stolz auf mich und zeigte allen Fotos von mir. Die kamen nun an, um mich in Schweden zu besuchen, und fragten, ob sie nicht irgend etwas für mich tun könnten. Da sagte ich, ob sie vielleicht mal meinem Bruder ein großes Paket schicken würden. Ich hatte ja kein Porto, ich konnte die geklauten Dinger ja nie abschicken. Und ich hab nichts davon aufgemacht, ich hab gehungert und nie eine Konserve aufgemacht. Ich habe ja nicht für mich geklaut. Ja, und dann haben die Weltmeister ihm das geschickt.

Der Vormund in Schweden hatte immer wieder versucht, den Krieg hindurch, uns loszuwerden, nach London abzuschieben, obwohl dort Krieg war und in Schweden nicht. Das war denen völlig egal, die hatten keine Lust mehr, für uns zu bezahlen. Also flogen wir nach Schottland, und von Schottland konnte man dann weiter nach London zu unserm Onkel. Der stand da am Bahnsteig, ganz klein und mit wehendem, schlohweißen Haar und flatternden Hosen, ganz klein in seinen Hosen drin. Der war Chemiker und in London natürlich auch als Emigrant aus der Bahn geraten, er arbeitete in einem irgendwie umgeleiteten Beruf. Und gerade die Nacht vorher war er ausgebombt.

In London ging ich weiter zur Schule, zur Polytechnic, machte dort mein Cambridge-Examen in Englisch als beste von 100 Schülern. Ich hab in den Ferien im schwedischen Konsulat gearbeitet, danach im schwedischen Reisebüro. Das hab ich alles im Handumdrehn gelernt, ich war gottseidank sehr aufnahmefähig. Aber weil ich staatenlos war, kriegte ich wenig Geld. Ich hatte eine Stenotypistin für mich und arbeitete wie, wie eine Erwachsene und war noch ein halbes Kind und bekam die Hälfte von dem gezahlt, was der Messenger, also der, wie heißt das, der Bote, bekam. Und wenn ich mal wagte, was zu sagen, ich war ja restlos überarbeitet, dann sagten sie: »Also, es gefällt dir hier nicht bei uns? Wenn du keine Lust hast, samstags, sonntags hier zu sein, hast du wohl auch keine Lust, am Montag hier zu sein.« Und da war ich wieder erpreßt durch die Staatenlosigkeit. Das war ganz einfach Scheiße.

Wie ich überhaupt Lehrerin wurde, das ist genauso unorthodox wie alles andere. Ich hatte eine sehr tiefe, erwachsene Stimme am Telefon und sah ansonsten aus wie 13. Und da riefen die an von der Berlitz-School, völlig verzweifelt, und fragten, ob ich ihnen helfen könne, deren Lehrer sei für den Abend und auch für eine ganze Zeit plötzlich ausgefallen. Und da hab ich irrsinnig schnell reagiert. Ich sagte, ich würde eine kennen, die zwar sehr jung sei, aber unendlich begabt, sehr beliebt und natürlich auch sehr ausgebucht. Ich hätte keine Ahnung, ob sie das übernehmen könnte, aber ich würde mein Bestes tun. Dann hab ich zurückgerufen nach einer Stunde und hab gesagt, also wie durch ein Wunder hätte ich die überreden können, und sie sollten bitte sehr nett zu ihr sein. Und dann bin ich abends hingefahren. Der 1. Schüler, der kam, war so ein Mann um die 60. Der guckte nur rein in die Klasse und sagte: »Verzeihung«, ging wieder raus. Von da an hab ich mich älter gemacht, hab mein Alter raufgemogelt. Und ich hab dann furchtbar viel Unfug gemacht in der Klasse, da hatten wir ein Wettspucken mit Kirschkernen, hab ich die Stunden so rumgekriegt. Die haben tatsächlich gelernt, darein setzte ich gleichzeitig meinen Ehrgeiz, daß die Schwedisch sprechen. Aber sie lernten es auf eine etwas ungewöhnliche Weise.

Ich war in London, als der Krieg zu Ende ging. Alle feierten nun Frieden und die Befreiung der Juden und was weiß ich. Da marschierten lauter so National-Grüppchen mit Fahnen auf und sangen Lieder. Ich hab immer Angst vor Gruppen gehabt, ich wurde da fast eingeklemmt. Ich hasse fremde Leiber, die mich an irgendwelche Wände quetschen, aber da war alles, also Leib an Leib, es war gräßlich, ich geriet in Panik. Irgendwie kam ich wieder raus und hatte das Gefühl, ich sei dem Tod entronnen. Und die kleinste Gruppe von allen war eine jüdische Gruppe. Die schwang die jüdische Fahne, blauweiß mit dem Mogen-Dovid drauf, es waren 30 Mann. Die wurden verprügelt und die Fahne zerrissen, sie wurden zusammengeschlagen von Engländern. Und da wußte ich, wie der Frieden aussieht.

In London stieg alle Welt hinter mir her, das hatte sich geändert, ich war aufgeblüht. Ich tanzte furchtbar gerne. Aber in Schweden wurde ich nie aufgefordert, weil die da, um zu tanzen, eine kleine Karte lösten mußten. Da tanzten die nur mit Mädchen, bei denen sie annehmen konnten, daß es sich rentiert. Man kriegte einen schlechten Ruf und wurde »torrball« (Trockenball) genannt, wenn man abweisend war. Ich hatte nun in Schweden gelernt, daß es zur guten Gesundheit gehört, wenn man einen Pickel hat, muß man eben mit jemandem schlafen, damit das wieder weggeht. Aber ich tat es nicht, weil nie jemand auf die Idee kam, mir mal übers Haar zu streicheln. Der hätte mich ja haben können, aber sofort. Und später schämte ich mich, weil ich nicht mit jedem, der es nötig hatte, schlafen konnte, daß ich so begrenzt war in meiner Liebesfähigkeit. In London hakte ich nun alle ab, die ich kannte und die in Frage kamen, die besonders attraktiv waren. Dann mußte ich das Gefühl haben, daß ich von denen geliebt wurde und daß sie mich besonders begehrten. Und so kriegte zum Schluß die 3 Sterne als Entjungferer ein norwegisch-englischer Medizinstudent. Ich dachte, weil er Medizin studiert, würde er besonders gut entjungfern können. Ich selber brachte ja kein Fünkchen Gefühl mit. Ich kam hin, der Tisch war festlich gedeckt, und da sagte er beglückt, daß ich mich doch hinsetzen soll. Da sagte ich: »Was heißt hinsetzen, zieh dich aus!« Und er: »Wie bitte?« Da sag ich: »Kleider runter.« Sag ich: »Du bist doch schon seit einem halben Jahr scharf, beeil dich, bevor ich wieder gehe.« Mit Todesmut. Und ich selber hatte Kleider von meinem Bruder an: Fußballstrümpfe, ein Jungenhemd. Ich weiß noch, daß der grün im Gesicht war vor Entsetzen, sich andrerseits die günstige Gelegenheit nicht entgehn lassen wollte. Und zu dem ging ich dann vielleicht ein halbes Dutzend Mal hin, bis ich endlich entjungfert war. Denn jedesmal, wenn es weh tat – der war doch nicht so geschickt, wie ich gehofft hatte, oder ich war zu wehleidig – bin ich aus dem Bett gesprungen und hab gesagt: »Du kannst es doch nicht gut.« Ich bildete mir außerdem ein, daß ich schreiben müßte, brachte ich also einen

Notizblock mit und machte Notizen über das, was das aus-
löste. Und irgendwann rief das doch so ein bißchen Gefühl
hervor, so ne Art Ohrensausen oder was, also das hielt ich
dann fest.
Ich war wieder nach Schweden gegangen und von meinem
Bruder getrennt, der war in London geblieben. In der Zeit
suchte ich dauernd jemanden zum Heiraten, um einen Paß zu
bekommen. Ich war illegal in Schweden und hatte kein Rück-
reiserecht nach London, das war abgelaufen. Ich war immer
noch staatenlos und Freiwild. Dann hab ich irgend jemanden
gekriegt über die kommunistische Zeitung, also ich hab für
die Filmkritiken geschrieben, unentgeltlich, die nutzen das
auch aus. Aber ich war selig jedesmal, meinen Namen im
Druck zu sehn. Die fanden es suspekt, daß ich gratis für sie
arbeitete, daß sie mich beschatten ließen. Die konnten sich
nicht vorstellen, daß man hungern kann, wenn man reiche
Leute kennt, weil man zu stolz ist, um denen zu sagen, daß
man hungert. Die begriffen ganz einfach gar nichts. Und die
begriffen politisch nichts. Als ich die Leute ansprach auf die
Lager in der Sowjetunion, hatte ich überhaupt keinen Boden
mehr unter den Füßen. Sie waren Stalinanhänger und dachten keine Sekunde selbständig, haben sich jede Kritik ver-
beten. Und das war für mich schlimm, denn das waren wiederum in Schweden die Leute, auf die ich hoffte.
Alle wußten also, daß ich jemanden suchte zum Heiraten,
und da ereigneten sich natürlich unglaublich komische
Dinge. Einer starb weg während des Aufgebots, war der
Großvater von irgend jemand, fast 100jährig, den sie aus
dem Altersheim rausholten. Ein anderer kam in eine Lungen-
heilstätte. Ein Dritter dachte, daß er mit mir schlafen könne,
damit er wenigstens was davon hätte, der war scharf wie
Pantherpisse auf mich. Und als das nicht klappte, ging er zu
dem Pfarrer, da bestellt man das Aufgebot, und hat gesagt,
daß ich eine Abenteuerin wäre, die nur eine Scheinehe einge-
hen wolle. Und so wurden alle Ämter gewarnt. Nun war es
schwieriger. Aber durch einen Glücksfall hat es geklappt. In
einer Mittagspause, derjenige, der informiert war, war weg,
und so hat ein anderer die Papiere durchgehn lassen. Und ich
hab gemogelt, ich hab mich als volljährig ausgegeben. Die
Trauzeugen waren meine Freundin und der Boß der kommu-

nistischen Zeitung. Ich hab wahnsinnig gekichert, und die kniffen mich in den Hintern während der Trauung. Der fragte mich danach, ob wir nicht wenigstens Kuchen essen gehen könnten, weil ich so scharf auf Kuchen bin. »Du kriegst auch ein Marzipantörtchen.« Er ging dann zurück in die Redaktion, und ich ging zu meinem Liebsten, Rune, und feierte Hochzeitsnacht. Unsere allererste gemeinsame Nacht, des Gags wegen.

Mir kam nie der Gedanke, daß ich jemanden heiraten könnte, den ich liebe. Um Gottes willen. Jemanden zu lieben, würde eine Ehe geradezu verbieten. Ich bin absoluter Ehegegner. Ich hasse jeden Zwang, auch solch idiotische Dinge wie Menstruation, das war unter meiner Würde, ich fand es viel zu absurd und zu widerlich, daß einem sowas aufgezwungen wird. Aber ich brauchte wieder jemanden zum Lieben, da fand ich Rune, und der wurde meine erste Art Liebe. Er war mir unterlegen. Ich hatte auch das Gefühl, daß er unterlegen sein müßte, daß ich ihn beschützen müßte. Und ich hätte ihn auch gern ernährt. Nur hatte er viel Geld, und ich hatte keins. Seine Eltern hatten oder haben ein Geschäft, ein glänzend gehendes Lebensmittelgeschäft, und die Brüder studierten. Und ich hab denen verheimlicht, daß ich Kim kriege, nur um Rune zu schützen. Die Vorstellung, daß er einmal gebackpfeift würde, war ja schlimmer, als daß ich alleine ein Kind austrug.

Irgendwann im 4. Monat, weil ich mir etwas komisch vorkam, ging ich zum Arzt. Und als der sagte, daß ich ein Kind erwarte, kriegte ich einen Lachkrampf. Und der dachte, das wär ein Weinkrampf. Aber ich fand es nur komisch, denn ich war so unglaublich maskulin, ich war ein absoluter Junge. Wenn Kims Vater schwanger geworden wäre, das hätte mich nicht so gewundert, diese weiche Memme, den hab ich ja fast als meine Braut betrachtet. Ich hab ihm eigentlich das bißchen Rückenmark geraubt, indem ich ihm jede Verantwortung verbot, von vornherein. Ich fand, daß es meine Sache war. Und ich stellte mir auch nicht vor, daß ich ein Baby kriege, sondern daß ich meinen Bruder nochmal kriegen würde und dadurch eigentlich Kindheit nachhole – mit einem Kind. Aber das hab ich doch überwunden und bin zur Ärztekammer gerannt.

Ich wurde dann nach und nach, glaube, von 4 Ärzten untersucht, die alle einsahen, daß es mein gutes Recht wäre, eine Abtreibung zu kriegen. Und der letzte, der Chef-Psychiater einer großen Klinik, behielt mich gleich da. Und dann blieb ich 4 Monate in der Klinik, in der man sich vornahm, mich restlos zu verwöhnen. Ich hab es in meinem Leben noch nie so gut gehabt, das war phantastisch. Aber während dieser wunderbaren Zeit nahm ich mir vor, mir das Leben zu nehmen. Kims Vater hatte eine Gonorrhoe gekriegt und gab mich seinem Arzt an dafür. Und ich wollte nicht wahrhaben, daß ich gar keine hatte, also die haben festgestellt, nach 3 Untersuchungen, daß ich absolut keine hätte und daß ich keine haben könnte und nie gehabt hätte. Und ich wollte es nicht wahrhaben, er war ja der Unschuldige von uns beiden, ich war die Wissende. Ich hatte IHN ENTJUNGFERT. Aber die Tatsache, daß es überhaupt, daß dieser Gedanke reinkam in unser Verhältnis, machte mir das Leben nicht mehr tragbar. Und da hab ich dem Psychiater gesagt, ich hätte mir das gründlich überlegt, daß ich sterben wolle, und da er mein guter Freund wäre, wollte ich ihn um Gift bitten. Und da sagte er, daß er das völlig begreife, völlig einsähe, ich sollte es mir aber überlegen und dann nach einer Woche wieder zu ihm kommen. Ich sagte: »Also, das ist ein Wort. Tod ist permanent, und eine Woche Aufschub spielt gar keine Rolle. Ich hab Zeit.« Und dann fingen die an, mich einzukleiden und noch mehr zu mästen und zu verwöhnen. Ich protestierte und sagte: »Was soll ich damit, also für eine Woche diese ganzen teuren Sachen, völlig überflüssig.« »Ach, das macht nichts«, sollt ich doch annehmen, es würde keine Rolle spielen, sie könnten es sich leisten. Und ich habe eine sehr vergnügte Woche verbracht. Und dann bin ich wieder zu ihm reingegangen und hab ihn fröhlich um mein Gift gebeten. Da kriegte der Mann einen Tobsuchtsanfall und fing an, die Sachen zusammenzuschlagen und zu brüllen. Dadurch verlor er jeglichen Einfluß auf mich. Ich hab mich geweigert, ihn je wieder zu sprechen. Für diesen Chef-Psychiater war ich das Experiment des Lebens, er wollte zeigen, daß er mich verweiblichen könne, glücklich machen und mir ein neues Weltbild schaffen, indem ich das Kind austrug. Ich war ja auch immer so heiter, in der Psychiatrischen Klinik hatte ich es so gut, das war ein kleines, abgeschlossenes Paradies, in dem mich alle mochten.

Er wurde erst nach 10 Monaten geboren. Und dann war ich noch glänzender Laune, ich war so neugierig auf ihn und hatte es sehr eilig, ihn zu bekommen. Er sollte aussehn wie ein junger Jude aus der Bibel. Ich träumte nachts immer, daß er schon als sprechendes Baby zur Welt kommt, als Gesprächspartner, absolut nicht als dummer Säugling. Aber ich wußte auch gute Gründe, warum er nicht zur Welt kommen wollte, warum er 10 Monate drinblieb. Ich kletterte jedenfalls guter Laune auf den Operationstisch, die wollten mich raufheben, da sagte ich »Quatsch«, machte denen da noch einen Handstand vor mit meinem riesigen Bauch und mager, wie ich war. Alle fanden mich irrsinnig lustig. Aber nach dem Aufwachen war die Hölle, da war aller Witz vorbei, da hab ich nur noch gejohlt und geschrien. Als sie mir Kim zeigten, hab ich gebeten, daß man ihn gleich erschlägt, bevor er Zeit hätte zu merken, wie das Leben ist.

Wir kamen in ein Mütterheim. Ich hatte keinen Pfennig Geld, keiner wußte, wo ich anschließend hinkönne, und da haben die mich in dieses sogenannte unglaublich moderne Mütterheim gesteckt, das von einer Alkoholikerin geführt wurde. Kim war beschnitten, und das machte es noch schlimmer. Diese Leiterin hat uns furchtbar gequält. Dann hat sie alle andern Weiber herbeigerufen und gesagt, daß sie seinen Schwanz mal angucken sollen: »Guck mal hier, wo da rumgeschnippelt worden ist, na, damit er später besser ficken kann. Was die Sau mit ihrem Kind gemacht hat.« Und weil ich keine Milch mehr hatte für Kim, Kim auch immer kränker wurde und elender, sagte sie: »Die Idiotin mit ihrem Idiotenbalg.« Kims Vater verließ mich, als ich im Krankenhaus war, der triebs statt dessen mit dem Dienstmädchen seiner Eltern, die war frisch und gesund und blühend. Mit mir war ihm das zu kompliziert geworden. Er kam zurück, als ich wieder frisch und lebendig war, aber erstmal war er flöten. Und dann kam Kim in ein sehr schönes Säuglingsheim und lag da hinter Glas, und da galt ich dann auch wieder als sehr ungewöhnlich, weil ich ihn anfassen wollte. Das war unhygienisch, man durfte seine Kinder nicht anfassen. Dann hab ich versucht, da einzubrechen. Schon machte ich mich wieder unbeliebt. Und dann sagten sie, wenn ich dran zu Grunde gehn würde, daß ich ihn nicht anfassen darf, dann könnten sie ihn in ein Einzelzimmer legen, nicht mit andern Kindern zusammen. Aber da hab ich lieber aufs Anfassen verzichtet, weil ich nicht wollte, daß er isoliert lebt. Er kam in eine Familie ohne mein Dazutun, ich wurde nur informiert. Ich kannte die Familie nicht, ich kannte den Ort nicht. Sie teilten mir nur mit, daß er umplaciert sei.

Als ich nach Deutschland kam, wo man mir klarmachte, daß Verfolgte ausgezahlt würden, war ich zu stolz, da hab ichs abgelehnt und gefragt, ob die so wahnsinnig wären zu glauben, daß sie das, was geschehen ist, ausradieren könnten mit irgendwelchen Tausendern, mich vergessen machen, daß meine ganze Kindheit weg ist, die Eltern weg sind, daß alle Illusionen weg sind. Da haben Verwandte das für mich eingereicht und durchgefochten. Ich mußte unterschreiben, daß ich auf die Waisenrente verzichte, um eine Haftentschädigung ausgezahlt zu bekommen, Haftentschädigung heißt 5 Mark pro Tag, Hafttag, für die Eltern. Also, jedenfalls weniger als eine Rente, die ein Beamter der Nazizeit bekommt oder so eine Naziwitwe. Na schön, ich hab die Kohlen eingesteckt und sehr schnell ausgegeben, es fanden sich arme Leute genug, die mir dabei geholfen haben. Es wurde nicht verpulvert.

Ich war an der Uni. Und die an der Uni waren so aufbauwütig und so wild im Denken, zumal diejenigen, die sich zu mir hingezogen fühlten. Es waren Leute, die es nicht nötig hatten umzudenken, weil sie nicht pro Hitler gewesen waren. Wir machten politisches Kabarett zusammen, lösten eine schon vorhandene Studentenbühne ab, in die ich nicht reindurfte, weil ich Jüdin bin. Haben wir eben eine eigene gemacht. Wir nannten uns »Die Pestbeule«. Wir haben vorweggespielt, was später erst eingetroffen ist: wir wußten, daß man remilitarisieren würde, obwohl davon überhaupt nicht die Rede war, offiziell. Wir wußten, daß Gut an Geld schwerer wiegen würde als Gut an Gedanken. Wir lebten zusammen in einer Kommune, weil es schön und praktisch war, machten aber nicht so einen Wind drum wie die Leute heute.

Ich ging auch mal in das Geschäft, in dem meine Mutter und ich nacheinander verprügelt worden waren. Da stand die Frau, die hatte früher leuchtend rote Haare gehabt, das war das einzig Schöne an ihr. Ich hab mich nur hingestellt, an die

Wand gelehnt, damit ich nicht umfalle, hab keinen Ton gesagt, hab die Frau nur angeguckt, unentwegt. Und die bediente einen nach dem andern, zum Schluß fielen ihr die Sachen aus der Hand. Dann sagte sie, sie sähe Gespenster. Da hielt sie mich für meine Mutter. Und dann begriff sie, daß ich das Kind sein mußte, daß ich also kein Spuk bin. »Und wie oft, wie oft hab ich an deine liebe Mutter gedacht, ach, hab ich gedacht, ach Gott, hab ich gedacht, diese liebe Frau...« Und dann bin ich angeekelt rausgegangen, angewidert. Keiner von denen hat je um Verzeihung gebeten. Ich glaube nicht, daß irgendeiner von all diesen Leuten, die uns so weh getan haben, je hinterher daran gedacht hat, was sie angerichtet haben. Das sind alles kleine Scheißer, die in irgendeinem Moment die Möglichkeit hatten, mächtiger zu sein als irgendein anderer. Und dieser Andere war dann entweder mein Bruder oder ich oder meine Mutter. Später nur ich, nur mein Bruder.

Ein Jahr drauf hab ich Kim endgültig hierher geholt. Ich bin mit ihm noch durch Schweden gefahren 4 Wochen und dann ein paar Wochen Ostsee und dann einen Monat Italien, ich hab alles gemacht, wovon ich annahm, daß er es reizvoll finden könnte, damit er kein Heimweh nach Schweden kriegt. Da haben wir irrsinnig viel Spaß gehabt, alle dachten, daß er mein Bruder sei. Und ich hatte ja auch nie eine Sekunde das Gefühl, daß das mein Sohn ist, er war die Reinkarnation meines verlorenen Bruders. Ich versuchte vieles zu machen, damit er mich liebt, wahnwitzige Dinge. Ich kann kaum schwimmen, die Puste geht mir sofort aus. Da waren wir an einem See, und da bin ich durchgeschwommen, damit er mich mehr liebt und mich doll findet. Und, und er stand gelangweilt am andern Ufer und wußte es nicht zu schätzen. Ich verschaffte ihm praktisch von morgens bis abends einen bunten Luftballon. Aber als das zur Gewohnheit wurde, und als ich nicht mehr weiterkonnte, da sehnte er sich zurück nach Schweden. Er sagte, daß er nicht Jude sein wolle, weil Juden so laut lachen. Ich konnte auf der Straße ganz laut losbrüllen vor Lachen, selig, weil er da war. Er schämte sich überhaupt mehr und mehr, weil ich nicht so aussah wie andre. Es war ihm peinlich, daß ich Jeans trug, es war ja da auch noch nicht Mode. Er verlangte, daß ich mir einen Hut kaufe. Ich hatte immer ganz lange Haare, die sind im Moment mal wieder Mode, ich hab sie aber immer. Und ich hab versucht, Kim zu erklären, daß nicht alle Juden laut lachen, und fing an, ihm Juden vorzustellen, die ja so unterschiedlich sind wie alle andern Leute auch. Ich bin kein Prototyp. Naja, und dann Jahre später, da saß Kim mir mal gegenüber, den Kopf in die Hand gestützt, und sagte: »Weißt du noch, Peggy, damals, als du immer so schön gelacht hast?« Da war mir seit Jahren das Lachen vergangen.

Ich ließ ihn auch jedes Jahr nach Schweden fahren. Wenn er fuhr, war er mein Freund, wenn er wiederkam, war er mein Feind. Es war die Hölle. Einmal heulte er eine ganze Woche, als er aus Schweden kam von den Pflegeeltern, nur geweint, Weinkrämpfe, Tag und Nacht. Und nach einer Woche gingen mir die Nerven durch, da hab ich ihn fast zum Krüppel geschlagen und hab immer nur geschrien: »Damit du weißt, warum du weinst!« Daraufhin hat er mich gekost, geherzt, geküßt. Und ich hab gesagt: »Jetzt kannst du nach Schweden fahren, wenn du da so viel lieber bist.« »Nein, ich möcht ja bei dir sein.« Ich hab ihn geliebt bis zum Wahnsinn. Ich hab ihn mindestens fast so geliebt wie meinen Bruder, nicht ganz so, natürlich, denn meinem Bruder ging es dreckig, und Kim gings ja gut, nicht. Ich hab ihn immer als einen vollwertigen Partner angesehn von Anfang an und so behandelt, nie wie ein Kind. Das nimmt er mir übel, er wäre lieber wie ein Kind behandelt worden. Neulich hat er mir gesagt, daß er nie ertragen konnte, wenn ich immer »wir« und »uns« und »unser« sagte, daß ich das nicht trennte. Wenn ich zum Beispiel sagte: »Ist doch Klasse, daß wir keinen Mann haben. Stell dir vor, wir hätten diesen Typ da zum Mann, wär das nicht eklig?« Oder ich sagte: »Wie schön, daß wir jetzt diesen duften Geliebten haben, jetzt gehts uns wieder besser.« Oder »Wie schön, daß wir so eine nette, kleine Freundin haben.« Damit meinte ich seine Freundin. Oder ich sprach immer von »unsrer Mutter« und meinte meine. Und von »unserm Bruder«, das war ja mein Bruder. Ich habe Kim immer als meinen Bruder betrachtet. Später hat er eiskalt vor mir gesessen und gesagt: »Meine liebe Peggy, die Tatsache, daß du mich liebst, verpflichtet mich noch lange nicht, dich zu lieben.«

Die meisten Mädchen, die er hatte, liebte ich automatisch mit, solange sie zu ihm nett waren. Ich weiß noch, wie ich ihn das erstemal erigieren sah, da saßen wir beide in der Badewanne, und als ich aufstand, damit ich ihn waschen konnte, da erigierte er und lief ganz rot an. Und da hab ich gesagt: »Wie hübsch, Kim, wie schön. Oh guck mal, du bist ja ein richtiger Mann geworden!« Ich sag: »Das nennt man Erektion. Du bist 11 und du erigierst schon, weißt du, das ist bei jüdischen Jungs nämlich früher. Oh, find ich das hübsch.« Und da hab ich gesagt: »Was machste denn, damit das wieder klein wird?« »Wie meinst du das?« Sag ich: »Ja, da gibt es verschiedene Möglichkeiten. Man kann sich selber streicheln, dann kann es natürlich so sein, daß jemand anders einen streichelt. Das ist jedenfalls was ganz Wunderbares, worüber du dich freuen kannst.« Da sagt er: »Ach Gott, du redest soviel dummes Zeug, die ganzen Jungs in der Schule haben das schon.« Und nachher hat er natürlich heftig onaniert, ständig. Bis es mir zuviel wurde.

Da hab ich gemerkt, daß er besonders scharf auf eine Freundin von mir war, sie war 22, er war 16. Jedenfalls hab ich die dann angesprochen, die verdrehte auch verzückt die Augen, wenn sie ihn sah, und ich wußte, daß sie jüngere Jungs mochte. Und da hab ich ihr gesagt, meine Bedingung sei, daß sie nicht nur einmal mit ihm vögelt und ihn dann fallen läßt, sondern daß sie es so sanft und so schön macht, mit allem Drum und Dran, mit soviel Zärtlichkeit und Romantik, daß er sich sein Leben lang mit Wonne an sein erstes Erlebnis erinnert. Und ja, das fand dann statt. Ich dachte erst, daß sie, um ihr Versprechen zu halten, immer weiter mit ihm schlief, aber die hat sich irrsinnig in ihn verknallt. Sie wurde so eifersüchtig auf mich, daß es schrecklich war. Aber daß sie sich voneinander lösten, hatte nichts mit mir zu tun, das war, während ich ein Vierteljahr gar nicht in Hamburg war und woanders arbeitete. In der Zeit hat es sich totgelaufen, ohne Drama, Gott sei dank.

Je männlicher er wurde, desto weniger war meine Liebe nur Liebe, sie wurde zu einer furchtbaren Haßliebe. Er unterschied sich so wenig von den Männern, die ich gekannt habe, und ich konnte es nicht ertragen zu sehn, daß, daß er auch nur ein Mann wird und sonst nichts. Ja, wie kam das, daß er auszog? Es waren sehr große Spannungen vorangegangen, ich weiß es nicht. Als er sich ins Zimmer einschloß, bin ich mit ner Axt auf sein, seine Tür losgegangen, nicht ahnend, daß ich, bresthaft wie ich bin, eine Tür zerschlagen kann. Das Loch wurde immer größer, und dann standen wir beide auf den Seiten eines riesengroßen Loches in seiner Zimmertür. Zwei Pazifisten sich gegenüber, eigentlich ulkig. Er mit einem riesigen Schwert, das seine Wand schmückt, das er sonst nie in der Hand gehabt hat, und ich mit ner Axt. Ich schrie: »Leg das Schwert weg! Ich hab dich so lange gefüttert, bis du mich mit deiner bloßen Hand totschlagen kannst. Raus, Feigling, komm raus, stell dich!« Das war eine hochdramatische, furchtbar blödsinnige Situation. Irgendwann haben wir einen Ringkampf aufgeführt, und meine Kräfte ließen nach, so plötzlich wie sie gekommen waren. Ich bin zu Boden gegangen, hab eine Art Herzanfall gekriegt, und dann ist er eiskalt über mich hinweggeklettert und rausgegangen. Ich dachte, daß er sich vielleicht entleibt vor schlechtem Gewissen oder so. Aber er lebt und hatte nicht den entferntesten Gedanken daran, nicht zu leben. Jeder hätte nun gedacht, daß das mein Ende wäre, wenn Kim, den ich so wahnsinnig liebe, auszieht. Ja nun, ein paar Tage später, stellte ich fest, daß das ja nicht nur seine Befreiung war, sondern auch meine. Und daß ich vielleicht endlich erwachsen werden konnte, wenn er aus dem Haus ist. Jetzt ist er mein Lieblingsgast.

Ich war Ehegegner eh und je und bin es noch und empfinde mich auch nicht als verheiratet gewesen. Ehe ist für mich glatte Prostitution. Ein Student jedoch war sehr geschickt, ein Taktiker. In der ersten Liebesnacht kramte er Gedichte aus, Tucholsky. Nein: wir entdeckten, daß wir das gleiche lesen! Er hatte sich eben 2 Wochen oder was darauf vorbereitet. Er ließ sich die Haare über den Kragen wachsen und spielte Bohemien. Es gab viele Gemeinsamkeiten dadurch, künstlich. Und er machte am 5. Tag schon seinen Heiratsantrag, und den wiederholte er jeden Tag. Nach 2 Jahren hat er mich erpreßt, wie Weiber oft Männer erpressen: »Wenn du mich nicht heiratest, gehe ich von dir.« Ich hatte zwar weiß Gott nicht das Bedürfnis, ihn zu heiraten, aber nichts war mir schlimmer als der Gedanke, allein zu sein. Ich liebte ihn nicht, aber er bildete eine Art Boden unter meinen Füßen. Und immer wenn

ich ihn loswerden wollte, fiel ihm was Neues ein. Soviel Phantasie hatte er grade noch. Er trat mal in den Hungerstreik, dann, als Schnee war, legte er sich in den Schnee vor dem Haus und sagte, er würde da liegen bleiben, bis ich ihn raufhole. Und jedesmal, wenn er so elend dran war, stieg ein liebesähnliches Gefühl in mir hoch, dann hab ich ihn ins Bett genommen und gerubbelt und gewärmt. Und dann war er auch ein paar Tage froh und dankbar. Und so hab ich ganz widerwillig und mit sehr miesem Gefühl eingewilligt, ihn zu heiraten. Während das Aufgebot hing, wollte ich es viermal rückgängig machen. Und als geheiratet wurde, hat er mich festgehalten und gesagt: »Wehe, wenn du NEIN sagst!« Wenn er Oberwasser hatte, war er ein Sadist, und sehr deutsch. Er schlug aus Schwäche. Er drohte mehrfach, mich umzubringen, dann meinte er: »Mach dir keine Sorgen um mich, Peggyherz, ich mach es natürlich so, daß es wie Selbstmord aussieht. Und das nimmt mir doch jeder ab.« Naja, alles war Scheiße. Er war Jurist, aber ich hatte ihm einen Job als Reiseleiter besorgt. Und damit keiner auf die Idee der Prostitution bei mir kam, hab ich ihn die ganzen Jahre ernährt, dafür hat er den Haushalt geführt. Aber der zählt wirklich nicht, das war keine Ehe. Ich wars auch nicht, die sich scheiden lassen wollte nach 3 Jahren, es war mir ja so scheißegal, für mich bedeutete das Papier nichts. Ich hatte mir übrigens vorgenommen, ihm treu zu sein, ich wollte das Beste, wenn schon, daraus machen. Und als mir klar wurde, daß mit dem ein Dreck los ist, hab ich ihn dreimal gewarnt, das hielt ich für fair, dreimal gesagt, daß ich mir einen andern nehmen würde, wenn er sich nicht ändert. Er sollte Interessen entwickeln, er sollte was anderes lesen als Zeitung. Er sollte bereit sein, durch mich Sprachen zu lernen. Er sollte bereit sein, musische Interessen, mit meiner Hilfe allerdings, zu entwickeln. Und er sollte bereit sein, ich hatte einen riesigen Freundeskreis, den nicht wegzuweisen, sondern versuchen, ihn in sich aufzunehmen oder selber einzuschmelzen. Und im Bett sollte er mal ein bißchen Mann werden, ne. Der hatte soviel Schiß vor mir, daß er nicht mal vögeln konnte.
Er behauptete schließlich, vielleicht nicht mal zu Unrecht, daß ich ihn nur geheiratet hätte, um billig an eine Mutter ranzukommen.

Je mehr ich die Schwäche der Männer erkannt hab, desto mehr hab ich gelernt, die Stärke und Zuverlässigkeit und Glaubwürdigkeit von Frauen zu schätzen. Ich hab mir das mal überlegt, ob das vielleicht ginge, und hab mir lesbische Paare aus der Nähe angeguckt. Ich hab sowieso immer ständig homosexuelle Freunde gehabt, aufgrund ihrer Zuverlässigkeit, und weil da unabgelenkte Gespräche möglich sind, und weil sie treuer waren – ich wollte ja nichts von ihnen. Aber das Wesentlichste ist tatsächlich, daß die genauso wie die Lesbierinnen in ihren Ehen überhaupt nicht anders sind als Leute in andern Ehen. Und daß ich außerdem, ich brauch n Penis, will ich haben.

Einmal war ich eingeladen auf einer Faschings-Party in der Kölner Gegend. Ich wußte nicht, daß Leute im Fasching so wild aussehn wie ich von morgens bis abends, ich fand die alle sehr dufte. Und als einer mit ner roten, knallbrandroten Perücke und schwarzgefärbten Zähnen, ein Mann, der fast 2 Meter war, reinkam, lauter Lachfalten unter der Perücke, da hab ich geschrien: »Den will ich haben!« Und alle dachten: Ach, die Künstlerin ist exaltiert und wünscht sich für den Abend einen Mann . . . und haben nicht erkannt, daß ich den sofort liebte. Er hat natürlich später recht gehabt als er sagte, ich hätte mich in eine Attrappe verliebt. Aber das war völlig egal, er repräsentierte für mich Gelächter und Lebenslust, obwohl er davon fast gar nichts hatte. Und ich nahm in Kauf, daß er bis morgens um 4 andere abknutschte. Für mich war klar: Das ist meiner. Ich wußte nicht, daß er Junggeselle war und der begehrteste Junggeselle im Ort, nicht nur die Hausfrauen waren geil auf ihn, sondern er kriegte alle höheren Töchter. Er war Strahlenchemiker, er war jemand und hatte dazu noch eine Zukunft als Professor. Am nächsten Tag waren wir alle verabredet zu einem Spaziergang. Für die war es ein Sonntagsspaziergang – für mich war es das Erwachen zu einem neuen Leben. Wir teilten ein Taschentuch, schnupften da rein gemeinsam, wir hatten ein gemeinsames Taschentuch! Und er war so irrsinnig groß, ich hing also wie ein Floh an seiner Hand, den Arm ganz nach oben gereckt. O Gott, war das schön, nein. Stunden waren wir schon rumgehüpft, da sagte er ganz verträumt, daß seine Eltern auch in Auschwitz gewesen wären. Das hat mich überrascht bei diesem Germanen.

Aber Gott, wer war nicht alles im KZ gewesen. Bis er mir sagte, daß sein Vater ein Nazifunktionär gewesen war und seine Mutter eine Villa hatte am Rande von Auschwitz, und die Dienstboten waren Bevorzugte aus dem KZ. Er hat seine Schulferien als Herrschaftskind in Auschwitz verlebt. Aber es sei nie etwas vorgefallen, einmal hätte er gesehen, daß jemand geschlagen wurde, das sei sicher begründet gewesen, der wollte weglaufen oder was. Erst dachte ich, ich falle tot um. Aber ich bin nicht tot umgefallen. Ich hab mich zurückgerettet in meine Euphorie, und wir blieben zusammen. Ich hab ja eigentlich zurückmüssen nach Hamburg, ich hatte gerade meinen ersten großen Fernseherfolg, es bestand jeder Grund, zu Hause zu sitzen und Angebote abzuwarten.

An dem Abend haben wir zum ersten Mal miteinander geschlafen. Er kam ins Zimmer und hatte seine Haare genäßt, und plötzlich konnte ich mir vorstellen, wie sein Vater bei der Gelegenheit ausgesehen hatte. Aber ich hab auch das überwunden, mich wieder zurückgerettet in meinen Liebestaumel. Es wurde unglaublich, und das Schönste an der Nacht war, daß wir so viel zusammen lachten unter der Bettdecke, damit seine Wirtin es nicht hört. Ich wollte überhaupt nichts mehr als bei ihm sein und mit ihm sein. Und es scheiterte daran, daß ich seine noch lebenden Nazi-Eltern nicht verkraften konnte und er mich und meine toten Eltern nicht. Wir meinten nie das Gleiche, wenn wir dieselben Worte benutzten, und wir dachten in völlig verschiedenen Bahnen. Er sagte, wenn es wahr sein sollte, daß meine Eltern wirklich umgebracht worden wären, was er sehr anzweifelte, dann müßte mein Vater schon etliches auf dem Kerbholz gehabt haben. Und ich hab ihm mal gesagt, daß ich mit meinen toten Eltern sehr viel besser dran bin als er mit seinen lebenden und habe ihn zutiefst bedauert. Aber er hat mich nicht bedauert.

Das Stück von Peter Weiss »Die Ermittlung« wurde aufgeführt. Ralph hat sich geweigert, das im Fernsehn mit mir anzugucken und sagte, son Scheiß würde ihn nicht interessieren. Später erfuhr ich, daß er schon morgens seine Wirtin gebettelt hatte, hat gesagt: »Ich werde Sie nie wieder um etwas bitten, aber dieses Stück muß ich sehn.« Und er, der so außerordentlich höflich auch seiner greisen Wirtin gegenüber war, rief immer wieder nur: »Das darf nicht wahr sein! Das darf nicht wahr sein! Das darf nicht wahr sein!« Und als es zu Ende war, sei er rausgestürzt, und dann hätte sie ihn noch die ganze Nacht in seinem Zimmer auf und ab laufen hören.

Soweit ich weiß, stand Ralphs Vater mal kurz vor Gericht. Ralph hat sehr verbittert erzählt, er und andre seien in sehr unbequemer Weise ins Gefängnis gefahren worden. Das muß gleich nach dem Krieg gewesen sein. Außerdem hätte er sich während der Untersuchungshaft ein Magenleiden geholt, was ihn auch sehr verbitterte. Ralph murmelte mal, wenn er in Polen vor Gericht gestanden hätte, hätte sein Vater es nicht überlebt, also dann hätte man ihn wohl sofort zum Tode verurteilt. Aber hier hat er es geschafft, sich rauszuschlängeln. Doch er muß ne Höllenangst haben, denn die Eltern leben ein bißchen verkrochen bei Bamberg, wo es mehrere dieses Namens gibt. Und die Mutter verbarrikadiert jeden Abend die Türen, sie ist bigott geworden, Dauer-Kirchenbesucherin. Und betet sicher nicht für andere, sondern nur für sich selber, sie wird schon wissen, warum. Aber was solls, Ralphs Eltern sind ja kein Einzelfall.

Inzwischen war es Ostern geworden, und ich fuhr zu meiner Freundin nach München, er fuhr zu seinen Eltern. Mir war völlig klar, daß er sich dort entscheiden würde, ob er zu mir hält, oder ob er wieder in seine Scheinwelt eintaucht und mich abstreift. Er hat mich nie wiedersehn wollen. Ich hab mich nicht zurückhalten können, ich hab etwa einmal im Jahr bei ihm angerufen. Aber ich brauch nur »Ralph« zu sagen, auch jetzt, jetzt sind es, ich glaube 3 Jahre her, dann legt er den Hörer auf. Er hat weder meine Stimme vergessen, noch ist ihm der Schreck aus den Gliedern gefahren.

Jahrelang hab ich niemanden lieben können. Dann hab ich allmählich, wie Medizin, hab ich wieder angefangen, Männer zu nehmen, hab also wieder rumgeschlafen. Ich hab ein sehr breites Bett und konnte mir nie vorstellen, daß man in dem auch allein schläft. Mit Liebhabern schlief ich zu zweit, aber ich schlief auch oft zu dritt oder zu viert mit Leuten drin, nicht um zu vögeln, sondern um zu pennen. Das hat sich geändert, das hat sich so geändert, daß ich mal ein Jahr lang gar nicht rausgehn mochte oder eine Straße überqueren konnte, nur aus Angst, Nazis zu begegnen. In den letzten Jahren hab ich furchtbar viel Schulden gemacht, horrende Schulden, und wenn ich dann wieder auftauchte aus meiner Isolation, die Angst abwarf, dann hab ich arbeiten müssen, habe sehr heftig gearbeitet, gespielt, geschrieben und übersetzt und weiß der Teufel.

Ich hatte an Sprach-Schulen hier unterrichtet und hab die immer beklaut. Die hatten zwar Abhörapparate, damit sie mitkriegen konnten, ob man abwarb oder nicht, aber ich hatte den Dreh raus – ich wurde ja schlechter bezahlt pro Stunde als eine Waschfrau – und da hab ich ganz einfach Zettel rumgehn lassen und draufgeschrieben: »Bitte, notieren Sie Name, Adresse, Telefonnummer.« Und dann hab ich die alle einzeln angerufen und gefragt, wie lang ihre Verträge dauern und ob sie Interesse hätten, in einer angenehmeren Umgebung ihren Unterricht fortzusetzen. Ich war bei allen Schülern wahnsinnig beliebt, weil der ganze Unterricht immer lachend stattfand, so traurig ich privat war, so ulkig war der Unterricht. Ich halte den auch für eine schauspielerische Vorschule übrigens, denn ich übersetzte ja nie, ich hab denen die Übersetzung immer vorgespielt. Die waren alle sofort bereit, hierher überzuwechseln, und da hab ich mich dumm und krumm verdient. Aber ich kannte auch sehr viele Leute, die kein Geld hatten, und die haben davon mitgelebt. Meistens wollte ich auch nicht, daß die Männer, mit denen ich lebte, sich selber ernähren, damit sie sich nicht so sehr strapazieren. Geld bedeutete mir gar nichts. Ich interessierte mich weder für Schmuck noch für Kleider und soff nicht, also es war für alle andern übrig. Und natürlich, Kim hat Geld gekostet. Aber ich war so erschöpft zum Schluß, daß ich Männlein und Weiblein nicht mehr unterscheiden konnte. Ich arbeitete immer bis zum totalen Zusammenbruch. Und dann bin ich abgehaun, meistens nach Südfrankreich, bis ich 30 Pfund zugenommen hatte, fett und kräftig war, und dann kam mir Arbeit wieder sehr, sehr begehrenswert vor, weil ich doch sehr spannend fand, aus Nicht-Wissenden Wissende zu machen.

Mein Entschluß, Schauspielerin zu werden, kam, als ich nicht mehr leben wollte. Ich gab mir als letzte Chance den Berufswechsel. Da hatten aber schon Leute Dinge über mich oder für mich geschrieben. Ich wurde also immer wieder entdeckt, auch von Malern und von welchen, die meinten, daß ich schauspielern soll. Ich wurde auch ein bißchen reinprovoziert. Irgendein Besetzungsbüro rief an und sagte: »Naja, wissen Sie, eine Prüfung werden Sie ja wohl kaum ablegen wollen.« Und da höre ich mich vor Schreck »Doch!« sagen. Ich hab 12 Tage Unterricht gehabt, vorgegeben, 3 Jahre gehabt zu haben, die Prüfung bestanden – und danach Unterricht genommen. Ich hab ja auch jahrelang bei der Kripo gedolmetscht. Da sind immer Leute in Ausnahme-Situationen, die grade vernommen werden. Ich hab sehr viel gelernt, auch für die Schauspielerei natürlich. Und ich spiel am liebsten Frauen, die schwierig sind, die es schwer mit sich selbst haben, die leidenschaftlich sind. Ich bin ja sehr typgebunden, ich werde fast immer als Ausländerin besetzt, als Französin, Spanierin, Russin, das liegt auf der Hand. Und daß ich nicht, was weiß ich, Hausfrauen spielen kann, auch keine russischen, das liegt auch auf der Hand. Ich hab aber auch ganz passive Frauen spielen müssen, gegen meinen Typ, das hat mir sehr viel Spaß gemacht, weil es, weil es für mich schwer war. Bei schlechten Rollen erwarte ich viel Geld, ich finde, daß die gar nicht mit Geld genug aufgewogen werden können. Und ich versuch mich immer wieder auf neuen Gebieten, jetzt ein eignes Programm, ne Art Sprechchanson-Programm. Ich möchte noch 1000 Dinge ausprobieren. Und ich krieg den Hals nicht voll. Ich wollte immer in dem Gefühl, daß jede Sekunde die letzte ist, alles aussaugen aus dem Leben – und auch so viel wie möglich geben.

Aber ich hab große Angst vor dem Tod, eine Höllenangst, obwohl es mich immer zum Tod hinzieht. Die Vorstellung, daß man ganz allein irgendwo eingebuddelt liegt, ohne Freunde, ohne Gesprächspartner, find ich so schlimm. Wenn ich es mir aussuchen könnte, würde ich in einem Massengrab liegen. Ich kann mir auch nicht vorstellen, daß sehr lebhafte Leute tot sind, für mich ist auch meine Mutter nicht tot.

Ich möchte ja nicht sterben, ich möchte nach wie vor leben. Aber der Drang zum Selbstmord wird immer stärker. Dann versuch ich, diesem Kampf zu entfliehn und meinen Gedanken zu entfliehn, indem ich Schlaftabletten nehme, selbstverständlich immer stärkere, das Gegenteil von früher, von den Pervitin-Tabletten. Ich will einen kleinen Selbstmord begehn, eigentlich täglich, mich ausschalten für Stunden, immer in der Hoffnung, daß, wenn ich aufwache, die Welt anders aussieht. Wenn Sie so wollen, lebe ich gegen das Leben an, ich lebe auf den Tod hin.

Tabea R.

Ostpreußen, Insterburg, da ist meine Heimat, da bin ich geboren, 1928. Mein Vater war Prediger, also kein Pfarrer, sondern Gemeinschaftsprediger innerhalb der evangelischen Kirche. Das war eine ganz freie Tätigkeit innerhalb der sogenannten Glieder der Landes- oder Volkskirche. Und meine Eltern haben dann gelebt von dem, was sie an Spenden, an Gaben bekamen. Meine Mutter war immer mit von der Partie, die Eltern haben die Leute in den verschiedensten Orten aufgesucht und Versammlungen oder Gottesdienste gehalten und versucht, sie auf diese Art und Weise Gott näher zu bringen. Meine Eltern haben sehr wohl den Unterschied zwischen wahrer Gemeinde und solcher abgestempelten, zusammengetauften Gemeinde gewußt und also versucht, diese Menschen nun dem wahren Glauben entgegenzuführen. Entweder hatten sie einen Versammlungsraum, einen größeren, oder aber sie haben Hausgottesdienste gehalten, da, wo die Stube am größten war oder die Diele, da haben sie es gemacht.

Meine Mutter hat, wenn ein Instrument da war, Harmonium oder Klavier gespielt, sie hat auch Kinder-Gottesdienste gehalten und je nachdem, wie es grade sich so ergab, eingegriffen in die Verkündigung. Also, das hat sie gerne getan. Auch in der Zeit noch, als mein Vater hier Pastor war im Münsterland, hat man immer von ihr gesagt: »Sie müßten eigentlich Pastor sein«, also, sie könnte das besser als der Vater. Die ganze Heirat war davon ausgegangen, daß dieser Mann das war und diese Aufgabe hatte. Was mich bei meinen Eltern immer fasziniert hat, in dem einen Punkt, wenns um die Sache Gottes ging, den Glauben, den Dienst in der Gemeinde, da waren sie sich einig, da haben sie sich immer wieder gefunden, das war eigentlich das bindende Band. Ich habe gern mit meiner Mutter zusammengesessen, auch oft bei ihr im Bett gelegen und mir erzählen lassen aus ihrer Kindheit, aus ihrer Ehe undsoweiter. Und da hat sie mir sehr oft erzählt, daß sie eigentlich den Papa geheiratet hätte nicht als Mann in erster Linie, sondern hauptsächlich weil er Prediger war. Sie wollte mal Missionarin werden und hatte sich auch gemeldet bei der

Rheinischen Mission, und da haben sie ihr doch diese unmöglliche Bedingung gestellt: »Ja, liebes Fräulein Sowieso, ham Se schon jemandn bekehrt?« Hat sie gesagt: »Nein, ich weiß nicht, wüßte nicht.« »Dann gehn Se mal erst nach Hause und bekehrn Se einen.« Darüber war sie sehr enttäuscht. Sie lernte dann den Vater kennen, den Papa kennen und hat auf diesem Umweg versucht, in die Sache Gottes einzusteigen und mitzumachen. Aber eine Ehe ist ja nicht nur das, sondern da ist ja auch das andere, aber sie war eine Frau, die nicht so zärtlichkeitsbedürftig und anlehnungsbedürftig war. Sie war selbständig, brauchte das nicht, hat sie mit uns nicht gemacht, von uns nicht erwartet, auch nicht von ihrem Mann nicht erwartet und höchstwahrscheinlich ihrem Mann auch nicht so gegeben, wie er es vielleicht hätte haben wollen. Der Vater war ein bißchen anspruchsvoller in der Beziehung. Aber er war manchmal nicht so ganz geschickt in seinem Umgang mit Menschen, auch mit seiner Frau, er hatte auch oft so etwas Verschlossenes und Bockiges an sich. Ich weiß aber, das hat er gar nicht gemerkt, daß sie ihn auch liebte, sie konnte das bloß nicht so zeigen. Jedenfalls hat sie wohl gemeint: »Was ich nicht geworden bin, kannst du vielleicht werden.« Sie hat sich gefreut, als ich Theologie studierte.

Zu Hause, meistens im Winter, bruzzelten die Äpfel im Kachelofen, und dann haben sie uns biblische Geschichten erzählt, das war immer die Hauptsache, und daß sie mit uns gebetet haben, daß sie uns Lieder beigebracht haben, also christliche Lieder, das war immer. Sie lebten da drin und waren froh ihres Glaubens. Und was sie erzählt haben von ihren Evangelisationsfahrten! Zum Beispiel in einem Ort wars besonders schwer, da sind sie ausgelacht und rausgeschmissen worden. Sie haben sich vorher immer seitwärts in die Felder geschlagen und hingekniet und gebetet miteinander um Gottes Segen und Hilfe für die Arbeit. Sie haben eine ganze Gemeinde gesammelt innerhalb der Kirche und haben uns dann mit diesen Leuten bekannt gemacht, da sind wir auch oft hingefahren, haben da schöne Tage auf dem Land verbracht bei Pferden und Hühnern und Kühen.

Mein Verhältnis zu den Eltern war eigentlich immer ein sehr gutes, auch wenn ich als etwas lebhaftes, ja manchmal wildes Kind mit ihnen zusammenstieß in Gehorsamsfragen und auch meine Prügel bezogen habe deswegen, oft genug. Zum Beispiel, das steht mir sehr deutlich in Erinnerung, ich fing an, größer zu werden und zu sehn, was die andern treiben, und sah, daß sie ihre Freunde hatten und ausgingen. Ich kam dann auch irgendwie mal an so einen Burschen, und wir hatten uns verabredet, auf die Eisbahn zu gehn, wir hatten ja viel Eis und Schnee dort. Und dann mußte ich mein Weggehn erklären, weil sie das nicht gewohnt waren. Ich meine, ich durfte rausgehn, aber es war grade ein Sonntagnachmittag, wo die Eltern meistens zusammen was unternahmen mit uns, wofür ich ihnen sehr dankbar war. An diesem Nachmittag wollte ich solo los, das fiel auf: »Wohin willst du?« Und dann hieß es: »Das kommt ja gar nicht in Frage!« Ich bin sehr frech geworden und habe aufgetrumpft: »Ihr seid schlechte Eltern, andere dürfen viel mehr, ich soll immer zu Hause sitzen und gehorchen«, und habe mit dem Fuß aufgestampft. Da hab ich das Leder vollgekriegt! Und dann weiß ich, dann habe ich mich beruhigt, so gründlich beruhigt, daß ich nie mehr danach verlangt habe.

Zu irgendeiner Tanzstunde durften wir nicht. Das war nicht drin, das erlaubten die Eltern nicht, und natürlich kann ich bis heute nicht tanzen, das heißt, ich habs versucht bei den verschiedenen Abitur-Feten und habe mich ziemlich dumm benommen da, und so rumgehopst, ungeschickt. Aber ich habe auch nie die Lust dazu verspürt oder empfunden, daß mir etwas dadurch verlorengegangen ist. Ich habe viel lieber dagesessen, mir die Leute angeguckt, ihre Beine und ihre Bewegungen und mich ein bißchen lustig gemacht darüber. Ich hab ja nun inzwischen auch gemerkt, in reiferen Jahren, was damit alles verbunden sein kann. Tanz kann durchaus eine Äußerung der Bewegungslust und Lebensfreude sein, aber er ist meistens und größtenteils doch was anderes, nicht wahr, die Berührung und die Anreizung, und, und auch, wissen Sie, diese ganze Musik, der Geist dieser Musik war eben nicht das, was unserm Geist, der im Hause herrschte, entsprach. Und darum hieß es dann eben: »Also, das brauchst du nicht, das ist nicht für einen Menschen, der Christus, der Gott nachfolgen will.«

Ich bin erst aufgeklärt worden, nun ja, in der Zeit, wenn jedes Mädchen so seine Umstellung erlebt. Und als ich soweit

war, und ich mich furchtbar erschrocken hatte, was das nun
ist, und ich unglücklich war darüber, da sagte meine Mutter:
»Also Kind, das ist nun mal bei allen Mädchen, und du
wirst jetzt langsam eine junge Frau, und das ist nichts Ver-
kehrtes. Na, es geht wieder vorbei und kommt wieder, undsoweiter.« Mehr hat sie mir nicht gesagt. Aber eigentlich ist
das für mich keine große Belastung gewesen. Vielleicht wäre
es schwieriger geworden, wenn sich meine Eltern nicht so
durchgesetzt hätten damals in diesem einen Fall, nicht wahr.
Ich habe, nachdem einmal mein Trotz gebrochen war, dieses
Verlangen und Interesse, dies brennende, gar nicht so gehabt
nach diesen Dingen. Ich habe nur empfunden, also was die
Kinder so erzählten, daß das Schweinereien waren, daß ich
das nie irgendwie mir von meinen Eltern vorstellen konnte.
Das hab ich immer zu trennen versucht. Und ich war den Eltern immer dankbar für die Zucht. Ich schätze den Mann als
Partner, als Gesprächspartner und auch als Arbeitspartner
sehr, schätze ein sachliches, nüchternes Gespräch, sehr kameradschaftliches Gespräch, ich kann mir auch vorstellen, daß
es eine Freundschaft gibt zwischen Mann und Frau, ohne daß
da jetzt Erotik die Hauptrolle spielt. Sie spielt ja immer etwas mit, aber daß das jetzt nicht zum Tragen kommt, nicht
wahr, und sich nicht irgendwie störend auszuwirken braucht
auf eine Ehe, meinetwegen. Von mir weiß ich jedenfalls, daß
es mir nicht gegeben ist, daß mir weder ein Mann gegeben,
noch die Familie gegeben ist. Ich habe eben eine andre Aufgabe, und ich geh jetzt meinen Weg, ohne zu trauern. Da bin
ich zufrieden, dankbar.
Gern bin ich nicht zur Schule gegangen, ich hatte immer
Schwierigkeiten mit dem Rechnen. Ich kann mich nur erinnern, daß die Schule Spaß gemacht hat, weil es da viele Kinder und viel zum Spielen gab. Dann hatten mich die Eltern
nach bestandener Aufnahmeprüfung zum Lizeum gegeben,
und auch da habe ich immer nur gespielt. Dann hieß es nach
einem Jahr: »Also, Frau R., wir raten Ihnen, Ihre Tocher,
sie ist noch nicht reif, noch auf die Volksschule zu schicken
oder später wieder her zu uns. Aber das hat jetzt keinen
Zweck.« Und das haben dann die Eltern auch gemacht: »Unser Kind, ist ja bloß ein Mädchen, und die wird ja sowieso mal
Frau und Mutter, und dann genügt also auch ne Mittelschul-

bildung.« Aber das muß ich vielleicht noch sagen, ich habe dann meine künstlerische Ader entdeckt, ich hatte eine große Begabung, ob ich sie noch habe, weiß ich nicht, zu malen und zu zeichnen, eine auffällige Begabung. Ich habe dann auch an einem Wettbewerb im 3. Reich teilgenommen, wo ich Reichs-Sieger geworden bin. In Berlin waren die Sachen ausgestellt, sollten wir dann eine Reise haben und was weiß ich. Meine Zeichenlehrerin hat sich damals für mich bemüht, und mir war auch schon das sogenannte Langemarck-Studium zugesagt worden, ein kostenloses Studium für Begabte, dafür war ich vorgesehn, wollte also einen künstlerischen Beruf ergreifen. Das wurde ja im 3. Reich sehr unterstützt und gefördert, und das hatte auch Aussicht. Und das hat aufgehört, als alles kaputtging.

Damals, als Hitler kam, so erzählte mir meine Mutter, war folgende Stimmung: »Also, das ist ein guter Mann, den haben wir schon lange nötig gehabt, und wir wollen ihn unterstützen.« So hieß es beim Großvater, und so hieß es auch bei meinem Vater. Meine Mutter war da sehr viel kritischer und zurückhaltender. Die hatte zuerst auch mitmachen wollen und war dann auf dem Weg zu einer solchen Parteiveranstaltung, und da ist ihr so klar geworden, unterwegs, eine Stimme in ihr sagte: »Wenn du diesen Weg weiterverfolgst, dann geht das auf Kosten deines Glaubens.« Und dann ist sie umgekehrt, ist nicht hingegangen. Da hat der Vater sie vorgenommen und ihr gesagt: »Luise, was machst du da! Du hast diesen Mann zu unterstützen! Wir wollen doch hier einig sein.« »Nein«, hat sie ihm gesagt, »das tu ich nicht mehr. Und wenn du das tust, dann entzweien wir uns.« Bald danach hat der Großvater sich enttäuscht zurückgezogen. Wir Kinder haben ja noch nichts davon mitgekriegt und verstanden, nicht. Ich weiß nur, daß ich auch zu den Jung-Mädchen da sollte, später BDM, und daß ich mich da nie wohlgefühlt habe. Ich bin bald wieder weggeblieben. Mein Vater war da ängstlich, er hat gesagt: »Nun schick doch das Mädel, daß wir keine Umstände kriegen.« Aber die Mutter hat gesagt: »Ich kann das Kind doch nicht zwingen, anscheinend hat sie keine Lust«, und die sollten davon absehn, mich da nun mit Gewalt heranzuziehn. Sie war sehr offen in der Beziehung. Ich weiß noch, einmal hatten wir SS-Besuch, es war so ein höherer

Offizier, weshalb der kam, weiß ich nicht, und wir hatten in der Stube das Bild vom 12jährigen Jesus im Tempel. Und der das Bild sehen und herziehn über das Bild und über Jesus, diesen Juden-Bengel, das war eins. Die Mutter, furchtlos wie sie immer war, hat ihm dann eine Predigt gehalten über Jesus von Nazareth, und zwar so, daß der Mann schließlich ohne Äußerung und Widerrede wegging, ohne sich jemals wieder hören zu lassen oder ihr deswegen Schwierigkeiten zu machen.

Mein Vater hatte die Prediger-Tätigkeit ja schon aufgegeben dieser Schwierigkeiten wegen und war jetzt Angestellter bei der Wehrmacht. Mein Vater ist ja auch Soldat gewesen, und ein guter Soldat gewesen, er hat die Ausbildung mitgemacht, er hat sein Bestes getan. Er hat sich da auch als Frommer, das hatten die bald raus, schikanieren lassen, den haben sie veräppelt noch und noch. Er hat sogar Befehl verweigert, als er ausgeschickt wurde zum Klauen, nicht wahr. Da hat ihn der Hauptmann vor das Kriegsgericht bringen wollen, das hat er aber nicht gewagt, es ist nicht dazu gekommen. Mein Vater hat also seinen Mann gestanden, er war bei der Nachrichtenkompanie. Aber wenn er mal schießen mußte, da sagte er: »Ich hab auf keinen Menschen gezielt, ich habe in die Luft geknallt.« Ich sag: »Na, Papa, wenn sie alle so gekämpft hätten wie du, dann wär ja nischt geworden.« Aber das glaub ich ihm, das war so die Einstellung. Und zugleich dieses »treu und redlich« dem Vaterland gegenüber, die Gesinnung saß drin, nicht wahr, wie es da auf dem Koppel steht: »Mit Gott für das Vaterland« oder so ähnlich, den Dienst tun und sich einsetzen und dabeisein. Und bei meiner Mutter eigentlich auch. Sie hat sich nicht dagegen gewehrt, daß der Junge nun Soldat wurde. Sie sagte: »Du mußt es wissen.« Sie fand es nicht schön, daß er Oberführer war bei der HJ, aber sie sah auch, daß ihm das Spaß machte und er dabei sauber blieb und redlich, und da hat sie dann nichts dagegen gehabt.

Mein Bruder wollte Berufssoldat werden, er war sehr stark in der HJ beschäftigt und einer der obersten Führer, Oberbannführer, geworden. Er liebte das einfach, mit Menschen umzugehn, sie zu schulen, nicht wahr, das war bei ihm weniger Ideologie, sondern einfach dieses, diese Begabung, Menschenführung lag ihm. Er hatte sich als Offiziersanwärter gemeldet und kam dann im Zuge der Ausbildung das erstemal an die Front. Er kam völlig verändert nach Hause. Also der, der war grau und alt geworden durch das Erlebte dort und sehr enttäuscht, ja gar geschlagen, innerlich und äußerlich. Er konnte tage-, ja wochenlang nicht richtig sprechen. Obwohl, es war ja für unser Volk, und er drängte das zweite Mal heraus nachdem, aber er sagte: »Ob wir das werden halten können, das weiß ich nicht«, die Front, die so weit vorgeschobene Front, alles das, was wir in Besitz genommen hatten. Er sah wohl schon, daß das nichts wird, aber er wollte sich sehr dafür einsetzen. Dann ist er zurückgekommen zur weiteren Ausbildung und konnte es gar nicht erwarten, bis er wieder rauskam. Bevor er aber ging, sagte er zu den Eltern: »Die Front steht jetzt an den ostpreußischen Grenzen, ich will noch tun und helfen, was sich machen läßt, aber ihr verschwindet, so schnell wie ihr könnt. Sobald irgendwie ein Freigabebefehl herkommt rauszugehn, dann geht, geht, geht!«

Und da haben wir uns sofort gemeldet, und es fing ein großes Packen an. Wir hörten, daß der Zug nicht voll besetzt war, daß die Leute davon keinen Gebrauch machten. Sie dachten, es würde noch mal wieder. Die Propaganda ging ja auch dahin. Wir hatten also gut Platz in dem Zug, brauchten uns nicht zu drängeln und konnten sogar im Gepäcknetz und auf der Bank zum Teil schlafen. Es ging über Allenstein, dann über den sogenannten Korridor und Schlesien nach Leipzig weiter. In Leipzig hatten wir große Angst wegen des Fliegerbeschusses, da kamen sie ja regelmäßig hin und bombardierten, aber auch das ging gut vorbei. Der Zug kam unbehelligt an in Sachsen. Wir fanden Aufnahme bei einem Bauern, so einem kleinen, sächsischen Bauern.

Meine Großeltern, die blieben noch länger in Ostpreußen. Die hatten ja ein Grundstück mit mehreren Häusern. Mein Großvater war, was man heute Tiefbau-Unternehmer nennt. Er hat Straßen gepflastert und Gräben gezogen für Kanalisation und solche Sachen. Der hat also ein gutes Geschäft gehabt, einen guten Ruf gehabt. Und der meinte, noch bleiben zu müssen. Und die sind dann nach uns geflüchtet. Mein Vater kam auch erst viel später, der mußte noch in Ostpreußen bleiben bis ganz zum Schluß. Mein Bruder fiel dann 45 im

Januar, und den hat er noch beerdigt. Danach hat er sich gelöst, selbständig gemacht.

Ich hatte ja in Insterburg schon die letzte Klasse der Mittelschule erreicht und gedachte nun, die Mittelschule ganz abzuschließen, das hab ich dann erstmal getan, die mittlere Reife da bekommen. Dann hieß es: »Was machen wir mit dem Kind, hier ist nichts mit Studium, mit Langemarck-Studium mehr und mit Kunst und so.« Und mein Vater kam grade noch zur rechten Zeit, um diese Frage zu entscheiden. Er entschied: »Sie soll zur Schule gehn.« Ich war auch einverstanden, und dann bin ich dort auf ein Jungen-Gymnasium gegangen. Aber da war ich dann wirklich ganz begeistert vom Lernen, von Latein hauptsächlich, und auch Mathematik machte mir etwas mehr Spaß. Ich bin da gern zur Schule gegangen, in Crimmitschau war das.

Bei dem Bauern hatten wir es verhältnismäßig gut, aber wir haben fürchterlich gehungert, waren abgemagert, hatten Wasserbäuche undsoweiter. Und wir haben dann gearbeitet auf dem Feld, Kühe gehütet und Bäume gehackt, und dafür haben wir dann mal ein Brot gekriegt und 1/2 Liter Magermilch oder auch Kartoffelschalen oder auch mal ein paar richtige Kartoffeln. Die waren furchtbar geizig, sind so kleine Bauern, die können mit diesen gar nicht verglichen werden, die wir hier haben. Zuerst waren ja die Amis da, es waren zum Teil Neger, unsere Eltern hatten immer ein bißchen Sorge, sie würden uns was tun. Aber es passierte nichts. Sie waren eigentlich zu Kindern recht freundlich, gaben uns mal Schokolade undsoweiter. Dann zogen die Amerikaner ab, und die Russen kamen von Osten herein, und die kamen furchtbar abgerissen auf ihren Panzerwägelchen und dreckig und widerlich an, ganz anders als die Amerikaner, sie waren auch nicht so freundlich. Da hatten wir also noch viel mehr Angst, aber es ist auch nichts passiert, wir sind da eigentlich behütet worden.

Der Vater hat versucht, in seinem eigentlichen Beruf als Prediger wieder zu wirken, das glückte nicht, sie hatten keine Anstellung für ihn. Es lag ja auch noch alles im argen, nicht, der ganze kirchliche Betrieb war noch nicht wieder angelaufen. Und dann hat er gehört vom Westen, daß es da leichter sei, und ist dann schon mal rübergegangen, 1946 im Januar, glaub ich. Er hat dann hier sofort Arbeit gefunden, und das war mit ein Grund, warum es uns auch nicht mehr lange hielt. Mein Vater hatte sich zuerst gewandt ans Volksmissionarische Amt, in Gladbeck war das früher, und da hat man ihm gesagt: »Ja, Bruder R., gehn Se mal nach Sendenhorst, da sind viele Flüchtlinge hingekommen, da versuchn Se mal, die Flüchtlinge zu sammeln und wieder zu einer Gemeinde zusammenzufügen.« Und dann ist er losmarschiert, ist dort auch untergekommen bei dem Molkereibesitzer und hat sich dann tüchtig in dieses Zeug gelegt und hat auch bald irgendwie eine kleine Versammlung wieder geschaffen.

Und dann kamen wir nach. Die Flucht hier rüber war nicht schwierig, wir hatten sogar unsere Fahrräder mitgenommen, obwohl wir wußten, daß die Russen so schrecklich hinter den Fahrrädern her waren, Nähmaschine hatten wir sogar mit. In Friedland war das, da wurden wir erstmal entlaust und gepudert. Es war ein schreckliches Lager damals, Friedland. In so Nissenhütten auf gestampftem Boden und nichts drunter, wir haben auf unserem Packen da gelegen, nicht wahr. Essen gabs ja ein bißchen, das war nicht das schlechteste, aber diese Lauserei da und diese Sitzerei hinterm Stacheldraht, ne.

Aber dann kamen wir gut in Sendenhorst an. Der Molkereibesitzer hat uns erstmal versorgt, ach, das war herrlich. Da gabs einen ordentlichen Teller Quark mit Vollmilch drin, und dann gabs ein ordentliches Stück Brot mit Butter, und dann gabs ein Mittagessen, und dann durften wir uns waschen, und dann durften wir in ein richtiges und schön bezogenes Bett. Also, ich weiß noch, wie wir uns da wie im Himmel gefühlt haben. Der Molkereibesitzer, der hat ganz gut gelebt im Krieg.

Bevor die Flüchtlinge kamen, waren die nur 5 evangelische Familien gewesen, und die hatten einen ganz klitzekleinen Andachtsraum, so ein winkliges Büdchen an einer Straßenecke, da kam dann alle 4 Wochen mal der Pastor und hat für die gepredigt. Dann bekamen wir eine Wohnung bei einem Kornbranntweinbrenner, das war ein ganz reicher und angesehener Mann. Der hatte einen Neubau und einen Altbau, und da boten sie uns dann unten, gleich am Eingang, einen kleineren Raum, der war aber 4 Meter hoch mit Riesenfenstern, und daneben einem saalartigen Raum. Alles mit

Parkett, aber völlig verschmutzt und verdreckt. Sie erzählten uns, daß hier bis vor kurzem die Belgier gehaust hatten. Und 2 riesige, gipsumrahmte Spiegel von oben bis unten mit Konsölchen und dann ein Buffet mit Schnörkeln und Füßchen und all son alter Kram. Sie legten Wert darauf, daß wir uns keine Sachen anschafften. Aber es war lausig kalt und feucht da. Und meine Mutter, die war immer kränklich, die hat schon immer mit dem Herzen zu tun gehabt.

Ich bin dann dort wieder weiter zur Schule gegangen. Aber durch die Schulzeit in Sachsen und dadurch, daß das 9. Schuljahr eingeführt wurde zu der Zeit, habe ich erst 1950 im März das Abitur gemacht, damals war ich immerhin 22 Jahre alt, ein ziemlich altes Haus schon. Das Abitur verlief gut. Die Schule hat mir dann kaum noch Mühe gemacht, mit Ausnahme der Mathematik.

In dieser Zeit faßte ich eigentlich erst den Entschluß, Theologie zu studieren. Der tiefere Anlaß dafür liegt viel früher, ich war zwar in einem frommen Elternhaus aufgewachsen, war aber selbst noch nicht fromm in diesem Sinne oder gläubig, das wußte ich ganz genau. Ich habe mich im kirchlichen Unterricht ziemlich schlecht benommen, nicht gelernt und Faxen gemacht und geärgert undsoweiter. Auch aus Nachdenken schon heraus. Und dann kam die Konfirmation heran, und dann werden einem ja 2 Fragen gestellt. Erst heißt es: »Willst Du in diesem Glauben bleiben und Deinem Heiland, Deinem Erlöser Jesus Christus treu nachfolgen Dein ganzes Leben lang, so antworte: JA«, und die andere Frage heißt: »Willst Du auch, damit Du das kannst, nun am Abendmahl teilnehmen, Gottes Wort in der Predigt hören und auch beten, so antworte: JA.« Ich dachte: Das kann ich doch nicht, was ich da verspreche, stimmt nicht! Ich habe nichts gesagt, kein Ja gesagt. Und dann bin ich trotzdem konfirmiert worden und hatte viele Kinder da, waren Verwandte. Aber abends, als ich dann in meinem Bett lag, schlug mir das Gewissen: »Du hast heute nichts versprechen können, bei dir stimmt da was nicht, und bei dir muß man wirklich fragen: Wenn du jetzt stirbst, was wird mit dir, kommst du in den Himmel?« Und da hab ich geheult, geheult ganz für mich, weil ich nicht in den Himmel komme, weil ich so ein gottloses Kind eigentlich bin. Ich schlief drüber ein und vergaß es dann am andern Tag.

Aber wir gingen 2 Tage später zum Abendmahl mit den Eltern, und dann ging ich vor zum Altar, und da kam es wie eine große Bewegung und Erleuchtung über mich: »Ja, das ist des Herrn Jesu Leib und Blut! Er vergibt dir alles, er hat dich lieb, da kommst du ja auch in den Himmel! Du brauchst keine Angst mehr zu haben!« Also, von dem Augenblick an war ich ein andres Kind. Das fiel auf in der Schule, und das fiel auf zu Hause. Ich habe versucht, im Kindergottesdienst zu helfen und mich nützlich zu machen. Das ist meine Bekehrung gewesen, früh. Und das zeigte sich dann nachher in der Schulzeit daran, daß ich mit meinen Kollegen, die ja vorwiegend katholisch waren, in Auseinandersetzungen über Glaubensfragen kam. Ich sagte dann in meinem Herzen: »Du mußt das Material an die Hand bekommen, um die nicht nur zu verstehen, sondern auch aus dem Sattel zu heben. Du mußt Theologie studieren!« Dann hieß es: »Oh, die als Frau?« – Da war ich eine Seltenheit. Gut, ich habe mich nicht beirren lassen und habe 1950 im Sommersemester in Münster angefangen. Mein Vater hat sich besonders gefreut darüber, weil der Sohn nicht mitmachte. Mein zweiter Bruder ist Diplomingenieur der Elektrotechnik, der ist bei Siemens. Ja, der war immer ein bißchen mehr in anderer Richtung.

Und so bin ich dann losgezogen. Ich kam sehr bald in Konflikt mit dem, was ich zu Hause so aus meinem Kinderglauben mitgebracht hatte und dem, was da kritisch gesagt wurde gegen den Pietismus im besonderen. Also, die Glaubensrichtung, die ich habe, nennt man pietistisch, dieses bewußte, überzeugte Leben im Glauben, ausgehend von der Bekehrung. Ich habe mich furchtbar herumgequält in dieser Zeit und wurde nicht fertig mit diesen Fragen. Zum Beispiel, daß die Wunder in ihrer Tatsächlichkeit angezweifelt werden und die Auferstehung angezweifelt wird, die Jungfrauen-Geburt undsoweiter, all diese Dinge, nicht wahr. Und ich bin darüber eigentlich so enttäuscht gewesen und so aus den Schuhen gekippt, daß ich mich nicht mehr fangen konnte. Ich habe gesagt: »Wenn wir das hier lernen und ihr meint, damit könnte man sein Leben lang predigen und Seelsorge üben, dann kann ich nicht mehr mit.« Ich habe sämtliche Lust am Studium verloren und bin nur noch pro forma mit-

gelaufen. Mir graute vor allem. Ich fing auch an, meine eigenen Ideen in mir zu bilden, gegen all das, entsprechend etwa
wie Feuerbach, diese Gedanken hab ich ja auch mitbekommen, oder Nietzsche, daß ich sagte: »Das ist alles nicht wahr,
das ist Produkt menschlichen Denkens, der Mensch braucht
seinen Auspuff, und er braucht seine, na irgendwo seine, seine
Überhöhung und seine Vervollkommnung, die er hier nicht
hat. Und nun macht er sich auf diese Weise eine zurecht, er
projiziert sich etwas in den Himmel, was gar nicht da ist.«
Ich habe also gelästert noch und noch. Ich habe meine Mutter
angegriffen, die hat oft geweint über mich. Ja, also ich muß
sagen, in der Zeit war ich Atheist.
Ich hatte mir eine Vespa gekauft damals und mußte die ab-
stottern und brauchte Geld. Und das verdiente ich mir auf
die Weise, daß ich meinem Vater im Religionsunterricht half.
Der hatte 3 Dörfer zu bedienen und hatte auch für die evangelischen Kinder an den katholischen Schulen Unterricht zu
erteilen, das waren 3 verschiedene Schulen. Das habe ich ihm
abgenommen, aber mit ganz großem Verdruß und ganz großer Selbstüberwindung. Ich habe oft mit dem Gedanken gespielt: Du solltest doch die Kinder eigentlich einweihen, diesen Quatsch ihnen nicht erzählen. Aber so ehrlich war ich
dann auch wieder und habe gesagt: »Nee, das darfst du nicht.
Du arbeitest hier in Sachen der Kirche und in Sachen deines
Vaters, du kannst deinem Vater nicht in den Rücken fallen.
Du mußt das erzählen, was die von dir hören wollen.« Ich
machte dann mit sehr großer Überwindung das 1. Examen.
Meine Mutter redete: »Hör nicht auf!«, mein Vater redete,
und meine Freundinnen rieten mir zu: »Hör nicht auf, mach
weiter, mach weiter, ganz egal wie. Sieh zu, daß du einen
Abschluß kriegst.« Und da habe ich mich breitschlagen lassen. Ich weiß noch, wie ich an meiner Arbeit rumgekaut habe,
wie widerlich mir das alles war. Aber ich hab es dann geschafft. Besser ging es mir dann erst wieder, als ich im Vika-
riat war, im Gemeinde-Vikariat, da mußte ich ran, da konnt
ich praktisch was tun, über biblische Texte predigen, Unterricht halten und Menschen besuchen, Alte trösten und Kranke
trösten. Dann habe ich das Schul-Vikariat gemacht, also den
Schuldienst absolviert, und dann kam ich noch nach Berlin
auf das Vikarinnen-Seminar.

Aber inzwischen war meine Mutter gestorben, ja, 57, ganz plötzlich, sie bekam Gehirnerweichung durch Arterienverkalkung und Lähmung und Lungenentzündung, und dann innerhalb von 3 Wochen war sie verschieden. Also meine Mutter, die hab ich so lieb gehabt, da hab ich furchtbar dran gehangen, schon Jahre vorher habe ich gebangt um ihre Todesstunde. Nun war sie tot, und das hat mich ganz schrecklich mitgenommen. Ich habe sie sterben sehn, ich habe sie in den Sarg gelegt. Ich habe mich so furchtbar gegrämt, daß ich oft dachte, ich geh von Sinnen. Ich habe Gott gebeten, das war mein erstes, echtes Gebet wieder: »Lieber Gott, wenn Du da bist, und wenn Du lebst und wenn das nicht alles Quatsch ist, was ich je von Dir hörte und gelernt habe, dann hilf mir, daß ich mich am Riemen reißen kann und daß ich keine Dummheiten mache und daß ich nicht durchdrehe!« Und dann, also das war eine Gebetserhörung, es ging danach aufwärts mit mir, auch im Glauben. Ich spürte Hilfe, ich merkte, wie sich alles wieder zum Leben auftat und ich wieder konnte, ich habe dann sogar meinen Vater vertreten im Gottesdienst, habe eine Osterpredigt gehalten. Dann konnte ich über die Auferstehung predigen, aber wirklich. Also, es müssen manchmal Dinge geschehn in unserem Leben, Verluste sich ereignen, damit man wieder zum Eigentlichen zurückfindet. Ich hab mich dann zum 2. Examen gemeldet, und es klappte alles, ich hab ein ganz gutes Examen gemacht.

Die ersten Theologinnen gabs so um die 20er Jahre, die waren damals sehr verachtet und veräppelt. Und sie wußten praktisch nicht, was sie anfangen könnten, sie haben einfach nur studiert und darauf gewartet, daß sie irgendwie auf eine Weise tätig werden können. Größtenteils sind sie dann abgewandert als Religionslehrerin. Nach und nach hat sich das aber durchgesetzt, die Kirche nahm ihren Dienst an, sie bekamen Sonderaufgaben, und sie bekamen schließlich $^3/_4$ der Besoldung eines Mannes. Man gestand ihnen auch zu, hin und wieder zu predigen, aber keine Sakramentsverwaltung, kein Abendmahl, keine Taufe. 1956 gings noch weiter, dann billigte man uns alles zu, das Predigen, auch die Sakramentsverwaltung, nur eins nicht, die selbständige Leitung einer Gemeinde oder Pfarrstelle, wie ich das jetzt hier mache. Aber ich hatte mir vorgenommen: Du gehst auf keinen Fall ins

Berufsschulpfarramt, du gehst auf keinen Fall in die Innere Mission, du gehst auch nicht in die Äußere Mission, du willst in die Gemeinde. Das hatte ich mir immer durch meinen Vater vorgestellt. Ich bin erstmal Hilfspredigerin gewesen, bin eine Reihe von Jahren Hilfspredigerin geblieben, und wenn die Pfarrstelle einen Pfarrer bekommen konnte, mußte ich immer verschwinden. Dann kam aber allmählich das neue Gesetz, wir haben ja eine Schwesternschaft, einen Konvent von Pastorinnen mit den fortschrittswilligen Pastoren zusammen, wir haben dann darauf gedrungen, daß eine Gleichstellung erfolgt. Nun dort in meinem Bezirk wurde deutlich, bei allen 3 Pastoren, die da waren: »Das Pastorinnen-Gesetz, das unterschreiben wir nicht! Eine Frau kann keine Gemeinde leiten.« Da habe ich gesagt: »Bitte, dann könnt ihr mich mal gern haben. Ich geh. Und ich geh in eine andere Landeskirche.« Nun gibt es ja Hessen, die hatten schon lange ein Pfarrerinnen-Gesetz, mit voller Gleichberechtigung.
Ich habe eine Landpfarrstelle genommen mitten im schönen Hessen-Land und auch so ein schönes Pfarrhaus gehabt, war alles prima – prima. Bloß ihre Versprechungen und ihr Gesetz haben sie nicht gehalten. Sie sagten mir: »Nee, angestellt wirste doch nicht, du bist zur Probe hier. Wir haben noch keine Erfahrungen mit Frauen.« Das Gesetz war da, aber keine Praxis. Da habe ich gemeutert, da war ich ärgerlich, da habe ich aufgetrumpft: »Das geht nicht, das ist praktisch Betrug.« Ich war so dumm gewesen und hab mir nichts schriftlich geben lassen. Und nun war es auch noch so, die Bauern dort sind sehr hartköpfig, die haben immer Sonntagsarbeit gemacht und gesoffen, und die drei A: Aberglaube, Arbeit und Alkohol, die waren dort ganz groß. Einen hab ich mal am Sonntag während des Gottesdienstes beim Autoputzen erwischt, na, da bin ich zu dem hingegangen und habe ihn zur Rede gestellt. Einem habe ich das Patenamt verweigert, weil er in wilder Ehe lebte. Und das hat man mir übelgenommen. Die haben sich dann zusammengetan und versucht, zu verhindern, daß ich angestellt werde. Dann haben sie mich abgewählt. An sich wär ich ganz gerne da geblieben, denn mit denen hätte ich mich schon gemessen, wenns auch nicht so einfach gewesen wäre. Aber dann hatte eine Nachbargemeinde ein Auge auf mich geworfen, die hatten schon gehört, was da

los ist, und wollten mich haben, weil sie eine Pfarrstelle zu besetzen hatten. Die sind hinter mir hergerannt! Ich habe zugesagt unter der Bedingung, daß ich sofort angestellt werde, und das sollten sie mir schriftlich geben. Aber schließlich mußten sie mir unterbreiten, im Landeskirchenamt hätten sie gesagt: mindestens ein halbes Jahr Probezeit, auch an dieser Stelle. Da habe ich gesagt: »Auf Wiedersehn. Tut mir leid, ihr Lieben. Ich geh jetzt nach Westfalen zurück.« Da war schließlich das Gesetz durchgekommen im Herbst, daß auch Frauen eine Gemeinde, ein Pfarramt bekleiden können. Wir sind allerdings immer noch nicht gleichberechtigt. Wenn zum Beispiel irgendeiner hier aus meinem Bezirk mich als Frau nicht haben will, dann kann er, ohne mir was zu sagen, zu einem andern gehn und sich da seinen Dienst tun lassen. Wäre ich ein Mann, müßte der Betreffende sich an mich wenden, und ich müßte das dann freigeben durch ein Schriftstück oder mündlich. Ja, und dieser Pferdefuß kränkt uns nun. Und der 2. Pferdefuß ist, wir dürfen nicht verheiratet sein. Wenn wir heiraten, müssen wir aus dem Dienst raus, das ist der 2. Nachteil. Wir arbeiten jetzt drauf hin, daß grundsätzlich jeder verheirateten Pastorin freigestellt wird, Volldienst zu tun, vollbezahlten Dienst. Es kann ja sein, daß eine keine Kinder hat, nicht wahr, oder daß eine so gute Verhältnisse hat, daß sie sich jemanden nehmen kann für die Familie und sie völlig frei ist für die Gemeinde, ist ja alles möglich. Also, es muß drin sein, wie ja auch in jedem andern Beruf, daß die Frau entscheiden kann, wie sie will.

Ja, und dann kam ich hierher zurück. Ich hatte einige Stellen, da sollte ich mich mal umhören, ob die mich haben wollten, wählen wollten. Und dann haben sich die Leute hier in Gelsenkirchen für mich begeistert und gesagt: »Die wolln wir!« und dann haben sie mich einstimmig gewählt. Seitdem bin ich also hier, seit 66, ich bin am 19. Mai, an meinem Geburtstag und noch am Himmelfahrtstag, hier eingeführt worden in die Pfarrstelle. Ich habe mich leider hier auch bald unbeliebt gemacht, weil ich mit der Wahrheit nicht hinterm Berg halten kann. Ich habe manches hier gefunden, was nicht recht war. Ich bin also rangegangen, nicht nur zum Arbeiten, sondern zum Aufräumen in mancher Beziehung, und dann bin ich eben in die Fettnäpfchen getreten. Und das hat man mir übelgenommen: Die will ja alles umkrempeln, nichts ist ihr gut genug, die ist viel zu hart, viel zu streng. Aber dafür bin ich ja nun da, ich meine, man muß doch offen etwas sagen können, auch etwas durchsetzen können. Aber es ist so, wissen Sie, das habe ich gemerkt: Daß ich eine Frau bin, ist schon schlimm genug. Aber noch viel schlimmer ist, daß ich als Frau auch noch meckere, sozusagen, ja, das ist ganz schlimm. Es heißt ein schönes Sprichwort: »Willst du bei Fachgenossen gelten, das ist vergebne Lebensmüh, eh Liebesmüh, was dir mißlingt, verzeihn sie selten, was dir gelingt, verzeihn sie nie.« Und als Frau, also, das doppelt und dreifach. Ich habe zum Beispiel meines Unterrichts wegen viel Ärger. Hier wird unterrichtet ohne Bibel, bloß mit dem Katechismus. »Das ist kein Unterricht«, habe ich gesagt. Ich habe es bei meinen Kindern anders gemacht, ich habe sie aus der Bibel lernen lassen, und wenn die andern eine Zeile aufgeben, dann geb ich vielleicht drei auf. Ist schlecht. Die andern verlangen keine ordentliche Entschuldigung, ich verlange sie. Ich verlange, daß sie regelmäßig kommen. Ich sehe auch darauf, daß sie den Gottesdienst besuchen. Ist ja alles mehr oder weniger so eine Zwangsanstalt hier bei uns, leider muß ich das sagen, aber ich habe versucht, mich an die Ordnung zu halten, und versucht, eine gute Pastorin zu sein. Und das 1. Gebot heißt ja: »Du sollst Gott über alle Dinge fürchten, lieben und vertrauen«, das heißt also, du sollst deine Sicherheit in keiner Weise abhängig machen von irgendeinem irdischen Ding, übrigens auch von keiner Politik, nicht wahr, von keiner Partei, und ich kann Ihnen ehrlich sagen, ich habe, solange ich wahlmündig bin, auch noch nie gewählt, keine Partei, bin zu keiner Wahl gegangen.

Nun sind wir auch verpflichtet, bei Taufen Taufgespräche zu machen, und die wurden hier nicht geführt. Die sind eingerichtet, weil man ganz genau weiß, die Leute wissen gar nicht, was sie tun, die müssen erst noch mal aufgeklärt werden. Und das hab ich getan. Aber die Leute haben mir Auftritte gemacht, weil ich ihnen Taufgespräche abhörte, daß sie kommen mußten, nicht wahr. Und dann hatte ich eigentlich immer schon ein schlechtes Gewissen bei Kindertaufen. Ich mußte die da am Altar zu einem Gelöbnis veranlassen: »Willst Du nach bestem Wissen und Gewissen das Kind in christlichem Glauben erziehn, wollt Ihr Eltern und Paten, daß er getauft wird auf den Glauben an den reinen Gott . . .«, und dabei konnten die nicht mal das Glaubensbekenntnis, nicht wahr, knapp noch das Vaterunser. Da habe ich mir gedacht: Mensch, du kannst doch denen nicht solche Gelöbnisse abverlangen. Ich seh doch, sie sind völlig überfordert, der Heilige Geist hat das Werk noch nicht getan. Sie müssen erstmal von Gott und durch meinen Einsatz dahin gebracht werden. Zuletzt habe ich mich schon gefreut, wenn keine Taufe war an dem Sonntag, wo ich Dienst hatte: Ach, wieder keine Taufe, ein Glück, daß du um diesen Betrug rumkommst.« Und dann war ich bei einer Tagung über die Taufe, und da ist es mir wie ein Groschen gefallen: »Ich kann nicht mehr taufen.« Ich habe meinen Amtsbrüdern hier geschrieben, sie möchten doch bitte ihre Taufen aus ihrem Bezirk jetzt immer selbst machen, ich könnte keine Kinder mehr taufen aus den und den Gründen, und ich wollte ihnen das auch noch des Näheren erläutern, wenn sie es wünschten. Und als das publik wurde hier in der Gemeinde, ach, da gabs einen Sturm! Es ging dann alles sehr schnell, es wurde ein Versetzungsverfahren beantragt. Aber ich habe mich dagegen gewehrt, mir konnte ja keiner nachweisen, daß ich meinen Dienst schlecht tue. Es sind auch viele Leute, die meinen Dienst schätzen und gern haben. Ich sagte: »Es gibt nur eins, entweder man läßt mich hier in Ruhe und läßt mir Gewissens- und Aktionsraum mit meiner Erkenntnis, oder aber, wenn ihr meint, ich verstoße gegen die Lehre der Heiligen Schrift, dann müßt ihr mir ein Lehrbeanstandungs-Verfahren geben.« Das wollten sie nicht. Dann bin ich in die Presse gegangen, öffentlich, und dann gab es noch mehr Klamauk, größeren Sturm. Erst dann habe ich mein Lehrbeanstandungs-Verfahren gekriegt. Das läuft nun seit April. Es hat 2 Teile. Das Lehrgespräch ist dazu gedacht zu klären, ob ich nun in Widerspruch zur Lehre der Kirche und der Bibel stehe oder nicht, und wenn nicht, das Ganze abzublasen, und wenn ja, mich zu belehren über meinen Irrtum und mich, wenn möglich, zu bekehren. Das ist ziemlich schlecht gelaufen, wir haben über die Kindertaufe diskutiert, aber es ist mir nichts nachgewiesen worden, konnten sie auch nicht. Jetzt wurde eine Niederschrift angefertigt über dies Gespräch, da sollte ich meine Unterschrift geben, das hab ich verweigert. Ich arbeite noch an meiner Stellungnahme dazu. Und wenn die da ist beim Landeskirchenamt in Bielefeld, dann wird entschieden werden, was jetzt weiter geschieht. Entweder das Verfahren wird wegen Unnachweisbarkeit der Irrlehre eingestellt. Oder es kann der 2. Teil kommen, das Spruchkammer-Verfahren, wo entschieden wird, ob ich nun schuldig bin oder nicht in dem Sinne: Widerspruch zu der Lehre der Heiligen Schrift. Und dann das 3. wäre die Aussetzung des Verfahrens, daß man es in der Schwebe hält, daß man also sagt: »Wir wollen sie zu Studienzwecken beurlauben.« Aber dann bin ich meine Pfarrstelle los. Unter Umständen werde ich einfach entlassen.

Anna und Monika B.

Anna B.: So um ¹/₄ 6 stehe ich auf. Und dann geh ich in den Stall, muß die Kühe melken und die Milch runtertun. Wir haben, also im ganzen haben wir 6 Kühe, aber 2 stehn jetzt trocken, 4 hab ich zum Melken, naja, aber alles mit der Hand melken.

Monika B.: Ich geh auch in den Stall, melk, geb Futter ein und misch, ja, das Grünfutter.

Anna B.: Mein Mann, der macht den Stall da herüben, die Schweine tut er füttern, Kartoffeldämpfer füllen, Rüben rauftragen. Das muß ich herrichten wieder, daß die Schweine was zu fressen haben. Wir haben 35. Und nachher, wenn der Stall fertig ist, naja, wenns im Garten was gibt zum Arbeiten, dann muß ich das machen, und Holz spalten, das hab ich alles tun müssen, und Holz aufschichten. Die Schwiegermutter kann nimmer.

Monika B.: Naja, dann zieh ich mich wieder um und wasch mich. Im Sommer muß man dann Futterage holen, Grünfutter für die Viecher. Und wenn wir da fertig sind, gehts ins Feld, um ¹/₂ 9, 9 gehn wir ins Heu bis um 12. Und dann müssen wir Rüben hauen, Kartoffel hauen den ganzen Tag. Mittags fahren wir heim, machen wir Brotzeit, Mittag, ¹/₂ Stunde, ³/₄ Stunde, bis um 1, ¹/₄ 2, dann gehn wir wieder aufs Feld. Und um 5, ¹/₂ 6 hören wir dann auf. Nachher machen wir zuerst Brotzeit, waschen uns, und dann gehn wir in den Stall wieder. Ist halt die Arbeit so wie mans in der Früh tun muß, melken, mischen und füttern, Viech putzen und so. Manchmal wirds spät und manchmal wirds früher. Im Winter bin ich meistens schon um ¹/₂ 7 fertig.

Anna B: Naja, 7 Uhr, im Sommer schon 8, manchmal auch nach 8. In der Ernte, da haben wir eingefahren um ¹/₂ 10, 10 noch, ne.

Monika B.: Abends haben wir manchmal so Gruppenstunden vom Herrn Pfarrer aus, da machen wir dann Spiele oder singen Lieder oder Gedichte oder Theater irgendwie, basteln. Das sind die Mädchen. Manchmal schau ich auch Fernsehn, ich geh meistens zu meiner Cousine zum Fernsehn. Operetten schau ich mir an und manchmal so ein Volksstück. Und dann auch manchmal einen Krimi. Ins Kino geh ich auch, aber jetzt laufen überhaupt keine richtigen Filme nimmer, das ist nix mehr. Früher wars auch schöner, mehr so Gebirgsfilme. Jetzt kommen lauter so Schießereien, und das ist nix Interessantes mehr. Naja, und dann singen wir auch manchmal und hören Schlager oder so, und dann stricke ich dabei oder irgendwas, häkeln.

Anna B.: Freizeit, puh, Freizeit, das ist mal, wenn man grad im Krankenhaus jemand besuchen muß, der wirklich schwer krank ist, da muß man hin. Aber so Freizeit gibts beim Bauern soviel wie nix. Wenn die Kinder klein waren, da hab ich Sonntag gewaschen, weil ich am Werktag gar net Zeit gehabt hab. Mit Freizeit ist es schlecht für die Bäuerin. Die Sonntag haben wir auch net, wenn das Heu da ist oder in der Ernte, wenn halt Getreide da ist, dann müssen alle einfahren, hilft nix, wie halt das Wetter ist. Meine Tochter, wenn sie jetzt ein Röserl gekauft hätte fürs Müttergenesungs-Heim, meine Kleine, ich hätte nix hergegeben. Warum? Bei uns droben gehn nur die ganzen Ludern ins Müttergenesungs-Heim, die wo keine Erholung brauchen, die weiß wieviel Zeit ham. Uns hilft da niemand. Mein Gott, meine Schwester ist krank, und ich komm net hinauf, kein Auto haben wir, und die Schwiegermutter, die war damals so krank nach Ostern, die ist so krank gewesen, da hab ich net hinaus können, und jetz komm ich auch net hinauf. Ich hab direkt Sehnsucht zu meiner Schwester, daß ich mal hinausschau, was überhaupt los ist. Die ist in Reitenbuch bei Weißenburg, über 50 Kilometer, und so eine schlechte Verbindung. Und zu meinem Bruder komm ich auch net, der ist in Fürth. Aber wenn ich in der Früh fahr, muß ich abends wieder im Stall sein, da hilft nix.

Monika B.: Ich geh alle Sonntag in die Kirche, der Papa auch, aber die Mamma net immer. Oder wir wechsln mal wieder ab, die Mamma um 9 und ich um 1/2 11. Bei uns sind 3 Kirchen, und da kommen wir dann schon so aus.

Anna B.: Meine Eltern waren auch Bauern, mei, da hab ich auch viel arbeiten müssen. Da erinner ich mich, da bin ich mit meinem Vater mal, da hat man Getreide mit dem Fuhrwerk gefahren, und da hab ich gesagt: »Vater, der Sack rutscht«, und dann hat er gesagt: »Ah, bleib nur sitzen, Anni.« Und bis ich es gesagt hab, bin ich runtergeflogen und der 2-Zentner-Sack auf mich drauf. Geweint hab ich und geschrien, aber passiert ist mir nix. Ich sag ja: Unkraut verdirbt net. Mein Vater is gestorben, da war ich 12 Jahr alt. Und mein großer Bruder, der war, der hat studiert, der ist jetzt Oberförster, der ist auch nimmer heimgegangen. Meine Schwester war 16, und mein anderer Bruder, der gefallen ist, war 14. Da haben wir Säcke tragen müssen, da wars ja gleich noch viel schlechter. Für die Küh haben wir dann mähen müssen. Ja, jetzt hat man ja ein Bulldog, kann man mehr mähen, na, wenn ich ihn auch net fahren kann. 50 Tagwerk hatten wir und lauter Arbeit. Und daß wir da Geld gehabt haben wie die jungen Deutz, keine Mark hat man gehabt, ne. Und da haben wir halt alles tun müssen, alle Männerarbeit daheim, dreschen gehn, oh mei, da wenn ich dran denk! Früher hat man alles mit der Hand weggenommen an der Dreschmaschine, zwei haben gebunden und zwei haben weggenommen. Jetzt ist ja alles leichter. Wir müssen ja auch noch dreschen, bloß net, also daß man nimmer wegnehmen muß, ne, da ist eine Press dabei. Aber eine Jugend hab ich gehabt, keine schöne. Arbeit und Arbeit. Drum sag ich: Ich möcht keine Bäuerin nimmer sein, weil es die andern viel schöner haben. Die haben Feierabend, die gehn 8 Stunden in die Arbeit und haben Geld und haben Feierabend ...

Meinen Mann hab ich kennengelernt, das war im Fasching, ha, und da sag ich noch: »Sie, ich heirat kein Bauern!« hab ich gesagt. Und ich hab gar net gewußt, daß es ein Bauer ist, gell. Na, ich hab auch net nachgedacht, weil ich gesagt hab: »Solang ich meine Mutter hab, heirat ich net.« Nachher hab ich ihn lang net gesehn. Dann komm ich mal wieder nach Kipfenberg und, naja, da ist er mir halt nachgegangen. Dann ists halt was geworden auch, Sie wissen schon: Berg und Tal kann man net sagen, aber die Leute kommen zusammen. Aber hier ist bloß Arbeit, Arbeit. Neulich sagt der Doktor noch zu mir: »Lassens Ihnen die Haar wieder runterschneiden«, sagt er, »und streichens Ihnen ein wenig an.« »Wie eine 20jährige herrichten?« hab ich gesagt, »möcht mir einfalln! Für den Kuhstall und für die Hitz draußen. Ich kann ohne Kopftuch schlecht gehn.« Ich hab das Haar zuerst kurz gehabt, aber nachher ist meine Mutter gestorben, da hab ich gesagt: »Ich pfeif aufs Haar.« Und immer Kopfweh hab ich gehabt, konnt ich auch so nimmer machen, daß ich zum Friseur geh. Und pflegen kann mans auch net viel. Und wenn sie net dauernd gepflegt sind, ich sehs ja schon bei meiner Tochter, wenn sie immer eindreht nacheinander, da hätte ich keine Geduld nimmer.

Wir ham 40 Tagwerk hier, 1 Hektar ist, glaub ich, 3 Tagwerk. Und ein Bauer, das sag ich Ihnen gleich, der muß für die Maschinen arbeiten. Wir haben einen Stall gebaut, Schweinestall, nachher das Haus, die Wasserleitung gerichtet. Und die Schweinepreise im Sommer wieder, mei. Wir bauen halt Rüben und Kartoffeln und Getreide, alle Sorten, es rentiert sich schon. Aber Getreide, also wenn man es net verfüttert für die Schweine, dann rentiert sich das nie. Der Zentner kostet nicht mal 20,– Mark, und da krieg ich nicht mal einen Kinderschuh, ne. Also, wenn man es net durch die Schweine gehn läßt, also daß man die Schweine füttert damit, das Vieh, nachher rentiert sichs net, zum Verkaufen rentiert sichs nicht. Das hat ja früher schon, wie ich ein Kind war, hat schon der Zentner 20,– Mark gekostet oder 18,–, und heute kostet ers noch. Furchtbar ist das, der Getreidepreis, das ist nimmer rentabel. Und manchmal kosten die Schweine so wenig, wie voriges Jahr, da hätte ich schon bald gemeint, ich treib sie in die Altmühl rein und laß sie gleich hinunterschwimmen, wer eins braucht, der kann es gleich fangen, hab ich mir denkt. Wir bekommen, neulich haben wir 1,05 Mark gekriegt, ob sies jetzt noch kosten, weiß ich nicht, 1 Mark und 5 fürs Pfund, also lebend. Drum sag ich, wenn es so weitergeht, die machen ja den Bauernstand, die hören auf die Bauern, weil jede sagt: »Ich heirat einen Arbeiter, da hab ichs viel schöner.« Da geht die Frau mit dem Mann in die Arbeit, na, da haben sie über 1000,–Mark, ja was täten die auf dem Bauernhof? Die Milch auch, da kriegen wir in der Molkerei höchstens 30 oder 32 Pfennig, und ob wirs kriegen, für den Liter. Und die Leute, die es kaufen müssen, na! Mei, was wir einen Stundenlohn haben, da hab ich zu meinem Mann gesagt: »Stundenlohn? Ich glaub, daß ich net auf 50 Pfenning komm.« Also, wenn man die Arbeitsstunden rechnet. Und 15, 16 Stunden sind es den Sommer über jeden Tag. Und da ist man doch, da fliegt man ins Bett. Ich wollte mir heuer einen Fernseher kaufen, ich weiß nicht, ob ich mir einen kauf. Ich sag: »Wenn ich abends rüberkomm, bin ich so müd, dann eß ich a bißl was, nachher wasch ich mich, dann geh ich ins Bett.« Ein Fernseher ist für die Leute, die allweil ein bißl Freizeit haben. Da ist neulich in der Zeitung gestanden, da hat es geheißen: »Ja, Freizeit braucht man.« Was hat der Bauer Freizeit? Die können nicht mal in Urlaub fahren. Ins Grab rein, das ist der Urlaub. Ich hätte schon 2mal in Erholung dürft, ich hab net weggekonnt, ich hab net gehn können, weil niemand da ist, der meine Arbeit macht. Ich bin einmal, 5 Wochen bin ich schon mit den Nieren im Krankenhaus gelegen, da hat man im Krankenhaus auch keine Ruh, denkt man sich: Wie gehts denn daheim zu? Die kleinen Kinder da und er soviel Arbeit. Meinem Mann ist der Magen durchgebrochen, in der Wiesen da drüben, in der Heuernte. Da haben sie nimmer gewußt, ob sie ihn lebend raufbringen, und da haben sie operiert dran, ich glaub 5 Stunden oder was. Ist er nach 4 Wochen, nach der schweren Operation heimgekommen. Der Chefarzt wollt ihn nicht rauslassen, sagt er: »Herr B., auf Ihre Verantwortung.« Da hat die Wunde noch geeitert. Ja, was ist gewesen, in die Ernte ist er gegangen, hat sich auf den Bulldog und auf den Binder hinaufgesetzt, da hat er gleich mähen müssen, ne. So kann ein Bauer sich schonen. Aber er hat halt gewußt, daß es ohne ihn nimmer weitergeht. Der dürfte nimmer heben, und ich dürfte auch nimmer heben, ich bin auch selber schon operiert. Aber schwer heben müssen wir alle beide, wer hebts denn sonst?

Ich würd niemals mehr eine Bäuerin, niemals mehr. Ich würde meinen Mann heiraten und ginge mit ihm in die Arbeit, wenn die Kinder größer sind. Aber niemals mehr Bäuerin. Und wer hat heute mehr Geld? Der Arbeiter brauchts auch, zum Essen, das Essen ist zu teuer. Aber der Bauer brauchts für die Maschinen und fürs Getreide und für das Gelump, ne. Mein Mann, der möchte ja net in die Fabrik gehn. Wenn hinter dem einer steht und daß sie den kommandieren, da wird der wütig, ne, und grantig, das ist nix für den. Auch jetzt in dem Alter, wenn er mal 47, 48 Jahre ist, da ist eine Fabrik nimmer richtig.

Monika B.: Meine Freundinnen, die arbeiten in der Stadt oder im Haushalt, aber Landwirtschaft, da will keine net viel wissen. Aber ich möcht schon lieber als Bäuerin arbeiten. Erstens bin ich aufgewachsen damit, und ich bin das gewöhnt, die Arbeit und alles. Also, wenn ich da jetzt in die Stadt oder irgendwo hin müßte. Und das Faulenzen, das liegt mir net, auch so. Ein Bauer ist halt ein freier Mensch. Man braucht sich von niemand was anschaffen lassen. Und mei, wenn man sich wirklich mal eine Stunde hinsetzen will, da kann man sich hinsetzen. Und in der Fabrik muß man halt marschieren und rennen, da kriegt man nix geschenkt.

Anna B.: Aber die größten Bauerntöchter heiraten jetzt Arbeiter. Da bei uns droben ist einer, der hat 100 Tagwerk, der findet keine Frau, der ist, ja 40 ist er schon. Und der hat 2 Häuser und 100 Tagwerk, der findet keine Frau. Die finden keine mehr. Und das ist auch recht, weil, früher hat es geheißen, wenn ein Bub oder ein Mädel geheirat hat: »Was hat sie denn? Was bringt sie?« Und heut, heut sind sie froh, wenn eine die Arbeit macht. Die is doch bloß Magd, mehr ist man ja net.

51 haben wir geheiratet, 52 ist die Tochter gekommen. Und nach 5 Jahren die andere. Und eine Schwangerschaft hab ich gehabt, daß ich überhaupt nix essen hab können. Da hat mir der Chefarzt Tabletten gegeben, hat er gesagt: »Dann brechens net, Frau B.«, und da hab ich trotzdem brechen müssen, das ganze Essen. 4 1/2 Pfund hat das Kind gehabt, und dann wärs bald gestorben, ein ganzes Jahr hatten wir das Mädel net daheim gehabt, das war im Krankenhaus. Was wir da mitgemacht haben, mei. Und mit der zweiten, die zweite ist gut auf die Welt gekommen, und da hab ich auch was essen können. Und die hat 5mal Lungenentzündung gekriegt, da hat niemand mehr geredet. Da macht man schon was mit, wenn man so Kinder hat. Na, die meisten Bäuerinnen haben noch mehr.

Monika B.: Als meine Schwester kam, mei, da ist die Mamma um 1/2 6 aufgestanden, und da hat sie Schmerzen gekriegt. Und Papa war schon im Klee. Und da bin ich gleich rausgerannt und hab gesagt: »Papa, die Mamma stirbt!« Na ja, der ist dann gleich gekommen, der hat sichs dann schon gedacht, was los ist, hat er gleich den Arzt geholt und die

Hebamme. Na ja, das weiß ich, und dann weiter weiß ich nix mehr. Die ist hier im Haus geboren. Die Mamma hat immer gesagt: »Die Kinder kommen vom Storch.« Aber ich hab das dann in der Schule und so von Freundinnen und so erfahren.

Anna B.: Ach, ich hätte gern noch einen Buben gehabt, ich war auf einen Buben narrisch, 3, 4 hätte ich gern gemocht, aber gesunde. So was nimmer, wie ich gehabt hab da. Und dann hätten sie genug, wegen dem Kindergeld, da hätte ich mehr Geld, wenn ich ein paar Kinder mehr gehabt hätte. In der Landwirtschaft ist es auch so: essen können sie. Aber mei, wir haben ja net mehr gekriegt! Und jetzt bin ich froh, die hier ärgern mich auch schon, die gehn spazieren, wann sie mögen, legen an, was sie mögen.

Monika B.: Bei der Arbeit wärs vielleicht leichter gewesen, wenn ich noch einen älteren Bruder gehabt hätte oder wenigstens einen, der ein Jahr unter mir gewesen wär, da hätte ich wenigstens net immer mit dem Papa, müßt ich nicht mit den Maschinen rumarbeiten und aufs Feld raus und so. Wenn man kleiner ist, da will man doch mehr Freizeit und spazierengehn und mit der Freundin. Und da hab ich schon genug mitmachen müssen, der Mamma im Stall helfen, Stroh abschneiden, Rüben runtertragen und Vieh tränken, mit 5, 6 Jahren schon. Später hab ich zuerst immer meine Hausaufgaben gemacht und dann erst im Feld mitgeholfen. Als ich so 10 Jahr war, hab ich solang wie der Papa und die Mamma gearbeitet, so bis abends um 8, $^1/_2$9, dann ins Bett.

Anna B.: Meine Tochter ist mit Herz und Seele Bäuerin. Die braucht bloß einen Mann finden, der wo was tun mag, der noch geschwind den Acker ackert mit dem Traktor, dann gehts schon. Aber wenn sie den nicht findet, weiß ich auch net was. Die ist tüchtig. Die wär recht auf einem ganz großen Hof.

Wenn jetzt wieder das Heu angeht, mein Mann fährt, und ich muß schichten auf dem Wagen, und die tut mirs her, der hauts oft die ganzen Heu-Preßballen übern Mund und übers Gesicht, die sagt keinen Muckser. Die muß viel arbeiten, unsere Große. Lernen braucht sie nix mehr. Die hat schon in der 4. Klasse, wie ich im Krankenhaus war, hat die schon die Küh gemolken, 4 Stück. Nur die Kleine, die hat halt die Händ ein wenig verdreht, die mag da nicht viel wissen von der Landwirtschaft.

Die Große, die Monika, wird 17 im Juni. Die hat dem Papa seine Füße erwischt, der ist auch so tanzlustig. Wenn Musik kommt, dreht sie sich. Und ich kann das nimmer hören, ich meine, immer Kopfweh und so was, da mag man das lustige Zeug nimmer. Aber die geht schon tanzen, na ja, im Jahr vielleicht 2mal oder 3mal. Aber einen Freund dürfte sie noch net, wegen ihrem Vater, oh, der tät schimpfen. Aber ich würde da net schimpfen, auch wenn die heut sagen tät, daß sie in andern Umständen ist. Die im Dorf drinnen, die haben alle angefangen in dem Alter schon wie meine Tochter ist, haben sie jetzt schon angefangen. Da weiß ich genug, ne. Ich würde da net schimpfen, bloß wenn jemand ein Kind kriegt. Wird es halt aufgezogen und Ruh ist. Ich mein, eh so ein junges Ding ins Wasser geht oder irgendwas. Na.

Monika B.: Ich spar, für die Aussteuer und so, was man halt so braucht, wenn man mal später heiratet. Da geh ich im Winter zur Arbeit in die Fabrik, da krieg ich 87,– Mark die Woche. Um 6 muß man in der Glasfabrik sein, und dann gehts an. Das ist eine Druckerei, und da werden die Flaschen bedruckt mit einer Aufschrift irgendwie. Und nachher werden sie gebrannt, muß man sie in den Ofen reintun, und dann werden sie eingepackt. Man muß kontrollieren, ob die Schrift auch hält und ob keine Flasche kaputt ist und so. Manchmal gibts Streit. Aber der, wo dann sich da nicht einmischt und persönlich auch so nicht angreifen tut, dann ists schon gut. Überall hat halt jemand Angst, daß eine zuviel tun muß, oder es wird halt über den andern geredet und der erfährts, ja, wie es halt in so einer Fabrik ist. 2,55 Mark hab ich Stundenlohn. Die älteren Frauen kriegen mehr, das geht nach Alter, und die Männer, die kriegen auch mehr, noch mehr als die Frauen. Die machen die gleiche Arbeit. Aber da kann ich jetzt nix sagen dazu, ob das gerecht ist. Bis um 3 nachmittags geht die Arbeit, und wenn ich fertig bin, helf ich daheim noch, im Frühjahr im Feld, im Winter dann nicht so viel, nur abends im Stall.

Anna B.: Wenn ich die hätte gehn lassen, die hätte ja in so eine Haushaltsschule oder Lehrerin oder was werden wollen. Die hätte was andres gemacht. Aber ich hab gesagt: »Wenn du gehst, hören wir auf mit der Landwirtschaft.« Aber die Monika läßt den Hof nicht, naja, sie hat daheim bleiben müssen. Und die zieht nicht weg, die hängt zu viel an ihrem Haus.

Monika B.: Wenn ich ein Bub gewesen wär, dann hätte ich schon einen Beruf gelernt, aber nur 3 Jahre, bis ich meine Prüfung gehabt hätte. Dann wär ich schon wieder daheim gewesen. Aber so als Mädel ... Ja, die Mamma und der Papa, die brauchen mich daheim. Im Winter, ja, da können sie mich grad noch weglassen, aber im Sommer ... Und eine Lehre nur im Winter, das geht net. Ich geh ja noch in die Berufsschule in Kipfenberg, die landwirtschaftliche Berufsschule. Voriges Jahr, in der 2. Klasse, haben wir Hühnerzucht gehabt und jetzt Säuglingspflege und Kinder, und dann, wie man Marmelade verarbeitet und Garten anbaut und das. Politisches haben wir auch, über die Parteien, wie man den Bundespräsident wählt und den Bundestag und die Abgeordneten und alles so Sachen. Aber von der EWG, da haben wir noch net viel, bloß so namentlich mal gelernt und so. Und in Religion diskutieren wir auch noch, jetzt meistens über Ehe, naja, man soll net zu früh anfangen und net zu früh heiraten und da, einen Kontakt schon, aber zu frühe Liebe, das ist nix, hat er gesagt. Und die Festtage und Feiertage, die soll man halten.

Anna B.: Und unsre Kleine, die ist 12, die will studieren. Sie muß soviel lernen in dem Gymnasium, die sind ja verrückt. Da muß sie soviel lernen. Aber die hat gehn wollen zur Schule, und die sagt: »Ich möchte Lehrerin werden.« Ich hab immer gesagt: »Mach die Mittelschule und geh ins Büro.« Das hat sie net gemocht, ne. Mit der Arbeit hat es die nicht so wie meine erste, aber sie arbeitet schon. Gestern nachmittag hat sie den ganzen Nachmittag Holz setzen müssen. Da hat sie zuerst gescheit gebrummt. Aber die macht auch die andern Arbeiten im Feld, die muß in die Heuernte, und in die Ernte muß sie, die muß alles mitmachen. Bulldog fahren kann sie schon, die, ja die ist net so dumm wie ich. Und die will halt was Bessers werden. Wenn sie es durchhält, warum, die soll doch net so ein Depp werden wie ich.

Monika B.: Und zu zweit können wir den Hof sowieso net nehmen. Eine muß irgendwann was lernen.

Anna B.: Wir haben neu gebaut, weil, das alte Haus wird schon über 80 Jahre alt gewesen sein, zuletzt hat es reingeregnet überall. Dann haben wirs nimmer decken lassen, wir haben das neue Haus schon im Sinn gehabt. Und wir haben es bauen müssen. Wir haben einen gehabt beim Hausbau, dem haben wir für 2 Tag 70 Mark gegeben, Essen und alles frei, Bier soviel er will. Also, er hat uns geholfen. Der hat sein Mittagessen gekriegt, seine Brotzeit, sein Abendessen, alles, und dann haben wir ihm noch 70 Mark gegeben. Tja, da hilft dir niemand. In 4 Wochen ist der Rohbau dagestanden. Mein Mann hat immer gesagt: »Wir müssen den Rohbau ham, weil nachher, wenns auf dem Feld losgeht, hat man nimmer Zeit.« Wir haben ja zuerst in den Ställen füttern müssen, um 7 sind die Maurer gekommen, dann haben wir alle dort sein müssen. Meine große Tochter hat Mörtel gemacht. Und ich hab mit meinem Mann Steine getragen. Und das den ganzn Tag. Ich möchte keins mehr bauen, lieber eine Hundshütte. Da wär noch fast ein großes Unglück passiert. Da stürzt mein Mann von oben runter bis da, wo man die Treppen hinmacht, und grad da haben ihn die Bretter noch aufgefangen, sonst wär er runter von oben bis in den Keller. Da wärs Hausbauen genug gewesen. Aber wir mußten ja bauen, das ist kein Luxus net gewesen.

Monika B.: Wenn ich jemand kennenlernen würd von einem größeren Hof, da tät ich dann schon wegheiraten, dann blieb ich net da.

Anna B.: Man könnt ja zurücklegen fürs Alter, wenn man net allweil richten müßte. Jetzt haben wir den Bulldog wieder gekauft, ha, 10- oder 12 000 Mark hat der noch gekostet, der ist ja gebraucht gewesen, 1 Jahr oder 2 ist er schon gebraucht gewesen. Und dann haben wir die Heupresse gekauft, die hat auch 1500 Mark gekostet, eine gebrauchte, ne. Ich sag Ihnen, unter Hitler wars besser, viel besser, der ist den Faulenzern gekommen. Wir brauchten wieder einen Hitler. Der wär denen gekommen, da hätt es die Faulheit net gegeben. Und der Hitler hat gesagt: »Entweder arbeiten oder nix zum Fressen.« Ich muß gleich sagen, wie es ist. Und was gibts heut? Wenn die nimmer arbeiten mögen, nachher kriegen sie eine Unterstützung, gibts Fürsorge. Aber ein Bauer muß arbeiten. Ja, die andern, wie die Glashütter, die putzen sich auf und haben ihren Feierabend und, na ja. Da unten is einer, der kriegt Unterstützung, und da ist einer, der hat einen Mordsvogel, dem seine Frau braucht nix arbeiten, gar nix, und der arbeitet auch die halbe Zeit net, und dann kriegen sie eine Unterstützung. Wenn wir mal alt sind, was kriegen wir da an Rente? 150 Mark Bauernrente! Da zahlen wir alle Monat 24 Mark. Aber damals nach dem Krieg, da hätten wir 1000 Mark draufzahlen müssen, zu der Zeit, wie wir den Stall gebaut haben da drüben, da haben wirs auch nicht gehabt zum Nachzahlen. Und dann haben wir gesagt: »Gott weiß, ob wir so alt werden. Wer wird heut gar 65.« Ne. Die sind seltene. Ja, der Hitler wär schon recht. Aber wenn es weiter so geht, dann macht der Arbeiterstand den Bauern kaputt. Aber das können sie auch net, daß sie einen jeden Bauern kaputtmachen, weil, wenn die Bauern auch noch alle in die Fabriken gingen, wie gehts denn da weiter. Mein Mann sagt immer: »Es wird ja noch viel schlechter, viel schlechter.« Wenn es so weitergeht, seh ich schwarz für den Bauernstand.

Monika B.: Es liegt aber auch viel an den Menschen selber. Die Bauern müssen halt zusammenhelfen und das alles. Aber so viele junge Mädchen, die interessiert die Bauernarbeit nicht mehr, die denken: Ja, in der Stadt verdiene ich mehr, und warum soll ich mich dann auch so plagen, so wie daheim. Also, ich meine, man könnte schon mehr mit den Maschinen bearbeiten, der Bauer bräuchte auch nicht allein die Maschine kaufen. Und wenn der, sagen wir mal, mit der Maschine arbeitet, da kann der andere auch arbeiten und zu zweit zahlen, das ginge schon. Oder mehrere. Zuerst müßte man zusammenhalten und dann besprechen, wie man das machen könnte und dann zusammen die Probleme lösen.

Ursula D.

Ich hatte eine schwierige Mutter, und ich habe mich wegen meiner Mutter immer ein bißchen geniert. Sie war furchtbar unordentlich, sie konnte in einem Gewühl von Sachen leben und war zu uns Kindern auch immer ein bißchen merkwürdig, kurz angebunden, wenn wir meinten, das wäre nicht der Moment. Und wir hatten immer das Gefühl, unsere Mutter sei uralt und furchtbar altmodisch. Aber sie hat fleißig gemalt und begabt gemalt, ist regelmäßig in den Berliner Verein der Künstlerinnen gegangen. Ich kann mich noch erinnern, dann kam sie zu spät zum Mittagessen, und alle haben gestöhnt und gejammert: »Wo bleibt unsere Mutter?« Dann kam sie quietschvergnügt an, pickte ihre Zeichnungen im Eßzimmer ringsum an die Wand, und wir guckten die vergnügt an und sehr stolz und aßen dann nur Bratkartoffeln.

Meine Eltern waren ausgesprochen, wie es in diesem idealistischen Bildungsbürgertum oft der Fall ist, ausgesprochen weltfremd, sie verstanden überhaupt nichts von Politik und zogen sich von allem zurück. Mein Vater ist nie in die Partei gegangen, und er hat dann auch nach dem Kriege keinerlei Schwierigkeiten gehabt. Er war Chemiker, leitender Angestellter in einer Fabrik für fotografische Papiere, aber sehr musisch veranlagt, er spielt jetzt noch jeden Tag mindestens drei Stunden Klavier, Musik ist jetzt noch sein Ein und Alles. Ich habe immer das Gefühl gehabt, diese Beziehung zur Kunst war eine Flucht vor der realen Welt. Ich bin auch sehr weltfremd aufgewachsen und mußte mir die Beziehung zur Realität erst mühsam erkämpfen. Es wurde schrecklich viel musiziert bei uns zu Hause. Ich war nun nicht so musikalisch und fand es immer ein bißchen qualvoll, Klavierstunden zu haben und in Schülerkonzerten mitzumachen und zu Hause Hauskonzerte mitzumachen und zu hören. Mein Vater machte immer Hauskonzerte. Und meine Mutter lud dann 70 Leute ein, bewältigte das aber kaum, und dann mußte ich in letzter Minute immer einspringen. Sie hatte so eine geniale Ader, das klappte dann trotz allem nicht.

Meinen Vater hab ich sehr bewundert, ursprünglich, er hat

sich nicht viel um uns gekümmert, aber doch in einer Beziehung: Er hat sehr viel Sport mit uns getrieben. Ich war das älteste von 3 Kindern, mein Bruder war 3 Jahre jünger, er ist im Krieg gefallen, und meine Schwester ist 5 Jahre jünger als ich. Wir mußten in Berlin, er hat extra ein Ruderboot gekauft, und das war also sehr schön, fleißig auf dem Wannsee rudern, und da haben wir auch am Wochenende am Jungfernsee gezeltet. Das war sozusagen seine Art Kommunikation mit seinen Kindern, aber es war nicht die schlechteste.

Ich hatte völlige Freiheit, die andern Mädchen, die mußten immer ihre Eltern anschwindeln, aber ich konnte tun und lassen, was ich wollte. Ich war fast beleidigt deswegen, daß man mir also keinerlei Eskapaden dieser Art zutraute. Wenn ich abends zu Tanzereien ging, daß ich da mal später nach Hause kommen könnte oder irgendwas, auf die Idee kamen sie gar nicht. Und über sexuelle Fragen wurde überhaupt nicht gesprochen, das war ein völliges Tabu, und das war ein Bereich, für den man sich schrecklich genierte. Ich hab mich also ziemlich früh von meinem Elternhaus distanziert.

Meine erste Liebe war ein Junge aus meiner Klasse, ich war in einer gemischten Schule. Er war bildschön, und ich war viel zu schüchtern, das Wort an ihn zu richten, ich habe also Gedichte auf ihn gemacht, hab ihn dann aus der Ferne angebetet und ging deshalb furchtbar gerne in die Schule. Ich bin ja in der Nazizeit zur Schule gegangen, und ich war nun so weltfremd, daß ich alles glaubte, was da im Radio erzählt wurde. Mein Vater war alter Wandervogel, er sagte immer: »Du mußt in einen Wanderverein.« Und da bin ich dann in diesen BDM gegangen. Zu Anfang wanderte man überhaupt nicht, es war schrecklich langweilig und furchtbar. Aber dann bin ich in eine nette Gruppe geraten, da gab es Ferienlager mit Lagerfeuern, viele Wanderungen und Fahrtenspiele. Das fand ich damals wunderschön, überhaupt diese Kameradschaft und die burschikose Art, die man hatte, also furchtbar jungenhaft haben wir uns gegeben. Politik wurde da eigentlich nicht gemacht. Ich kann mich noch erinnern, wie wir entsetzt waren über das fürchterliche Blatt von dem Streicher, den »Stürmer«, aber andererseits wurden immer Kriegsbücher vorgelesen, es war, obwohl wir es nicht merkten, doch eine unterschwellige Propaganda zum Krieg hin.

In unserer Schulklasse waren Jüdinnen, sehr nette Mädchen, und mit denen war ich befreundet. Die wohlhabenden Jüdinnen, die zogen dann einfach um, die gingen weg. Und dann war zum Schluß in unserer Klasse nur noch ein unglückliches jüdisches Mädchen, es war nicht hübsch, ein bißchen verklemmt, und ich ging dann auch mit ihr, aber ich war nie richtig mit ihr befreundet, man ging aus Gewohnheit. Und dann kamen die BDM-Mädchen, kamen zu mir und sagten, also mit Jüdinnen dürfte man nicht gehn. Da hab ich damals Gewissensbisse gehabt und sagte: »Ja, aber die Margret, dann geht doch niemand mehr mit der Margret.« Und dann bin ich aber doch nicht mehr mit der Margret gegangen, unter dem Vorwand: Sie ist ja garnicht meine richtige Freundin. Das ist so ein Beispiel, wo ich also ganz konkret, menschlich versagt habe.

Wir Geschwister sind eigentlich alle unserer Wege gegangen. Meinen Bruder hab ich sehr geliebt, meine Schwester weniger, sie war ungeheuer energisch und resolut, und mit der vertrag ich mich auch heute nicht recht, ich hab sehr wenig Beziehung zu ihr. Meinen Bruder hab ich natürlich gemalt, und das ist ganz gut geworden, und das hat mir gefallen. Und dann weiß ich noch eine verliebte Szene, als er aus dem Felde zurückkam als ganz junger Soldat, also irgendwie so etwas Rührendes hatte, da saß er auf dem Sofa, und da konnte ich nicht anders, da hab ich den Arm um ihn gelegt und hab ihn geküßt. Das fand er wohl etwas merkwürdig. Ich war damals noch in meiner heroischen Phase, ich war damals noch nicht so weit, daß ich sagte: »Krieg ist Wahnsinn.« Ich hab gemeint, man müßte sein Vaterland verteidigen, es ist Pflicht, und er muß es. Ich habe eben nur gehofft, daß er wiederkommen würde. Er war dann eines Tages vermißt, und wir wissen überhaupt nicht , wo das eigentlich war und haben nie wieder etwas von ihm gehört.

Das Kriegsende war für mich ein ganz radikaler Bruch. Ich merkte, daß Vaterland, Ehre, Tapferkeit, Heldentum, Nationalismus, alle diese großen Werte, die das Bürgertum doch hatte, daß ich diese Ideale mit einem Schlag über Bord warf. Es war sozusagen ein völliger Bruch, man merkte, es war alles falsch, was du geglaubt hast, du warst unkritisch, jetzt ändere dich, glaube nicht mehr, was man dir sagt. Das war es.

Und dann natürlich, ich war verlobt mit einem Kunstmaler, der also auch sehr begabt war, und der ist in den letzten Tagen des Krieges gefallen, noch vor Berlin. Und daß ich diesen Schmerz verwinden mußte ... Ich hatte dann auch lange Zeit nach dem Krieg, während meines Studiums, keinerlei Bekannte oder Freunde. Es war eben einfach nichts da. Langsam kamen die ersten Studenten aus den Gefangenschaften zurück, aber die waren dann verheiratet. Es war sehr schwierig, überhaupt Männer zu sehn. Das kann man sich jetzt gar nicht mehr vorstellen. Ich war auch in einer Jungenschule, eine ganze Generation niedergemäht, die aus meiner Klasse, die hab ich ja alle nicht wiedergesehn! Da hat man unbedingt, immer nur diesen brennenden Wunsch, wenn man diese Wogen von jungen, begabten und, und doch begeisterten und aktiven Leute sieht, daß man sagt: »Hoffentlich wird diese Generation nun nicht wieder niedergemäht!« Das denk ich fast jeden Tag.

Ich wollte Forschungsreisende werden, und Anthropologie wollte ich studieren, Völkerkunde machen, Menschen erforschen und dann auf Weltreisen gehen und tüchtig dabei zeichnen. Das waren so meine Träume. Und dann, als ich dann meinem Vater sagte, ich wollte Anthropologie studieren, sagte er: »Also, das ist ja ein verrückter Beruf, und das hat keinen Sinn.« Dann war meine Mutter sehr energisch und sagte, ich könnte doch so gut zeichnen, ich sollte Zeichenlehrerin werden. Dann bin ich auf die Kunstakademie gegangen, hab mich zuerst schwer getan, weil ich zu einem furchtbar strengen Lehrer kam, der einen noch Gipsköpfe und Totenköpfe zeichnen ließ, mit hartem Bleistift. Aber merkwürdigerweise habe ich ein gutes Examen gemacht, das Examen für das künstlerische Lehramt, und dann bin ich noch auf die Kunstakademie gegangen in eine Porträtklasse, und dieser Lehrer, der hat mich dann gleich so gefördert, daß ich nach einem Semester eine Ausstellung machen konnte. Ich hab mich natürlich gefreut, und das Selbstbewußtsein wuchs. Aber ich sollte Zeichenlehrerin werden, den künstlerischen Teil dieses Examens hatte ich nun gut hinter mich gebracht, dann gehörte noch ein Nebenfach dazu. Ich bin nach Tübingen gegangen und habe Französisch als 2. Fach genommen. Ich hatte kein Geld mehr, mein Vater konnte mir keins mehr schicken, und in

Tübingen konnte ich nebenher arbeiten. Dann bekam ich von der Universität ein Jahresstipendium für Paris, und da hab ich dann auch meistens gemalt.

Als ich aus Paris zurückkam, hab ich geheiratet. Mein Mann, er war außerordentlich begabt und sehr charmant und ungeheuer intelligent und, rückblickend kann man das vielleicht sagen, er sah vielleicht, ganz aus der Ferne, nur so als Schattenriß, meinem Vater ähnlich. Mein Vater ist ein dunkler Typ und ist Schwabe, und mein Mann war auch ein ausgesprochen dunkler und magerer Typ und hatte auch die schwäbische Sprache. Und ich habe ihn vielleicht nicht zuletzt darum geheiratet, weil ich damals noch der strikten Ansicht war: also, den Mann, mit dem man das erste Mal körperliche Beziehungen hat, den heiratet man auch. Wir sind zum Standesamt gegangen, 2 Freunde waren Trauzeugen, und dann sind wir gleich ins Wochenende gefahren, also ohne irgendwelche Festivitäten und ohne Eltern. Meinen Eltern war das gleichgültig, und die Eltern von meinem Mann, die waren sowieso ein bißchen komisch, das waren ganz fürchterlich spießige Schwaben, die nur fürs Sparen und schaffe, schaffe, Häusle baue gearbeitet haben. Für sie war dieser Künstlersohn das schwarze Schaf. Ja, also ich hab dann gearbeitet, und zwar hier in Stuttgart am Französischen Institut, hab also nicht weiterstudiert, und mein Mann hat zuerst als Grafiker gearbeitet, 3 Tage in der Woche. Er wurde immer deprimierter und sagte: »Ich kann als Künstler nicht durchkommen, ich hab keine Zeit zum Arbeiten!« Schließlich hab ich den ganzen Lebensunterhalt der Familie verdient, und er blieb zu Hause. Das wäre schön und gut gewesen, wenn er tüchtig losgelegt und gemalt hätte. Aber er hatte furchtbare Arbeitsstörungen, er saß den ganzen Tag zu Hause vor seiner Staffelei und malte nichts, höchstens mal drei Striche, und die strich er am Abend wieder aus. Und die guten Bilder, die er vorher gemalt hatte und die mich so fasziniert hatten, die wirklich außerordentlich begabt waren, die nahm er nach der Reihe vor und malte sie immer schwärzer und schwärzer an, also grauenvoll. Sonntags hat er dann immer versucht zu kochen, und das hat mich geärgert, weil ich dachte: also, er sollte doch lieber arbeiten, damit er vorwärts käme. Mein Selbstbewußtsein ist an diesem sensiblen und in etwa schwachen Mann gewachsen. Er sagte zum Beispiel plötzlich: »Ach, um Gottes willen, ich kann heute nicht telefonieren.« Und ich mußte, mußte, ich wuchs richtig rein, ich mußte immer mehr und immer mehr tun, und ich wurde jeden Tag stärker, während er jeden Tag schwächer wurde. Als wir heirateten, hatte ich das Gefühl: Er braucht meine Hilfe und ich brauche auch seine. Ich hatte so das Gefühl, wir tun uns zusammen wie ein Blinder und ein Lahmer. Aber mit der Zeit wurde ich immer weniger lahm, sozusagen, und er immer mehr blind.

Als wir 5 Jahre verheiratet waren, kam unsere Tochter. Ich hatte sie mir sehnlichst, lange gewünscht, aber er wollte keine Kinder, er sagte: »Die Welt geht doch in die Brüche . . .« Er war irgendwie so abhängig von seiner Mutter, und eines Tages hat die nur eine winzige Bemerkung gemacht, also, wir würden wohl doch keine Kinder mehr kriegen oder irgendsowas. Es hat bei ihm sozusagen die Erlaubnis seiner Mutter gefehlt, es war schrecklich. Alle haben gesagt, als ich nun das Kind trug, ich wäre wie aufgeblüht, und ich hab mich herrlich gefühlt wie nie in meinem Leben. Damals war die Geburt nach Doktor Read grade neu, und ich hab mich mühseligst erkundigt und Material herangeholt, und das hat bei mir derart gut geklappt, daß ich das Kind mit großer Anstrengung, was ja dazu gehört, aber eigentlich ohne Schmerzen bekommen habe. Und ich hatte sogar das Glück, daß ich den sogenannten Orgasmus der Geburt miterlebt habe, was ja die Frauen, die betäubt werden, meistens nicht erleben, und das ist natürlich wunderbar nachher, dieses, dieses herrliche Glücksgefühl. Und dann, nachdem das Kind da war, hab ich gemerkt, daß mein Mann keinerlei Lust hatte, irgendwelche Verantwortung zu übernehmen, und daß er wahnsinnig eifersüchtig auf das Kind war und immer weniger tat. Dann hab ich versucht, ihn zum Arzt zu schicken, weil ich merkte, er wurde immer depressiver, immer schwärzer, immer melancholischer. Er ging einmal hin, dann aber nie wieder. Mir hat mal eine Ärztin gesagt, der ich dann später davon erzählt habe, es sei gut gewesen, daß ich mich von ihm getrennt hätte, weil diese Art von schweren Depressionen sehr schwer heilbar sei. Erst war ich nach der Geburt ein halbes Jahr zu Hause. Dann sagte meine böse Schwiegermutter, ich wäre ja nun doch keine gute Hausfrau, obwohl ich mich in dieser Zeit versuchte anzupassen. Wir wohnten in dem Haus unserer Schwiegermutter. Das Verhältnis wurde immer unerträglicher, so daß ich wieder aus dem Haus hinausstrebte, daß ich also nach ½ Jahr wieder in meine Bibliothek ging, und dann hat meine Schwiegermutter tagsüber das Kind genommen.

Ich saß in der Bibliothek, und da kam Professor B. mit seiner Assistentin, er kam öfter herauf, und wir unterhielten uns über Bücher. Wir kamen ins Gespräch, und ich sagte, ich wäre so unzufrieden, ich hätte ein abgebrochenes Studium, und diese Bibliothek wäre zwar sehr nett im Moment, aber auf die Dauer doch nicht, man würde zu wenig verdienen für die ganze Familie als Bibliothekarin. Und da sagte er ganz spontan: »Ja, kommen Sie doch zu mir, und machen Sie den Doktor.« So habe ich das Studium wieder aufgenommen mit Philosophie als Hauptfach, was ich vorher überhaupt nicht hatte. Ich habe gearbeitet tagsüber, bin nur in die paar Vorlesungen gegangen und Übungen, in die ich gehn mußte. Meinen Eltern war es völlig gleichgültig, aber die schwäbische Familie, die war strikt und absolut dagegen.

Intensiv weggegangen zum Studium bin ich eigentlich erst, als ich mich entschieden hatte, mich zu trennen. Ich zog aus unserer schönen, großen 3-Zimmer-Familienwohnung in eine ganz armselige Kellerwohnung, und meine Mutter hat Isabel genommen. Ich muß sagen, sie hat sie fabelhaft aufgezogen, mit kleinen Kindern kann sie wunderbar umgehen. Sie hat so ein Milieu gehabt wie Großmutters Rumpelkammer, wo das Kind alles tun und lassen kann und findet, also die Schnitzmesser unterm Sofa, dann hat sie Linolschnitte gemacht, Kasperlefiguren, ist mit meiner Mutter gewandert, hat furchtbar viel gelernt. Und meine Eltern sind mit dem Kind wirklich aufgeblüht. Meine Mutter hat sich den ganzen Tag nur um das Kind gekümmert, aber, sagen wir mal, nicht so betudelt, wie bürgerliche Mütter das täten, im Gegenteil, sie war vielleicht manchmal verschlampt angezogen, und regelmäßig Essen kriegte sie überhaupt nicht. Aber immer wurde mit ihr was gemacht, und das, find ich, das hat sich sehr gut ausgewirkt.

Erst hab ich immer noch neben meinem Studium gearbeitet, weil ich ja Geld verdienen mußte. Und dann hab ich einfach ein Jahr lang Urlaub genommen und habe nur meine Arbeit geschrieben, mich auf das Examen vorbereitet. Allerdings muß ich sagen, Professor B. hat am Ende dieses Jahres mich als Assistentin eingestellt, und ich brauchte wenig zu tun. Ich hab in allen Fächern eine 1 gekriegt, auch in Germanistik, wo der Professor mich zuerst zurückgewiesen hatte, weil er mich nicht kannte. Und Ästhetik, diese Fragen haben mich immer interessiert. »Was ist Kunst?« »Was ist das Schöne?« »Was ist ein Künstler?« Und das habe ich in meiner Arbeit ja nun erörtern können, und diese wissenschaftliche Arbeit hat meine künstlerische Arbeit sehr bereichert. Ich weiß jetzt besser, was ich eigentlich will.

Meine Tochter hab ich zu mir genommen, als sie zur Schule mußte, und zwar in dem Jahr, als ich zu arbeiten aufhörte, als ich eigentlich meine Arbeit schrieb. Das war nun ziemlich schwierig, weil, ich war wohl den ganzen Tag zu Hause und schrieb, aber für meine Tochter war es ein großer Wechsel: Schule, neues Zuhause und eine Mutter, die doch furchtbar angespannt war mit dieser Doktorarbeit. Aber wir haben das Jahr doch einigermaßen gut über die Runden gekriegt. Die Schule hat ihr gleich viel Spaß gemacht, und dann hab ich ihr erklärt, daß ich eben die Arbeit schreiben muß, und daß es für uns beide notwendig ist. Wir wohnten damals in einer schrecklich kleinen Wohnung. Sie hat eigentlich gut verstanden. Zu Anfang hat sie manchmal schreckliche Wutausbrüche gehabt, aber ich glaube, das war wegen des plötzlichen Zwangs der Schule. Die Wut hat sie natürlich zu Hause an mir ausgelassen, aber so schrecklich schlimm war es nun auch wiederum nicht. Von vornherein hatte ich überhaupt nicht das Gefühl, ich bin die Mutter, sondern eher: Ich bin ihr vollkommen gleichgestellt, vielleicht ein geschwisterliches Verhältnis, das hatte ich schon, als sie ein Baby war. Und dieses Verhältnis hat sich eigentlich bis heute erhalten, wir sind zwei gleichberechtigte Personen.

Nachdem meine Ehe also kaputtgegangen war, bin ich einem Studienkollegen aus Tübingen wiederbegegnet, es war sozusagen ein Wiederfinden, und da war ich eine Zeitlang schrecklich verliebt. Ich hoffte natürlich sehr, daß er mich heiraten würde. Ich wollte, ich hatte auch das Gefühl, ich wollte gerne noch mehr Kinder haben. Mit ihm war ich 8 Jahre lang befreundet. Zu Anfang hat er mein Malen gefördert, weil auch er seinem spießbürgerlichen schwäbischen Milieu entfliehn wollte, und dazu hat er sicher mich gebraucht. Aber es ist ihm dann letzten Endes doch nicht gelungen. Und ich, weil ich ihn unbedingt heiraten wollte, ich versuchte, mich schrecklich anzupassen. Mein großer Wunsch war, den ganzen Tag malen zu können. Ich hab gedacht: Ach Gott, bis ich 30 bin, soll mich mein Vater erhalten, ich kann stillvergnügt zu Hause sitzen und malen. Und dann heirate ich, und dann kann ich bis an mein Lebensende auch malen. Also das waren ursprünglich meine Ideale. Aber jetzt weiß ich, das Allererste ist, daß eine Frau finanziell unabhängig wird, das scheint mir die Basis zu sein. Dieses Gefüttert-werden-wollen, wenn man das nicht überwunden hat, dann ist man einfach nicht frei. Und ich finde, grade die Bestätigung, die man im Beruf erreichen kann, die gibt einem ein derartiges Selbstbewußtsein und eine derartige Sicherheit, auf diese Befriedigung sollte eine Frau einfach nicht verzichten. Und daß sie um Gottes willen nicht denkt, mit 40 sei man alt und grau und gehörte zum alten Eisen, sondern daß man heutzutage wirklich mit 40 studieren kann. Also, ich habe mein Studium mit 38 wieder aufgenommen und habe mit 43 meinen Doktor gemacht.

Mein Freund sagte damals, ich solle den Doktor machen, aber nur, damit ich in der Welt was gelte, also nur als Aushängeschild. Als ich die Arbeit nun mit 1 machte, da war er vielleicht etwas eifersüchtig, also, das schätzte er überhaupt nicht. Es wär ihm recht gewesen, wenn ich grad mit 4 so durchgerutscht wäre. Und dann, daß ich malte, ja das hat ihn zu Anfang, als er auch Bestrebungen hatte, sich aus der bürgerlichen Welt ein bißchen zu lösen, da hat ihm das sehr gefallen, da hat er mir auch geholfen, mal eine Ausstellung zu arrangieren. Später hat er mir das Malen direkt verboten und hat gesagt, ich sollte mich nur um mein Kind kümmern, und um Gottes willen keinerlei berufliche Ambitionen, weil, mir ist auch die Habilitation angeboten worden, und da hab ich natürlich dieses Problem mit ihm diskutiert. Und da war er strikt dagegen, ich konnte mit ihm gar nicht darüber sprechen. Ich habe hin und her überlegt, ob es nun für mich das Geeignete wäre. Ich hätte es gemacht, wenn es bei uns einen Lehrstuhl für Ästhetik gegeben hätte, in Frankreich zum Beispiel ist Ästhetik Studienfach. Ich hätte also Philosophie machen müssen, das wäre vielleicht gegangen, aber ich hätte später keinerlei Aussichten gehabt, einen Lehrstuhl oder so zu bekommen. Als er mir das Malen verbot und auch eine weitere berufliche Ausbildung nicht förderte, da gab es einen riesigen Krach, und seitdem bin ich ganz bewußt selbständig und bejahe, daß ich mein Geld selber verdiene und daß ich allein lebe. Seitdem erst bejahe ich das ganz und gar. Seitdem fühle ich mich auch viel freier und glücklicher.

Hier an unsrer Universität war grade die Stelle beim Studium generale frei. Und Professor B. war damals der Vorsitzende der Kommission für das Studium generale, und da konnt ich also ganz nahtlos da anfangen. Das ist eine Abteilung, die sich um die Allgemeinbildung der Studenten bemüht. Wir wollen Arbeitskreise bringen, wo Studenten Gebiete erarbeiten können, die im Hochschulplan nicht enthalten sind: moderne Literatur, Politik, zum Beispiel haben wir extra den SDS herangezogen, er soll einen politischen Arbeitskreis halten, das haben die sehr schön gemacht, es war im vorigen Semester, und in diesem Semester ist es der Liberale Studentenbund. Ich mache nun den ganzen organisatorischen Kram. Und ich muß darauf achten, daß wir finanziell mit unsern Mitteln auskommen. Die Studenten kommen alle zu mir voller Pläne, zum Beispiel für ein großes Filmseminar mit Vortrag und Dokumentation, und zwar über alte Nazifilme. Dann sag ich: »Ja, wunderbare Idee!«, und dann geh ich zur Kommission, aber die Kommission tritt nur einmal im Semester zusammen, ich geh zum Vorsitzenden der Kommission und sage: »Das haben wir beschlossen.« Und dann sagt er auch meistens: »Ja und Amen.« Also, es ist sehr befriedigend, und ich glaube, unser Programm ist sehr fortschrittlich, wir wollen so avantgardistisch wie möglich sein. Manche Leute, die inzwischen sehr berühmt sind und Furore machen, die haben bei uns angefangen. Das macht den Studenten natürlich sehr viel Spaß.

Ja, und dort arbeite ich bis mittags, meine Tocher kann Gottseidank in der Schule essen, und dann bin ich so ungefähr um 2 Uhr zu Hause. Früher hab ich die Freizeit genutzt zum Malen. Aber man hat mich gebeten, doch ein Seminar

für moderne französische Literatur zu halten und eine Vorlesung über Weltliteratur an der Hochschule für Bibliothekare. Ich konnte noch nicht frei reden, ich hab noch nie unterrichtet und dachte, das müßte ich eigentlich auch mal lernen. Und dann hab ich das einfach übernommen, und das hat sehr viel Anklang gefunden. Aber das braucht so viel Vorbereitung, daß ich zum Malen leider wenig gekommen bin. Ich gehe auch wenig aus und lebe eigentlich sehr zurückgezogen. Zu Anfang war ich hier ziemlich einsam, aber man kriegt ja durch Kinder sofort Kontakt. Und dann hab ich eben meine andern Freunde und Bekannten durch den Beruf. Ich werde manchmal zu irgendwelchen offiziellen Partys eingeladen, aber das ist sehr selten, und manchmal sag ich auch ab, weil ich das einfach verlorene Zeit finde. Ich sehe sehr gerne fern, gerade Dokumentarsendungen. Wenn man zurückgezogen lebt, ist das sozusagen das Fenster zur Welt. Meine Tochter hat das auch verlangt. Sie sagt: »In der Schule reden alle über Fernsehen, und ich kann nicht mitreden, wir brauchen einen Fernseher!« Und ich merke jetzt auch, wie wichtig das ist. Mir ist in der Vorlesung passiert, als ich über Ästhetik sprach, daß jemand herausplatzte und sagte: »Ich hab gestern eine Sendung im Fernsehn gesehn, da hat jemand erklärt: Kunst müßte schockieren.« Die Sendung hatte ich leider nicht gesehn. Ja, also ich bin der Auffassung, die im Grunde sehr alt ist, aber vielleicht immer noch neu: Kunst soll erfreuen und nützen, nützen, indem sie das Bewußtsein verändert, auch mein Bewußtsein. Man muß sich, damit man richtig intensiv lebt, doch bewußt werden. Und ich finde, dieses Bewußtwerden erreiche ich am besten durch die Kunst, zuerst im existentiellen Sinne, aber das hat natürlich seine Auswirkungen aufs Politische, das ist ganz klar.
Ich glaube, meine Tochter braucht das Gefühl, daß ich mich um sie kümmere. Also erstens die Schularbeiten, und dann hab ich es natürlich furchtbar gerne, wenn sie sich künstlerisch betätigt. Sie hat vor einiger Zeit ein Theaterstück geschrieben mit ihrer Freundin zusammen, und da hab ich natürlich ihr auch geholfen zu sagen, welche Farben sie nehmen soll für die Kulissen und ihr die Flicken herausgesucht für die Kostüme und gesagt: »Also, das kannst du besser so nähen, und das kannst du besser so nähen.« Das war vor 1½

Jahren, als sie dieses Stück aufgeführt hat, da war sie 10. Und sie spielten sozusagen eine erste Liebesgeschichte, im Grunde eine Art Romeo- und Julia-Geschichte, das Liebespaar starb zum Schluß. Ich geh natürlich auch mit ihr ins Theater manchmal, oder ins Kino. Oder wir gehen spazieren, dann sprechen wir über Bücher, sie erzählt mir, was sie gelesen hat. Und dann möchte sie manchmal, hin und wieder, daß wir einfach Spiele machen, Quartett oder Schach oder sowas, und das mach ich dann auch mit ihr. Sie redet immer davon, was für einen Beruf sie haben will, und sie weiß es schon ganz genau: Sie will Psychologin werden. Und ich glaube, sie ist doch ganz stolz auf ihre Mutter, das ist sie schon ein bißchen. Aber manchmal, und gerade wenn sich die Arbeit so häuft wie bei mir in der letzten Zeit, dann klagt sie auch, und dann fordert sie richtig: »Also jetzt müssen wir einfach was unternehmen!« Und das tu ich dann auch. Und andrerseits, wenn ich wirklich keine Zeit habe, dann besprech ich das mit ihr.

Inzwischen bin ich wieder einem Mann begegnet, einem jungen Mann, künstlerisch hochbegabt, mit dem ich sehr, sehr viele gemeinsame Interessen habe. Er hat natürlich 1000 Einfälle, und dadurch wird man so angeregt, daß man sagt: »Ach ja, eigentlich müßte man das machen, eigentlich müßte man das machen!« Und ich kann ihm bei seiner künstlerischen Arbeit sagen: »Das find ich großartig!« Oder: »Das find ich falsch.« Und er sagt auch genauso: »Das find ich schlecht, was du da machst, und du müßtest das und das machen.« Aber er ist, wie gesagt, sehr viel jünger als ich. Und das ist nun ein Problem, weil man sozusagen diese Beziehung völlig neu erfinden muß, es gibt da keine Vorbilder, höchstens literarische. Ich bin sozusagen mit einem Schlag eine Generation jünger geworden. Das ist, also, das find, find ich wunderbar. Erstmal die körperlichen Dinge: Ein junger Mann ist natürlich was Wunderbares, und grade, weil ich vorher so tragische Erlebnisse hatte mit den Männern, die, krass gesagt, auch impotent waren oder es wurden. Und das ist ein ungeheuer beglückendes Gefühl, daß gerade dieser Bereich überhaupt keine Komplikation in sich birgt. Wir haben uns an der Hochschule kennengelernt, es hat sich so ergeben, ich finde, Arbeit ist doch meistens das, wo man sich zuerst trifft.

Wenn ich ehrlich bin, ich hatte zu Anfang furchtbare Komplexe, weil er so viel jünger ist. Ich habe immer in den Spiegel gestarrt: Ach, meine Runzeln! Ich habe darunter gelitten, daß ich zu dieser Generation sozusagen nicht mehr gehöre. Aber bei den Männern der älteren Generation, also meiner Generation, da ist der Kontakt nicht so spontan, weil ich den Eindruck habe, die haben noch diese alten, altmodischen Leitbilder, und in die paß ich eben nicht so richtig rein.

Mathilde N.

Meine Mutter stammt aus einer ausgesprochnen Bergarbeiter-
familie, meine Großmutter hat noch selbst unter Tage gearbeitet, hier in Hausham, und mein Vater ist dann 1918 ins
Ruhrgebiet gegangen, weil da die Verdienstmöglichkeiten
wesentlich besser waren. Ich bin also regelrecht im Berg-
mannsmilieu aufgewachsen, und bei uns ist ganz bewußt von
der Arbeit daheim gesprochen worden, ganz einfach, weil
meine Mutter ja zuviel davon verstanden hat. Meine Mutter
war völlig gleichberechtigt und hat auch ihre Rechte voll aus-
geschöpft. Was die Mutter entschieden hat, war eben richtig,
ne, da hats nichts gegeben. Und meine Eltern waren ausgesprochen gut verheiratet, unser Familienleben war sehr, sehr
ausgeglichen, wir haben eigentlich auch ziemlich frei unsere
Meinung äußern dürfen, wir Kinder. Ich hab also alles, bloß
keine Hemmungen gehabt.
Und als dann die Arbeitslosigkeit, wann war das, ja 32, 33,
gekommen ist, da war mein Vater natürlich fällig, weil er
bekannt war als Gewerkschaftler, und er war auch partei-
freundlich, also SPD-freundlich. Und die waren ja dann eher
auf der Arbeitslosenliste wie die andern Leute. Mein Bruder
war auch arbeitslos und ist stempeln gegangen. Ich habe einen
älteren Bruder, der ist 11 Jahre älter wie ich, und einen Bruder, der war 2 Jahre älter wie ich, und der ist gestorben noch
als Säugling. Und dann bin ich gekommen, ich bin 1924 geboren, und 1926 ist mein jüngster Bruder geboren. Und der ist
mit 5 Jahren gestorben.
Wir haben daheim immer Katzen und Hasen und Hühner
gehabt, wir waren halt Arbeiter, und wir mußten sehn, aus
eigener Kraft uns billig zu ernähren. Eines Tages, als wir
heimkamen, hieß es: »Unsre Katz is weg! Wo is jetzt unsre
Katz?« Da geht mein kleiner Bruder ins Schlafzimmer, früher hats doch die Nachtkasteln mit diesem Fach noch gegeben, und da ist unsere Katz drinnen und hat da drinnen Junge gekriegt. Wir haben natürlich ein Mordspalaver veranstal-
tet: »Ja, wie kommen jetzt die Jungen daher? Ja, wieso
denn? Es ist doch alles zu.« Wie, warum und wieso? Wir ha-

ben unsrer Mutter die Haut abgezogen. Und während sie sagt: »Ja, die waren in ihr drinnen«, und ich: »Wieso waren die da drin? Warum kommen die da raus? Wo kommen die raus? Wie?« hat mein kleiner Bruder ganz seelenruhig gesagt: »Na, das siehst du doch, beim Ärschken kommen die raus, die ist doch noch ganz voll Blut.« Der hat nicht lang geredet, der hat das gleich richtig erfaßt. Und von da aus hat unsre Mutter uns aufgeklärt. Ich sags oft, sie war bloß eine einfache Arbeiterfrau, aber was Kindererziehung anbelangt und was sie uns mitgegeben hat, das bringt heute oft so eine hochgestochene junge Frau nicht fertig, weil die sich da was abbricht. Wie ich in die Pubertät gekommen bin, hat sie mir klipp und klar gesagt: »So, für dich beginnt jetzt ein neuer Lebensabschnitt, und das und jenes steht dir jetzt bevor. Es kann dir passieren, daß du ein Kind kriegst, überleg dir das. Ich würd mich deswegen nicht aufhängen, ich würd dich deswegen nicht erschlagen, bestimmt nicht. Aber du mußt halt an die Folgen denken, und die sind nicht angenehm.«
Meine Mutter hat zu der Zeit, auch nach 33, noch so einer, heute würde man sagen: einer SPD-Frauengruppe angehört. Ich kann mich sogar noch erinnern, als die Wahlen waren, da war für meine Eltern ganz klar, welche Gefahr Hitler bedeutet. Komischerweise haben meine Eltern auch gewußt, daß es KZs gibt. Ein guter Freund, der muß wohl gewerkschaftlich und parteilich sehr aktiv gewesen sein, der ist 1934 am 1. Mai verhaftet worden. Seine Frau hat keine Unterstützung gekriegt, keine Arbeitslosenunterstützung, er stand ja dem Arbeitsmarkt nicht zur Verfügung. Die kriegte keine Fürsorge, die durfte in keine Arbeit vermittelt werden, keiner durfte die beschäftigen, und jetzt stand die da. Ich habe am Samstag einkaufen gehn müssen, und da hab ich immer den Auftrag gehabt: »Du kriegst also noch extra ein Paket, das tust in diese Tasche, und damit fährst du da hin«, die wohnte in einem andern Stadtteil, »und du machst dich also gar nicht auffällig, legst das an die Tür und haust wieder ab.« Und so hat meine Mutter die immer übers Wochenende mit Fleisch versorgt. Wahrscheinlich haben andere Frauen das auch gemacht, denn die hat die Zeit überlebt.
Zu der Zeit hat sich die Kirche noch gelegentlich gewagt, dagegen zu reden. Und der Pfarrer beim Konfirmanden-Unter-

richt war sehr geschickt, das war bestimmt ein Gegner der NSDAP. Er wollte uns zum »geraden Denken« bringen, daß wir also nur das tun, was wir echt vor unserm Gewissen verantworten können. Aber ausgerechnet bei mir hat er das Pech gehabt, daß ich dann gerechtigkeits-fanatisch geworden bin. Das ist losgegangen mit dem Abendmahl, wie er uns also erklären wollte, daß der Sinn des Abendmahls ist, auch seinen Feinden zu verzeihen, mit sich selbst ins reine zu kommen und so. Da hab ich gesagt: »Das kann ich nicht, ich bin noch nicht so weit, ich hab meine inneren Zwistigkeiten noch nicht ausgeglichen, und solang ich das nicht getan hab, fühl ich mich nicht berechtigt, zum Abendmahl zu gehn.« Er hat gemeint, da könnte ich doch einen Kompromiß machen: »Wenn du nicht zum Abendmahl gehst, dann gehn doch die andern auch nicht!« Da sag ich: »Das ist doch deren Problem. Sie wissen, warum ich nicht geh.« Er ist dann da vorn gestanden mit dem Abendmahls-Kelch, und weil ich nicht aufgestanden bin, sind die andern auch nicht aufgestanden. Jetzt hat er mich ganz verzweifelt angeschaut. Da bin ich aufgestanden und bin den Schritt vorgegangen, dann sind alle mitgegangen. Und wie die halb vorn waren, bin ich wieder zurück. Da sind die alle zum Abendmahl und ich nicht. Es hat ihm, er war nicht bös deswegen, es hat ihm schon imponiert, gell. Ich war andrerseits von Haus aus nicht zum Religiösen erzogen worden. Und die religiöse Erziehung, die ich mir angelacht hab, durch den Konfirmandenunterricht, die war nicht so, daß das für mich zum Religiössein gelangt hätte. Meine Eltern haben mich da ziemlich frei entscheiden lassen. Ich bin noch in die sogenannte Freie Schule gekommen. Das war vor der Machtübernahme vom Hitler. Meine Eltern haben abgelehnt, mich in die evangelische oder in die katholische Schule zu schicken. Wir sind damals schon so modern erzogen worden, wie man heute das gern möchte. Wir Erstklassler mußten oder durften zum Fräulein »du« sagen. Und in jeder Pause hat die ganze Schule Freiübungen gemacht. Wir haben einen so modernen Lehrstoff gehabt, daß dann, die Freien Schulen mußten ja aufgelöst werden von Hitler her, mußten wir also zwangsläufig in die konfessionellen Schulen gehn.
Dann haben meine Eltern mich nach Bayern geschickt zu meinen Großeltern, hier nach Hausham. Aber das hat nur 3/4

Jahr gut getan. Ich war bei soundsovielen Tanten und Onkeln, und wos mir gepaßt hat, bin ich geblieben, ich hab nirgendwo eine richtige Ordnung gehabt. Und das ist doch als Kind herrlich. Hausaufgaben? Nie! Wenn meine Großmutter dann am Abend gesagt hat: »Du, hast du überhaupt schon Hausaufgaben gemacht? Na, aber jetzt los, gell.« Ich war so müde dann, habe natürlich nimmer denken mögen, auch nicht können. Und dann hab ich immer meine Großmutter drangekriegt: »Gell, 5 mal 4 ist 23?« »Nein«, hat sie gesagt: »Mei, wie bist du dumm, das ist doch 20.« Und wie dann das 1. Zeugnis gekommen ist, dann haben die natürlich gesehn, was los war. Da haben sie mich wieder verfrachtet, nach Hause. Wenn ich einen Lehrer gefunden hatte, der nicht nur Lehrer war, dann habe ich prima gelernt, tadellos gespurt, ja. Aber wehe, wenn da einer nicht die richtigen Qualitäten hatte, dann wars aus! Und dann hab ich die andern mitgerissen. Ich habe zwar immer mal wieder ein Buch oder irgend so eine Auszeichnung gekriegt, aber ich habe mich nie angestrengt. Wenn ich was konnte, dann habe ichs einfach gekonnt. Ich habe auch sehr elegant mogeln können, ohne daß mir das übelgenommen worden ist, oder ohne daß ich dabei aufgefallen bin. Ich habe grundsätzlich kein Gedicht gelernt. Wenn ich drangekommen bin, als 1. nie und als 2. auch nicht, ich bin immer so in der Mitte drangekommen, dann hatte ich schon soviel mitgekriegt, da hab ich das mit viel Pathos vorgetragen, bis er gesagt hat: »Setz dich, du wirst ja überhaupt nimmer fertig.« War es also erledigt.

1938, bei der Schulentlassung, war das Landjahr aktuell. Das war auch von der HJ eine Einrichtung, aber das war schon mehr so Pflichtjahr. Ich wollte auf alle Fälle mal von daheim weg und raus. Die HJ überhaupt hat mir nicht gepaßt. Meine Eltern haben mich zwar nicht davon abgehalten, weil, das wäre ja sinnlos gewesen, und sie hätten sich und mich in Gefahr gebracht, gell. Aber da war ich beim Bauern und hab arbeiten müssen, da hat kein Mensch mehr gefragt, ob ich morgens in Uniform dasteh, die Flagge, Gruß und HJ-Lieder, oder ob ich marschiere. Also, das war gar nicht mehr interessant. Ich wär ja mit Begeisterung Bäuerin geworden. Der Bauer, zu dem ich gekommen bin, hat eine eigene Schweinezucht gehabt. Die Familie bestand aus 3 Männern, einer Oma und

2 Kindern. Da war im Jahr vorher die Bäuerin tödlich verunglückt. Und die Oma war damals schon 70, die wurde mit
dem Haushalt nimmer fertig. Ausgerechnet ich, die daheim
nie sehr große Liebe zum Haushalt gezeigt hat, ich bin da
hineingeraten. Ich habe den Haushalt und das Kleinvieh mit-
versorgt und die 40 bis 60 Schweine, dann die 2 kleinen Kinder, der Jüngste war noch nicht sauber. Und nun die Koche-
rei und das Waschen und das Putzen, das hat mich also so
ausgefüllt, ich bin den ganzen Tag mit der Uhr um die Wette
gerannt. Und das hat prima geklappt. Der Bauer hat das
natürlich auch gesehn, uneigennützig war er auch nicht, der
hat gesagt: »Mensch, bleib doch da!« Eine billigere Magd
hätte er ja gar nicht haben können. Aber meine Eltern haben
nicht mitgemacht. »Kommt gar nicht in Frage, du hast jetzt
dein Jahr um, das ist die Pflicht gewesen. Jetzt kommst du
gefälligst heim und lernst was.«
Dann wollte ich Fürsorgerin werden. Dazu hätte ich aber auf
so eine Schule müssen, Frauenfachschule oder so, und meine
Eltern haben gesagt: »Ja, womit denn? Das geht net.« Ich
wollte so einen sozialen Beruf haben. Und da ist der Mutter
der Geduldsfaden gerissen, sie hat kurzen Prozeß gemacht,
ist mit mir zum Arbeitsamt gefahren. Sie hat mich daheim
schon präpariert und hat gesagt: »Das eine sag ich dir, du
lernst Verkäuferin!« Weil irgend jemand ihr erzählt hatte,
daß bei C & A die günstigsten Ausbildungsmöglichkeiten
sind. Aber die auf dem Amt haben gesagt: »Ja, wir wissen
nicht, ob da was frei ist. Aber bitte sehr, wenn Sie meinen.«
Ich wurde angenommen, furchtbar. Ich wollte doch alles andre tun, bloß nicht das! Aber die haben mir das schon beigebracht. Ich hab weiß der Himmel welche Qualen ausgestanden, hab mich so erniedrigt gefühlt und gedacht, das überlebe
ich nicht. Und dann bin ich heimgekommen, restlos am Boden
zerstört, und habe gesagt: »Da geh ich nicht mehr hin, und
das mach ich nicht, das will ich nicht, und, und das gefällt mir
nicht.« Aber meine Mutter hat sich gar nicht darauf eingelassen. Am nächsten Morgen hat sie mich wieder geweckt, und
ich hab also müssen. Beim Bauern war doch alles so unkom-
pliziert und so selbstverständlich, man hat nicht lang geredet,
man hat zugegriffen. Und jetzt war man plötzlich in einem
Geschäft, wo alles auf fein, und ach, das war mir gräßlich.

Aber da war eine ältere Dame, die war Abteilungsleiterin von der Hutabteilung, die muß wohl sehr viel von jungen Menschen verstanden haben. Auf alle Fälle hat die gefunden, wo meine Stärken liegen, wo ich interessiert bin. So bin ich aus dem Verkauf rausgekommen und in den Einkauf, da hab ich mehr selbständig arbeiten können und auch in eigener Verantwortung. Damals kamen ja dann schon die ersten Männer weg. Und dann ging es plötzlich recht gut, und in der Schule klappte es dann auch. Ich hätt ja auch nie Bäuerin werden können, weil ja ein Bauer eine Frau braucht, die dementsprechendes Vermögen mitbringt. Und ein Bauer ein Arbeitermädchen heiraten? Undenkbar! Nun wollte ich also versuchen, zunächst als Substitutin und dann vielleicht später als Einkäuferin vorwärtszukommen.

Und dann ist meine Mutter so krank geworden, Gehirntumor. Wir haben die ersten Bombenangriffe erlebt, sind jede Nacht drei-, viermal in den Keller gerannt. Mein Vater hat durch seine Bergarbeitertätigkeit sich eine Staublunge eingehandelt, der war Frühinvalide, 52 Jahre alt erst und schon arbeitsunfähig. Und da haben wir in Essen das Häuschen verkauft und sind hier nach Bayern. Ich mußte noch bis Mai 42 meine Lehre abmachen, die Handlungsgehilfenprüfung, und ich war der Meinung: »Jetzt fahr ich mal rauf, vielleicht ein Vierteljahr, damit sich meine Eltern hier richtig einrichten, einleben, und damit meine Mutter dann alleine fertig wird, und dann fahr ich wieder zurück.« Nichts andres hab ich im Sinn gehabt. Ungefähr ein Vierteljahr hab ich nichts getan, und eine Bekannte, die hat dann gesagt: »Ach, die soll sich doch beim Wirtschaftsamt bewerben, dann ist sie wenigstens beschäftigt.« Nun, da hab ich mich beim Landratsamt beworben, hab aber schon von Haus aus gesagt: »Ich bleib nicht lang, gell, bloß ein Vierteljahr.« Aus dem Vierteljahr sind heuer 25 geworden.

Meine Mutter ist Ende 44, im November, in München operiert worden. Es war furchtbar. Da war ich ganz allein, ich hab auch allein die Entscheidung treffen müssen.

Mein Bruder war in Rußland, mein Vater ist mittlerweile, weil er ja verhältnismäßig jung war, hier kriegsdienstverpflichtet worden zur Polizei. Ja, ich hatte doch noch nie im Leben überhaupt das Wort Tumor gehört! Nun ja, sie hat die

Operation 20 Jahre überlebt, aber sie war dann diese 20 Jahre sehr schwer krank, und ich hab sie mehr oder weniger nebenbei mit pflegen müssen. Auf die Art bin ich hier hängen geblieben.

Nach dem Krieg haben sich ja dann die Interessengemeinschaften wieder gefunden, ich kann mich noch gut erinnern, wie mein Vater in die 1. SPD-Versammlung gegangen ist. Aber zu der Zeit habe ich mich um das noch nicht gekümmert, meine Mutter hat mich so in Anspruch genommen, und dann das Berufsleben. 45, wie die Amerikaner gekommen sind, die haben doch unsre Büros mit Stumpf und Stiel auf einen LKW geschmissen und in die Papiermühle gefahren, die Akten der Wirtschafts- und Ernährungsämter: »So, jetzt ist Schluß, wir brauchen euch nimmer.« Und dann haben wir wieder neu beginnen müssen, weil ja dann erst recht die Bewirtschaftung losgegangen ist, ne. Aber es hat sich alles bald normalisiert, dann ist auch ganz automatisch die Gewerkschaftsbewegung gekommen, ich habe mich organisieren lassen. Zunächst einmal, weil ich einfach mich dazugehörig gefühlt habe, die hats wieder gegeben, also bin ich da hin, hab mich aufnehmen lassen, Gewerkschaft, SPD und Arbeiterwohlfahrt, so ungefähr. Aber ich war nur Mitglied, fertig, aus, sonst nix. Und erst 1960 waren dann meine Parteifreunde, wenn man das so nennen will, ganz erstaunt, daß ich schon so ein altes Mitglied bin.

Ich bin also beim Landratsamt geblieben, zunächst bis 1948 im Wirtschaftsamt, ja. Da hab ich für den Landkreis hier die Seifen- und Waschmittel in Bearbeitung gehabt. Ob das Händler waren oder sonstige Berufsgruppen, sie mußten sich an mich wenden mit Bezugscheinen und Marken, mit dem Zeug hat man halt gewirtschaftet.

Ihr Mann: Und ich hab in dem Betrieb gearbeitet, der auch die Lebensmittelkarten gedruckt hat, und die mußten monatlich ans Landratsamt abgeliefert werden, nicht. Und da ich einen Führerschein hatte, hab ich die Karten mit dem Wagen hingebracht. Ich mußte beim Wagen stehenbleiben, und die ganzen Angestellten mußten hinausgehn, es wurden von Hand zu Hand die Pakete weitergegeben, damit keines verschwindet. Auf die Art hab ich unter anderm zwei Damen kennengelernt, die eine davon ist meine Frau. Ich hab mir gedacht: Halt, die zwei Mädchen da sind beim Wirtschaftsamt, die mußt du dir warmhalten!

Mathilde N.: Mein Mann ist Sudetendeutscher, der hat doch auch von daheim nichts gehabt, er hat ja außer dieser Drillichhose und diesem Hemd nichts besessen. Und wenn wir dann wußten, es gibt also das und jenes, haben wir gesagt: »Ja, wenn Sie einen Antrag bringen, dann können wir Ihnen einen Bezugschein ausstellen.« Er hat doch buchstäblich von seinem Kriegskameraden Kleidung leihen müssen, damit er überhaupt ausgehen konnte. Aber den Ausschlag zu dieser Freundschaft hat er insofern gegeben. Ich bin mit einem Ofenrohr in der Gegend rumgerannt, weil mein Ofen daheim nicht ordentlich geheizt hat. Ich hab also mehr gefroren wie sonst was. Und ich hatte tatsächlich, weiß der Himmel woher, ein richtiges Ofenrohr an Land gezogen. Aber wer montiert mir das, mußte ja ein Loch in den Kamin geschlagen werden! Und da treffen wir uns, und er geht frisch und fröhlich mit mir, schlägt mir ein Loch in die Wand und schließt mir diesen Ofen an. Eine Drecksarbeit. Und wie er das fertig gehabt hat, wie das also funktioniert hat und wie das also wunderbar warm geworden ist, hat er mir erzählt, daß er das das erstemal in seinem Leben gemacht hat. Ich hab in der Zeit auch sehr viel Kummer familiärer Art gehabt. Und da war er einfach immer treu und brav da und hat mitgefühlt und versucht, mich zu trösten, oder halt mir tragen zu helfen an dem. Und das gibt dann diese Bindung. Wir haben von ganz unten wieder anfangen müssen. Er hat doch eine Existenz haben müssen, also haben wir beide gearbeitet, um überhaupt weiterzukommen. Ich konnte doch meinen Beruf nicht aufgeben.

Ihr Mann: Meine Mutter hat auch ihr Leben lang gearbeitet. Wir waren 5 Kinder, meine Mutter mußte mitverdienen. Mein Vater war gelernter Metzger, und meine Mutter war Facharbeiterin in der Seidenweberei. Und ich bin nicht der Mann, der sagt: »Meine Frau ist nur für mich da, gell.« Ich weiß, sie ist da. Wenn es drauf ankäme, hätte meine Frau noch sonstwelche Ämter übernehmen können. Aus Rücksicht auf mich tut sie das nicht. Aber wenn sie die Fähigkeit hat, auch, sagen wir mal, in der breiten Politik und in der Öffentlichkeit was Gutes zu leisten, dann soll sie es tun. Ich bin so

erzogen worden. Ich war selbst Mitbegründer einer Rettungs-
gesellschaft, ich hab auch während des Krieges das Glück gehabt, daß ich bei einer Sanitätseinheit war. Und ich war
Spieß damals und konnte manches nicht nur für die Mann-
schaft tun, sondern auch für die Verwundeten. Ich bin halt so
ein Mensch. Und ich genier mich nicht, daß ich meiner Frau
staubsauge oder Geschirr abtrockne oder sonst was. Ich helf
auch.

Mathilde N.: Zunächst war das, wie gesagt, erstmal nur
Freundschaft. Es hat keiner eigentlich an mehr gedacht. Die
Heirat hat sich schließlich auch durch meine familiäre Situation ergeben. Meine Mutter war doch sehr krank, man konnte gar nicht absehn, wie lang das noch dauert. Eines Tages
geht meine Bürotür auf, und da kommt eine junge Frau rein-
marschiert und stellt sich unumwunden als meine zukünftige
Mutter vor. Da war ich also sehr komisch berührt und hab
gesagt: »Wieso denn dieses?« Sie muß sich doch wohl irren.
Nein, sie gedenkt, meinen Vater zu heiraten. Na, da hat sich
recht unschön ein Familiendilemma entwickelt, und ich bin
also Knall und Fall daheim ausgezogen. Und wohin? Zu
meinem Mann ins Zimmer. Der hatte damals ein möbliertes
Zimmer, da konnte ich halt zunächst mal mitschlafen.

Ihr Mann: Durch den Krieg ist ja alles, die ganze Moral,
aufgelockert worden. Bis heute leben ja auch Männlein und
Weiblein zusammen, nur damit beide ihre Renten haben,
nich, nur aus finanziellen Gründen. Aber wir haben ja dann
geheiratet, gell.

Mathilde N.: Ja, 51 haben wir geheiratet.

Ihr Mann: Du hast mir doch gesagt, daß du vorher verlobt
warst, und daß der Verlobte vermißt ist.

Mathilde N.: Mein Gott, sicher, wenn der Mann eben nicht
gefallen wäre und zurückgekommen wäre, man weiß nicht,
wie sich das dann ergeben hätte. Der war ein Münchner, der
war Vergolder. Und soweit ich das heute noch in Erinnerung
hab, war die Familie nicht entzückt davon, weil, die waren
sehr katholisch, und ich bin ja evangelisch. Und da hätte es
allein schon deswegen Schwierigkeiten gegeben. Na ja, mein
Mann und ich haben dann um die Wohnung gekämpft wie
die Wahnsinnigen. Wir haben keine Wohnung gekriegt, weil
ich Parteimitglied war. Kurios, ne. Damals hat es noch einen

Wohnungsausschuß gegeben, und der Vorsitzende hat uns gesagt: »Ich, ich kann euch nicht helfen, weil mir dann sofort vorgehalten würde, ich begünstige einen Parteifreund.« Das Gegenteil davon ist bei der CSU, wenn die sich gegenseitig brauchen, dann gehn die über Leichen, die bringen ihre Leute unter. Und unsre, das ist ja direkt fanatisch ist das, sogar wenn einer von uns echt Hilfe braucht, dann haben die Angst!
Ihr Mann: Wir haben auch überlegt, ob wir nicht Kinder haben sollen, vor allem meine Frau hätte sehr gern Kinder gehabt, in den ersten Jahren, wenn überhaupt. Und damals wollte ich nicht. Wissen Sie, die ganze Existenzfrage war so undurchsichtig, man wußte nicht, was wird, was kommt, wo bleibst du mal, ne. Und in der Zwischenzeit ist man älter geworden, und dann hat man gesagt: »Jetzt magst du kein Kind mehr, da bist du ja Opa, bevor ein Kind da ist, nich.«
Mathilde N.: Wir waren wohnungsmäßig und existenzmäßig ganz unten, und die Notwendigkeit mitzuarbeiten, die ließ sich nicht übersehn. Aber wenn ich nicht für mein Kind dasein kann, also, dann kann ich eben keins haben. Ich meine, ein Kind kriegen ist gar kein Kunststück, ein Kind ist schnell da. Aber in dem einen Zimmer! Wir zwei sind noch fertig geworden, wir haben das geschafft. Wie ist das aber, wenn ein Kind da ist und mal einer von uns krank wird? Das war für uns zwar eine schmerzliche Erkenntnis, aber, mein Gott, da hat man lieber den Schmerz ausgestanden, als hinterher vor einem schier unlösbaren Problem zu stehn.
Mein Mann ist zunächst für verschiedene Firmen gereist und ist dann bei den Vereinigten Margarinewerken als reisender Verkaufsfahrer angestellt worden. Er war praktisch von morgens bis tief in den Abend hinein beschäftigt, und die Bezahlung stand in keinem Verhältnis zu dem Aufwand an Arbeit. Dann hat seine Gesundheit nimmer mitgemacht, er hat die ersten Anzeichen seiner Nierenerkrankung gespürt. Man hat immer gemeint, er hat Bandscheibenschaden, dabei hat er Nierensteine gehabt.
Ihr Mann: Durch den Fehler von dem Arzt mußte ich den Beruf wechseln. Der hat mir gesagt: Solange ich von dem Lieferwagen nicht runterkomme, so lange wird mein Kreuz nicht besser. Jetzt war ich natürlich krampfhaft bemüht, irgendwas Gleichwertiges zu finden, inzwischen ist man auch

wieder 10 Jahre älter geworden. Durch reinen Zufall hat mir ein Kollege, der in Rosenheim eine Wachszieherei hat, angeboten, ich soll bei ihm als Geschäftsleiter eintreten. Das hab ich auch getan. Und dann, ein Jahr darauf, hat sich das Geschäft hier neben unserm Haus geschickt. Jetzt haben wir uns natürlich beratschlagt, meine Frau und ich, was wir tun sollen. Und dann haben wir gesagt: »Das Geschäft, das nehm ich, das schaukel ich. Du bleibst vorläufig im Amt.« Aber in der Lebensmittelbranche ist es in den letzten 5 Jahren mit dem Mittelstand immer mehr bergab gegangen, die Supermärkte, das is klar, der Kleine kann nimmer mitmachen. Wir haben das Geschäft wieder abgestoßen. Und ich hab jetzt eine neue Stellung, in München, im Büro.

Mathilde N.: Ich bin dann unmittelbar vor der Währungsreform in die Fürsorge gekommen. Damals hieß das Fürsorge, heute heißt es Sozialhilfe. Es waren doch unzählig viele Menschen mittellos, und alles hat sich auf die Fürsorge gestürzt. Die sind fast ertrunken in Arbeit. Und da bin ich sitzengeblieben. Es ist nicht uninteressant, und es ist nicht grad schlecht, und es ist auch nicht wenig, man sitzt halt mitten drin im Leben. Ob das TBC-Fälle sind, ob das Körperbehindertenfälle oder ob das die Armen, die unverschuldet oder verschuldet Armen sind, man ist tagtäglich mit dem Leben dermaßen konfrontiert, man kann gar nicht ausweichen. Wir arbeiten sehr eng mit den Fürsorgerinnen zusammen, die den Außendienst machen, und wir machen praktisch den ganzen behördlichen Kram. Nur als Ortswaisenrat komme ich raus, weil jede Gemeinde doch einen Ortswaisenrat haben muß. Und ich finde, Ortswaisenrat kann entweder nur eine Frau sein oder ein Mann, der von Beruf eben sehr viel mit diesen Dingen zu tun hat. Vielleicht ein Lehrer oder ein pensionierter Lehrer, weil doch sehr viele Männer gar keinen Kontakt mit Haushaltsgeschichten haben. Es kann passieren, daß der Mann sagt: »Mei, die hat vielleicht einen Verhau«, wenn er zufällig dazukommt, wie die Frau meinetwegen Hausputz oder Waschtag oder sonst was hat. Und dann qualifiziert er die Familie ab. Also, es wollte im Stadtrat keiner recht den Ortswaisenrat machen. Und dann hat sich einer bereit erklärt, und der hat dann, Gott sei Dank, den Fehler gemacht, daß er gesagt hat: »Dann werd ich halt mal ein bißchen zulangen.«

Und das ist ja nun das Letzte, auch wenn ich mir eine gewisse Mitsprache anmaße, aber daß ich dann einem Jugendlichen ein paar hinter die Löffel hau, das ist wohl doch nicht die richtige Einstellung. Und das hat mich also eine Nacht nicht ruhen lassen, es klingt furchtbar blöd, aber es ist so, und dann hab ich zu unserm Fraktionssprecher gesagt: »Du, selbst auf die Gefahr hin, daß ich in den Ruf komme, ich bin postensüchtig oder sonst was, aber den Ortswaisenrat mach ich.« Denn wenn ich mir vorstelle, daß der oder jener dort hingeht und vielleicht mehr kaputtmacht, als er gutmachen könnte, also, das werde ich in Gottes Namen auch noch verkraften. Na, die waren heilfroh, die Männer.

1960 hat das eigentlich alles begonnen, daß ich in den Stadtrat kam und jetzt 2. Bürgermeister bin. Da war doch die Geschichte mit dem P., der war hier Lehrer, und der ist in Ungnade gefallen. Er war ein hervorragender Pädagoge und war bekannt und geschätzt und beliebt, kurz: ein großartiger Lehrer. Aber da waren ein paar Leute, denen hat er einfach nicht gepaßt. Und dann ist plötzlich einer auf die Idee gekommen, daß der Herr P., wenn er die Klasse auffordert zum Beten, es war ja die christliche Schule hier, daß er mit der Tafel das Kruzifix zudeckt. Das war bestimmt einmal eine zufällige Bewegung, das macht man doch, hat kein Mensch darauf geachtet. Und dann haben sie rausgefunden, daß er mit einer evangelischen Frau verheiratet ist, also gegen das Konkordat verstoßen hat. Man hat ihm übel mitgespielt und häßliche Dinge in Szene gesetzt, bis das Kultusministerium ihn nach München versetzt hat. Damals starb unser Bürgermeister, und der 2. Bürgermeister, ein Friseurmeister, von der SPD, der hat also die Geschäfte geführt. Und dem kommt dann plötzlich die Idee: »Mensch, ich wüßte einen Bürgermeister für uns, das wär der P.!« P. war zwar sehr SPD-geneigt, aber man hat ihn nie in SPD-Kreisen gesehn. Und da geht also einer hin, der P. hat vielleicht gedacht, der will ihm einen Staubsauger verkaufen oder sowas, und sagt: »Sie sind unser Mann, wir stellen Sie auf! Denken Sie mal darüber nach.« Nun ja, der hat ja nichts zu verlieren gehabt. Und dann ist eine Wahlkampagne losgegangen, unglaublich, einmalig, und der P. ist mit großer Stimmenmehrheit durchgegangen. Und dann hat man gesagt: »Haben wir denn hier keine Frauen?« Da hat der Friseur gemeint: »Ich wüßte eine, aber die wird dir was husten.« Na, da kommen die zu mir ins Büro und haben mir also vorgetragen, daß sie eine neue Aufstellung machen möchten, und sie möchten unbedingt eine Frau mit hineinnehmen. «Na«, hab ich darauf gesagt: »Was erwartet ihr, glaubt ihr, daß ich euch eine Stimme bringe? Ich hab mich doch außer auf gewerkschaftlicher Ebene parteimäßig noch nie betätigt. Ich bring euch höchstens Ärger ein.« Dann hat es um eine Nasenlänge, glaub ich, gefehlt, doch ich bin als letzte reingekommen. Ich hab mir gedacht: Was soll das Ganze, das ist ja zum Lachen, also, ich richte doch überhaupt nix aus, ich allein gegen 16 Männer, also das geht doch nicht. Es war arg, den Männern war das ungewohnt, und vor allen Dingen, haben sie sich so schlecht damit abfinden können. »Wir kommen doch auch ohne Frau aus!« Das ist sogar so weit gegangen, daß mein Mann sich beim Frühschoppen ein paar ganz massive Bemerkungen anhören mußte. »Die Olle gehört an den Kochtopf, der tät ich was erzählen, das müßte meine sein, die würd ich vielleicht kurieren«, und so. Meine Fraktion war wirklich sehr nett, also sie hat sich da sehr gut benommen, aber die andre Fraktion, die CSU, die hat lange Zeit gebraucht, sich an mich zu gewöhnen. Sie haben die kuriosesten Dinge aufgeführt. Wenn sie mich auf der Straße gesehn haben, dann haben sie woanders hingeschaut. Naja, mittlerweile haben sich die Gemüter wieder beruhigt. Gleich die ersten Sitzungen, das muß ich schon sagen, die meisten waren Kampfsitzungen, in bezug auf das Altersheim, in bezug auf Wasserleitungsbau, mit allem, was wir wollten, haben die uns grundsätzlich dagegengestimmt. Da konnte keine richtige verständige Atmosphäre aufkommen. Bis die schließlich eingesehn haben, daß wir ja wirklich uns keine Denkmäler bauen, sondern etwas allgemein Nützliches tun wollen. Mit der Zeit hat sich das dann gelockert im Rathaus, bei der gemeinsamen Arbeit.

Der 2. Bürgermeister für die SPD war erst 1966 aktuell. 1966 bei der Wahl haben wir die absolute Mehrheit erreicht, also 10 Sitze von 17 gegenüber früher 7. Das war doch der Beweis dafür, daß man mit der Arbeit, die wir bis 1966 geleistet haben, sehr zufrieden war. Die CSU hat sich im Wahlkampf hinreißen lassen und Dinge wieder aufgewärmt, von denen wir gedacht haben, sie seien längst erledigt: Dem P. seine Vergangenheit, in bezug auf die evangelische Frau, in bezug auf seine Streitereien mit dem Strauß und den Bibliotheksbau, und sie hatten auch alles getan, um diesen Altersheimbau zu hintertreiben, weil die Arbeiterwohlfahrt das baute. Das waren schon harte Kämpfe. Also, da haben wir gesagt: »Ja, warum sollen wir eigentlich jetzt noch den 2. Bürgermeister anbieten? Wir sind jetzt zu zehnt, warum soll von uns keiner in der Lage sein?« Nu ja, dann ist also diskutiert worden, und da waren ein paar Kollegen, die spontan gesagt haben: »Ja, wenn, dann nehmen wir doch unsre einzige Frau, wenn wir schon was Besondres wollen.« Bei der letzten Wahl hatten noch 2 Frauen kandidiert, eine Apothekerin für die Freien Wähler und eine Geschäftsfrau, die hat für die CSU kandidiert. Die wollten jetzt das auch machen. Wenns nach mir ginge, wären die sofort hineingekommen, lieber noch 2 Frauen, weil ich mir einbilde, daß ich mit mehr Frauen mehr erreiche. Und dabei sind die alle zwei nicht hineingekommen. Aber jetzt haben unter unseren Männern auch Meinungen bestanden, daß das einfach zu weit geht, wenn man eine Frau so weit kommen läßt. Etwas, was sie nicht recht begriffen haben, ist, daß ich wirklich für mich keine Schau draus machen wollte. Aber davon haben sie sich jetzt überzeugt.

Ihr Mann: Ich muß ehrlich sagen, wie sie dann nach Hause kam, sagt sie: »Stell dir vor, ich bin doch 2. Bürgermeister geworden!« Dann hab ich ihr gratuliert: »Ich gönne dirs, und ich weiß auch, daß dus schaffst.« Und vielleicht auch grade das, daß ich, also ihr Mann, als von dem Ganzen abseits stehend, ihr Mut zugesprochen und damit mein Vertrauen ausgesprochen habe, hat sie gestärkt, nich. Und die Zukunft hats dann ja bewiesen. Heut ist es, Gottseidank, so weit, daß sie auch anerkannt wird von Leuten, die vorher sehr oppositionell gegen sie waren. Und was ich bei meiner Frau wirklich sehr, sehr schätze, bei ihr kommt in 1. Linie die Gemeindepolitik, nicht die Partei. Ich bin überzeugt, wenn ich ein Krösus wäre, mit einigen Millionen Mark, daß meine Frau so manchen Tausender für die Stadt schon lockergemacht hätte. Das kann ich ehrlich sagen. Sogar meine Kollegen aus Sportkreisen, die enorm gegen meine Frau waren, nur weil sie eine Frau war, geben das heute zu. Ich hab mich damals wohlweislich jeder Diskussion enthalten, hab das still geschluckt, nich, sonst wären wir arg durcheinander gekommen. Aber diese Leute alle erkennen heute meine Frau restlos an, im Gegenteil, sie sind meiner Frau gegenüber äußerst entgegenkommend und höflich, weil, meines Erachtens, meine Frau doch bewiesen hat, daß sie sich nicht darauf was einbildet, wer zu sein, sondern daß sie arbeitet, was von ihr verlangt wird.

Mathilde N.: Ja, nachdem ich 2. Bürgermeister geworden bin, war das dann schon für ihn manchmal recht hart, was er sich da anhören mußte. Das war schon arg. Ich bin zum Beispiel einmal in eine Veranstaltung gegangen, das waren alles Sänger, es waren unzählige Männer vom ganzen Landkreis da. Der Vorsitzende hat nicht recht gewußt, soll er auf mich zugehn oder soll er mich gleich an der Tür begrüßen. Na, hat er sich umgedreht, ist ein Stück weggegangen, dann ist er wieder zurückgekommen, und ich bin ja auch mittlerweile auf ihn zugegangen und hab ihm »Grüß Gott« gesagt, und hab gesagt, daß ich in Vertretung vom Herrn P. da bin und so. Hat er gesagt: »Das ist nett, das ist nett«, er hat mich so mit der Schulter vorgeschoben und hat mir eine auf den Hintern geknallt. Das war die Begrüßung. Ich war also hübsch schockiert, aber ich hab mir gedacht: Jetzt schaun alle zu, alle schaun her, ich kann doch dem jetzt nicht ein paar auf die Finger haun oder kann sagen: »Sie, was erlauben Sie sich.« Ich hab das also ignoriert, habs gut sein lassen, und er hat dann zu mir gesagt: »Sie, Sie müssen fei dann scho paar Worte zur Begrüßung sagen.« Sag ich: »Na ja, deswegn bin ich ja da.« Und dann hat er also seine Veranstaltung eröffnet und hat mich gar nicht begrüßt, offiziell, bei seinen einleitenden Worten. Nun ja, hab ich mir gedacht: Ich geh ja nicht hin und sag: »Hier, jetzt bin ich dran!« Die Veranstaltung lief schon eine ganze Weile, und auf einmal kommt er, klopft mir auf die Schulter und sagt: »Sie, jetzt hab ich was vergessen, ich hätte Sie ja auch begrüßen müssen und, und ich hätte Sie ja auch um ein paar Worte bitten müssen. Aber jetzt kommen Sie nur.« Da hab ich gesagt: »Ne, das ist vorbei, jetzt läuft die Veranstaltung, und warum sollte man jetzt noch, ne.« »Ja, das ist zu blöd! Aber morgen ist ja auch nochmal was, und morgen sind Sie dran.« Am nächsten Tag war er schon freundlicher, und er hat auch nicht vergessen, mich zu begrüßen. Er nahm mich bei der Hand, schleifte mich auf die Bühne, stellte mich in die Kulisse und sagte: »Jetzt bleiben Sie stehn, bis ich Sie rufe.« Und dann hat er seine Begrüßung gesprochen und hat dann in die Kulisse gegriffen und mich rausgezogen und gesagt: »So, und jetzt müssen Sie was sagen.« Die konnten sich nicht damit abfinden, daß das jetzt eben einfach eine Frau ist. Als der P. mich dann hinterher gefragt hat: »Wie ists dir denn ergangen?« hab ich gesagt: »Ja, wenn ich jetzt der größte Trottel von Miesbach wär, aber hätte lange Hosen an, dann wären sie alle wahrscheinlich in tiefer Verbeugung versunken und hätten mich per ›Herr Bürgermeister‹ begrüßt. Weil ich aber im Rock da bin, weil ich einfach eine Frau bin, meint man, das geht nicht.«

Nun muß ich auch sehn, daß ich mit meiner Arbeit im Landratsamt fertig werde. Ich hab 4 Monate jetzt den P. vertreten, weil er krank war, und meine Arbeit nebenbei gemacht. Nie hat mein Abteilungschef mir einmal gesagt: »Lassen Sie halt Ihre Post schreiben.« Nichts. Im Gegenteil. Es gibt ja Tage, wo man ein bißchen Luft geholt hat, es war ja auch im Rathaus nicht alle Tage Sturm, aber es gab auch Zeiten, wo ich wie in den Fleischwolf geraten bin und nicht mehr gewußt hab, wann ich da wieder rauskomme. Ich konnte auch nicht sagen: »Gut, ich komme nur halbtags«, weil, da hätte mein Abteilungschef nicht mitgemacht. Der Landrat kümmert sich da nicht, das interessiert den gar nicht, aber mein Abteilungschef, der hätte die Möglichkeit gehabt, mich zu entlasten. Das hat der aus Opposition nicht getan. Aber die Mitarbeiter im Rathaus sind wirklich sehr ordentlich, mit denen kann man schon was anfangen. Das ist dann schon sehr viel wert.

Wir mußten nun unbedingt eine Stadtratssitzung machen zur Grundsteuererhöhung, denn wir müssen doch das Feuerwehrhaus bauen. Und um dieses Feuerwehrhaus ist es so ähnlich wie um die Bibliothek und so ähnlich wie um das Altersheim bestellt. »Das brauchen wir nicht.« Unsre Feuerwehr soll eine Kreisfeuerwehr sein, die soll immer, wo was ist, dastehn. Wie die ihre Geräte unterbringen, das interessiert nicht, die stehn jetzt an 5 Stellen. Um dieses Feuerwehrhaus wird also jetzt schon lang gerungen. Aber um das überhaupt auf die

Beine zu bringen, müssen wir ja Geld haben. Auf normalem Weg kriegen wir nicht mehr als sonst üblich. Also muß man die Grundsteuer erhöhen. Dann haben wir noch ein Grundstück verkauft. Also, wir haben uns irrsinnig bemüht, Geld herzubringen. Und das war längst geplant, die Grundsteuer zu erhöhen, aber wir wußten, daß diese Stadtratssitzung, in der das beschlossen werden sollte, eine Kampfsitzung wird, und daß die effektiv nur mit unsrer Mehrheit durchzusetzen ist. Kurios ist, daß ausgerechnet die SPD, also die Arbeiter, die nicht Haus- und Grundbesitzer sind, daß die dafür plädieren, während die Besitzenden sagen: »Na, das brauchen wir nicht.« Denn wenn uns was abbrennt, dann geht ja bloß unsre Wohnung kaputt, aber denen geht ja Haus und Hof und alles kaputt, ne, und ausgerechnet die sind dagegen. Ich mußte also Stadtratssitzung halten mit dem Tagesordnungspunkt: Grundsteuererhöhung. Wir waren alle restlos vorbereitet, wir haben uns das wirklich erarbeitet. Meine Güte, und ich mußte ja nun diesen Antrag, also diesen Tagesordnungspunkt begründen. Und das muß man zunächst einmal schaffen, daß man da vorn sitzt, und die andern 16 sitzen vor einem und man sieht den Gesichtern an: »Na, wie wird sie es denn machen?« Da hab ich mir also eine Rede zurechtgelegt und versucht, meine Gründe so überzeugend darzulegen, hab ihnen also rein rechnerisch auch Beispiele gebracht, wie sich das jetzt in der Wirklichkeit auswirkt, daß das ja den Einzelnen nicht trifft, aber im gesamten der Bevölkerung Unsagbares bringt. Und dann hat der, der gegen mich seinerzeit für die CSU kandidiert hat, das ist ein Studienrat, der hat sichs nicht verkneifen können und hat mich mitten in meinem Vortrag so unfair und so ungezogen unterbrochen, daß ich also ehrlich im Augenblick sprachlos war, weil ich damit nicht gerechnet hatte. Ich hab momentan nach Luft geschnappt. Und da muß ich sagen, da war meine Fraktion so fabelhaft, der hat noch nicht ausgeredet gehabt, da hat mein Fraktionsführer schon gesagt, er bitte, diese Unterbrechungen zu unterlassen, und er bitte darum, daß ich jetzt erstmal zu Ende komme, und dann kann man die Diskussion eröffnen. Mir war direkt leichter, ne. Als das dann überstanden war, da war ich die Ruhe in Person, da hat mich nichts mehr erschüttern können. Wir haben das auch durchgesetzt, wir haben die

Stadtratssitzung tadellos hingekriegt. Und das hat mich dann gefreut, als der geschäftsführende Beamte und der Kämmerer gesagt haben: »Prima war das, also das, das haben Sie sauber hingekriegt.«

Ich bin automatisch auch als Standesbeamter bestellt. Der beamtete Standesbeamte macht das nur, wenn der 1. und 2. Bürgermeister nicht da sind. Das war immer so, wenigstens hier. Und der P. ist ja nun ein sehr guter Psychologe und ein sehr guter Redner, dem haben an sich die Trauungen recht viel Spaß gemacht. Zum großen Teil waren es junge Menschen, die bei ihm in die Schule gegangen sind. Mein Standesbeamter hat wohl Angst gehabt, daß ich Mist rede, und da hat er mir 2 Entwürfe gemacht, einen für ganz junge Leute und einen für Ehekandidaten, die vielleicht schon mal verheiratet waren oder wo schon mal ein Kind da ist oder was immer. Ich hab zunächst einmal darauf bestanden, daß Blumen auf den Tisch kommen. Ich hab jetzt auch noch einen Teppich gekriegt und Stores, und das ist also jetzt heller und freundlicher. Bei der ersten Trauung hab ich mich noch ziemlich an das Konzept gehalten, zum Teil kennt man ja die Leute recht gut, und zum Teil mußte man ihnen trotz allem das Gefühl geben, das ist jetzt ganz was Feierliches. Ich wollte das schon etwas persönlich machen. Und ich hab direkt gespürt, wie neben mir mein Standesbeamter geflattert hat: Mein Gott, was wird sie denn alles reden! Aber am Gesicht oder an der Haltung von den Trauzeugen merkt man sofort, was man sagen muß, wie das ankommt, und da passiert es schon, daß man denen richtig ein bißchen unter die Haut gehn kann. Daß man dem Brautpaar gratuliert und sich von denen verabschiedet, das ist klar. Aber wenn dann die Trauzeugen, meistens sinds ja die Väter, wenn die dann kommen und sagen: »Sie, ich möchte mich nochmals bedanken, und das war nett«, dann weiß ich, daß ichs richtig gemacht habe.

Ihr Mann: Da sind einige Sportkollegen zu mir gekommen: »Alfons, was sagst, deine Frau hat uns heut getraut, ha, ha.« »Na«, sag ich, »und? Kann Sies gescheit?« »Jo, jo, die kanns, ha, ha.«

Mathilde N.: Ich hab auch das 1. Mal einen Sühnetermin machen müssen. Bevors zum Gericht geht, wenn zwei Leute streiten, kommt das vor den Bürgermeister. Der Amtmann, der neben mir gesessen hat, der hat auch zunächst alle Zustände gehabt: »Wie wird Sie denn da rauskommen?« Da ist es ums Schneeräumen gegangen. Der eine hat Schnee geräumt, und der andre hat sein Auto hingestellt, und der hat zu dem andern gesagt, er soll abhaun, und nun hat halt ein Wort das andere gegeben. Der jüngere Mann hat den älteren recht beleidigt, und da sind sie halt gleich Haut auf Haut gegangen. Und es war also, sie waren auf dem Weg zum Gericht. Ich hab mich mit den beiden auseinandergesetzt. Und das ist dann wirklich prima ausgegangen, hab ich jedem noch 10 Mark abgeknöpft fürs Altersheim, und dann war die Geschichte erledigt.

Unsre Frau Oberin hier im Krankenhaus, die findet, daß sie sich mit ihren Anliegen besser an mich wendet als an den Referenten oder an den Bürgermeister. Darum sage ich ja, es wäre besser, wenn noch 2, 3 Frauen, von mir aus auch in andern Fraktionen, dabei wären, man kann anders reden mit den Leuten. Schaun Sie, Weihnachten bin ich von Bett zu Bett gegangen im Krankenhaus, der Pfarrer und der Referent sind mit mir gegangen, es tut den Menschen offenbar gut, daß jetzt eine Frau dabei ist, es ist eigenartig. Und wenn eine Frau so daliegt, noch dazu am Heiligen Abend, wenn die sich bei mir ausweint, dann heul ich ja das Stück mit ihr. Aber das kann doch ein Mann nicht. Mit den katholischen Schwestern komme ich wirklich gut aus. Wie die 50-Jahr-Feier war, da war doch zunächst die offizielle Feier im Gymnasium, da sind die Schwestern gekommen, und die sind ja nun furchtbar bescheiden, hätten sich fast in eine Ecke gesetzt, ne. Und die hab ich da abgefangen auf dem Weg, und Sie glauben nicht, was das ausmacht, wenn man so eine Schwester an der Hand nimmt und sagt: »Jetzt gehn Sie mit, gell, Schwester, Sie gehören dorthin, ich hab für Sie einen speziellen Platz«, ich hab sie also schön nach vorn gesetzt. Ich weiß nicht, ob man das so richtig vermitteln kann, aber das schätzen sie. Sie empfinden, daß sie geachtet sind.

Wir haben hier am Ort eine Gewerkschafts-Frauengruppe gegründet, das ist ganz gut gelungen, weil wir in Miesbach noch eine große Hutfabrik gehabt haben, wo überwiegend Frauen beschäftigt waren. Wir haben buchstäblich ganz aus dem Nichts heraus angefangen, Frauenarbeit zu leisten, mit

mehr oder weniger Erfolg, manchmal mit niederschmetternden Ergebnissen, daß uns mittendrin die Frauen völlig ausgeblieben sind. Wir haben erkennen müssen, daß die Frauen nur dann kommen, wenn sie echt in Not sind. Wir haben erkennen müssen, daß unsere Frauen nur kommen, wenn wir Weihnachtsfeiern anbieten, bei denen auch soundsoviel zu vergeben war. Das waren oftmals bittere und sauere Zeiten. Wir haben also nichts Überwältigendes geleistet, aber wir haben trotzdem erreicht, daß die Frauen, die immer kommen, über ein ganz nettes Wissen verfügen. Und wir versuchen, daß sie das weitertragen. Wir sind bemüht, die Frauen wach zu halten, sie aufzurütteln. Aber es ist leider so, daß von den unzähligen Frauen, die arbeiten, daß die einfach an Gewerkschaftsarbeit nicht interessiert sind, obwohl die Löhne von den Frauen in der Hutfabrik auch unten in der Näherei, also die liegen wesentlich niedriger wie die Männerlöhne.
Aber bei uns ist es ja nicht anders. Wir haben Kolleginnen, die sind genauso lang im Amt wie ich, und sie sind garantiert in der Lage, wo immer man sie hinstellt, die Arbeit auszuführen. Seit 25 Jahren sitzt die eine da und schreibt, ist als Schreibkraft beschäftigt und wird auch als Schreibkraft besoldet. Und dann haben wir hier einen Mann, der ist von Beruf Maler, also Anstreicher, aus gesundheitlichen Gründen wollte der von dem Beruf weg und hat sich immer vorgenommen, er möcht mal in ein Büro. Er ist ins Ausgleichsamt gekommen, der hat noch nie in seinem Leben mit Papier und Bleistift zu tun gehabt, ist ja keine Schande, ne, und ist da sofort Sachbearbeiter geworden! Der wird heute, jetzt ist er vielleicht 5 Jahre, 6 Jahre da, heute wird der schon nach 5 C bezahlt. Ich werde heute noch nach 6 bezahlt, ja.
Was weiß denn heute ein Betriebsrat, frag ich Sie, wozu er überhaupt da ist. Wir haben im Landratsamt einen Personalrat, ich, ich krieg Zustände, wenn ich daran denke. Der hat die Sorge: Nikolausfeier, Faschingsball, Betriebsausflug, das ist sein ganzes Problem. Und wenn man ihn fragt: »Was ist der Unterschied zwischen DGB und DAG?« dann muß er im Lexikon nachschlagen. Und wenn ich dem heute mit einem echten arbeitsrechtlichen Anliegen kommen würde, dann würde er die Hände überm Kopf zusammenschlagen und sagen: »Geh mal zu der Frau N., die ist Arbeitsrichter, die weiß

das.« Aber die Arbeitsgerichtssitzungen, das hat sich mittlerweile so verflacht. Vor 10 Jahren ist es noch um echte Probleme gegangen, da ist noch gekämpft worden. Heute kommen Rechtsanwälte, treten auf, die Arbeitnehmer sind zum großen Teil gar nicht mehr organisiert. »Na, wozu?« frag ich mich oft. Wenn ich dann sag: »Gell, ist schon schön, daß wir Funktionäre da sind und tun, und Ihr schiebts bloß ein und wißt gar nicht, wie es dazu kommt«, dann lachen sie recht dumm und sagen: »Naja, wenn Sie so blöd sind.« Es ist doch irgendwo furchtbar traurig. Wir fahren zu Kursen und hören uns Schulungen und Wochenschulungen und sonst was an, und wenn man dann heimkommt, dann steht man genau wieder so vor der leeren Wand wie vorher.

Ihr Mann: Da ist halt im allgemeinen die Angst, daß sie ihre Stellungen verlieren, wenn sie sich irgendwie gewerkschaftlich betätigen oder sich ihr Recht suchen wollen. In dem Betrieb, wo ich zur Zeit bin, ist kein Betriebsrat. Ich war sehr erstaunt zu hören, daß der Prokurist und auch der 2. oder der 3. nichts von Gewerkschaft hören wollen, obwohl sie Arbeitnehmer sind wie ich. Natürlich sagt man da nichts dazu, auch um der Gefahr zu entgehn, daß man die Stellung verliert. Das ist sehr bedauerlich, ja. Aber ich hab Leute schon überführt, wenn sie auf die Gewerkschaft geschimpft haben, wie ich gesagt hab: »Sind Sie froh über Ihren Urlaub, den Sie jetzt haben?« »Ja, natürlich.« »Wer hat denn das so weit gebracht, daß heute geregelter Urlaub ist?« »Ja, schon die Gewerkschaft.« »Aha«, sag ich, »so ist das, Mutterschutzgesetz und so, Lohnerhöhungen . . .«

Mathilde N.: Die Frauen gingen doch heute noch unter Tag arbeiten, wenn die Arbeiterbewegung nicht so stark geworden wäre, die würden doch heute noch mit uns sonst was anstellen. Aber wer denkt denn noch darüber nach.

Caroline H.

Meine Eltern hatten großen Landbesitz in Schlesien, aber auch Industrie. Es gab auch riesige Silbervorkommen, also Gießereien, das wurde aber alles verstaatlicht, schon lange im letzten Jahrhundert. Es waren auch Hütten dabei, und dann gabs halt Kokereien. Aber im wesentlichen beruhte alles auf der Kohle, bis jetzt zum Schluß war die oberschlesische Kohlenindustrie doch größtenteils in den Händen von alleinigen Besitzern. Ich bin, sowie ich groß genug war, auch eingefahren, hab also gesehn, wie die Leute da arbeiten, das fand ich natürlich hochinteressant. Und die Grubenarbeiter kannten den Besitzer, die sagten: »Ja, das gehört alles dem...«, den Grafen hier haben sie gekannt. Na kurz und gut, da wuchs ich auf in einem Rahmen, wo die Großeltern im Haus wohnten, mein Vater war der ältere Sohn, war praktisch dazu verpflichtet, auf sein Erbe zu warten, und durfte auch relativ wenig meinem Großvater, der eine ungeheure Persönlichkeit war, hineinsprechen.

Wir waren 3 Schwestern, zum Kummer meiner Eltern war kein Sohn dabei, was sich ja jeder immer wünscht. Wir hatten 2 Erzieherinnen, die jeden Schritt bewachten. Am Tisch im Schloß aßen wohl mindestens, bei den Angestellten, würd ich sagen, 30 Leute. Und dann gabs einen Tisch, da aßen eben die gehobeneren Angestellten, da aß zum Beispiel die Wirtschafterin, und da gabs Forstadjunkten, die eben noch keinen Haushalt hatten, die Forst lernten, die aßen auch da. Und dann gabs den Tisch, wo eben die sogenannte Herrschaft aß, und das waren meine Großeltern, und meistens waren von ihnen noch alte Schwestern oder Neffen oder Nichten da, und meine Eltern, es waren immer 15 oder 16 Personen am Tisch. Also, es war eine Riesen-Küche mit irrsinnig viel Personal da unten. Es aßen alle Leute, die im Stall waren, in der Gärtnerei, jeder, der keine Familie hatte, aß natürlich mit. Aber nicht vom Hof, weil, das war bei uns eigentlich getrennt, das Schloß lag etwas ab von dem landwirtschaftlichen Besitz. Meine Urgroßmutter hatte das überhaupt erst gebaut, dieses Haus, weil das andere Schloß, was eben der Familie angestammt war, da war Kohle drunter, und das fängt ja dann an zu wackeln, und das rauchte eben und stank, und da fand sie, also, sie baut jetzt woanders ein Haus.

Die Eltern, früh hat man sie besucht und ihnen »Guten Morgen« gesagt. Wir sind auch zusammen auf die Felder gefahren oder, als ich größer war, zusammen geritten oder so, wir sind intim mit unsern Eltern aufgewachsen. Und nachmittags, das war auch eingeteilt: anständig umgezogen, sauber, schön, dann gingen wir unsere Großmutter besuchen. Die war 14 Jahre gelähmt. Die war der heiterste Mensch, den ich jemals gesehn hab, großartig. Natürlich, sie war halt fabelhaft gepflegt. Wenn sie im Rollstuhl rausfahren wollte, konnte sie das auch. Also, sie war eigentlich sehr glücklich. Und die las uns dann vor, da durften wir uns Albums anhören, sie wollte alles von uns wissen, und als wir zur Erstkommunion gingen, da hat sie uns auch noch vorbereitet und so. Das war immer äußerst vergnüglich. Und wenn wir da so eine halbe, dreiviertel Stunde bei ihr waren, klopfte es, wurden wir abgeholt zum Großvater. Dies war schon sehr viel ängstlicher, weil der sehr streng war, mit einem riesigen Bart, und der fragte also: »Habt ihr gut gelernt?« Dann sagte er: »Macht nur.« Dieser Besuch endete immer damit, daß wir Bonbons bekamen, Drops nannte er das, und da griffen wir kräftig zu, daß man vielleicht 2 erwischt, und so. Kleinere Kinder verschlucken sich ja leichter, das ist so eine Erinnerung, wenn dann einem von uns plötzlich so ein Drops in den Hals rutschte, und wir sehr erschrocken waren, dann hat mein Großvater irrsinnig gelacht. Er war eigentlich ein Mensch, der wohl äußerst schwierig war, vor dem zitterte das ganze Haus, mein Vater, meine Mutter, das wußt ich auch von klein auf, daß er an sich alles zu sagen hat. Und die zogen dann auf einen andern Besitz weg, als ich vielleicht 11 war oder so, und da besuchten wir sie immer im Sommer. Da hab ich ihn erst eigentlich richtig schätzen gelernt, und noch heute muß ich sagen, daß diese Persönlichkeiten total aussterben, sie sind ja auch für alle verantwortlich und müssen diese Verantwortung tragen. Für Großvater war es selbstverständlich, wenn eine Katastrophe in der Umgebung passierte, daß er einsprang, das wußte auch jeder, aber dafür nahm er sich natürlich auch raus, daß, wenn ihm einer nicht paßte, er ihn anschrie, egal, ob das jetzt sein Sohn war oder sein Bruder oder sonst wer. Es hingen ja auch alle von ihm ab. Aber er war ein unwahrscheinlich grader Mensch, er hätte nie jemand betrogen. Und wenn man das mal erkennt, dann verzeiht man natürlich auch viele sehr, sehr harte Züge, die eben absolut diktatorisch sind und sicher auch einem Sohn in etwa das Genick brechen. Mein Vater war der fröhlichste Mensch, den ich kannte, ungeheuer musisch, spielte phantastisch Klavier, malte, konnte mit Pferden umgehn wie sonst keiner. Aber ich meine, er ist ja dann gefallen und hat praktisch nur ein Jahr diesen ganzen Besitz gehabt, aber in den schwierigen Zeiten, die dann gekommen waren, hab ich manchmal gedacht: Es war ein Segen, daß er es nicht erlebt hat. Weil er einfach zu sehr immer von diesem Vater unter Druck gehalten wurde.

Meine Mutter war für mich in jeder Weise kompetent, bis ich 14, 15 war. Da hatte sie für mich eigentlich überhaupt keine Schwächen. Sie war bildschön, das fand also nicht nur ich, sondern das fanden auch andre Leute. Und sie war einfach irrsinnig gut erzogen, wie soll ich sagen, sie fiel eben nie aus der Rolle, da konnte passieren, was wollte. Obwohl ich glaube, daß sie das irrsinnig viel gekostet hat. Sie war an sich ein sehr zarter Mensch, sie hätte sich eigentlich auf jemanden ganz, immer verlassen sollen. Und das hat sie vielleicht dann nicht immer gekonnt, der Schwiegervater war zu streng. Und sie hatte das Gefühl, daß ihr Mann sich da gar nicht ganz durchsetzen kann.

Ich war mit, glaub ich, 10 Jahren voll aufgeklärt über alles. Meine ältere Schwester wurde aufgeklärt von meiner Mutter. Sie hatte sich sehr an mich angeschlossen, ich war eigentlich die stärkere Partei, ich war wahnsinnig einfach als Kind, und sie war eher schwierig. Also, sie sagte: »Ich muß dir was erzählen«, und ich war also sprachlos. Und meine Mutter merkte das sofort, und dann hat sie mit mir auch darüber gesprochen. Also, es war mir wirklich nie ein Problem, es war mir kein Problem. Wir wurden dabei furchtbar, meine Mutter war also sehr, wir hatten oft Vettern im Haus, da durften wir dann nicht dabeisein, wenn die zum Beispiel gebadet wurden oder so, sie sagte: »Nein, das tut man nicht. Ihr seid Mädchen, die dürfen nicht dabeisein.« Jedenfalls, ich hab das nicht weiter krummgenommen, ich habs albern gefunden. Aber aufgeklärt waren wir eigentlich, sobald man überhaupt sich hätte beschäftigen können damit.

Die Zeiten damals waren eigentlich herrlich, muß ich sagen. Schon wenn man früh aufwachte, da wurden die Gartenwege gerecht, da wußte man: Es ist schönes Wetter, sonst wären die nicht draußen. Unsre Erzieherin weckte uns, dann gabs Frühstück, dann gings rauf in den oberen Stock ins Schulzimmer. Da hatten wir am Vormittag nur Englisch oder sowas, da war immer ein Plan, also man hatte kaum Zeit. Dann mußt ich turnen, da kam ein riesig dicker Ballettlehrer aus Kattowitz, ich seh ihn noch, nach der Blauen Donau mußten wir tanzen, und er, so ein riesiger, behaarter Kerl, der machte uns das vor. Zum Schreien! Na ja, und dann bin ich ab meinem 5. Lebensjahr mindestens am Tag 1 bis 2 Stunden geritten. Mittagessen hatten wir allein mit der Erzieherin. Dann kam der Mittagsschlaf, verdunkelte Zimmer, man redete, man kriegte Schimpfe, also Geschichten wie überall. Ja, und dann kam der Dorfschullehrer, ich glaube, daß er um 3 kam, dann hatte er die Schule fertig und kam zu uns, und dann hat er uns halt so 3, 4 Stunden Volksschule gegeben. Er gab uns denselben Unterricht, wie die Kinder im Dorf kriegten. Und wie wir älter waren, hatten wir reizende Lehrerinnen, mit denen wir heute noch in Kontakt stehn, die eben so zwischen ihren Examen gerne mal eine Privatstelle annahmen. Ich ging dann später zu den Schulschwestern nach Beuthen, ich schloß ab nicht mit Abitur, sondern mit Obersekunda. Ich war auf der öffentlichen Schule praktisch nur 3 Jahre. Dann hatten wir natürlich Schulfreundinnen, die wir einluden, oder die uns mal einluden, war natürlich immer weit, wir wohnten in einem Dorf von 30 Seelen und hatten auch eine Hauskapelle, weil, die nächste Kirche war 4 Kilometer weg.

Die Erstkommunion, ich erinnere mich genau, war sehr still, ohne weißes Kleid, ohne Tam-Tam. Es kam ein irrsinnig netter Benediktiner-Pater aus Grössau, Pater Blasius hieß er, der mich reizend vorbereitete, ganz für mich allein. Und meine erste Beichte ist mir unauslöschlich in Erinnerung geblieben, ich war eigentlich selig. Heute sagt man, man darf einem Kind keinen Schuldkomplex einimpfen, das sagt sogar die Kirche, da bin ich vollkommen anderer Ansicht, weil ich finde, alles im Leben ist relativ, nur das, was man empfindet als Schuld, ändert sich. Aber das schlechte Gewissen bleibt und das Gefühl: Ich hab was falsch gemacht, das bleibt ganz genauso. Und wie ein Kind sich schuldig fühlen kann! Ich weiß noch ganz genau, wie ich das Gefühl hatte: Ach, jetzt hab ich alles gebeichtet. Herrlich! Jetzt hat der liebe Gott mir verziehen! Und dann ist man jeden Sonntag gegangen oder jeden Tag. Wir wurden nie gezwungen, daß wir jeden Tag gehn, obwohl jeden Tag Messe war. Wir mußten immer in der ersten Bank knien, an sich kniete die Familie oben auf der Empore, wir mußten aber unten, damit wir nicht nur die Leute anguckten unten. Und da spür ich heute noch den Griff, wenn man sich doch mal umdrehte, so eine Hand am Hinterkopf, Kopf nach vorn gedreht. Es war natürlich eher erniedrigend, aber man drehte sich dann nicht mehr um.

Und überhaupt, ich wurde von klein auf immer dazu erzogen, daß ich, wie soll ich das ausdrücken, daß ich mir eben nicht das erlauben kann, was sich andre Leute erlauben können. »Wenn ihr das macht, werden alle sagen: dann können wir das auch machen«, weil wir auf so einem gewissen Podest standen. Oder zum Beispiel, daß man mit Untergebenen so rücksichtsvoll sein soll wie sonst mit keinem Menschen, weil die sich einem gegenüber nicht wehren können. Damals rissen sich die Leute ja drum, Hausmädchen zu werden oder irgendwas, weil das sehr schön war, und weil man keine schwere Arbeit hatte, und weil man alle Kleider hatte, und weil man, wenn man heiratete, eine Aussteuer kriegte. Das waren ja vollkommen patriarchalische Verhältnisse. Also, es galt das strenge Prinzip: Man ist jedem verantwortlich, den man trifft, insbesondere einem, dem man in irgendeiner Weise überlegen ist, sei es geistig, sei es materiell oder vorgesetzt oder so.

Dann hatten wir Tanzstunde, auch alleine. Auf den Nachbargütern war eigentlich nicht sehr viel Jugend. Ja, eines war, wo sehr viele Söhne waren, mit denen wir auch immer am Sonntag spielen mußten, wir fanden sie stinke-langweilig, die uns genauso. Natürlich, nachher hatten wir uns, wie wir alle erwachsen waren, irrsinnig gern. Nebenbei sind da von 7 Söhnen 6 gefallen. Aber damals haben wir uns gezankt, daß wirklich die Eltern sich überlegten, ob der Wagen nochmal angespannt werden und wir uns besuchen sollten. Mit denen hätten wir sowieso keine Tanzstunde haben wollen. Wir hatten überhaupt keine Herren, die kamen erst in Frage, als Jagd war. Im Sommer waren immer große Feste mit Tennisturnier und so für die Jugend, wo sich dann alle Verwandten und Bekannten trafen, und im Herbst die Jagd, wo ja unbeschreiblich viel Wild binnen ein oder zwei Tagen geschossen wurde, und wo man abends dann auch tanzte. Im Winter gab es natürlich Bälle. Dann gabs, aber das war ja eigentlich erst in der Nazizeit, daß es wieder Militär gab, und da gabs so Regimenter in der Nähe, die dann halt einen Ball gaben, wo man halt die Offiziere kannte, die dann am Wochenende mal zu Besuch kamen. Aber das war eigentlich so ganz sporadisch. Oder man fuhr nach München zum Fasching von uns aus. Oder zum Beispiel hatten fast alle Familien eine Wohnung in Berlin, und wenn es eine ganz kleine war, und wohnten da im Winter, um auch mal etwas ins Theater zu kommen und sich etwas kulturell zu erbauen, weil, in den kleinen Industriestädten gabs zwar ein Theater, und da gingen wir Kinder natürlich auch immer hin und fanden das auch herrlich. Aber das hohe C wurde nicht immer erreicht, auch wenns nötig war.

Mein Vater war gegen Hitler, aber das brauchte man sich in unseren Familien wohl nicht als Verdienst ausrechnen. Erstens darf man nicht vergessen, daß die Nazis ja eigentlich auch gegen Besitz waren, sie waren gegen den Besitzer. Und sie waren gegen religiös gebundene Leute, und das war unsere Familie natürlich bis zum TZ. Als erstes war man katholisch, dann war man alles andere. Deswegen brauchte man sich weder was einzubilden noch zu sagen: »Wir waren immer dagegen.« Noch dazu in unserer Situation, wo eben dieses stark Patriarchalische noch geübt wurde. Zum Beispiel gab es das nicht, daß einer der Angestellten nicht selbstverständlich bis zu seinem Tode eine Pension erhielt. Da gabs riesige Häuser, das waren die Pensionisten-Häuser. Da lebte er, bis er starb. Und wenn er ein Kind hatte, das sehr begabt war, was dann ja durch Lehrer und durch Pfarrer festgestellt wurde, kriegte selbstverständlich er die Ausbildung bezahlt. Meistens wurden die Kinder, wenn sie wollten, konnten sie auch wieder bei einem angestellt sein. Es gab Forst, und es gab Landwirtschaft, und es gab Industrie oder Büro. Oder sie wurden weiterempfohlen woanders hin: »Das ist ja ein sehr anständiger Kerl, der hat was gelernt«, untereinander, nicht. Also die Sozialversicherung, die dann von Staats wegen durch Beiträge erhoben wurde, war eine große Belastung für die Besitzer deswegen, weil sie ihre persönliche Fürsorge nicht aufgaben und auch gar nicht aufgeben wollten. Der Besitz war also doppelt belastet.

Ich war sehr jung, wie der Krieg anfing, und hatte grade meine Schule beendet. Dann machte man sein Pflichtjahr, daß man wenigstens auf diese Art Kochen und Nähen wirklich lernte und nicht nur irgendwo halt verbraucht wurde. Im Arbeitsdienst hat kein Mensch was Notwendiges gelernt. Ich war bei einer Oberförsters-Frau, die eben eine phantastische Hausfrau war. Die hat uns rangenommen, ach, das war eine ganz lustige Zeit eigentlich. Ich hatte nie etwas mit Hausarbeit zu tun, weil eben einfach dafür immer irgendwelche Mädchen waren. Das ging so weit, daß ich wirklich nicht wußte, wie man einen Strumpf stopft. Und gekocht hatte ich auch nie, weil es hieß: »Was wollt ihr in der Küche?« Da war ein Koch, und der hätte einen höchstens noch rausgeschmissen, wenn man neugierig war. Der Forstmeister, der war bei uns angestellt, aber dazu kriegte er einen ganzen Hof, und den konnte er selber bewirtschaften, das war wie ein zusätzliches Gehalt. Auf der andern Seite machte das natürlich auch Arbeit, aber er wollte das auch gerne machen. Da lernten wir also eifrigst alles und ließen den Braten anbrennen und die Unterhosen versengen, und die Forstmannsfrau sagte: »Nie wieder mach ich so was!« Aber beliebt war sie natürlich heiß. Es gab keine Debatte darüber, daß wir schwer auf Draht gingen. Sie war eine der nettesten Frauen, die ich eigentlich so gesehn hab. Ihr Vater war früher Schloßverwalter, der hatte alles zu sagen, wenn die Großeltern nicht da waren.

Und in der Nazizeit, der Kutscher, den man wirklich kannte seit je, der war plötzlich ein ganz großer Blockführer oder was. Er war deswegen gar nicht schlechter geworden, er war immer so geblieben wie er war, konnte prima mit Pferden umgehn, aber hatte keine Ahnung von allem andern. Der ließ uns dann komischerweise durch den Direktor sagen, wir möchten doch bitte, wenn er vorgefahren wär mit dem Wagen, nicht »Guten Morgen«, sondern »Heil Hitler« sagen. Ich meine, da hat man natürlich gelacht, aber sehr leise nur gelacht, und hat natürlich »Guten Morgen, Fritz« gesagt. Der arme Kerl, der kriegte einen roten Kopf. Wir waren natürlich dann im BDM, weil man das ja mußte. Da mußte ich rein, weil man sonst nicht auf der Schule bleiben durfte. Es wurde einem sogar von den Klosterschwestern gesagt. Also gut, eintreten. Ich war dann in der Schaft in unserem Dorf, wurde sofort zur Schaftführerin gemacht, klar. Da haben wir gesungen und sind im Park rumgelaufen mit sämtlichen Dorfmädchen. Da hab ich, muß ich sagen, erstmals einen ganz echten, direkten Kontakt mit der ganzen Dorfbevölkerung gehabt. Und ich hab gesagt: »Was soll ich denen politischen Unterricht geben, erstens kann ichs nicht, wills auch gar nicht«, und so haben wir wunderschöne Chöre eingeübt und haben herrlich alle Ball gespielt. Die waren selig, weil sie durch mich natürlich im Park das alles abwickeln konnten.

Wir saßen mit unserm Besitz genau auf der Grenze, wir hatten einen Teil in Polen, einen Teil in Deutschland. Mein Großvater sagte sogar: »Es ist total wurscht, was man ist. Ich werde Pole, damit ich es da einfacher hab.« Ich seh noch, wie die Eltern Geld rüberschmuggelten, um in Polen Leute zu bezahlen, die einfach aus dem Besitz dort nicht zu bezahlen waren, also die eigenen Angestellten. Es war mir völlig bewußt, daß es in Polen große Sorgen gibt, und daß es sehr schlecht stand, unsre ganze Industrieverwaltung also kurz vor dem Ende stand, weil das Kohlefeld auf der deutschen Seite war, und die Schachtanlagen auf der polnischen. Und da mußten sie unterirdisch und oberirdisch verzollen, infolgedessen mußte also ein neuer Schacht gebaut werden auf der deutschen Seite. Man hat die Verwaltung total getrennt. Also das waren furchtbare Sachen, die sich durch mein ganzes Leben rollten, und die sich selbstverständlich plötzlich sanierten mit dem Moment, wo der Hitler in Polen einmarschierte. Es gab eine Blüte, wirtschaftlich gesehn, für all diese Grenzbetriebe. Und dann ging bei uns direkt der Einmarsch durch in den ersten Tagen. Da gabs noch diese Idee: »Ach, die werden befreit da drüben!« Also, man hat den Soldaten zu trinken gegeben und Wasser gebracht, und die sind ja auch mehr oder weniger fröhlich, heute wundere ich mich nicht

mehr, früher dacht ich: »Das sind Männer!« Heute wüßt
ich ja, daß es alles Kinder waren, 19jährige, die munter mit
Blumen nach Polen marschierten und nicht ahnten, was daraus wird.

Mein Vater war eigentlich begeisterter Soldat ohne Krieg. Er
liebte seine Kameraden. Er liebte Pferde. Er liebte auch
seine Mannschaften, der war so bekannt bei uns in der Gegend, also der kannte jeden Bauern, der kannte jeden Kum-
pel und sprach sie sowieso immer mit »Du« an und war
also höchst beliebt. Nur eine kleine Episode: Bei uns wurde
ja in Oberschlesien kolossal Holz aus dem Wald rausgeholt,
wo halt alles einem gehörte. Da gabs immer so Leute, die mit
Handwägelchen in den Wald fuhren, sie durften abgefalle-
nes, gebrochenes Holz holen, aber nachdem das ja sehr lang
dauerte, ehe sie das zusammen hatten, wurde natürlich auch
anderes Holz genommen. Und wenn man durch den Wald
ritt, stand dann plötzlich ein Wagen, kein Mensch weit und
breit, schön mit Holz aufgeladen. Die Förster, deren Beruf
das war, schnappten sich entweder die Wagen oder die Leute,
und dann mußten sie Strafe bezahlen oder mußten das Holz
bezahlen. Und da hab ich mal erlebt, mein Vater und ich,
wir ritten immer morgens durch den Wald, und da sah man
schon wieder springende Paare in Deckung gehen, sie kamen
schön langsam, bißchen grinsend, kamen sie wieder raus und
sagten meinem Vater: »Ach, wir ham schon gedacht, es wär
der Förster.« Und er sagte: »So, so, ihr seid wieder mal hier
am Holz. Naja.« Und dann ritten wir weiter. Also er war
sehr beliebt und ein sehr kontaktfreudiger Mensch. Und das
Militär, da hatte er seine Freunde, seine Pferde, und das
machte er gern. Als junger Mann war er schon im 1. Weltkrieg, war grade Ulan. Aber niemand in unserer Familie,
außer bei meinen österreichischen Vorfahren, da waren ja
diese beiden Feldmarschälle, also niemand sonst war aktiver
Soldat. Mein Vater war Reserveoffizier. Und er kam dann zu
den Panzern, weil die Reiter wurden ja alle Panzer, und da
machte er jedes Jahr so eine 4-Wochen-Übung. Wir besuchten ihn dann, das war in Eisenach, es war herrlich. Und er
war natürlich entsetzt, wie der Krieg kam, da war er so
deprimiert, daß ich direkt erstaunt war. Ich dachte mir: »Na
ja, Gott, es wird jetzt halt 14 Tage schießen, und dann wirds

zu Ende sein.« Weil er natürlich die Gegend bei uns sehr gut kannte, vor allem auf der polnischen Seite, wurde er dort in einen Stab versetzt und konnte uns besuchen, bevor es losging. Er sagte noch: »Das geht los, und es gibt wieder einen Riesenkrieg, und die Engländer und die Franzosen werden einsteigen, und das ist nicht nur mit Polen abgetan . . .« Dann ist mein Vater zurückgekommen von Polen, er hatte halt ein bißchen Urlaub, aber dann kamen sie gleich in den Westen. Und dann mußte er eine Fahrt machen, was weiß ich, Übung oder was. Und da ist er mit dem Auto verunglückt. Da fuhren wir noch mit großer Mühsal und Reiseerlaubnis hin, und ich hab ihn dann gar nicht mehr gesehn. Heute sage ich: »Wie durch Gottes Fügung.« Denn schon der Frankreichfeldzug, das alles wär für ihn furchtbar gewesen, und vor allem, daß man dann auch noch von zu Hause weg mußte. Er hätte sich hier nie zurechtgefunden, das hätte er gar nicht ertragen.

Zu der Zeit hab ich daran gedacht, daß ich eigentlich gerne einen Beruf haben würde, wenn nicht Krieg wäre und wenn nicht sowieso im Moment Berufsausbildung sinnlos wär. Meine Interessen galten dem Zuhause, weil wir auch keinen Bruder hatten und eigentlich in der Idee groß wurden, daß wir das ja mal erbten, also, ich hab irrsinnig mein Zuhause geliebt. Ich hing mit allen Fasern an diesem Zuhause, wo ich ja auch bis zu meinem 21. Lebensjahr gelebt hab, ich war nie im Internat, nichts. Mein hauptpersönliches Interesse lag bei der Pferdezucht. Noch heute würde ich auf der Stelle sagen, wenn mir einer so was anbieten würde, ich müßte mich wieder einarbeiten, und dann sowieso, sportlich gesehn, verliert man ja auch die Muskeln, aber ich glaube, verlernen tut man das nie, das würde ich sofort machen. Andrerseits denk ich mir, ich hätte wahrscheinlich auch etwas mit Inneneinrichtung gemacht oder sogar was mit Mode, das hat mich immer sehr interessiert. Aber da war eben Krieg. Und dann hab ich Rot-Kreuz-Kurse gemacht und hab auch gepflegt. Aber das liegt mir unwahrscheinlich wenig, noch heute. Ich habs nur gemacht, weil dort eine wahnsinnige Not in dem Moment war. Es kamen in diesen Lazaretten, die bei uns in der Nähe waren, plötzlich Unmassen von Soldaten an. Und dann fehlten einfach Schwestern. Meine Tante machte das hauptamtlich in dem Kreis, und so wurden halt die Nichten mit vereinnahmt. Aber ich bin kein Mensch für Krankenpflege, noch dazu Schwerverwundete. Und da hab ich, bin ich dann Aushilfslehrerin geworden. Da machte man einen relativ kurzen Kursus und dann so ein Examen. Und dann wurde ich auf einer Volksschule Lehrerin der unteren 4 Klassen, fuhr jeden Tag mit dem Pferdewagen hin. Als Lehrerinnen mußten wir auch immer Schulungskurse mitmachen. Was mir da geboten wurde, das würde ich heute in jedem Kommunisten-Lehrgang genauso lernen. »Die Ausbeuter«, alles guckte dann, »diese alten Familien, die hier doch nur die Arbeiter ausgebeutet haben«, na ja. »Vorläufig, jetzt haben wir ja erstmal Krieg, aber wenn wir ihn dann gewonnen haben, wird sich das alles ändern.« Und es wurden die Namen genannt, wurde gesagt: »Hier, diese Familien, so und so und so.«

Meinen Mann kannte ich schon jahrelang, meine Mutter kannte auch seine Mutter sehr gut aus ihrer Jugend. Die wohnten hier an der Mosel, und mein Mann lebte dann in Berlin, studierte Jura und wollte eigentlich Diplomat werden. Dann wurde er eingezogen zum Wehrdienst oder wie sich das nannte. Das war grade, glaub ich, Anfang des Polenkrieges, da wurde er aktiv und war dann den ganzen Krieg über aktiver Offizier. Und da lernte ich ihn kennen, wie er in Breslau verwundet war, das war 44, Anfang 44, und im August haben wir geheiratet, und zwar hörte man schon den Kanonendonner von Baranowsk, so hieß der Ort, wo lange ein Stop war. Die Hochzeit war fabelhaft noch. Da sind, glaub ich, 15 Pferdewagen, Autos gabs ja nicht, dann sind wir in die Kirche gefahren. Und natürlich Essen, heute würde man vielleicht nicht sagen, daß es ein Diner war, aber damals! Natürlich, Wild war frei, also konnte man Wild essen, aber man mußte irrsinnig vorsichtig sein, daß man nicht angezeigt wurde, für Hochzeiten brauchte man extra Markenzusatz oder was weiß ich. Und so lief das dann, man traf sich nochmal, wir wußten, daß es wahrscheinlich das letztemal ist, daß man noch irgendwie so gemeinsam eine Feier abmacht. Natürlich hat man nicht getanzt, aber alle haben Abendkleider angehabt, und man war zusammen. Und da war ja dieser 20. Juli grade passiert. Da hats dann noch sehr viel Ärger gegeben, weil eine Riesendebatte auf unserer Hochzeit war, kein Mensch wußte, wer das weitererzählt hat, also eine Debatte über Tyrannenmord, aber rein in religiösem Sinne. Das wurde dann sofort angezeigt, und es war ziemlich flaue Stimmung, als das auf anderm Wege wieder zu uns drang. Naja, es wurde nichts draus, der Krieg war ja auch sehr bald zu Ende, und alles war sich bewußt, daß das nurmehr Schattenspiele sind.

Wir hatten schon fast alles gepackt, was ja sehr strafbar war, was uns auch nichts genützt hat, weil trotzdem alles verlorengegangen ist. Aber man versuchte irgendwie, etwas zu retten. Bargeld hatte man ja eigentlich nicht, ein Betrieb hat ja nicht irgendwo riesige Bargelder liegen, sondern das wird investiert. Also gut, es wurden Waggons gepackt mit Wertsachen, sie gingen als unser Umzugsgut nach Österreich, wo wir einen Besitz hatten, der dann natürlich auch enteignet wurde. Dort haben es die Russen geplündert, weil sie grade noch hingekommen sind. Ein Waggon ging nach Thüringen, und die Sachen wurden bei Freunden ausgeladen. Aber da kamen ja auch die Russen hin. Und dann ist man halt auf dem Treck gewesen mit 4 Waggons. Wir haben oft Angst gehabt, wir haben irrsinnig gefroren, wir waren todmüde. Wir haben andre Leute gesehn, denen die Wagen zusammengebrochen waren, oder man ist steckengeblieben. Aber man hat auch viel gelacht, mit unsern Nachbarn, die trafen wir dann irgendwo, wenn man übernachtete. Und dann ist mir ein unauslöschlicher Eindruck, wie wir die Oder überschritten. Die nächste Station war ein wunderbarer Besitz von einem Freund von uns, ein riesiges, uraltes Schloß mit 2 Höfen. Und da fuhren wir hin, um Station zu machen, etwas auszuruhn. Und wie dann in den Schloßhof jeden Tag andere Leute einfuhren, die man kannte oder auch nicht kannte, trap, trap, trap, trap, wieder: »Wer ist denn das jetzt? Ach, die sind das! Wie seid ihr denn weggekommen?« und so. Dort war alles noch wie früher, man kriegte noch ein Essen serviert, das Gastzimmer war herrlich gerichtet, die Hausfrau war außer sich, daß wir unsere Hunde mitgenommen hatten ins Zimmer: »Ich hasse Hunde in meinem Gastzimmer!« Man hat das noch mit Fassung getragen und hat taktvollerweise nicht gesagt: »Du wirst dich wundern, was übermorgen in deinen Gastzimmern sein wird.« Überall erlebte man den Aufbruch, man brachte den Aufbruch mit.

Und dann sind wir über Berlin getreckt bis Westfalen. Und dort wurden dann 3 Wagen geplündert von diesen displaced peoples, wie dann der Krieg vorbei war, nicht. Teppiche, Porzellan, Bilder, Lebensmittel und was man halt so unter Wertsachen versteht, Silber, da waren nur so Kisten mit Silber. Wir hatten eben irrsinnig viel Silber noch aus der Zeit, wo die Familie Silbergruben besaß, zum Beispiel Silberteller für 80 Personen, richtiges Geschirr mit Platten und Tabletts und so. Und jeder hatte Kleidung mit und Bettwäsche und so, was man zum Anfang braucht, und davon sind eben nur Teile übriggeblieben. Also wirklich, ich sage, wenn man was verlieren soll, dann verliert man es, da kann man machen, was man will. Ich bin eigentlich wahnsinnig realistisch, muß ich sagen. Ich glaub eigentlich nicht, wenn ich mal ganz ehrlich sein soll, daß ich mal wieder zurückkönnte in meine Heimat.

Ich hab damals dann bei meinem Mann auf der Panzertruppen-Schule gesessen. Aber die Engländer kamen immer näher. Und ich kriegte zu der Zeit mein ältestes Kind. Ich bin 2 Tage vor der Geburt mit 3 Koffern, meinem Hündchen und 2 Kinderwagen, die ich mir so ertauscht, erhandelt, erschlichen hatte, los, einfach über Land, und bin dann in einem Bauernhaus untergekommen. Ich war mit einer anderen Offiziersfrau, der ihr Mann auch auf dieser Panzertruppen-Schule war, die ein kleines Kind hatte. Französische Offiziere haben uns dann rausgeschmissen aus diesen Häusern, die kamen aus einem Gefangenenlager und sagten: »Dies ganze Dorf ist jetzt für uns requiriert.« Das hieß Bergen, da war ja dieses Belsen daneben, dies KZ-Lager Bergen-Belsen. Und das wußte wohl die Bevölkerung, ich wußte es nicht. In den letzten Kriegstagen kamen plötzlich Transporte von Zuchthäuslern an, die alle zu den KZ-Insassen mit reingestopft wurden. Und dann hatte ein Offizier, den wir sehr gut kannten, hat gesagt: »Die SS will dies KZ-Lager liquidieren.« Aber da hat dann das Militär die Aufsicht übernommen und hat es den Engländern übergeben, so daß wenigstens von den armen Teufeln nicht noch zum guten Schluß eine Masse erschossen worden ist. Aber nun kamen diese Engländer und fanden das KZ-Lager und wollten das nun in einer vielleicht berechtigten, wenn auch dummen Reaktion an diesem Unglücksdorf auslassen. Also gut, alle flogen raus aus ihren Häusern. Das war noch relativ harmlos, sie konnten ja wiederkommen. Aber ich kriegte halt in den 2 Tagen grade mein Kind, ohne Arzt, ohne Hebamme. Und in der Nacht, wo bei mir die Wehen losgingen und das Kind sich anmeldete, da wurde so wahnsinnig geplündert, die Russen aus den Gefangenenlagern zogen sich die alten Bauernfräcke an und ihre gestreiften Kleider oder was hatten Gefangene für Kleider, jedenfalls so alte Uniformen, an denen die ganzen Zeichen abgerissen waren, die zogen sie aus und zogen sich halt an, was sie fanden, und wollten Geld, Uhr und so. Ich hatte damals Nerven wie aus Draht, muß ich sagen. Ich hab gesagt: »Ich hab überhaupt nichts«, dabei hatte ich meinen ganzen Schmuck in einer Bahlsendose neben mir stehn. Meine Wehen hörten zum Glück auf in dem Moment, vor Schreck oder Schock oder was. Das war alles eigentlich komisch, diese geschorenen Gefangenen, die haben doch so abrasierte Köpfe gehabt, und wie die sich alle gestritten haben: Alle wollten nur weiße Hemden, gestreifte nicht, und hellblau ist nicht schön und so. Da waren zum Glück gar keine Vergewaltigungen in der Gegend. Na, und dann kriegte ich mein Kind, lag da, kamen immer welche rein, gingen auch wieder raus, guckten, und es war also einfach sagenhaft. Dann waren sie ganz hilfsbereit, wollten eigentlich ganz gerne mich da nicht weiter stören. Und ich kriegte noch direkt nach der Geburt eine köstliche Hühnerbrühe, hatte ich schon lange nicht gehabt. Diese tatkräftige Österreicherin hat gesagt: »Die Frau hat jetzt ein Kind, die braucht auch ne Suppe.« Da haben die Russen diese Suppe auch abgegeben. Dann haben sie mir sogar geholfen, das Baby rauszutragen, und haben mir meine Sachen nachgeschleppt und Kissen untern Kopf gestopft, dann fuhr ich 3 Stunden nach der Geburt auf einem Kastenwagen holper, holper, holper ins nächste Dorf. Und da machte ich mein erstes Wochenbett durch mit 5 Leuten in einem Zimmer. Das Baby gedieh wie nichts, ich konnte stillen, einzigstes Kind, was ich voll stillen konnte 3 Monate lang, obwohl ich nichts zu essen hatte. Und ich hatte noch nie ein Baby versorgt. Aber, wie gesagt, es ist ihr nicht schlecht bekommen. Grad die Älteste, die lernt irrsinnig gut, die hat das Abitur mit einer Durchschnittsnote von 1,3 abgelegt, die ist auch sehr ausgeglichen und so. Jetzt hat sie geheiratet, kriegt auch ein Kind. Ihr Mann möcht eigentlich, daß der Haushalt schön ist, und das findet sie eigentlich richtig. Aber sie studiert und möchte wohl im nächsten Semester die Prüfung machen. Aber sie sagt schon: »Wenn ichs nicht mehr schaffe, ich bin jetzt so drin mit dem Haushalt und allem«, und der Mann sagt: »Na, dann schaffst dus halt nicht.«

Meinen Mann hab ich dann im Gefangenenlager wiedergetroffen, da bin ich mal hingeradelt und hab ihn besucht. Dann bin ich zu den Schwiegereltern an die Mosel, da kam er nach im Juli oder August, er war nur 3 Monate in Gefangenschaft. Man wußte nicht, was man machen sollte, und man hat damals auch die Zeit ein bißchen falsch beurteilt. Man konnte das einfach nicht wissen, daß es einen solchen wirtschaftlichen Aufschwung bei uns geben würde. Das war ein kleiner Hof, auf dem meine Schwiegereltern saßen, da haben wir halt geholfen. Und dann fingen wir an und schoben, typisch, nur um Geld zu verdienen, Moselwein schwarz über die englisch-französische Grenze, da wurde man geschnappt, alles weg, nächste Fuhre, da kam man durch. Und dann mit dem Holzkocher, der fuhr ja auch, wenn man ihm gut zusprach, den hatten wir uns, ach, was weiß ich, durch eine alte Hose und ein Motorrad und Geschirr und Dings und ein Schwein, war also schließlich ein Wagen entstanden.

Ja, dann kriegten wir sehr schnell das zweite Kind und zogen nach Baden, da ist auch von der Familie mal ein kleiner Besitz gewesen, und da haben wir dann einen Flüchtlings-Siedlungsbetrieb aufgemacht. Das war eine alte Mühle, und wir fingen an, die zu richten mit Geld, was wir wieder aus Schmuckverkäufen und Schwarzhandel und so bekamen, die war süß eingerichtet. So lebten wir da und fingen an, kleine Äcker zu bewirtschaften. Und dann kamen langsam Leute von uns nach, unser Kutscher, der fuhr also nun mit einem Gespann, das wir auch noch hatten, pflügte und so. Dann kauften wir uns ein Schwein, das wurde gemästet. Dann haben wir sogar Wein angepflanzt, weil das dort in der Gegend so war, ich hatte im Leben noch nie eine Rebe gesehn.

Mein Mann hat sehr viel mitgemacht, er ging dann als Volontär zur Dresdner Bank. Er kriegte da das bombige Gehalt von 350 Mark, bei 3 Kindern, und hat davon noch nach

Hause geschickt. Also, ich weiß überhaupt nicht, wie der hier in Frankfurt gelebt hat zu der Zeit. Er hatte ein kleines Maria-Hilf-Motorrad, mit dem kam er dann ab und zu runtergefahren. Und wir haben halt Ferkel gezogen und die Ferkel verkauft und Milch verkauft und so. Aber ich fand es paradiesisch, ich bin ja auf dem Land großgeworden. Man mutete sich allerdings zu viel zu, man will sein normales Leben weiterführen, und man kann eben irrsinnig schlecht Bäuerin sein und nebenbei immer noch gut frisiert und immer noch ordentlich gekleidet sein und immer noch abends sich gern unterhalten, weil einen jemand besuchen kommt. Das ist nicht drin. Da muß man eben mit den Hühnern ins Bett fallen und auch mit den Hühnern wieder aufstehn. Na ja, trotzdem war die Zeit ganz schön, die Kinder haben es geliebt so richtig auf dem Land, es hat sich auch niemand so toll um sie gekümmert, da hat man eine herrliche Jugend, eine unbeschwerte, nicht. Ich hab dann zeitweise, als dieser Bauernhof mir wirklich zum Hals raushing, weil ja viel wirklich nicht dabei rauskommt, es kann halt grad eine Familie davon leben, essen, mein ich, da hab ich sogar Vertretungen gemacht. Das war eigentlich ganz komisch, man hat es wenigstens mal erlebt, wie ungern man gesehn wird, wenn man ankommt und was verkaufen will. Ich habe einmal Borgward-Wagen vertreten, das war sagenhaft, und dann Stahlwolle, da war ich Vertreterin für einen Bezirk, das Zeug wurde im Nachbarort gemacht. Bin ich schön über Land gefahren mit meinen Bestellzetteln. Ich habs dann wieder aufgegeben, kriegte dann wieder ein Kind. Ich hab es vielleicht ein halbes bis dreiviertel Jahr gemacht, ich hatte halt dann ein Auto. Ich wollte ein Auto haben. Und immer wieder hat man dann irgendwo mal ein Schmuckstück verkauft oder sowas. Ich kriegte jedes Jahr ein Kind, und dann war meine Mutter da und meine Schwester da, und dann war ein alter Diener von uns da, und dann war unser Kutscher da, und dann kam der Sohn von dem, also es wurden immer mehr. Ich habe 7 Kinder, alle in 9 Jahren. Dann wurden die Zeiten besser, man ärgerte sich, daß man so lange gezögert hatte, ich meine, wenn man gewußt hätte, was kommt, aber dann hätte man Hellseher sein müssen, dann hätte man doch seinen ganzen Schmuck, alles was man hatte so an Wertsachen, verkauft und hätte davon

Papiere gekauft, IG-Farben, irgend, ganz wurscht was, Mercedes oder so, für 19 Mark hätte man da ein Papier gekriegt, was heute bei 600 steht. Aber das kann man nicht wissen, so was weiß man einfach nicht. Man hätte dieses kleine Kapital, was man hatte, was ja minimal sowieso war, da angelegt, und dann hätte man sich eigentlich nur hinsetzen sollen und möglichst wenig bewegen, damit man möglichst wenig essen muß, und irgendwie überlebt. Aber ich meine, wenn alle das gedacht hätten, wäre ja auch bei uns das Wirtschaftswunder gar nicht erst gekommen.

Während der Währungsreform bauten wir grad unser Häuschen, alle Mauern standen, und wir dachten: »Ja, sollen wir da noch was dranschmeißen oder lieber nicht?« Denn das wußte ja kein Mensch, wie das weiterläuft, wenn jeder 40 Mark hat. Wie soll das mehr werden? Höchstens, daß man eben sagt: »Verkauf ich halt einen Ring.« Aber es ging ja dann verblüffend weiter. Und da haben wir alle schließlich gewonnen durch diese enorme Blüte, die dieses Land hier erlebt hat. Ich, ich hab nie gedacht, daß ich wieder ein Auto haben würde. Ich hab auch nie gedacht, daß ich jemals wieder normal leben würde. Natürlich ist das dumm, weil ich glaube, wenn man ganz stark strebt nach etwas und nicht ganz blöd ist, dann erreicht mans auch.

Und dann hat mein Mann eine irrsinnig schnelle Karriere gemacht. Er hat hier angefangen, ging so durch alle Abteilungen, fing natürlich bei der juristischen an, weil er ja nun Referendar war, aber war nicht Assessor, und dann nach 2 Jahren, glaub ich, kam er gleich als Leiter vom Kredit-Sekretariat nach Freiburg, wo wir ja nun wenigstens in der Nähe saßen. Er meinte, er hätte eigentlich dort überhaupt erst gelernt, die andern hätten alle viel mehr gewußt. Aber immerhin, er war der Leiter. Und dann wurde er nach 4, 5 Jahren einer der Filialleiter, also Mitleiter. Da waren wir 12 Jahre unten in Baden. Und als die Älteste 10 wurde und auf die höhere Schule mußte, war seine Stellung so, daß die Bank uns da eine Wohnung zur Verfügung stellte. Und da zogen wir um in die Stadt. Ich hatte eine Hilfe, hatte Elfriede, die kam mit 14 Jahren nach der Schule zu uns, eine richtige Badenserin, sie war immer da und machte überhaupt alles und hatte dann noch Zeit und spielte mit den Kindern

Völkerball und kochte und wusch und war eben für alles da. Sie blieb bei uns, bis wir wegzogen von Freiburg, da waren wir dann 3 Jahre in Düsseldorf, und jetzt sind wir eben hier. Da hatte sie sich dann schon verlobt und blieb dort.

Eigentlich haben wir viel Jugend nachgeholt in der Zeit, wir haben eigentlich ein unserm Alter gar nicht mehr entsprechendes lustiges Leben geführt. Wie mein Mann das ausgehalten hat, weiß ich bis heute nicht, jeden Abend war das Haus voll. Man hat da eine unbeschwerte Zeit irgendwie nachgeholt in diesen Freiburger Jahren. Heut noch haben wir unbeschreiblich viele echte Freunde aus dieser Zeit. Ich hab mich immer sehr für alles interessiert, die Adenauer-Zeit damals beurteil ich ungeheuer positiv. Ich fand das die einzige Chance für uns. Und dieser Mann ist ein so außerordentliches Exemplar gewesen, er hat einfach verstanden, mit einer Demokratie umzugehn. Die Wirtschaftskrise später, die habe ich persönlich, wahrscheinlich weil ich zu wenig davon versteh, nie verstanden, denn für meine Begriffe ging es allen phantastisch. Und eines Tages früh hat der Erhard im Radio gesagt, es wäre ganz furchtbar, und da wurde es auch furchtbar. Das war für mich vollkommen unverständlich. Der normale Mensch konnte das nicht verstehn, daß da eine Konjunkturdrosselung einsetzte. Es ging doch alles glänzend, weil der Erhard nämlich sagte: »Ich schreib gar nichts vor«, darum ging es, ich meine, das war doch der beste Beweis für Privatinitiative, den es überhaupt gibt. Auf einmal wurde an der Schraube gedreht wie irrsinnig und ging alles drüber weg.

Mein Mann ging dann nach Düsseldorf als Geschäftsführer einer Privatbank, wo er allerdings nicht gerne war, und das wir auch nach 3 Jahren wieder verließen. Das entsprach ihm also nicht. Und hier ist er Direktor vom Bankhaus H. & Co. und ist da sehr glücklich. Wir sind jetzt schon 6 Jahre wieder hier.

Normalerweise habe ich ja nurmehr 3 Kinder im Haus. Meine älteste Tochter meinte: »Du mußt dir eine Beschäftigung suchen, daß du da nicht alleine sitzt.« Aber irgendwie muß ich ja das Haus in Schuß halten, man hat ja niemand. Ich hatte 9 Jahre ein spanisches Ehepaar, die sind jetzt weg, jetzt hab ich eine 72jährige Frau, die mir hilft. Aber nurmehr 3 Kinder, die waren immer alle zu Haus. Eine ist nun verheiratet, die ist in München. Eine macht so Wochenpflege, macht aber auch andres, neulich hat sie mal länger in einer Boutique verkauft, und jetzt will sie eigentlich mal nach London und so. Der Sohn studiert im Moment in Freiburg, hat aber schon sein Militär hinter sich, seine 2 Jahre. Und dann kommt eine Tochter, die auch in Freiburg studiert. Und dann sind 3 Söhne, die gehn hier auf die Schule, die sind ja erst 15, 16, 17. Und natürlich will mein Mann, daß ich da bin, wenn er nach Hause kommt. Manchmal hab ich mir schon gedacht, ich würde gern ein Buch schreiben, aber da meinen die Kinder, da käme nichts bei raus, weil ich nie Briefe schreiben wollte. Aber dann trifft man ja auch Freunde und geht mal zum Tennisplatz oder man fährt irgendwo hin. Also, ich meine, im Prinzip läuft bisher immer alles noch so weiter, wie es vorher war.

Grete T.

Ich bin im Dezember 1913 in Bottrop geboren, also ein Jahr vor Ausbruch des 1. Weltkriegs. Mein Vater war Bergmann, meine Mutter war Weberin. Meine erste politische Erinnerung ist praktisch, als mein Vater Mitglied des Arbeiter- und Soldaten-Rates war in Bottrop. Und meine zweite politische Erinnerung, wenn man so sagen will, waren die Spartakus-Kämpfe in Bottrop, als die Rufe ertönten: »Straße frei! Es wird geschossen!« Da ist meine Mutter mit uns in den Keller gegangen – ich habe noch einen Bruder, der ist 1½ Jahre jünger. Und so gegen 10 Uhr abends wurde sehr heftig an die Tür geklopft, die Hausleute wollten zuerst überhaupt nicht aufmachen, und dann sagte ein andrer Hausbewohner: »Machen Sie doch auf, es könnte ein Verwundeter sein.« Und als sie dann aufmachten, war mein Vater da, der von den Kämpfen für einen Moment reinkam. Nach einer halben Stunde ging er dann wieder weg, um den Kampf weiterzuführen. Dann am nächsten Morgen, als wir aus dem Keller nach oben kamen, stellte ich fest, daß unser Zimmer, daß praktisch der blaue Himmel durchblickte, ein Querschläger war durch unsere Wohnung gegangen, zwei Zimmer gabs. Zu der Zeit war ich 8 oder 9 Jahre. Und ich war sehr stolz auf meinen Vater, also: So viel wußte ich schon, daß mein Vater sich für die Arbeiter einsetzte. In unserem Haus wohnten streng katholische Leute, sehr angenehme Leute, und ich weiß noch, die Hausfrau hat immer gesagt, als mein Vater dann später verunglückt ist: »Grete, dein Vater, er hat zwar nicht an Gott geglaubt, aber ich weiß, er wird im Himmel sein. Das war so ein guter Mensch.«
Meine Mutter hat insgesamt 6 Kinder geboren, 2 davon leben, 4 Kinder sind gestorben, und zwar jeweils immer nach dem 1. und 2. Jahr, meistens an Unterernährung. Also das hat doch ein bißchen, bei aller Harmonie, die in der Familie war, hat doch das Leben etwas schwer gemacht.
Meine Mutter war eine großartige Frau, ich möchte sagen, bis zu ihrem Tode war für sie das Wichtigste, für ihre Kinder und auch für ihren Mann zu sorgen. Aber zugleich hatte sie

ein reges politisches Interesse, sie ging mit meinem Vater damals immer zur Parteiversammlung, zur sozialdemokratischen Parteiversammlung. Wir gingen auch mit der ganzen Familie am 1. Mai mit zu Demonstrationen. Eigentlich ist das so, wie man später, 1937, in dem Prozeß gegen mich gesagt hat, daß ich das politische Denken und Handeln mit der Muttermilch einbekommen habe.

Mein Vater ist 1908 schon einmal verunglückt, damals sind ungefähr 400 Bergleute tödlich verunglückt, und vielleicht 20, 25 sind mit dem Leben davongekommen. Und mein Vater hat später, als er nach einem Jahr genas, er war völlig verbrannt am ganzen Körper, als er nach einem Jahr von seinen Wunden geheilt war, hat er mitgeholfen bei den Aufräumungs- und Bergungsarbeiten. Das hat er uns erzählt, und daß die Ursache für das Unglück eine unerhörte Ausbeutung gewesen ist, und daß die Zeche geschlossen wurde, obwohl Hunderte von Bergleuten noch lebten, wurde die Zeche bereits unter Wasser gesetzt, um den Brand zu löschen, damit ja die Zeche erhalten blieb. Aber die Bergleute lebten noch, das konnte man später feststellen, als sie nachher geöffnet wurde. Dann wurden die Toten rausgeholt, da konnte man sehn, wie sie bis fast an die Decke geklettert sind, nur um vor dem Wasser sich zu retten. Für mich als Kind war das schon ganz selbstverständlich und auch für meinen Bruder, daß wir auf der Seite der Arbeiter stehn, und auf der andern Seite sind die Zechenherrn, das sind, na, unsre Gegner, unsre Feinde, gegen die muß man sich wehren. Und alles, was man erreichen will, muß man erkämpfen.

Mein Vater war Betriebsrat auf PROSPER II. Und wenn er zum Beispiel mittags von der Schicht nach Hause kam, dann hatten wir Kinder schon gegessen. Er bekam dann meistens ein Stückchen Fleisch, was so in dem Essen für die ganze Familie gekocht war. Und dann hat er uns immer gefragt: »Habt ihr auch Fleisch gehabt?« Und dann haben wir gelacht: »Nein, nicht.« Und dann hat er das Stückchen doch wieder zu dreien aufgeteilt. Meine Mutter war sehr böse, die hat dann gesagt: »Die Kinder kriegen Milch, und die kriegen was andres, und du brauchst das Fleisch.« Dann spielte er mit uns, dann legte er sich auf den Fußboden hin, und wir turnten in der Wohnung rum. Und so ungefähr nach einer halben Stunde hat er gesagt: »So, jetzt ist Feierabend, jetzt hab ich keine Zeit mehr.« Dann mußte er weg, er war praktisch fast jeden Tag unterwegs zur politischen und gewerkschaftlichen Arbeit. Aber wenn er dann abends kam, saß die Familie zusammen, meine Mutter hat gestrickt, und mein Vater, er war nämlich auch im Arbeiter-Gesangverein, dann hat er uns, hat er auch einige Arbeiterlieder gesungen. Und wir beide saßen auf der Fußbank.

Meine erste Erinnerung an die Schule ist eigentlich an den Schulstreik, den wir geführt haben, und zwar die Kinder von Eltern, die keinen Religions-Unterricht haben wollten. Wir haben ungefähr 14 Tage gestreikt und haben wahrscheinlich auch im Zusammenhang mit Interpellationen im Stadtparlament durchgesetzt, daß wir eine weltliche Schule bekamen, Freie Schule nannte sich das damals. Wir haben dort praktisch in den ganzen Jahren bis zu meiner Schulentlassung Schicht-Unterricht gehabt, weil wir kein großes Gebäude bekamen, wir hatten damals 2 Baracken. Ich hatte einen weiten Weg bis zur Schule, weil die in Bottrop-Eigen war, also in dem ausgesprochenen Bergarbeitergebiet. Wir sind fast eine Stunde zu Fuß gegangen, und damals wurde wahrscheinlich durch bestimmte kirchliche Kreise eine so große Hetze entfesselt, daß wir manchmal sogar mit der Polizei zur Schule gebracht werden mußten. Ich bin auch einmal zusammengeschlagen worden. Es hat sich später dann beruhigt. Die Schule selbst hat mir viel Spaß gemacht. Ich muß sagen, daß ich in dieser Schule außerordentlich viel gelernt hab. Als ich nach meiner Schulentlassung auf die Städtische Handelsschule kam, in Bottrop, stellte sich heraus, daß ich in der Tat viel mehr wußte als die andern Kinder. Und sie haben mich dann immer wieder gefragt, meine Mitschülerinnen: »Ja, wo hast, wo habt ihr das denn so gelernt?« Dann hab ich mit Stolz sagen können: »Das haben wir in der Freien Schule gelernt.« Am 1. Tag, als die Lehrerin mitteilte, wie die Prüfungsarbeiten ausgefallen waren, sagte sie mit einem etwas bedauernden Ton: »Die beste Arbeit hat eine Schülerin aus der Freien Schule geschrieben.« Und dann ging durch den Klassenraum ein Raunen der Empörung: »Wie? Freie Schule habn wir hier?« Es waren nämlich alles Töchter von mehr mittelständischen und sehr gläubigen Eltern. Das Ergebnis war, daß ich

zunächst einmal 3 oder 4 Wochen völlig isoliert war, es hat keiner mit mir gesprochen. Aber ich hab mich davon nicht beeindrucken lassen, ich bin nach wie vor sehr freundlich gewesen, hab mich bemüht, hilfsbereit zu sein – und nach 6 Wochen wurd ich einstimmig als Klassensprecher gewählt.
Ich war Mitglied der Sozialistischen Arbeiterjugend, das war damals die Jugend der Sozialdemokratischen Partei. Im 1. Jahr wurde ich sofort Schriftführerin, bekam also meine erste Funktion, eigentlich schon in der Zeit, als ich noch in der Schule war. Und die jungen Leute kamen immer zu uns nach Hause, also meine gleichaltrigen Kameraden, und mein Vater hat uns damals geholfen, wie man das so macht, er hat uns vieles erklärt, das war im letzten halben Jahr, bevor er dann verunglückt ist.
Er war von PROSPER II weggegangen auf die Zeche GUSTAV-HEINRICH in Bochum-Werne. Dort sollte er mehr verdienen, als Schießmeister. Und wenn er samstags nach Hause kam, hat er gesagt: »Also, dort ist es noch schlimmer als auf PROSPER II, dort wird mit einem solchen Tempo angetriebn, das wird noch ein großes Unglück gebn.« Und im Januar 1928 lasen wir in der Zeitung, daß auf Bochum-Werne 6 Bergleute verunglückt sind, und zwar 3 direkt verschüttet, tot, und 3 leben noch. Wir hatten gar keine Besorgnis, denn mein Vater war nicht für Kohle, sondern er war Gesteinshauer, und das war ein Zusammenbruch im Schacht für Kohle. Meine Mutter sagte: »Wir brauchn uns keine Sorgn zu machen, wenn der Vater nich schreibt. Der wird sicherlich bei den Bergungsarbeiten dabei sein, weil er ja zu den erfahrensten Bergleuten gehört.« Und am Freitag kam ein Anruf, nebenan beim Metzger, der kam rauf: »Sie möchtn mal sofort ans Telefon kommen!« Und dann bekam meine Mutter Bescheid, sie soll sofort nach Bochum ins Knappschaftskrankenhaus, mein Vater sei verunglückt. Die Zechenleitung hat sich überhaupt nicht darum gekümmert, ob er Angehörige hat. Er hat 3 Tage schwerverletzt gelegen, bis der Professor des Krankenhauses die Schwester gefragt hat: »Sagen Sie mal, hat der Mann überhaupt keine Angehörigen? Um diesen Mann kümmert sich ja überhaupt niemand.« Und er war die meiste Zeit nicht bei Bewußtsein, so daß er sich selbst nicht melden konnte. Dann hat sich der Professor

bemüht, um die Adresse zu bekommen, aber da war schon das Ende. Meine Mutter hat uns beide noch mitgenommen. Und ich erinnere mich, daß er einen Moment zu Bewußtsein kam, und dann hat er mich gesehen und sagte, das war so sein Kosename mir gegenüber: »Na, Hexe, biste auch da...« Am Tag vorher hatte er meiner Mutter noch gesagt: »Ich habe in den 3 Tagen, wo ich dort aushilfsweise arbeitn mußte, soviel gesehn, das gibt einen neuen Prozeß. Hier werd ich aussagn, was passiert is.« Aber dann ist er am nächsten Tag, ist er dann gestorben. Das war der tiefste Einschnitt bis dahin in meinem Leben. Und eigentlich kann ich sagen, daß von da her auch bestimmt ist die Selbstverständlichkeit, mit der ich wußte, auf welcher Seite ich zu stehen hab.

Wir sind dann 1929 nach Wuppertal gezogen. In Wuppertal lebten meine Großeltern, mein Großvater war bei der Straßenbahn. Dann hab ich das 2. Jahr der Handelsschule gemacht. Aber ich bin auch dort sofort wieder in die SAJ gegangen, hab mich also sofort politisch betätigt wieder. Ich wurde dann, 1932, Vorsitzende der SAJ in Wuppertal. Wir sind gewandert, damals in der ersten Zeit gab es noch Volkstanz- und Heimatabende, und wir haben gesungen, Kampflieder, Wanderlieder, haben Fahrten gemacht undsoweiter. Aber das war ja schon die Zeit des herannahenden Faschismus, da gabs ja schon die Auseinandersetzungen damals mit der SA und mit diesen Kräften, nicht. Wir haben auch Demonstrationen gemacht, und ich bin sehr oft als Vorsitzende dann vorausmarschiert mit der roten Fahne mit den beiden andern, die in der Leitung waren. Es gab damals auch schon Auseinandersetzungen, Schlägereien undsoweiter. Es gab allerdings auch harte Diskussionen, an allen Straßenecken haben wir gestanden und haben diskutiert. Leider war es so, daß wir nicht genügend zueinander gefunden haben: Erst im letzten Jahr sind Reichsbanner und SAJ und KJV, der Kommunistische Jugendverband und Rotfront doch in mehreren Aktionen gemeinsam gegen die SA aufgetreten. Hier in Wuppertal war das, ungefähr im November 1932, wo praktisch 8 Tage lang ganz Elberfeld frei war von braunen Uniformen.

Ich hatte nach der Handelsschule eine Stelle als Kontoristin bekommen, hier bei einer großen Firma für Autozubehörteile. Mitte 1932 wurde ich in eine andre Abteilung versetzt, der Abteilungsleiter war damals schon ein Anhänger der Nazis oder selbst sogar einer. Später war er der nationalsozialistische Betriebsobmann in der Firma. Und mir wurde schon von Kollegen gesagt, daß er sehr gegen mich intrigiert. Und eines Morgens kam ich ins Geschäft, und es war eine große Aufregung, da hatte man mich gesehen, wie ich mit der roten Fahne vorausmarschiert war. Eines guten Tages wurde ich zum Chef gerufen, und dort hat er mir, wie er sagte, »zu seinem Bedauern« mitgeteilt, daß er leider die Kündigung aussprechen müsse, er hätte nicht genug Arbeit für mich. Na gut. Nach 3 Tagen wurde ich gebeten, ich möchte doch noch mal wiederkommen. Und dann hat mir der Chef gesagt, er bedauert die Kündigung, und er bittet mich, ob ich nicht wiederkommen könne. Dann hab ich gesagt: »Nein, ich komme nicht wieder.« Ich war eine gute Arbeitskraft, und möglicherweise hatte er sich das inzwischen überlegt. Ja, ob ich denn schon andere Arbeit...? Ich sagte: »Nein, ich habe keine andere Arbeit, aber ich komme trotzdem nicht, weil ich weiß, daß das Methode bei Ihnen ist, nach einer bestimmten Zeit die Leute wieder zu holen. Und dann glauben Sie, daß Sie mit ihnen machen können, was Sie wollen. Und das mag ich nicht.« Ich hatte zu der Zeit noch keine Arbeit, ich hab erst 2 Monate später Arbeit bekommen.

Anfang Januar 33 hatten wir hier in dem Gebiet, in dem ich wohnte, Kontakt bekommen zu kommunistischen Jugendgenossen. Für mich war es so, daß die Sowjet-Union, die war für mich eine ganz große Sache und für viele meiner andern Jugendgenossen auch, etwas ganz Großes, etwas Neues, und die damals sehr starke Hetze gegen die Sowjet-Union ist an mich überhaupt nicht rangekommen. Aber andrerseits, zur KPD und zu den Kommunisten, da hatte ich Vorbehalte, da hatte ich kein richtiges Verhältnis zu. Aber wir haben dann auch schon in den letzten Wochen, als es sich sehr zuspitzte, gemeinsam abends Wache geschoben wegen der Überfälle von Nazis. Es war immer noch die Hoffnung, daß im letzten Moment von der Parteiführung und von der Gewerkschaftsführung aufgerufen würde, gemeinsam mit allen andern den Kampf zu führen. Da gab es ein Angebot der KPD zum gemeinsamen Handeln, aber das wurde abgelehnt. Und dann kam am 30. Januar, glaub ich, war hier der große Aufmarsch, die Nazis waren bewaffnet, die Polizei hat diesen Aufmarsch, ebenfalls bewaffnet, geschützt – und es erfolgte weder von der sozialdemokratischen Parteiführung noch von der Regierung irgend etwas dagegen. Ich war damals auch Mitglied der SPD geworden. Wir haben, waren sehr unzufrieden mit der Politik der Parteiführung. Ich wußte schon lange nicht mehr, wie ich überhaupt meine Zugehörigkeit zur SPD weiter aufrechterhalten konnte, da man kampflos alles preisgegeben hat. Ich habe sozialdemokratische Genossen, die ich jahrelang kannte, die hab ich gesehn, wie sie geweint haben vor Erschütterung. Und bei mir ist, als ich diese Demonstrationen da gesehen hab, da ist ein solcher Haß hochgekommen, da war klar: Da muß man weitermachen, da muß man weiterkämpfen! Ich hab mich dann mit sozialdemokratischen älteren Genossen, die in der Parteiführung waren, in Verbindung gesetzt und ihnen den Vorschlag gemacht, daß wir Jugendgruppen zusammenstellen wollten, die antifaschistische Arbeit machen, bin damals bei den Parteivorsitzenden gewesen, und die haben buchstäblich die Hände in die Höh gehoben, haben gesagt: »Um Gottes willen, Grete, bist du denn verrückt! Die muß man erst abwirtschaften lassen, da kann man jetzt überhaupt nichts machen.« Und nachdem ich von mehreren Stellen also eine solche Haltung erfahren hatte, da war mir und andern Jugendgenossen klar, daß man darauf nicht warten darf und warten kann. Und dann haben wir hier von uns aus erste illegale Gruppen gebildet, wir hatten vielleicht 60, 70 Jugendgenossen, und dann haben wir damit begonnen, daß wir überhaupt erst einige Dinge studiert haben, gelesen haben. Wir hatten auch in der SAJ marxistische Zirkel gehabt, haben auch solche Literatur wie »Lohn, Preis und Profit« gelesen, also Dinge von Marx, von Engels und soweiter. Aber von Lenin hatte ich überhaupt noch nichts gelesen. Und ich muß sagen, als ich »Staat und Revolution« gelesen hatte, da ist es mir wie Schuppen von den Augen gefallen, da war mir klar, daß die Politik der SPD-Führung nicht nur aus taktischen Gründen falsch war, und daß es sich nicht nur um alte, verknöcherte Leute handelte. Wir waren nämlich noch der Meinung, wenn wir Jungen erst drankommen, dann werden wir es anders machen. Wir haben dann einige Flugblätter gemacht, Handzettel, die wir angeklebt haben, und solche Dinge. Und dann kam der Zeitpunkt, wo wir eigentlich nicht mehr weiter konnten. Denn auf die Dauer konnte man in *der* Zeit nicht völlig isoliert, nur 60 junge Leute, antifaschistischen Widerstand machen und ohne die Erfahrung, ohne die Hilfe andrer. Damals gab es die SAP, die Sozialistische Arbeiterpartei. Und einfach aus dem Grund, gemeinsam antifaschistische Arbeit zu machen, haben wir uns dann der SAP angeschlossen.

Im Dezember 1933 bin ich zum erstenmal verhaftet worden. Und zwar wurde ich abgeholt in der Arbeit von zwei Gestapo-Beamten und kam ins Polizeigefängnis. Meine Verwandten waren sehr bürgerliche Leute, aber sie haben gesagt: »Die Grete ist anständig, und das kann nicht in Ordnung sein.« Meine Großmutter war sehr empört, hat damals noch mit den Polizisten diskutiert. Meine Mutter war politisch fest auf unsrer Seite, sie war nicht nur empört, sondern natürlich hatte sie auch Sorge und Angst. Ich weiß bis heute nicht, was eigentlich vorgelegen hat. Bei der Einlieferung hab ich nur gehört, wie dieser Gestapo-Beamte gesagt hat: »Ja, hier ist die R.«, am Telefon. »So, so, Königsberger Geheimpolizei. Mh. Mh. Na is gut, denn wern wir sehn.« Ich saß schon einen ganzen Tag, ich wollte verhört werden. Und dann hab ich zunächst gesagt: »Ich mach Hungerstreik, weil ich verhört werden will.« 4 Tage hab ich durchgehalten, kein Mensch kümmerte sich um mich. Der Gefängnisbeamte, offensichtlich noch einer von der »alten Garde«, der hat mir dann gesagt: »Also, Mädchen, was du machst, is falsch. Wenn du noch 2 Tage wartest, dann wern se dich verhörn. Dann weißte aber nich mehr, was de redest.« Aber als ich anfangen wollte zu essen, wurde ich geholt, und dann wurde mir nur gesagt: »So. Sie können gehn.« Als ich dann zur Firma, einer Baugenossenschaft, wieder hinging, war ich dort entlassen. Aber ich hab mich dagegen gewehrt, und sie haben mich nachher wieder eingestellt.

Mein Bruder war inzwischen bei der Schwebebahn, erst als Lehrling und dann als Schlosser. Er ist damals in die Marine-SA gegangen, nach Absprache, er hat, legalisiert durch die Uniform, auch mich abgedeckt, hat Kurier-Dienste gemacht. Und 1936, im Juni, mußte ein wichtiges Material nach Essen gebracht werden. Ich hatte mit ihm genau besprochen, wenn etwas passiert, wie wir uns dann verhalten. Und als er dort hinkam, sagte die Wirtin, daß der Betreffende nicht zu Hause ist, er möchte doch noch mal wiederkommen. Er ist dann einen halben Tag später wieder hingegangen, dann war die Gestapo da und hat ihn verhaftet. Ich glaube, er ist sehr stark geprügelt worden, aber er hat nicht gesagt, woher er das Material hatte. Und dann kamen sie zu uns nach Hause, ich hatte da schon fast mit gerechnet, denn mein Bruder war einen halben Tag überfällig. Ich hab sehr mit mir gekämpft, ob ich weggehn soll oder ob ich bleiben soll. Wenn ich weg-gegangen wäre, dann wär mein Bruder wahrscheinlich heut nicht mehr am Leben. Also, ich wurde dann verhaftet. Als die Anklage gegen mich erfolgte, wurde mein Bruder entlassen, und zwar waren die der Meinung, daß ich meinen Bruder mißbraucht hätte. Er kam anschließend in den Arbeitsdienst, und dann ist er nachher in den Krieg eingezogen worden, ist am ersten Tag beim Überfall auf die Sowjet-Union sehr schwer verwundet worden und hat über ein Jahr im Lazarett gelegen. Dann ist er als, wie nennt sich das, ja, als bedingt einsatzfähig nach Polen gekommen in einen Rüstungsbe-trieb, als Schlosser hat er dort gearbeitet und nach ver-hältnismäßig kurzer Zeit zu polnischen Widerstandsgruppen Kontakt gefunden. Nach dem Krieg hat er in Wuppertal wieder bei der Schwebebahn angefangen, ist bis heute dort noch tätig.

Ich will über die Zeit bei der Gestapo nicht reden, also, das sind Dinge ... Es ist nicht immer sehr sanft zugegangen. Sie suchten nach, nach meinen Vorderleuten. Die haben sie nicht rausgekriegt. Ich bin also zuerst 6 Wochen bei der Gestapo gewesen, Tag und Nacht Verhöre und alles solche Dinge, na, das ist bekannt, wie es bei der Gestapo zuging. Ich will über diese Dinge im einzelnen nicht sprechen, das wühlt zu sehr auf, und es hat keinen Sinn. Die wollten ja was rauskriegen, mit allen Mitteln. Ich hab dann 14 Tage Dunkelarrest gehabt im Keller auf dem Steinboden, ohne Decke, ohne alles. Ich hab eine solche Nierenbeckenentzündung gekriegt, daß ich überhaupt nicht mehr aufstehn konnte. Es kam dann eine Kommission, sie rissen die Tür auf, und dann hörte ich, wie sie sagten: »Sie kann ja aussagen, dann kommt sie heraus.«

Und als ich dann ins Untersuchungsgefängnis eingeliefert worden bin, da war das für mich eine Erholung. Dann wurde ich wieder zur Gestapo gebracht, und dann sagte mir dieser Gestapo-Chef dort: »Bis jetzt sind wir anständig mit dir gewesen.« Ich wagte nur zu sagen: »Also, von der Anständigkeit hab ich nicht viel gemerkt.« Naja, also dann gings auch schon los. Außer dieser einen Geschichte, daß ich dieses Material hatte, konnte man mir nichts beweisen, ich habe angegeben, daß ichs von einem Unbekannten bekommen habe und aus Interesse einem guten Bekannten geben wollte, der sollte sich das mal angucken. Bei dieser Aussage bin ich geblieben, trotz aller Mißhandlungen, so daß es nachher bei der Verurteilung hieß, daß mir zwar nicht mehr nachzuweisen sei, aber »aufgrund ihrer Intelligenz, aufgrund ihrer Familienherkunft und aufgrund ihrer eigenen, politischen Vergangenheit ist anzunehmen, daß sie mit zu den führenden Funktionären der SAP gehört hat«. Nun wurden zuerst 6 Jahre Zuchthaus beantragt, und dann hat man erklärt: Weil ich noch so jung sei und weil man hoffe, daß ich noch ein wertvolles Glied ihrer Gesellschaft werden würde oder werden könnte, wollte man die Strafe auf 3½ Jahre herabsetzen.

Ich war zuerst in Ziegenhain, das ist ein Zuchthaus im nordhessischen Gebiet, dort waren sehr viele Lebenslängliche, Kriminelle auch, und auch viele Politische. Und ich war in Einzelhaft. Von dort aus bin ich auf Transport gekommen, praktisch 14 Tage dauerte der, nach Lauffen in Oberbayern. Wir mußten Bäume roden, diese großen Stubben ausgraben und aushacken, Drainage- und Aufforstungs-Arbeiten undsoweiter, es war eine sehr schwere Arbeit. Es gab überhaupt keine Maschine, es wurde alles nur manuell gemacht. Im Winter mußten wir den Boden aufpickeln, der war 40 Zentimeter gefroren. Wir waren in Baracken untergebracht, 50 Frauen in einem Saal, mit Kriminellen zusammen. Die Politischen waren vorwiegend Kommunisten, einige Sozialdemokratinnen, und dann auch solche, die nur wegen Radiohören dort waren, Bibelforscher, Zeugen Jehovas. Und dort bin ich eigentlich Kommunist geworden. Ich hab auch politisch sehr viel von den andern kommunistischen Frauen und Mädchen gelernt. Die Kriminellen waren darauf abgerichtet, daß sie antragen sollten, wenn wir politisch diskutieren, und es sind mehrere von uns in Arrest gekommen. Ich hatte zum Beispiel beantragt, ein englisches Lehrbuch zu bekommen, weil ich in der, in den wenigen Freizeiten ein bißchen weiterlernen wollte, nicht. Das wurde abgelehnt mit der Begründung, daß wir die Dinge nur benutzen würden, um uns in einer anderen Sprache dann doch politisch zu unterhalten. Das ging sogar so weit, daß abgelehnt wurde, daß wir, ich hatte mir Hitlers »Mein Kampf« angefordert, um natürlich erstmal das zu lesen, um auch gleichzeitig dann argumentieren zu können, auch das wurde abgelehnt mit der Bemerkung, wir benutzten das doch nur zu unserer politischen Arbeit.

Außerdem waren neben der sehr schweren Arbeit dort unglaubliche hygienische Zustände. Die Wäsche wurde höchstens alle 6 Wochen gewechselt, manchmal auch 8 oder 10 Wochen. Sommer und Winter hatten wir dasselbe zum Anziehn, im Sommer war es schrecklich heiß, und im Winter wars furchtbar kalt, es war ja Kälte bis zu 15 und 20 Grad. Ein Brausebad gab es auch nur alle 4 oder 5 Wochen einmal. Und dann war so eine Geschichte, wir durften uns den Oberkörper nicht freimachen, um uns zu waschen. Und eines Tages wurden wir alle zum Appell gerufen, der Oberverwalter in brauner Uniform stand vor 200 Frauen und erklärte, ich weiß das noch ganz wörtlich: »Damit ihr es wißt, das Waschen der unteren Geschlechtsteile ist eine kommunistische Schweinerei. Wir politischen Leiter machen das auch nicht. Gesicht und Hände ist vollkommen genug. Alles andere ist kommunistische Schweinerei. Wer sich mehr wäscht, kommt in Arrest.« Ab. Das war der Appell. Zeitweilig funktionierte die Wasserleitung nicht. Wir haben 6 Wochen mal gehabt, da haben wir jeder nur am Tag einen Becher Wasser gehabt, zum Waschen und zum Trinken. Unter den Politischen gab es eine ausgezeichnete Kameradschaft und Hilfsbereitschaft. Wir haben von dem wenigen Essen gesammelt, wenn jemand aus dem Arrest kam, damit er was zu essen hatte. Wir haben uns bemüht, die Jüngeren haben sich bemüht, den älteren Frauen bei der Arbeit etwas zu helfen, weil auch ein unerhörtes Arbeitstempo war. Ja, und dann nachher: Viele von den Politischen sind nicht entlassen worden, kamen auf Transport, kamen anschließend noch ins Konzentrationslager. Ich hatte auch damit gerechnet. Aber ich bin dann doch entlassen worden, mußte mich dann bei der Gestapo melden und zweimal in der Woche stellen.

Nach ungefähr 2 Monaten wurde ich wieder vorgeladen, da hat man mir gesagt: Ich kenn doch nun sehr viele Leute und viele kennen mich, darauf spielten sie an, praktisch wollten sie von mir Spitzeldienste haben. Dann hab ich gesagt: »Ich denke nicht daran. Erstens weiß ich nichts, und zweitens, wenn ich etwas wüßte, würde ich es nicht sagen.« Ja, aber ich wär mir doch klar darüber, daß ich sofort wieder ins Lager käme. Dann habe ich gesagt: »Bitte sehr, hier steh ich, können Sie sofort machen. Sie haben mich in den 3½ Jahren nicht zum Lumpen machen können und jetzt erst recht nicht.« Nun gut, also ich konnte wieder gehn, mit einer scharfen Warnung: Sie würden mich doch noch kriegen.

Damals hab ich mir selbst eine Stelle gesucht, weil ich vom Arbeitsamt keine Stelle vermittelt bekam. Man sagte mir, man könne das niemandem zutrauen, eine Bürostelle, das wär ein Vertrauensverhältnis, und ich wär im Zuchthaus gewesen, ich könnte durchs Arbeitsamt allerhöchstens eine Hilfsarbeit im Betrieb kriegen. Dann hab ich mir damals durch die Zeitung selbst eine Stelle besorgt, ich hatte gute, ausgezeichnete Zeugnisse. Als ich allerdings diese Geschichte sagte, diese Sache, daß ich im Zuchthaus war, weil der Direktor mich auch fragte, wo ich in den Jahren gewesen wäre, da bat er sich doch Bedenkzeit aus, da müsse er noch in Wesermünde bei der Generaldirektion rückfragen, das war ja ein großer Konzern. Nun gut, dann wurde ich angestellt, zuerst hab ich in der Buchhaltung gearbeitet und wurde nachher Bürovorstand und Bilanzbuchhalterin. Meine Kollegen und die Firma haben damals sehr bedauert, daß ich aufgehört habe, aber ich hab wegen meiner politischen Tätigkeit aufgehört, im Stadtrat, im Landtag und Bundestag, später, 1947.

Kurz nach meiner Entlassung aus dem Zuchthaus kam ein Genosse aus der illegalen Arbeit der KPD zu mir hin, der sagte, sie hätten von mir gehört, und sie betrachteten mich als Genossin. Aber sie möchten mir sagen, daß ich eine Zeitlang jetzt, wie man so sagt, nach außen normal leben oder mich verhalten müßte. Sie würden den Zeitpunkt bestimmen, wann es, wenn ich wollte, wann es möglich wäre, mich wieder in der illegalen Arbeit einzusetzen. Und so war das dann auch. Über ein Jahr hab ich keinen politischen Kontakt gehabt, dann bekam ich Kontakt mit einem Genossen von der Anton-Saefkow-Gruppe, das war eine illegale Widerstandsgruppe in Berlin, die von Berlin aus auch die Fäden über ganz Deutschland gezogen hatte. Das waren Kommunisten. Zu dieser Zeit war ja die Arbeit schon sehr schwierig, schwieriger als vorher. Ich hab wiederum Material, das die Analyse der politischen Lage, die Aufgabenstellungen undsoweiter betraf und auch einige Materialien wie Briefe an Soldaten und so, die hab ich andern übermittelt, hab selbst auch neue Kontakte geschaffen mit andern Genossen. Das ist nur ein Teil, es gab eine Reihe andrer Arbeiten noch, die sich einfach aus der Widerstandsarbeit ergaben. In der ganzen Zeit, von 33 an und dann auch im Zuchthaus und auch später, auch dann, als der Krieg war, war ich fest davon überzeugt, daß die Naziherrschaft zu Ende gehen wird. Und ich war auch fest davon überzeugt, daß die Sowjet-Union Hitler besiegen wird, trotz der Siegesmeldungen und des Vormarsches. Natürlich hat uns das sehr deprimiert, und wir haben das zuerst gar nicht verstehen können, wie das möglich war. Aber als dann natürlich nach Stalingrad die Wende einsetzte, wir haben auch den Moskauer Sender gehört, da war das für uns eine große Erleichterung und hat uns in unserer Arbeit auch sehr bestärkt.

1941 hab ich geheiratet. Mein Mann war, den kannte ich aus der SAJ. Wir kannten uns praktisch von Anfang an, er ist dann zur KJ gegangen, zum Kommunistischen Jugendverband. Und als er aus dem Krieg zurückkam, er war auch verwundet, da haben wir geheiratet, 1941. Er war Maurer, Bauarbeiter von Beruf, und 1945, 46, ja, Ende 45 wurde er hier Gewerkschaftssekretär der IG-Bau. 1956 sind wir geschieden worden, es waren persönliche Dinge. Damals, nach seiner Verwundung, war er teilverwendungsfähig, er wurde nicht entlassen und hat dann in verschiedenen Betrieben gearbeitet, ebenfalls für die Wehrmacht, zur Beobachtung der Rüstungsproduktion. Unter anderm hat er gearbeitet im Schwelmer Eisenwerk und hat dort auch Kontakt zu den sowjetischen Kriegsgefangenen gehabt, hat nachher illegal mitgearbeitet. Im Schwelmer Eisenwerk war eine Gruppe, der er angehörte, die er praktisch eigentlich entwickelt hat, dazu gehörte ein

Sozialdemokrat, das war ein Meister in diesem Bereich, dann war ein Parteiloser, ich glaub, ein Techniker, der dazu gehörte und, ich glaub, noch ein Kommunist, das weiß ich aber nicht mehr genau. Ihr Ziel war, dafür zu sorgen, daß die Rüstungsproduktion verlangsamt wurde. Und nachdem sie nun über meinen Mann Kontakt gehabt haben mit den Kriegsgefangenen dort, also mit diesen sowjetischen Genossen, haben sie zusammengearbeitet.

Nun waren in den letzten Monaten die Bombenangriffe hier unerhört stark, und für mich war das auch insofern etwas schwierig, weil ich ein Kind erwartete. Da haben meine Freunde mir geraten, ich soll mich doch evakuieren lassen für die letzten 6, 8 Wochen vor der Niederkunft. Und ich bin dann ins Sauerland gezogen. Ich war in einem engen Tal, zu dem es nur eine Nebenbahnverbindung gab. Und als ich ins Krankenhaus mußte, das waren grade die Tage, in denen dieses Tal die Hauptkampflinie war, die Kämpfe tobten, es fuhr keine Bahn, kein Auto, kein Fahrzeug, gar nichts mehr. Ich bin dann nachts um 12 Uhr mit meiner Mutter, nachdem die Wehen schon sehr stark eingesetzt hatten, zu Fuß über die Landstraße, bei Tieflieger-Beschuß, immer wieder in den Graben rein, und die Wehen, also es war ein Weg, der normalerweise 2 Stunden gedauert hätte, für den haben wir 5 Stunden gebraucht. Und als ich dann ankam, war es schon zu spät, da konnte man das Kind nur noch als Totgeburt holen. Zwei Tage später, dann war auch dort, dann rückten dort die Amerikaner ein. – 1949 hab ich dann nochmal ein Kind bekommen, einen Sohn, der ist jetzt 19 Jahre, er ist Baumaschinist, und jetzt im Januar wird er hier zu mir nach Wuppertal kommen. Durch den 12jährigen Haftbefehl hatte ich ja keine Möglichkeit, in Wuppertal mit dem Kind zusammen zu sein, so daß mein Sohn praktisch in der DDR erzogen worden ist. Er ist mit 5, nein mit 4¹/₂ Jahren in die DDR gekommen und ist dort erzogen worden.

Als ich nach dem Krieg, 1945, nach Wuppertal zurückkam, existierte bereits die KPD, die SPD wieder undsoweiter. Und am nächsten Morgen, als ich mich bemühte, irgendwo die KPD zu finden, begegnete mir auf der Treppe ein Mann und fragte nach meinem Namen. »Ja«, sag ich, »das bin ich selbst.« Da kam ich genau hin, wo ich hinwollte, zur KPD, es war bereits Funktionärssitzung. Die haben mich gefragt, welche Arbeit ich machen möchte. »Ja, das kann ich nicht sagen. Welche Arbeit traut ihr mir zu?« Dann haben sie mir vorgeschlagen, in der Ortsgruppe Nord hier in Elberfeld soll ich die Polit-Leitung übernehmen und mit den Genossen die Ortsgruppe aufbauen. Das hab ich gemacht, und es war eine sehr schöne Arbeit.

Hinzu kommt noch, daß ich bereits zum ersten ernannten Stadtparlament gehörte, ich war damals die einzige Frau. Und dann kam ja die Wahl zum Stadtparlament, und ich wurde als Stadtverordnete gewählt. Wir hatten 11 Abgeordnete, ich glaube, wir bekamen damals 12 oder 13% der Stimmen. Zur Debatte standen vor allen Dingen die Rüstungsindustriellen, daß die enteignet werden sollten als die Hauptschuldigen am Krieg. Dann stand zur Diskussion eine Bodenreform, daß die Großgrundbesitzer enteignet werden und das Land den Bauern gegeben werden sollte. Dann war eine wichtige Aufgabe die Bildungsreform, damit auch die Arbeiter- und die Bauernkinder die Möglichkeit bekommen zu studieren, und eine Bildungsreform, die den Kindern demokratisches Gedankengut vermittelt, damit der ganze nazistische Ungeist, der in den Köpfen der Menschen ist, damit der herauskommt. Das heißt also, daß demokratisches Bewußtsein vermittelt wird. Natürlich stand auf der Tagesordnung auch, was mich als Frau direkt betrifft, der Kampf für die Gleichberechtigung der Frauen.

Bis 1947 hab ich noch beruflich gearbeitet, und dann hat mir die Partei vorgeschlagen, ich solle meinen Beruf aufgeben und bei der Partei arbeiten. Ich wurde Mitglied des Landesvorstandes und später Mitglied des Parteivorstandes der KPD, wurde dann Landtagsabgeordnete im 1. Landtag von Nordrhein-Westfalen und hab mitgearbeitet an dem ersten sogenannten Bodenreform-Gesetz, über ein Jahr haben wir daran gearbeitet. Aus dem ist natürlich nie eine richtige Bodenreform geworden, weil die in der CDU beheimateten Großgrundbesitzer alles getan haben, um diese Ansätze hier in Westdeutschland zunichte zu machen. Wir haben damals im Landtag von Nordrhein-Westfalen gemeinsam mit den Sozialdemokraten einen Gesetzentwurf auf Überführung der Kohle, der Zechen in Gemeineigentum durchgesetzt. Dort gab es eine sehr starke Bewegung unter den Bergarbeitern, viele Kundgebungen, Demonstrationen, Streiks undsoweiter, so daß auch dieser Gesetzentwurf deswegen durchging. Hier zeigt sich, daß in der Tat positive Forderungen durchzusetzen sind, wenn zugleich außerhalb des Parlaments die Arbeiter und andre Kräfte den Kampf mit dafür führen. Nun gut, Adenauer und die Herrschenden an der Ruhr wußten sowieso, daß sie ihre Verbündeten in den Besatzungsmächten hatten. Und die Besatzungsmächte haben dieses Gesetz außer Kraft gesetzt. Damals gab es die große Bewegung gegen die Remilitarisierung, 9 Millionen Menschen haben sich mit ihrer Unterschrift und in Abstimmungen gegen Remilitarisierung ausgesprochen. Und wir Kommunisten haben im Bundestag dagegen gekämpft, wie wir auch draußen in der Bewegung selbst mit den Kampf geführt haben. Wir haben auch gegen die Spaltung Deutschlands gekämpft, haben damals das Grundgesetz abgelehnt, weil es die Spaltungsurkunde war, haben aber zugleich erklärt: Eines Tages werden wir dieses Grundgesetz gegen jene zu verteidigen haben, die es heute geschaffen haben. Und es hat sich ja inzwischen gezeigt im Kampf gegen die Notstandsgesetze undsoweiter, wie recht wir damals hatten.

Noch während meiner Tätigkeit als Bundestagsabgeordnete gab es einen Antrag auf Aufhebung der Immunität mit der Begründung, daß gegen mich Ermittlungsverfahren wegen staatsgefährdender Tätigkeit laufen. Ich selbst habe niemals irgendwie eine Anklage oder sonst irgend etwas bekommen, sondern das war nur aus den Drucksachen ersichtlich. Dieser Antrag wurde mit Mehrheit abgelehnt, damals hat die ganze Sozialdemokratische Fraktion auch gegen diesen Antrag gestimmt. Als die Legislaturperiode beendet war, 1953, und wir nicht mehr in den Bundestag gewählt worden sind, weil die undemokratische 5%-Klausel doch die Hürde war, die wir damals nicht übersteigen konnten aufgrund des Antikommunismus, des Kalten Krieges undsoweiter, am Tag, nachdem das amtliche Wahlergebnis feststand, das heißt, daß ich keine Immunität mehr hatte, war die Polizei da, um mich abzuholen. Sie hatten allerdings Pech, sie haben mich nicht in meiner Wohnung angetroffen, und sie haben mich in den ganzen 12 Jahren nicht verhaften können, obwohl ich natürlich meine politische Arbeit weitergemacht habe. Nach 12 Jahren ist der Haftbefehl von 1953 schließlich aufgehoben worden, und ich bin seit 1968 wieder in der Öffentlichkeit tätig. Die KPD wurde ja bekanntlich 1956 verboten, und ich arbeite mit einigen Genossen unter anderm in einer Kommission für die Aufhebung des KPD-Verbotes. Denn solange dieses Verbot besteht, haben die herrschenden Kräfte ein Instrument, um jede ihnen unbequeme demokratische Organisation oder Bewegung, natürlich auch die neukonstituierte DKP, unter Druck setzen, verfolgen oder verbieten zu können. Das Verbot der KPD muß also vor allem im Interesse der Demokratie aufgehoben werden.

Solveig A.

Meine Eltern sind geborene Norweger, mein Vater war in einer Bremer Firma angestellt und ließ sich 1900 naturalisieren. Er wurde später Prokurist und Teilhaber dieser Firma, einer Tabakfirma, Ex- und Import. Er ist für die Firma sehr viel gereist, das war für meine Mutter nicht einfach. Früher war ja das Reisen nach Amerika mit langem Wegsein verbunden, und auch als ich geboren wurde, da war Vater dann ein Vierteljahr zwischendurch weg. Das gehörte eben dazu. Wir waren 4 Kinder. Ich wurde 1900 geboren, meine Schwester 1902, mein Bruder 1904 und meine jüngste Schwester 1906. Die Mutter war immer für uns da. Sie war sehr ausgeglichen im allgemeinen und vergnügt. Aber wir hatten ja das Kinderfräulein, insofern bestand ein, ein gewisser Abstand in der Erziehung, was ich vielleicht etwas bedauere. Mir selbst hat es nicht viel ausgemacht, ich weiß nur, daß es meiner zweiten Schwester, vielleicht wäre es für die besser gewesen, wenn die Mutter mehr persönlich hätte eingreifen können. Aber sie hatte gesellschaftliche Pflichten, und sie hatte dem Haushalt vorzustehn und, wie meine Schwester heute sagt, einmal im Monat mußte sie Rechnungen bezahlen und kam erledigt davon zurück. Wir hatten ja noch eine Köchin, ein Hausmädchen und eine Waschfrau, eine Plättfrau, einen Fensterputzer und den Gärtner. Über geschäftliche Dinge wurde sehr wenig gesprochen, höchstens wenn meinem Vater mal eine große Sache gelungen war. Einmal hatte er irgendwie sehr viel verdient, und dann kriegten wir alle irgendein großes Geschenk, einen Mantel oder so. Aber sonst wurden wir relativ einfach gehalten, also für Putz und für überflüssige Sachen, wie er es nannte, da war er nicht zu haben, weil er ja auch das Einfache gewohnt war und uns einfach erziehen wollte. Wir hatten nie Schmuckstücke gehabt. Das hat mich gar nicht weiter tangiert, ich hatte in der Beziehung ein wundervolles Selbstbewußtsein. Und das war damals auch nicht so wie heute, daß die Menschen, die jungen Menschen, so viel Schmuck gebrauchten, muß ich sagen. Wir zogen dann 1911 von einem kleineren Haus in ein großes, nach eignen Plänen von meinem Vater gebautes Haus, in dem wir jeder in der 1. Etage ein Zimmer hatten, das wurde einfach eingerichtet mit Bett und weißem Tisch und Stuhl und einer kleinen Kommode. Auf dem Flur waren die Wandschränke, in denen alle Sachen verstaut wurden. Meine Eltern hatten ein großes Schlafzimmer mit WC und Bad. Wir hatten ein WC und Bad. Und auf dieser selben Etage waren noch 2 Gästezimmer. Fürs Personal war unten im Keller auch ein WC und Bad, außerdem waren noch 2 WCs im Hause, so daß ich manchmal später, als ich hier mit einem WC im Bad und 6 Personen hauste, manchmal an diese guten Zeiten zurückdenken mußte.

Morgens ging ich dann zur Schule, dann habe ich meine Schularbeiten gemacht, dann hab ich Cello geübt, dann bin ich Tennis spielen gegangen oder segeln oder reiten. Es war eigentlich immer was los. Es wurde sehr viel musiziert bei uns. Wir hatten einen großen Konzert-Steinway-Flügel, mein Vater spielte eigentlich jeden Abend darauf. Und da meine Schwester sang und ich Cello spielte, haben wir oft auch mit Freunden Trio gespielt, Quartett gespielt, also, es war wirklich in der Beziehung wunderschön, daß eben auch jeder willkommen war. Wir haben eigentlich ein sehr kameradschaftliches Verhältnis gehabt. Es wurden alle Sachen besprochen, beruflicher Art und persönlicher Art. Das heißt, ich habe mir überlegt, daß wir doch in manchem sehr zurückhaltend waren. Nachdem ich meiner Mutter einmal erzählt hatte, daß ich einen Kuß gekriegt hätte, da sagte sie mir: »Dann bist du ja verlobt.« Daraufhin wurde das Erzählen in manchen Sachen doch sehr vorsichtig, und ich hab mein eignes Leben gelebt. Aufgeklärt hat sie uns überhaupt nicht, das kam eigentlich damals nicht in Frage. Ich hab es nicht vermißt, muß ich ehrlich sagen. Ich habe damals, im Oberlyzeum haben wir dann so irgendwie mal ne kleine Skizze und Aufklärung sozusagen über die inneren Organe gehabt. Das war alles doch sehr tabu in der damaligen Zeit, muß ich sagen. Und ich war auch ein Mensch, der ausgesprochen wenig neugierig gewesen ist, und insofern hat mich das auch gar nicht so interessiert.

Tanzstunde hab ich selbstverständlich gehabt, und getanzt hab ich mit größter Leidenschaft und mit ganz großer Seligkeit viele, viele Bälle mitgemacht. Der schönste Ball war der, den wir im eigenen Hause hatten, wo wir zu »Himmel und Hölle« einluden, das heißt also, alle mußten sich ankleiden, als ob sie entweder auf der Erde, in der Hölle oder im Himmel waren. Und die Räume waren so gestaltet, daß dieses große Zimmer, also das eine blaue Tapete damals hatte, mit Sternen besät war, und auf dem großen Tisch, auf dem war der Stuhl draufgesetzt, und da saß mein Vater als Petrus. Nebenan war ein kleineres, grünes Zimmer, das die Erde war. Und das große Eßzimmer mit der roten Tapete war mit Flammen besteckt, das war die Hölle, und da saß meine Mutter als Hexe. Die Gäste mußten erst unten durch das Souterrain gehn, durch dunkle Gänge, und dort saß mein Bruder im schwarzen Dreß als Mephisto, die Gäste kriegten unten gleich ein Glas Sekt. Wir hatten 90 Personen eingeladen, und niemand sagte ab, die fragten alle, ob sie nicht noch jemanden mitbringen könnten.

Vom Ersten Weltkrieg erinnere ich nur, daß wir von der Schule aus, ich mit der Fahne vorweg, alle zum Dom-Hof gingen und dort eine große Rede gehalten wurde und großes Hurra-Geschrei und Deutschland-Deutschland-über-alles-Gesinge war, daß in allen Predigten die Pastoren vom lieben Gott und von seinem Für-Deutschland-Sein redeten, und daß wir alle eifrig für die Soldaten strickten. Ich sehe mich noch auf der Straße mit meinem Strumpfstrickzeug wandern, so eifrig war ich dabei. Und insofern, das ist das Gute, habe ich das Stricken jedenfalls gründlichst gelernt. Aber sonst war der Krieg ja nicht so nah wie sonst, und wir persönlich hatten dadurch, daß unsre Verwandten in Norwegen waren, niemanden direkt dabei, wohl meine Freunde und viele andere Bekannte, aber insofern sind wir doch von manchem verschont geblieben, von vielem Kummer.

Ich bin sehr gerne zur Schule gegangen, besonders gern damals aufs Oberlyzeum, und habe dann ein Lehrerinnen-Examen gemacht. Es war ja nur ein Jahr Seminar, im Gegensatz zu diesen ganzen Pädagogischen Hochschulen, die jetzt üblich sind. Ein Jahr Seminar, und dann war ich Lehrerin. Und dann wurden wir auf Klassen losgelassen, erst in Vertretung, dann übers ganze Pensum, und wie man sich durchboxte, das war unsere Sache. Ich war von meinem Vater angehalten worden weiterzulernen, weil er der Ansicht war: »Ich habe Geld. Ihr wißt nicht, ob ihr jemals Geld haben werdet. Ihr müßt alle einen Beruf ergreifen, daß ihr auf eigenen Beinen steht.« Also, wenn Vater was sagte, war das für mich durchaus verständlich. Das hat er uns immer klargemacht, begründet, und insofern war er eine Autorität, ohne autoritär zu sein. Für die Universität habe ich dann mein Abitur nachgemacht, trotzdem das gar nicht üblich war. Ich war die einzige der sogenannten höheren Töchter, die das machte. Die andern gingen ins Pensionat, ins Ausland oder sonst was. Und ich bin dann in die Oberrealschule gegangen, in den mathematisch-naturwissenschaftlichen Zweig. Das war eine reine Jungenschule, und es herrschte große Empörung, daß ich als Mädchen da hinkam, denn sie wollten keine Mädchen in ihrer Schule. Sie taten sich zusammen, wollten keine Rücksicht nehmen, wollten mich überhaupt nicht beachten, und die ganze Schule war in Aufregung. Aber ich kam und sah und siegte, alles war wie umgewandelt. Die, die am größten gemeutert hatten, waren die größten Kavaliere, und ich muß sagen, ich hab das Jahr in den beiden Oberprimen sehr genossen.

Ich wollte gerne studieren, aber mein Vater fragte, ob ich nicht lieber zu ihm ins Geschäft kommen könnte, ich könnte eine gute Sekretärinnenstelle mit gutem Gehalt haben. Ich hab ihm aber geantwortet: »Wenn ich einen Beruf ergreife, dann möchte ich am liebsten den Beruf ergreifen, der der Mutter am nächsten ist. Und das ist für mich die Lehrerin.« Mein Vater akzeptierte das sofort. Aber meine Mutter stellte die Bedingung, daß ich doch erst etwas Haushalt lerne, kochen und nähen. Diese Kurse nahm ich dann auch mit. Ich nahm immer alles, wies kam, weil, ich muß sagen, ich war kein Mensch der großen Opposition. Wenn ich etwas anerkannte, dann tat ich das, ob ich da nun furchtbar viel Lust zu hatte, das war nicht wichtig damals.

Und dann ging ich endlich nach München, mit meiner Schwester zusammen. Wir lebten in einer kleinen Bude, winziges Zimmerchen, mit unseren beiden Couchen, hatten einen kleinen Kocher, Spirituskocher. Sie studierte Musik, und ich ging an die Münchner Universität. Als höhere Tochter war mir das nicht so ganz klar, wie eigentlich diese Universitätsverhältnisse waren, Vater wußte es noch weniger, und so bin ich erstmal fein in die Mathematik eingestiegen und hab vor allen Dingen lauter schöne Fächer gehört, sei es nun Literatur oder Kunstgeschichte und was es so gab an interessanten Sachen. Das hab ich alles mitgenommen, das fand ich sehr schön. Und da lernte ich eben vor der Universität durch zwei Vettern aus Bremen meinen Mann kennen. Das erste, was ich zu ihm sagte, war: »Reden Sie immer so viel?« Er war außerordentlich lebhaft und vielseitig und interessiert, und wir waren sofort in einem ganz wunderbaren Gespräch über alles. Und wie er selbst sagte: Es war ein coup de foudre für ihn. Er war so in mich verliebt, daß die ganzen 2 Semester, die wir gemeinsam in München verbrachten, einfach wunderbar waren. Wir verbrachten die Wochenenden zu viert, meistens mit meiner Schwester und einem Freund meines Bruders, in den Bergen. Wir waren viel im Theater vor allen Dingen, sahen alles, ob es Ibsen, Hauptmann, Sudermann war, alles, was es gab, an interessanten Stücken, das haben wir damals gesehn. Wir saßen manchmal hinten auf der Heizung oder auf Studenten-Stehplätzen, aber wir waren dabei. Wir waren bei Kathi Kobus, als Ringelnatz seine Gedichte vortrug. Wir waren, wie gesagt, in einer herrlich regen Zeit damals.

Für die meisten Studenten war es schwierig, weil durch die Inflation das Geld, das man heute kriegte, morgen nichts mehr wert war. Wir hatten das seltene Glück, daß mein Vater inzwischen in Holland eine Firma gebaut, gegründet hatte und dadurch uns immer Gulden schicken konnte. Und so wurden wir auch mit nahrhaften Sachen versehn. Aber wir waren wild auf Marmelade, die hatten wir nämlich zu Hause nicht bekommen, und so kriegte mein Mann damals immer Brot mit Marmelade vorgesetzt, bis er plötzlich unter unserem Sofa eine Trommel mit den herrlichsten Würsten entdeckte. Das hat er mir nie vergessen, daß ich die schönsten Würste hatte und ihm Marmelade vorschickte. Wir kochten oft Reis mit Corned beef oder sonst reelle Sachen, die wir dann in unserm Bett garwerden ließen. Und seitdem war er also glücklich, wenn er bei uns zum Abendbrot war.

Mein Mann stammte aus einer Kaufmanns-Familie, der Vater war auch Bremer, der nach Leipzig gegangen war und dort in einer Woll-Firma Teilhaber war. Er hatte mit meinem Vater gemeinsam das Tolerante, das Gutmütige, das

Hilfsbereite, das rein Menschliche, und insofern hatte ich mit meinem Schwiegervater, künftigen Schwiegervater, sehr schnellen Kontakt. Die Mutter meines Mannes war auch so lebendig wie er, nervös etwas, sehr ehrgeizig, und das hat ihn wohl auch belastet. Sie rannte immer gleich zum Lehrer, wenn er mal nicht eine 1 in jedem Fach hatte. Und das gab dann natürlich bei ihm später Opposition. Er wollte Schauspieler werden, sprach K. vor, und der sagte zu ihm, daß er sehr begabt wäre, aber auch sehr ehrgeizig und nicht mit einer mittelmäßigen Leistung zufrieden sein würde. Und wenn er es lassen könnte, sollte er das lassen, wenn er irgend etwas anderes werden könnte. Denn das Künstlertum müsse ein Fluch sein, wenn es wirklich zum Höchsten führt. Er hat es dann aufgegeben, ist nach Heidelberg gegangen und hat Literatur und Geschichte studiert und nebenbei Jura belegt. Dann kam er aber nach zwei Semestern zu der Ansicht, daß er sich auf Jura ganz festlegen sollte, weil es ihm irgendwie bei seinen vielseitigen Begabungen und ausschweifenden Sehnsüchten doch den meisten inneren Halt gab.

Als mein Mann nun nach Leipzig ging, mein Freund damals nach Leipzig ging und sich auf seinen Referendar vorbereitete, wollte ich denn auch dahin. Auf diese Weise lernte ich seinen Vater sehr gut kennen, da bin ich sehr glücklich darüber. Seine Mutter war damals gerade verreist. Er war aber in der Stadt und mittags aßen wir zusammen, wir tranken zusammen Kaffee und haben ein wirklich herziges Verhältnis dadurch gehabt. Und dann kam seine Mutter zurück, die war etwas empört, daß er mich so familiär aufgenommen hatte. Aber er sagte nur: »Die Dern mag ich leiden«, und damit war also für ihn die Sache erledigt. Vor Schluß des Semesters wollten wir, wollte ich gern die Sächsische Schweiz kennenlernen. Der Vater von meinem Freund, von meinem Mann jetzt, der arbeitete uns eine dreitägige Tour aus. Wir beide gingen also auf Wanderung. Wir schliefen getrennt, wie wir das in München auch gewohnt waren. Und wir haben es einfach herrlich gehabt. Dann kam ich nach Semesterschluß nach Bremen, ich hatte alles nach Hause geschrieben, alles erzählt. Und dann kam ich, und dann empfing mich meine Mutter heulend. Das hatte ich nicht vermutet. Ich guckte nur, also guckte sie vollständig fassungslos an. Sie war also über ihre Tochter entsetzt. Der Erfolg war, daß ich für zwei Semester nach Norwegen verschickt wurde. Ich konnte irgendwie nicht begreifen, warum eigentlich, aber ich hab es dann auch akzeptiert, vor allen Dingen, weil mein Mann sich ja nun auf den Referendar vorbereiten wollte und mich da nicht gebrauchen konnte. Dieses Jahr war allerdings für ihn ein sehr schweres Jahr. Sein Vater, von Sauerbruch operiert, starb an Krebs, und seine Mutter folgte ein Vierteljahr später. Da war er nervlich so runter, daß er dachte, nun wäre alles vorbei, auch unsere Liebe. Da war irgendwie eine Welt zusammengebrochen, weil sein Vater für ihn gleich nach Christus kam, so hat er ihn geliebt, wie er selbst sich ausdrückte. Ich kam aber dann nach Bremen zurück. Er zog mit seinen 2 Schwestern, die Älteste hatte inzwischen geheiratet, sie waren auch 4 Kinder, 3 Schwestern, ein Junge, und zogen nach Bremen. Und da er allerhand geerbt hat, haben wir dann ein Jahr später geheiratet. Wir bekamen von meinem Mann, eh, von meinem Vater ein Häuschen und eine gute Aussteuer und haben unsere Ehe begonnen. Ein Examen habe ich dann nicht mehr gemacht. So weit bin ich nicht gekommen, weil ich erstens zu Anfang nicht den nötigen Ernst hatte und dann eben später heiratete. Ich habe das Examen nicht nötig gehabt dadurch, daß mein Mann Beamter wurde, sonst wäre es vielleicht wichtig gewesen.

Wir sind dann über Leipzig nach Meran auf Hochzeitsreise gefahren, mein Vater schenkte uns großzügig diese schöne Reise, und kehrten dann in unser kleines Häuschen zurück, das meine Mutter inzwischen eingerichtet hatte, und haben dort eigentlich ein sehr reiches Leben geführt. Im Hause hatten wir eine Hilfe, ein Ganztagsmädchen. Ich frage mich noch immer, was ich eigentlich so im Laufe des Tages gemacht habe, aber mein Tag war ausgefüllt. Ich habe sehr viel gelesen, viel, viel Theater gesehn und zwischendurch immer Konzerte gehört. Mein Mann kam als Referendar ans Gericht, und dann bin ich zum Schreibmaschinen- und Stenografiekursus gegangen, denn er hatte, kam mit der Zeit nicht hin, und ich konnte ihm helfen. Es wurde manchmal 12 Uhr, ich legte mich pünktlich ins Bett und schlief, und dann weckte er mich, und dann tippten wir in der Nacht die Urteile. Es war eigentlich ein sehr, sehr schönes kameradschaftliches Zusammensein für uns beide. Wir warteten mit den Kindern bis, wir kriegten das 1. Kind nach 4 Jahren, weil mein Mann nun auch fertig werden mußte. Er war zwischendurch ein Jahr in Berlin bei einem Berliner Rechtsanwalt. Ich kam dann auch dahin. Berlin ist beinahe seine zweite Heimat geworden, weil er es so sehr atmosphärisch liebte, genauso wie München vorher.

Als er dann zurückkam und seinen Assessor gemacht hatte, gab es keine Stellung für ihn. Es war im allgemeinen ein sehr bedrückender Zustand der Arbeitslosigkeit. Viele von unsern Freunden hatten keine Arbeit oder geringe Arbeit, sie mußten sich einschränken. Damals hat man meinem Mann von der Polizei ein Zimmer zur Verfügung gestellt, dafür hat er Polizeiakten bearbeitet. Er hatte sich als Rechtsanwalt eingeschrieben und kam auf diese Weise wenigstens auch an Armensachen. Und so haben wir uns geholfen, es war nicht sehr einfach. Wir haben dann das Haus vermietet und sind in eine Zweizimmerwohnung gezogen.

Mein Mann hatte Hitler zum erstenmal vor dessen Zeit in Berlin gesehn, gehört im Zirkus Krone. Sein Urteil war eigentlich dadurch gebildet, daß er ihn immer irgendwie mit dem Zirkus, mit der Dressur, mit dieser Reitpeitsche, mit der er damals ging, in Verbindung brachte, mit der fanatischen Menge, etwas, was seinem kritischen Verstand absolut widersprach. Und dann kam diese letzte Wahl vor Hitlers Ernennung, und da wählte mein Mann die katholische Partei, weil er hoffte, sie würde als einzige doch wohl standhalten gegen Hitler. Er hatte sich darin getäuscht. 1933 kam der große Umschwung. Was ich selbst gewählt habe, weiß ich nicht mehr. Ich nehme an, daß ich meine FDP, nee, ich weiß nicht, ja, glaub ich, gewählt habe, aber ich weiß es wirklich nicht mehr. Ich bin politisch nie so stark interessiert gewesen, daß ich mir da schon eine Meinung hätte machen können. Es war für mich jedenfalls nicht so bedeutend wie für ihn, der bewußt diesen Schritt tat. Mein Mann hat dann vom Polizeipräsidenten den Auftrag erhalten, ein Gutachten auszuarbeiten, damit die Bürgerschaft aufgelöst werden könnte auf juristischem Wege. Das muß 1933 gewesen sein. Und da weigerte sich mein Mann und wurde daraufhin zum

Bürgermeister M. gerufen, der fragte ihn, warum er das nicht machen wollte. Daraufhin hat mein Mann geantwortet: »Wenn Sie die Bürgerschaft auflösen wollen, tun Sie es kraft Ihrer Revolution. Aber machen Sie nicht die Justiz zur Dirne!« Ich glaube, daß das diesem Mann imponiert hat. Und das Eigentümliche war, daß mein Mann dann im Juni an die Staatsanwaltschaft berufen wurde. Justizsenator L. verpflichtete ihn mit der Auflage, nicht gegen die Partei zu arbeiten, also sehr konziliant, denn er wußte, daß mein Mann die Partei nicht gewählt hatte. Er wußte, daß er kein Märzgefallener war, ein Ausdruck, der damals sehr viel gebraucht wurde, weil kaum, daß die Partei gewonnen hatte, traten unzählige Leute in die Partei ein. Das war für meinen Mann immer etwas unbegreiflich, wie man so umschwenken konnte.

Er mußte dann pflichtgemäß in die SA eintreten, später wurden sie alle in die Partei übernommen. Mein Mann hat die SA mitgemacht in einem Mindestmaß, er zog sich hinter seine beruflichen Arbeiten offiziell zurück und brachte es schließlich in all den Jahren bis zum Rottenführer, das heißt, er hatte 8 Mann unter sich. Die Kristallnacht war ein sehr aufregendes Erlebnis für ihn. Die SA war einberufen worden, man hatte ihn vorsorglich nicht mit einberufen, aber er wurde nachts um 1/2 2 Uhr aus dem Bett heraus vom Gericht oder von der Polizei antelefoniert, das weiß ich nicht, und machte sich sofort fertig, ging in die Stadt und besichtigte alles, was geschehen war, wo Läden zertrümmert waren, die Synagoge abgebrannt war. Überall standen SA-Leute, die ihn hart anfuhren, er zeigte dann nur seinen Staatsanwaltsausweis und ging unbehindert weiter. Er hat dann alles gleich zu Hause protokolliert und hat sehr den Unwillen des damaligen Bürgermeisters hervorgerufen, der von ihm sagte: »Was ist das denn für ein wildgewordener Staatsanwalt!« Er hat diese ganzen Berichte nach Berlin geschickt, schicken müssen, und hat sie leider nie wiedergesehn. Da ist ja allerhand hier passiert. Mein Mann hat versucht zu helfen, soweit es möglich war. Das Bitterste für ihn war immer, wenn jemand bestraft worden war, und wenn er seine Strafe abgesessen hatte und kam dann frei, und dann stand die Gestapo, wenn es politische Sachen waren, vor der Tür und nahm die dann mit ins

Konzentrationslager. Da konnte er nicht mehr einschreiten, das ging über also seinen, seine Möglichkeiten.
Für mich war es natürlich sehr bedrückend, ihn dauernd in Gefahr zu wissen. Wir nahmen eine gewisse Sonderstellung zwischen unseren Freunden ein, weil man natürlich auch vorsichtig war in dem, was man sagte. Meine Schwägerin, Norwegerin, war sehr scharf gegen alles eingestellt und hat manchesmal mit meinem Mann sich ausgesprochen. Mein Bruder dagegen war sehr für Hitler. Es war nicht einfach, immer das Richtige zu sagen oder nicht zu sagen. Es half ja nichts, man mußte vorsichtig sein. Ich bin nirgends drin gewesen, bin auch nicht Mitglied der, na, der Partei gewesen. Also darin war ich vollständig passiv, das hab ich mit meinem Mutterdasein begründet. Meine älteste Tochter ist 1930 geboren. Dann wurde der Sohn 1934 geboren, dann eine Tochter 38 und die letzte 41, also mit 41 Jahren kriegte ich mein letztes Kind. Und das war also ein Kriegskind. Da hatte ich dann genug zu tun, ich hatte allerdings dann wieder eine ganze Hilfe. Das ging gut, ich war ein bißchen resolut. Die Kinder hatten oben ihre Zimmer, spielten da, wir hatten ein kleines Gärtchen, und mein Junge, der immer schon sehr tierliebend war, spielte mit Regenwürmern oder mit, mit Schnecken, die er hinsetzte und beguckte, wie die da krochen undsoweiter, also immer so beobachtete. Die Ältere war immer etwas geistig interessierter, intellektueller. Und die Dritte war ein außerordentlich fröhliches und musikalisches Kind. Die Jüngste, unser Nesthäkchen, die hat, ist wohl am schwersten hochgekommen, weil sie im Kriege dann auch ne schwere Lungenentzündung hatte. Wir hatten ja damals noch nicht dieses Penicillin, die hat tagelang gelegen, der Arzt kam dreimal täglich, das waren schon wirklich Sorgen.
Mein Mann ist die ganze Zeit Staatsanwalt geblieben, er war wohl über das Alter weg, um eingezogen zu werden, nicht, oder er war eben unentbehrlich da. Einer mußte ja bleiben. Er mußte hier sozusagen die Staatsanwaltschaft vertreten, mit den wenigen Kräften hatten sie natürlich sehr viel zu tun. Und es war für ihn sehr schwierig teilweise, wenn er Leute verurteilen mußte oder nicht verurteilen sollte, weil es der Gestapo nicht paßte, dann standen sie vor der Tür und nahmen die Leute dann mit. Das hat ihn manchmal sehr, sehr gequält.

Zum Schluß hat, haben sie noch versucht, Menschen der Gestapo zu entziehn, indem sie sie länger im Gefängnis behielten, als sie merkten, es ging zum Schluß. Da war zum Beispiel eine Dame, eine Frau, die hatte geschrien: »Hitler ist der größte Mörder der Welt!« Da haben sie dann, da haben sie die Termine immer wieder verschoben und haben es so erreicht, daß sie dann freikam, als Hitler nicht mehr war. Das war doch sehr schwer für ihn, diese ganze Zeit, eine ganz, ganz schwierige Zeit. Er hat sehr darunter gelitten, aber das war ja nun nicht zu ändern.

Der Krieg hat uns auch sehr beschäftigt, schon diese ganze Münchner Sache, als Hitler da diese Tschechoslowakei überfallen hat. Da fing es schon an, daß man, zuerst war man ja begeistert, ich meine, daß er das Rheinland wieder zurückholte, das fand man also in Ordnung. Aber wie dann Chamberlain und die da in München zusammenkamen, da kam die innere Unruhe über uns. Was kann man ihm noch trauen, wenn er heute so sagt und morgen so. Und wie dann dieser Krieg ausbrach, waren wir doch sehr bedrückt, denn erstens hatten wir ja nun den Ersten Weltkrieg schon mitgemacht, und dann war das irgendwie unheimlich, dieses Gefühl, daß da ein Mensch sitzt, der immer neu Worte der Treue und Redlichkeit sprach, ohne, ohne sie zu halten. Ich weiß, wir hatten mal Besuch von einer halbjüdischen Freundin, bevor die nach Amerika ging. Die sagte zu mir: »Ich wünsche, daß wir den Krieg verlieren.« Damals war ich sehr entsetzt: »Und was soll aus unsern Kindern werden?« Aber nachher ging alles, floß alles so über einen weg, daß man, durch diese ewigen Bombardierungen, eigentlich kaum mehr zum Nachdenken kam, sondern nur zu einem Existenzkampf. Es kam dann diese Zeit vom 20. Juni, nein, Juli, das weiß ich, das war eine sehr kritische Zeit. Da kamen Bekannte zu uns, die nationalsozialistisch engagiert waren, und wollten meinem Mann sozusagen begreiflich machen, wie so was passieren konnte. Und ich höre meinen Mann noch sagen: »Wenn deutsche Offiziere in dieser Situation so etwas machen, dann muß es noch viel schlimmer um uns stehn, als ich je geahnt habe.« Nun war ich, wir waren mit den Kindern teilweise evakuiert, 43/44 waren wir in Stuttgart alle und mein Mann hier alleine. Das letzte Jahr sind wir aber hier alle zusammengewesen und sind jede Nacht im Bunker gewesen, mit allen Kindern. Sie hatten da ein Feldbett, und da schliefen sie alle viere drauf. Die Bomben fielen, und der ganze Bunker wackelte, das waren entsetzliche letzte Tage. Da wurde nämlich grade unsere Gegend besonders bombardiert, weil sie meinten, daß unser Bunker der Befehlsbunker war. Da wurde unsere ganze Gegend flachgelegt. Und dann hieß es: Alle, die noch ein Haus haben, sollen nach Hause gehn und dableiben. Da lagen wir unten im Keller, keine Sirene ging mehr, und der Angriff ging los, und ein Teil nach dem andern wurde zerstört. Mein Mann hat in der 1. Etage im ältesten Anzug geschlafen, weil er noch jemanden hat mit ausgraben helfen, und kam dann runter über diese zerstörte Treppe. Wir blieben noch, und dann sagte ich: »Jetzt müssen wir raus!« Mein Mann sagte: »Du bist wahnsinnig, alles kann uns doch ...« Da sagte ich: »Jetzt müssen wir raus!« Dann sind wir alle durch das Kellerfenster rausgekrochen und über die Straße gelaufen, ich mit dem Kind auf dem Arm, die war damals 3 Jahre, und in den Bunker. Und in der Zwischentür, es waren zwei Türen, da ging die nächste Bombe, und die übernächste hat unser Haus zerstört. Das war für meinen Mann immer ein Wunder, daß ich das, also er sagte immer: »Frauen haben irgendwo einen sechsten Sinn.« Er bewunderte immer die Frau mit ihrem Instinkt: »Wir mit unserm Verstand hätten das gar nicht so sagen können.«

Meine Tochter sagte damals: »Der liebe Gott hat uns doch wundervoll beschützt.« Ich muß sagen, es war eine Zeit meiner schwersten Zweifel und meiner schwersten religiösen Kämpfe. Diese ganzen Kriegszeiten, wo man, wo so viel Unrecht geschah, wo es keinen Gott gab, der da eingriff. Ich sagte zu meiner Tochter: »Ja, und die andern Menschen, sind die nicht auch so gut wie wir?« Ich weiß nicht, ob ich nicht schon durch diese kleine Frage in ihr sehr viel Nachdenken und Kritik und Zweifel hervorgerufen habe, ich habe mir manchmal später Vorwürfe gemacht. Aber ich meine, irgendwann kommt er ja doch an den Menschen ran, der Zweifel, und ich finde es eben doch sehr wesentlich, daß man sich damit auseinandersetzt, daß der liebe Gott im Grunde uns wohl Kraft gibt, aber nicht in unser Schicksal eingreifen kann. Zu der Zeit haben wir nur noch im Bunker gelebt, ich glaube,

5 Tage. Da wurde auf der Straße Essen gekocht. Meine älteste Tochter war so schockiert, daß sie überhaupt nicht aus dem Bunker rausging. Und dann ging es friedlich, sahen wir die Panzer anrollen, und dann wars vorbei.

Wir kamen in die Wohnung meiner Mutter, das war das schlimmste, dieses halbe Jahr, das dann folgte, mit diesem entsetzlichen, eiskalten Winter, wo wir nichts besaßen, nichts zum Anziehn, nichts. Die Kinder mit Frost in den Füßen, die Wände eisbedeckt, kein Wasser mehr, alles war eingefroren in dem Haus, in der Wohnung. Wir hatten ein kleines Kanonenöfchen für ein winziges Zimmer, und da schliefen wir denn alle auf Matratzen, alles aufeinander gehäuft. Und nachher kam meine Mutter, meine Schwester, mein Bruder aus Gefangenschaft, alles in diese Vierzimmerwohnung. Nein, das war furchtbar. Das nannte mein Mann immer nur das Familien-KZ.

Das war schwer, das war wirklich eine sehr, sehr schwere Zeit, zumal ich damals die Übergangsjahre hatte und sehr viele Thrombosen, sehr viel lag, außerdem sehr viel hamstern mußte und dann sehr viel schleppte, damit die Kinder nur was kriegten. Das sind wirklich schwere Zeiten gewesen, muß ich sagen. Und wenn wir nicht diese rührenden Freunde drüben in Amerika gehabt hätten, die uns mit großen Kleiderpaketen und Eßpaketen versorgt haben, also, dann wären wir wohl nicht so, so drüber weggekommen.

Unsere Schmuckstücke hatte mein Mann allerdings in der Bank hinterlegt. Ein paar von den Sachen, von seinem Vater und so, die wir doch nicht trugen, wollen mal sagen, einen großen Brillanten oder sonst was, die hab ich dann erst taxieren lassen, und dann bin ich hintenrum irgendwo hingegangen, wo ich wußte, daß die für Amerikaner einkauften. Und dann hab ich da 1000 Mark, also das Doppelte von dem, was die mir in den Geschäften sagten, verlangt, und die hab ich auch anstandslos gekriegt. So konnten wir uns wieder weiterhelfen. Und der Junge ging tagsüber rüber zu den Amerikanern, die im Josefs-Stift hausten irgendwo, und holte sich Kaffeesatz, damit mein Mann wenigstens ein bißchen Kaffee zum Aufmuntern hatte oder Zigaretten.

Und dann wurden sehr viele von unsern Bekannten gefangengenommen, kamen dann in die KZs, beklagten sich, aber ich meine, das waren auch an und für sich anständige Menschen, die das also, die bestimmt nichts Unrechtes, sie waren, gemacht hatten. Und mein Mann saß apathisch da, er hatte nichts zu tun. Dann wurde er aber als Staatsanwalt wieder ans Gericht gerufen. Er war der erste, die Entnazifizierung war bei ihm zuerst in Ordnung, bei den andern dauerte sie wesentlich länger. Jedenfalls war er der erste, der überhaupt wieder von den Staatsanwälten einberufen, eh, zurückgerufen wurde. Und dann kam eigentlich seine Glanzzeit insofern, als er Riesenprozesse hatte. Und zwar klagte er die Leute an, die damals in der Kristallnacht die Verantwortung gehabt haben. Da wachte mein Mann plötzlich aus dieser Apathie auf, er hat in einer Weise da diese Sachen bearbeitet, die geradezu unwahrscheinlich war. Ich seh mich noch mit den Kindern am Radio sitzen, wie er diesen großen Judenprozeß führte und seine Rede also in sehr großen Stücken wiedergegeben wurde. Die hätt ich ja gerne gehabt! Und die Kinder, die eigentlich so einen blassen Eindruck von ihrem Vater hatten durch diese ganzen Zeiten, die also, der Junge, der kriegte eine Begeisterung, es war unwahrscheinlich, wie uns alle das ergriff, daß er so ein fünfstündiges Plädoyer hielt. Die beiden Ältesten gingen dann heimlich in diese großen Plädoyers und saßen hinten unter den Zuhörern. Ich durfte ja nie hin.

Dann habe ich versucht, die Familie wieder etwas zusammenzuhalten, die sind natürlich unter diesen schlechten familiären Verhältnissen da, sind die natürlich alle etwas auseinander gekommen, nicht. Also, mein Junge lief da hin, und die gingen zu ihren Freunden. Oder die Freunde kamen in dies winzige Zimmer von meiner Tochter, da saßen sie alle immer an der Wand lang, aber sie fanden es himmlisch, und alles war willkommen, und alles ging. Und ich habe es immer selbstverständlich gefunden, daß ich dabei war, wenn die Kinder aus der Schule kamen, daß ich für sie da war, daß sie mir immer erzählen, sofort erzählen konnten, was sie auf dem Herzen hatten, und daß ich einen außergewöhnlich guten Kontakt mit meinen Kindern hatte. Ich habe mehr unter den Schwierigkeiten mit meiner Schwester oder mit allen auf dem einen Gang gelitten, natürlich. Mein Mann, der zog sich dann eben in sein Zimmer zurück und, na ja, da mußte ich denn mit fertig werden. Das Erste, was wir als Lastenausgleich kriegten, das haben wir hier als Anzahlung reingesteckt, um die Wohnung zu kriegen, als Baukostenzuschuß. Wie ich das erstemal hier die Tür abschloß, da hatten wir alle das Gefühl: Jetzt sind wir im Himmel. Also, das war so wunderbar, daß kein Mensch hier uns was zu sagen hatte. Trotzdem es nun sehr hellhörig war und bestimmt nicht leicht auch für unsere Mitbewohner, daß wir mit so viel Kindern hier einzogen, und die musizierten alle, Geige und Cello, das war ja nun ein bißchen lebhaft immer.

Dann habe ich bewußt den Sonnabendnachmittag eingeführt und hab den Kindern gesagt: »Es gibt Torte und Kaffee und Kuchen, also, wie gesagt, da seid ihr da!« Das war zuerst nicht so sehr leicht, aber es hat sich dann so eingebürgert, daß mein Mann sich auch darauf einstellte. Und das war für die Kinder wohl die ertragreichste Zeit, denn dann erzählte mein Mann aus seinem Leben und aus seinem Beruf, von seiner seelischen Einstellung zu allem und seinen Problemen. Und das, muß ich sagen, hat den Kindern doch sehr viel mitgegeben. Er erklärte, daß es darauf ankommt, wie der Mensch innerlich ist, nicht, was er ist. Oder seine politische Einstellung, daß eben jeder Verantwortung mittragen muß und daß jeder selbst entscheiden muß, wie er es für richtig hält. Er war sehr politisch interessiert. Am meisten hat er sich mit dem Problem Hitler beschäftigt. Er hat immer wieder auch an den Nachmittagen davon gesprochen, wie es doch möglich war, daß ein Mensch gute Familienväter dazu kriegen konnte, sadistisch andern Menschen gegenüber zu sein. Er hat es als eine schwere Schuld empfunden, daß er nicht noch mehr in Opposition gewesen ist. Er war ja einer von den wenigen, die sich schuldig fanden. Für Adenauer hat er sich dann sehr interessiert, ich meine für Heuss natürlich noch mehr. Meine Rolle bei diesen Samstagsgesprächen war eher etwas passiv, manchmal erwidernd, ich war so froh, daß die Kinder einen Tag hatten, wo er auf sie wirken konnte mit seiner Einstellung zum Leben. Und da hab ich mich doch zurückgehalten.

Mein Mann war sehr belastet, das war er von jung auf, und diese ganze Verantwortung, als er dann auch Leitender Oberstaatsanwalt wurde, das hat ihm doch sehr zugesetzt, weil es sehr viel Schwierigkeiten gab und sehr viele Reibereien, und

er eben, wenn er, wenn er etwas für richtig hielt, unbeugsam war. Es war eben so, daß er einfach nicht mehr konnte und sich vorzeitig pensionieren ließ und dann mit 64 Jahren schon starb. Das war nicht einfach für mich. Ich fuhr im Rollstuhl zum Grabe, denn infolge eines Oberschenkelhalsbruchs und immer neuen Komplikationen hatte ich 7 Monate lang gelegen und konnte kaum auf Krücken gehn. Und meine Lebensaufgabe waren ja die Kinder und mein Mann, die berufliche, die seelische Betreuung vor allem, die Betreuung meines Mannes, daß er seinen Beruf ausfüllen konnte. Und damit war nun Schluß, und das ist für mich sehr schwer gewesen. Mein Leben ist nun in gewissem Sinne einsam, alle Kinder sind verheiratet, nur der Sohn hier in der Stadt, und alle glücklich verheiratet. Aber ich habe sie alle hier schon wohnen gehabt mit ihren Kindern, und das ist das Schönste für mich. Entweder reise ich zu ihnen, ich bin jetzt zwei Weihnachten oben in Oslo gewesen bei meiner Tochter, die hat als Kindergärtnerin gearbeitet, hat einen norwegischen Lehrer geheiratet und hat zwei Kinder. Ich werde diesmal in Jülich sein, dort ist meine Jüngste verheiratet, die hat ihr Lehrerinnen-Examen gemacht und erwartet jetzt ihr zweites Kind. Und Ostern bin ich in München gewesen, meine Älteste hat nach ihrem Studium dort in einem psychologischen Institut gearbeitet, hat da ihren Mann kennengelernt und jetzt hat sie drei Kinder. Und was mich beglückt, die Kinder andrerseits sind dieses Jahr alle hier bei mir gewesen. Und dann ist natürlich die Einsamkeit etwas schwer hinterher wieder.
Andrerseits bin ich Gott sei Dank ein Mensch, der vielseitig interessiert ist, und so hab ich religiöse Interessen und lese viele religiöse Bücher. Dann habe ich literarische Interessen, wir haben einen Lesekreis, zwei Abende, Nachmittage. Und dann hab ich auch ein Hobby gehabt mit Briefmarken, wo ich dann zu den Tauschversammlungen ging, und habe so versucht, auf jede Art und Weise aus meinem alten Leben noch herauszuholen, was herauszuholen war. Nebenbei hab ich Kammermusik, Meisterkonzerte gehört, habe meine guten Schallplatten. Und dann eben meine Nachhilfestunden, die für mich sehr, insofern sehr wichtig waren, nicht um das Geld zu verdienen, sondern erstens, um den Kindern zu helfen, die schwierig lernten, dann aber auch, daß ich Kontakte zur Jugend behielt

und daß ich redete. Denn es ist nicht so einfach, wenn man manchmal einen ganzen Tag hier sitzt und überhaupt nicht redet. Dann rief ich manchmal meinen Jungen an, der ist jetzt mehrere Jahre als Jurist in der Wirtschaft gewesen, aber er hat wohl doch zuviel von meinem Mann mitbekommen, das rein Juristische liegt ihm mehr, und er ist jetzt auf dem Wege zum Richter. Dann rief ich ihn an und sagte: »Lieber Alf, ich muß mal eben sprechen, ich muß eine Stimme hören.« Das war natürlich nach diesem Leben, das ich gehabt habe, doch ein sehr großer Übergang.

Aber ich bin zufrieden, wie es gewesen ist, und ich bin dankbar, daß ich soviel erfülltes Leben gehabt habe.

Susanne M.

Geboren bin ich in Zirl bei Innsbruck am 6. August 1893, Geschwister hab ich viere gehabt, drei waren älter und eine war jünger, alles Mädel. Zu Haus, wir haben ein Häuserl gehabt, ein Familienhäuserl mit einem kleinen Obstgärtel und 2 Äcker, net, wo man anbaut, und 2 Wiesen. Meistens haben wir gehabt entweder eine Kuh oder zwei Ziegen, daß man ein bißl Milch und eine Abwechslung hat. Und Arbeit hat mein Vater genug gehabt. Der Vater hat für ein paar Schuhsohln 1 Gulden kriegt, das sind 2 Kronen gewesen. Jetzt hat er müssen das Leder kaufen, das Leder, und hat müssen die Arbeit, da ist net viel geblieben. Die Zeit ist recht schlecht gwesen. Aber sonst haben wir schon zum Auskommen gehabt, es hat eigentlich soweit nie was gegebn, daß wir Hunger hätten gehabt oder Streit.

Den Vater hab ich sehr gern gehabt, noch lieber wie die Mutter. Wenn der Vater in der Stadt war, Samstag ist er oft in die Stadt gegangen, da hat er uns eine Orange gebracht, oder er hat uns auch sonst was gebracht. Und da sind wir kleine Mädel ihm entgegngangen so ein Stück, vielleicht ein paar Häuser, wenn er mit dem Zug gekommen ist, da sind wir auf der Bank gesessn alle miteinander, hat er jeder eine Orange oder etwas, wo man net immer, net wie heut, wo die Kinder alles kriegen, der ist nie leer gekommen, oder Wurscht-stückerln, die er gekauft hat. Da haben wir damals schon gewartet, das war die Hauptsache.

Das Schönste, was ich erlebt hab, von der Schule ham wir dürfen einmal einen Ausflug machen nach dem Kalvarienberg. Da hat jemand was gestiftet, wer, weiß ich nicht, und da haben wir mitdürfen, alles Schüler, in eine Wirtschaft rein-gehn, und da hat jedes eine Brezen bekommen und ein Glas Limonade. Wir haben ja daheim keine Limonade gekriegt! Wir haben bürgerlich gegessen, da gabs Nudlsuppe, Fleisch net viel, das haben wir nur Sonntag kriegt, Kartoffeln, Schupfnudl oder Dampfnudl, so was Kräftiges.

Religiös waren wir schon, nicht überreligiös, wies im Land draußen war. Wir sind Sonntag in die Kirche gegangen, wir

Kinder sehr, wies halt ist. Und in der Schule, da ist die Hauptsache Religion gewesen. Ich hab spät angefangen, zur Schul zu gehn, weil ich ein bißl kränklich war. Und da bin ich vielleicht erst mit 8 Jahren, vielleicht auch älter, ich weiß net, bin ich in die Schule kommen. Und mit 13 Jahren bin ich schon von der Schule weggekommen, weil unser Nachbar, der Oberlehrer, von dem die Tochter hat geheiratet gehabt und hatte dann 2 Kinder. Und die Frau hat können die Arbeit nicht machen. Jetzt hat der Lehrer gemeint, wo soll ich jetzt für meine Tochter ein Kindermädl hernehmen. Dann hats geheißn: Da sind Mädel genug. Nachher ist sie zu meinem Vater gegangen oder zu meiner Mutter, ob ich net ... »Nein«, sagt er, »es geht nicht, das Madl muß noch in die Schul.« Aber weil der Oberlehrer gewesen ist, hat er mich freigebracht von der Schule. Dann bin ich nicht mehr in eine Schule gekommen, keine Sonntagsschule, gar nichts, hat sich niemand drum kümmert. Das war eigntlich ein kleiner Beamter, und als das Kind wieder ein Jahr älter war, da hats geheißn: »Das kann die Frau jetzt selber machen.« Na, ich bin heimgangen, und da war ich daheim auch net so lang, 3 Wochen, dann hab ich mir eine Stelle selber gesucht.

Ich bin im Oktober weg, und meine Mutter ist gestorben im April. Da hats geheißen, sie hat sich verletzt beim Dachbodn raufgehn, wir haben so eine Klappe gehabt, und die Klappe ist zu früh zugehaut, und da ist sie verletzt gewesen. Und da ist sie ein paar Tag krank gewesen, halt Wassersucht, vielleicht hat ihr was anders gefehlt, ich weiß nicht. Nur bei der Beerdigung war ich dort. Es war schon schlimm, ich wär sonst doch wieder heimgegangen. Und Mutter hat uns alles gegeben. Sie hat viel gschimpft, viel, und geschrien, wenn wir am Mittag keine Ruhe gegeben haben beim Tisch, ist sie mit dem Löffel gekommen, bums, nauf auf den Kopf. Und am meisten hats den erwischt, der zu langsam war. Da hat die Mutter schon reingehaut. Vom Vater haben wir keine Schläge gekriegt, da hat schon die Mutter regiert. Ja, ich war, wie meine Mutter gestorben ist, 13 Jahr, und wie der Vater gstorben ist, war ich 16. Der Vater hatte einen Herzschlag, es wars Herz, ja.

Dann hat mir die Tante gschrieben, sie hat eine gute Stellung. Hab ich halt meine Sachen zusammengepackt, bin ich gegangen. Und das war ein Weinhändler. Das waren feine Leute, sehr feine Leut. Die waren so bürgerlich, ne. Da hab ich mal mitgehn dürfen mit der Frau nach Bozen rein, 2 Monate waren wir drin. Da war ich wie eine Dame so schön, da hab ich nichts tun dürfen als wie nur auf die 2 Kinder aufpassen. Und essen hab ich können immer beim Tisch, sehr gut. So 2 Jahr werde ich da gewesen sein.

Von einer Freundin in München, die hab ich kennengelernt, da war ich mit der Herrschaft in Sommerfrische, und dann hab ich der mal geschrieben, ich möcht auch nach München, ob sie nicht eine Stellung weiß. Dann hat sie geschrieben, ich soll kommen. Dann war ich 4 oder 5 Tage hier bei ihr, hab auch bei der Herrschaft wohnen können und hab mir eine Stellung gesucht. Aber da hats mir net so gut gefallen, es waren viele Kinder, 3 Buben, und ein großes Geschäft, und alles mußt ich selber arbeiten. Da hab ich gesagt: »Ich möcht wieder in meine Heimat zurück, nach Innsbruck.« Ich hab eine Tante gehabt, die ist wie meine Mutter gewesen, sehr nett, und der hab ich geschrieben, sie sollte mir schreiben. Und die haben mir geschrieben, daß die Tante krank ist, ich sollte kommen. Na, bin ich gekommen. Einen Monat werde ich dort gewesen sein, bis ich eine andre Stelle bekommen hab. Da war ich, glaub ich, 3 Jahr. Das war ein Hofrat. Die waren sehr nett, sehr nett. Da war ich als Köchin dort.

Und in München hatte ich dann meinen Mann kennengelernt. Der ist immer in das Haus zu Besuch gekommen, und da hat er mich ein paarmal gesehn, und dann hat er einmal geschrieben nach Innsbruck, und ich hab geschrieben. Er ist Kaufmann gewesen, Käsebranche. Und so ist man halt zusammengekommen. Ja, da hat er dann gesagt, ich sollte mal nach München fahren, und das war die Zeit während des Krieges, grad die schlechte Zeit, das war ja 1917. Ich sollte rausfahren für einen Tag oder zwei und dann könnten wir mündlich sprechen, na, dann hat er gesagt, ob ich heiraten würde. Sag ich: »Ja.« Dann bin ich ein paar Tag dageblieben, 3 Tage. Und das Fräulein, die Herrschaft hatte gesagt: »Ja, Sie kommen doch den Tag drauf wieder? Wir brauchen Sie.« »Ja, ja«, sag ich, »komm schon.« Und während des Krieges, der Zug, ich bin um 1 Uhr mittags weggefahren und in der Nacht um eins bin ich hergekommen. Und die Züge eiskalt, nicht geheizt, gar nichts. Mein Mann oder mein Bräutigam hat ein Theaterbillet gehabt, weil, wir hätten wollen ins Theater gehn, aber ich bin froh gewesen, daß ich in eine warme Stube gehn konnte. Ich hab bei seiner Zimmerdame geschlafen, ja, da ist mein Mann ausgezogen, waren 2 schöne Zimmer. Und da haben wir ausgemacht, daß wir im Herbst heiraten.

Ich fahr wieder weg mittags um 1 Uhr, glaub ich, und ankommen bin ich in der Nacht um 11 Uhr in Innsbruck. Jetzt das Malheur, das ich da mitgemacht hab. Ich geh hinauf, sperr mein Zimmer auf, und meine Dame, das Fräulein, die war schon alt, 33 Jahr, die Tochter halt, im Nachthemd ist sie dahergekommen, hat sie gesagt: »Was erlauben Sie sich, Sie kommen in 3 Tagen erst heim, wo Sie, wo Sie versprochen haben, Sie kommen in einem Tag!« Da hab ich gesagt: »Fräulein regens Ihnen nicht auf, ich geh ja so am Ersten. Dann werden Sie länger vielleicht allein sein. Also, ohne mich«, hab ich gesagt. Die hat so eine Wut gekriegt, weil ich gegangen bin. Sie haben keine Ahnung, kochen hat sie nicht gemocht, und das Stubenmädel, die hat andre Arbeit gehabt, ne. Wie ich dann zum Heiraten herausgefahren bin, hat sie mir ein Geschenk gegeben, das darf ich Ihnen gar net sagen, das hab ich nicht mal zu meinem Mann gesagt: Eine Tortenplatte, aus Glas wirds gewesen sein oder Blech, und so Salz und Pfeffer. Und ich war 3 Jahr dort! Ich hab so eine Wut gehabt. Ich habe es schon schön gehabt da, sind keine kleinen Kinder gewesen, die Dame, das Fräulein ist im Sommer 4 Wochen weggewesen, ich hab den Haushalt gemacht, hat kein Mensch mir was dreingetan. Aber eine Wut hat sie gekriegt. Das war dann mein Zeugnis, als Köchin, vom 1. März 1914 bis 1. Dezember 1917: »Susanne N. hat während angegebener Zeit sich durch musterhafte, religiös-sittliche Aufführung, Treue und Redlichkeit ausgezeichnet. In ihrer Diensteigenschaft war sie sehr fleißig, flink, reinlich und bestens verwendbar. Sie verläßt den Dienst ehehalber. Gott begleite sie. Hofrat Dr. v. R., Villa-Besitzer.«

Geheiratet hab ich das erste Mal 1918. Die Hochzeit war sehr schön, die haben wir im Petershof gehabt, Marienplatz. War sehr schön. Mein Mann hat viele Leute gekannt, sehr viel Leute, der war sehr angesehn. Da waren vielleicht 30, 35 Personen, getanzt haben wir auch, droben im Saal. Und mein erster Mann ist ein bißl ein Gaudi-Mann gewesen, er hat gern Gaudi gemacht. Die erste Ehe war sehr gut.

Der Arthur ist dann im Oktober geboren, nach 9 Monaten ist der Bub gekommen, grad 9 Monate. Da haben wir ein Geschäft gehabt droben in der Großmarkthalle, so eine Buttergroßhandlung, da war mein Mann Teilhaber. Und der andre Teilhaber war ein Bazi, der hat meistens Geld gehabt von seinem Vater, mei die haben Geld gehabt, der war Viehhändler und Hopfen oder was weiß ich, mit was der gehandelt hat. Mein Mann hat nicht viel gehabt. Ich hab müssen zusammenflicken die Sachen, wir haben wohl Marken gehabt, so Karten für Wäsche oder Kleider, aber wir haben ja das Geld net gehabt. Ich hab, ich war 20 Jahr bereits verheiratet gewesen, bis ich mir das erste Gewandl hab kaufen können, 20 Jahr. Ich bin an der Nähmaschine gewesn, wir haben die Fetzen zusammbinden, zusammennähen und zusammflicken müssen, nähen hab ich können. Ein einziges Mal hat der Vater gesagt zu mir: »Du, Mama, eine Hos bräucht ich halt.« Da war die Nähmaschine notwendiger als der Kochofen.

Und 1918, wie der Krieg zu Ende gegangen ist, da ists zugegangen, furchtbar, furchtbar. Da hat man nur gewisse Stunden dürfen ausgehn, um was einzuholen. Die andre Zeit ist Schießerei gewesn. Das war, das war net Inflation, das war Revolution. Die Schießerei, die haben wir gehört 5 Wochen, man hat gehört, wie die Weißen und die Roten gearbeitet haben. Traurig war nur während der Räte-Rupublik, da haben die Roten die Schwarzen erschossen. Die Jungen, die sind vom Krieg heimgekommen, haben keine Arbeit gehabt, da hat ja niemand Arbeit gehabt, die haben ja was essen wollen, gell, dann sind sie dazu. Ich hab auch geschaut, daß ich mein Essen, daß ich zum Kochen was hab und mein Kind, ne. Da hat man müssen anstehn, daß man ein bisserl was bekommen hat. Es war keine Ordnung.

Mein Mann hat viel Arbeit gehabt, daß der die Ware herbringt, es war schlimm mit die vielen Leut. Dann war eine Zeit, wo der Käse und alles auf Marken gegangen ist, das hat stimmen müssen. Und dann kam auch noch die Inflation, das war halt so, mein Mann hat gesagt: »Jetzt kannst dir was kaufen gehn.« Dann hat er mir eine Tasche, eine Einkaufstasche, nein, so ein Kofferl wars, Geld gebracht. Sag ich: »Ja, da geh ich morgen gleich.« Bin ich morgen gegangen. Sie, ich hab von dem ganzn Geld nichts mehr gekriegt, das ganze Geld, nichts mehr! Da war vielleicht eine halbe Million drin, ich sag Ihnen, das ist in die Tausende gegangen, Hunderte.

7 oder 8 Jahr werde ich verheiratet gewesen sein, da ist mein Mann gestorben. Er hat Gedärmverschluß gehabt. Ist aber schnell gegangen. 1/4 Jahr davor war er in Erholung in Berchtesgaden, und dann ist er wieder heim. Aber gearbeitet, bis es nimmer gegangen ist. Und wie mein Mann gestorben ist, da hat mich doch der Teilhaber ausgeschmiert. Mein Mann war net kleinlich, der hat nur gesagt: »Wir sparen, ich möchte den Teilhaber hinausschmeißen, der taugt nichts.« Und ich hab auch gespart, so wie jetzt. Und wie er dann im Krankenhaus war, Privat-Klinik, da hab ich ihn besucht, dann ist der Teilhaber gekommen, ich hab müssen gehn, und der hat mit meinem Mann gehandelt. Da hab ich einen Fehler gemacht, ich hätte drinnen bleiben sollen. Dann sagt mein Mann nur, war so ein Vertrag mit der Firma, da sagt er: »Der Hans hat den Vertrag gelernt wie das Vaterunser, ne.« Aber: keinen Pfennig hab ich gekriegt. Er ist nachher gekommn, wie mein Mann gestorben ist, gleich in der Früh: »Also gut, entweder machen wir Bankrott oder ich verkaufs.« Aber was hat der gute Mann gemacht: Bankrott hat er gemacht, und mich hat er ausgeschmiert! Der hat können leicht Bankrott machen, wenn er soviel Käs und Sachen verschoben hat davor. Der hat auch gewußt, daß mein Mann im Sterben ist. Ja, bin ich allein gewesn, geholfen hat mir kein Mensch. Dann hab ich ein Sterbeding kriegt, eine Versicherung mit 10 000 Mark, und mit den 10 000 Mark hab ich halt, Sie wissen schon, dies hab ich müssen zahlen und jenes. Dann sind mir 7000 Mark geblieben. Und dann hab ich die Wohnung, hab ich ein paar Zimmer vermietet für zwei Herren und eine Dame, da hab ich auch ein bißl was gekriegt. Dann hab ich ausgerechnet: So 2 Mark darf ich brauchen mit die 2 Kinder, ohne Miete und so, nur fürs Leben, da hab ich müssen schon sparen.

Meine Schwägerin ist dann gekommen, hat mich auch besucht, hab ich gesagt: »Du, mir gefällt das gar net, immer so alleinig.« Eines Tages bin ich mal in die Stadt gegangen, nachher hab ich meinen Mann kennengelernt. Der hat mich angeredet, na, und ich hab nachher auch so geredet. Und da hat er erzählt, und dann sind wir weitergegangen, dann sagt er, ob wir uns treffen können. Nachher sag ich: »Ja, mal am Sonntag, weil da meine Schwägerin kommt für die Kinder. Ich kann doch die Kinder nicht mitschleppen.« Dann haben wir uns getroffen in einem Café. Ich weiß aber nicht mehr, wo das Café war. Und da hat er erzählt, daß er geschieden ist, schuldlos, und daß er da bei einem Freund wohnt. Er war Schlosser, Mechaniker war der, bei BMW draußen. Ich hab ihn mal eingeladen zu mir, so 3, 4 mal ist er gekommen, jedesmal hat er was liegenlassen, das hat er müssen wieder holen, ne. Und dann hat er mir gsagt: »Wir gehn aus mit den Kindern«, da haben wir die Kinder auch mitgenommen. Wir sind also gegangen ein 3/4 Jahr, nachher haben wir gesagt: »Wir heiratn«, und wir haben geheiratet, sind beisammen geblieben. Er ist sehr behilflich gewesen und sehr sparsam, kein Trinker oder so.

Dann sind wir umgezogen, ich hab noch ein bissl Geld gehabt, so 7000 Mark, da haben wir gsagt: »Da schaun wir uns um nach einm Häuserl.« Der kriegte das Geld von der Rente, eine Militärrente hat er gehabt, den 1. Krieg hat er mitgemacht, 2 Jahr vorm Krieg und 4 Jahr im Krieg, 6 Jahr war er beim Militär. Dann war er sehr nervös, auch vom Militär. Er hat einen Lungenschuß gehabt und Kehlkopf hat er gehabt und die Ohren, er hat ein bißl schlecht gehört, war aber groß, ein Mann mit 2 Meter, 1 Meter 80, ja. Dann hat er Rente gekriegt von 80 Mark im Monat, war viel Geld, und er hat gearbeitet, das Leben war teuer, und er hat gesagt: »So lang, daß ich kann, kann ich.« In der Arbeitslosigkeit hat er sehr Glück gehabt, da hat er eine Zeit keine Arbeit gehabt, ein halbes Jahr, aber dann hat er gesagt: »Nein, zum Stempeln geh ich net.« Dann ist er gelaufen in die Stadt, er hat gesagt, was er mitgemacht hat, er war solang im Krieg, da und dort, und ob sie ihm nicht eine Stellung geben. Er will eine Stellung bei der Stadtverwaltung. Er hat sich schon ausgekannt. Dann haben sie ihm eine Stellung gegebn als Nachtwächter, für 4 Tage in der Woche. In der Woche hat er 32 Mark gekriegt.

Dann haben wir also ein kleines Häuserl gekauft, da haben wir dann Geld aufgenommen bei der Stadt. Aber da sind wir ausgeschmiert gewesen, haben wir prozessiert 3¹/₂ Jahr, dann sind wir ausgezogen, weil das Haus so feucht war. Mir wär ja alles kaputt gegangen. Wir haben das Haus dann zugesperrt und sind nach Ramersdorf gezogen, da haben wir eine billige Wohnung gekriegt von der Stadt, für 35 Mark. Dann sind aber 5 Kinder inzwischen dagewesen. Da war der Bub da, aus 1. Ehe, und dann die Lore, die Anna, die Regina und die Luise. Und wir haben die Woche 35 Mark gehabt. 5 Personen und der Vater und ich, da hat man schon sparen müssen. Meine Tochter, das Lorle, die sagt heute oft: »Mami, ich kanns net verstehn, wies du machen hast können.« Wir haben aber gegessen, Fleisch nicht, nur Mehlspeisen, Griesschmarrn oder Auflauf oder Hefeteig, aber nicht etwa, daß ich da 10 Eier genommen hätte, da haben 2 auch gelangt, und Schweinefett.

Und als Hitler kam, zuerst haben wir uns gefreut, weil wir uns gesagt haben: »Jetzt kommt wieder ein Herrscher her.« Aber dann, wie man gesehn hat, wie die gehaust haben, nachher hats uns gelangt. Ich hab mich wenig gekümmert um den Hitler, ne, wir haben ja müssen schauen, daß wirs Essen gehabt haben. Und dann ist mein Mann politisch eingesperrt worden, weil er geschimpft hat. War er 9 Monate in Stadelheim droben, 10 Monate. Sie müssen denken, was ein Krieger ist, der schimpft ja, der will doch nicht wieder Militär und Soldaten haben. Das war ein Kriegsbeschädigter, der hat so viel mitgemacht im Krieg, daß ers genug hatte. Sollen sie doch erst mal aufbaun und Gerechtigkeit schaffen, aber nicht da wieder Soldat spielen. Mei, das war schwer. Ich hab meine Kinder gehabt, ich hab müssen schauen, daß ich drauskomme, net, und den Vater haben sie eingesperrt. Da hat kein Mensch Mitleid gehabt, ob ich was gehabt hab für die Kinder oder nicht.

Alle Donnerstag hat man Besuchszeit gehabt, da bin ich nauf. Und da hab ich müssen eine Bestätigung mitnehmen, daß ich hab können oben reingehn in das Gefängnis, hab ich müssen in der Stadt zu einem Inspektor, der hat mich 3 volle Stunden sitzen lassen heraußen im Gang. Ich hab jede Woche eine Bestätigung gebraucht. Ich hab aber müssen meine Kinder einsperren, die Anna, die war 11 Jahr, 12 Jahr, die Regina 11 und die Luise war 7 Jahr. Das war 39 auf 40. Es war ein sehr kalter Winter, ich bin mit dem Radel gefahren, die Füß halb erfroren. Dann waren die Kinder, die haben mir aus den Schuhen geholfen, bin kaum rausgekommen. Ja 5 Stunden warten, und 10 Minuten reden, ja, was willst denn.

Und eines Tages bin ich auch nauf, da hat einer gesagt: »Ist die Frau M. da?« Da sind ja die vielen Leute gewesen, nach der Zeit, wo im Bürgerbräu der Umsturz war, die Schießerei, den Hitler hätten sie wollen erschießen. Was meinen Sie, was da Leute eingesperrt wurden, und andre haben die wieder besuchen wollen, ein paar Hundert. Es ist furchtbar zugegangen. Dann hat es geheißen, mein Mann hätte einen Schlaganfall gehabt, ich sollte mitgehn. Da haben sie mich hinaufgeschickt, ich glaub in den 2. Stock, da war das Krankenhaus. Ist er in so einem Stuhl gesessen, gar nimmer recht beisammen. Hab ich gesagt: »Ja, was ist denn?« »Mh, mh, mh«, das ganze Gesicht war verschoben, verzogen, ich hab ihn kaum verstanden. Nachher hab ichs dem Rechtsanwalt erzählt, weil ich da einen Rechtsanwalt gehabt hab. Hab ich müssen auch privat zahlen, ein bißl Geld hab ich von dem Geld noch wegnehmen müssen, ich habs nicht verdient. Und der Rechtsanwalt hatte davor gesehn gehabt, daß mein Mann normal ist und gesund. Sagt er, er wird ihn in ein Pflegeheim tun. »Wahrscheinlich wird er auch nimmer werden, ne.« Dann bin ich heim, und so ist es halt weitergegangen.

Dann hab ich eine kleine Arbeit angenommen, bin ab und zu nübergegangen zu einer Frau zum Putzen. Die war sehr nobel, die haben ein bißl mehr Essen gehabt, die haben mir oft viel Essen gegeben. Er war Polier, der hat etwas zusammengebracht, gell, gehamstert, weil er Geld gehabt hat. Wenn man Geld hat, hat mans ja können. Dann haben sie mir einen Tiegel voll mitgegeben, das hat uns wieder gelangt für 2 Tage. Der war ein feiner Mann, geschrien hat er für zehne, aber sonst sehr freundlich. Und so ists halt gegangen, bis mein Mann wieder heim ist. Da ist dann noch die Verhandlung gewesen. Nachher ist er aber frei geworden, die Untersuchung ist angerechnet worden. Mit Krücken ist er gekommen, der hat nicht laufen können, ist alles gelähmt gewesen. Jetzt müssen Sie denken, kein Pfennig Geld, wo nimmt man das Geld her? Die Kriegsrente haben wir noch gehabt, und 10

Mark die Woche hat er Krankengeld gehabt. Da bin ich nachher in die Kriegsfürsorge und hab da, wieviel haben sie mir gegeben, ich glaub, im Monat 70 Mark. Nachher hat er mal gearbeitet bei dem, wo ich gesagt hab, daß ich öfters Essen gekriegt hab, und der hat gesagt, er hätte eine Arbeit, eine ganz leichte Arbeit, das könnte der machen. Das war draußen, da haben sie einen Bunker gebaut, und da hätte er nichts tun brauchen wie als Nachtwächter gehn, hätte auch so 40 Mark die Woche. Und da hat er gearbeitet.

Und mein Sohn, der war beim Militär. Den hatte ich lernen lassen, obwohl wir so wenig gehabt haben, ist er in die Oberrealschule gegangen, 9 Jahr. Dann sagt er: »Du, Mamma, der Lehrer, der Professor hat gesagt, vor 5 Jahren kommt nie ein Krieg«, 1938 wird das gewesn sein. Nachher sag ich: »So?« Sagt er: »Doch.« Und da war er bereits fertig, und der wär gern Ingenieur geworden, der Arthur. Aber dann mußten die ein halbes Jahr Arbeitsdienst machen, und dann, hat er gemeint, könnt man weiter tun, das wär die Pflicht. Aber statt ein halbes Jahr haben sie ihn bereits 10 Monat dringelassen. Und in der Zeit darauf haben sie ihn gleich zum Militär gezogen. Dann war er nicht lang beim Militär, da ist der Krieg ausgebrochen, sie haben ihn gleich genommen zum Krieg. Dann ist er zu den Fliegern, und da war er kaum dabei, ist er gefallen. 1940 ist er gefallen. Der hat nichts Schönes gehabt vom Leben. Einen Brief haben sie mir geschickt, und seine Sachen haben sie mir noch geschickt, sein Kofferl, da war nicht viel drin. Ich sag immer: »Wenn ich meinen Buben hergenommen hätte und hätte ihn in eine Arbeit geschickt nach der Volksschule, dann hätte er wenigstens ein paar Pfennig in der Tasche gehabt.« Der hat keinen Pfennig Geld gehabt, der hat nur arbeiten müssen und sparen. Das Gewandl hab ich zusammengeflickt, bis 2 Uhr bin ich oft gesessen, ich hab können keine Strümpfe kaufen wie heut die Leute, hab sie müssen stopfen und wieder stopfen, die Sachen zusammengeflickt für die Kinder, daß sie sauber in die Schule gehn können.

Und die Lore, die hat eine Kinderlähmung gekriegt, mit 15 Jahren, wie sie in die Schule gekommen ist, in die kaufmännische. Ja, da bin ich wieder sehr ehrgeizig gewesen, weil ich mir gedacht hab: Sie sollt mehr werden wie ich, nicht so armselig wie ich mein Leben hab müssen mitmachen. Ja, das war eine böse Zeit, da hab ich sie mit dem Leiterwagerl gefahren, daß sie in die Schule geht, und heim hab ich sie auch wieder geholt. Und die Anni, die hat einen wehen Fuß gekriegt, auch so was wie Kinderlähmung, aber nicht so stark, die hab ich müssen mit dem Rad, entweder der Vater oder ich, bis Perlach hinüberfahren, daß sie in die Schule geht. Die Anna ist dann Verkäuferin geworden, und die Regina, die ist Pelznäherin. Und das Luiserl wurde Friseurin. Und die Lore, der ihren Beruf könnte ich Ihnen net genau sagen, sie hat sich selber hinaufgearbeitet, mit ihrm Fleiß und sparsam, Dozentin ist sie und die hat den Doktor geheiratet.

Und nachher die Bombenangriffe, das war so schlimm, das war so schlimm. Die erste Zeit weniger, da war es meistens in der Stadt drinnen, da hat man gesehn, wie das Feuer aufgeht, wie die Bomben herunterfallen. Aber zuletzt im Krieg, das ists da heraußen zugegangen, da war im Wald, wie sagt man, die, die Abwehr, und da hinten war auch eine Abwehr, da haben sie geschossen, und bei uns ist die Bombe rein, und wir waren im Keller, und wie wir hinauf sind, war die Welt, die ganze Luft war gelb. Kein Fenster ganz, das Dach, keine Platte droben. Alles ist in Trümmer gegangen. Dann ist ein Mann gekommen und hat gesagt: »Frau M., es kommt der Volkssturm, aber eins ersuch ich Ihnen, daß Ihr Mann nicht schimpft übern Hitler.« Sag ich: »Naa«, sag ich, »der hats satt.« Und der Volkssturm ist her, hat uns das Dach mit Dachpappe eingekleidet. Aber wir haben den Keller hoch im Wasser gehabt, wie die Bombe da rein ist, die hat das Gas, das Elektrische, das Wasserrohr war geplatzt.

Und wie der Krieg bald zu Ende war, wir sind ganz gemütlich in der Küche gesessen, auf einmal kommt der Schutzmann: Er muß den Vater mitnehmen in die Wach mit nüber. Da haben sie ihn mitgenommen, haben sie ihn, die Schutzleute, versteckt in einem Bauernhof. Aber weil er doch politisch eingesperrt war, weil er gegen Hitler gearbeitet hat, da hätten sie ihn holen müssen zum Erschießen. Die haben ihn also gerettet, die haben den gut gekannt, den M. Und das ist eine gewagte Sache gewesen, die SS, die hätte ihn erschossen. Nach dem Krieg sind dann die Amerikaner da herein, da haben sie gesehn, daß wir recht mager waren, nur Haut und Knochen, es hat ja nichts mehr gegeben. Nachher sind sie herein, Männer, 2 m lang, hoch und breit, die Amerikaner, sind mit so Dingern rein, als wenn sie einen aufstecken müßten. Dann haben sie gefragt, ob wir was da haben. Wir haben aber nicht viel gegeben, sie haben gesehn, daß nicht viel da ist, was sie bräuchten. Da hat man gleich Angst, wenn so Soldaten, gleich 2 m lange mit Gewehr da sind und fragen einen. Na, ich hab ja nichts verstanden, weil sie es englisch sagten.

Ich hab nichts gehabt. Es hat uns niemand was gegeben, und ich hab nichts gehabt zu geben. Wenn ich hinausgegangen bin, wo wir immer die Kartoffeln gekauft haben, »Sie«, hab ich gesagt, sie sollten mir Kartoffeln geben. »Ich hab keine Kartoffeln.« »Ja«, hat sie gesagt, »die andern, die bringen mir eine Seife und bringen mir was andres und Wäsche und so.« »So«, hab ich gesagt, »wie Sie das noch net gekriegt haben, da seid ihr froh gewesen, wenn ich Ihnen alle Jahr 5 Zentner Kartoffeln abgekauft hab, ne.« Mit knapper Not hat sie mir noch so ein Sackl voll gegeben. Bin ich mit dem Rad gelaufen, werden 2 Stundn gewesen sein.

Mein Mann hat dann wieder gearbeitet, da ist er zur Stadt gekommen als Mechaniker, als Elektriker ist er im Krankenhaus gewesen, und da ist er geblieben, bis er pensioniert worden ist. Viel hat er nicht mehr arbeiten können. Und wann ist der pensioniert worden, vielleicht 10 Jahr darauf. Ja, da hab ich ihn müssen pflegen, der ist ja gelähmt gewesen auf einer Seite. Gegartelt hat er, gell, gern ein bißl umeinander, das war ihm noch das Liebste. Und vor 5 Wochen ist er gestorben. Er hat Herzwassersucht gehabt, der Mann war vollständig kaputt, innen und außen, vollständig, alles. Gejammert hat er net viel, bis zuletzt halt. Und jetzt zieh ich den Buben von meiner Tochter auf. Die ist verheiratet und geht in die Arbeit, und der Mann geht auch in die Arbeit, und jetzt sagt sie halt: »Mei, Oma ist noch.« Ich weiß, was ich im Leben gehabt hab. Was hab ich gehabt, nichts. Die paar Pfennig, die ich mir erspart hab, die sind kaputt gegangen im 1. Krieg, im 2., wie ichs mir da gespart hab, ists auch kaputt gegangen. Jetzt sparen wir wieder, jetzt wissen wir auch net, was kommt. Das ist das einzige, vom zweiten Mann, daß ich eine Rente kriege. Das hat mein Mann immer gesagt: »Mamma, soviel hab ich gearbeitet, daß du soviel hast, daß du deine Kinder net betteln brauchst um den Unterhalt.«

Antonia T.

Ich bin am 16. Dezember 1883 geboren. Ich stamme aus Ostpreußen, und zwar, mein Vater hatte ein Gut, das hieß
Prienoven und lag bei Annaburg. Und als ich so ungefähr
5 Jahre alt war, da hatte er einen Unfall auf diesem Gut, er
baute immer viel, um es hübsch zu machen, und er hatte einen
Unfall, weil ein Hochofen abgerissen wurde nach dem Zie-
gelbrennen für den Bau. Er kam zugeritten, um zu inspektie-
ren und rief: »Wenn das fällt, fällt es ja auf euch!« Und es
fiel auf ihn, die Stirne war verletzt, er hatte eine Kopfwun-
de, eine Wunde auch an einem Bein, das Schienbein war verletzt. Er lag dann sehr lange im Bett, was für mich als Kind
interessant war, denn ich, ich nannte ihn Kolol, er hieß Karl,
meine Mutter sagte immer Karol. »Kolol, tuts weh?« Wenn
er »Ja« sagte, holte ich meine kleine Spieldose und spielte
ihm ein Liedchen vor. Dann meinte er, das hätte geholfen.
Und so wurden wir nette Freunde, gute Freunde. Er wurde
auch allmählich gesünder, aber sein Arzt, ein Freund von ihm
aus Angerburg, der riet, er sollte doch das ganze landwirtschaftliche Tun aufgeben und was anderes tun.
Ich hatte noch 2 Brüder, einer war 2 Jahre jünger. Er wurde
als Junge behandelt, ich als Mädchen. Ein Junge durfte mit
seinen Kameraden draußen spielen, Krieg spielen oder, oder
Indianer oder so was, er las auch immerzu Indianerbücher,
sehr viele Bücher über Afrika, aber nach Afrika ist er nicht
gegangen, sondern nach Südamerika, wegen des Klimas, das
da sehr gut sein soll. Ich ging in die Mädchenschule, ich hatte
noch eine Freundin, machte viel Schularbeiten, übte 2 Stunden Klavier jeden Tag, denn übermäßig musikalisch war ich
nicht. Von dem ganz kleinen Jungen weiß ich gar nichts
mehr, der hatte, der war anders als wir, wir waren blond,
und der andre kleine Junge war schwarzhaarig und blau-
äugig, der Oskar, der starb bald, an Zahnkrämpfen. Heutzutage braucht ein Baby nicht mehr daran zugrunde zu gehn,
damals war das so.
Dann zogen wir nach Königsberg, und da kam ich auch zur

Schule. Da ging ich zu einer Dame, einer Stiftsdame, die lebte hinter einer großen Mauer, wo sehr schöne, alte Bäume standen. Meine Eltern nahmen mich von da aber nach einiger Zeit weg und schickten mich über die 2 Brücken, als ich ein bißchen größer war, in die Louisen-Schule. Und die Louisen-Schulen blieben dann bei mir oder ich bei ihnen. Ich bin ja zuletzt in der Louisen-Stiftung 20 Jahre als Lehrerin gewesen. Wir zogen dann weg, nach Lück, wo mein Vater eine Maschinenfabrik aufmachte. Da wurde er sehr schwer betrogen von einem Partner und gab das auch auf. Dann zogen wir nach Insterburg, da hatten wir Verwandte, und dann wieder nach Königsberg zurück. Und da ging ich in die Schule von Frau Maria Krause. Sie wurde ein Berühmtheit, denn sie hatte das Schulwesen bei uns reformiert. Sie brachte aus dem Reich, sie reiste oft nach Berlin oder Leipzig auch, wo große Erneuerungen im Schulwesen stattfanden, und was sie dort hörte, das brachte sie heim. So hab ich von dort eigentlich die Methode, die heutzutage üblich ist, daß man in dem Schüler oder der Schülerin die Energien weckt und betätigt und auch beim Erziehen darauf achtet, daß die Selbsttätigkeit angeregt wird, also, man gießt nicht den Lehrstoff hinein in die Schüler, wie mans früher gemacht hat, und läßt auch nicht so auswendig lernen, wie es einst geschehen war, sondern das wird alles mehr mit Sinn und Verstand gemacht. Und das ist ja bis heute so geblieben. Dann hab ich da die Schule absolviert bis zu meinem 16. oder 17. Jahr, dann wollte ich ins Schulwesen gehn. Ich mußte später ja Geld verdienen, das wußte ich, denn mein Vater war um die Hauptsache seines Vermögens betrogen worden. Es begann auch schon üblich zu werden, daß Mädchen etwas für ihren Lebensunterhalt täten und nicht nur warten, daß man sie heiratet. Zeitweilig hab ich auch heiraten wollen, aber es war niemals so, daß ich alles aufgeben konnte und wollte, was ich aufzugeben hatte. Natürlich, wenn man jung ist, verliebt man sich doch manchmal. Aber dann wurde ich immer vernünftiger. Manchmal wird man auch zur Vernunft hingedrängt durch Pflichten, die man übernommen hat. Die Zeiten waren schlimm. Und bloß sich auf den Mann zu verlassen, und wenn Sie merken, daß ein Mann, der prachtvoll erscheint und wunderbare Eigenschaften hat, vieler Art, so unselbständig ist, daß er sich darauf verläßt: Die Frau tut alles und wird alles schon schaffen, ja, was halten Sie davon, das kann man doch nicht bejahen!

Der Unterschied zwischen damals und heute war aber auch, daß man uns von früh an zur Selbstbeherrschung erzog, daß zum Beispiel mein Vater, als ich ganz klein war, noch sagte: »Wenn du jetzt ganz still bist und nur ganz wenig mit den Wimpern zuckst und sonst überhaupt dich nicht rührst, 5 Minuten lang oder 10 Minuten lang«, das steigerte sich, »dann bekommst du das und das.« Und ich besinne mich auch noch, daß wir, im Winter in Königsberg mußten wirs haben, hohe Stiefelchen, Schnürstiefelchen trugen, weil es so naß und schmutzig ist um diese Zeit. Ja, die behielt ich dann später, da war ich aber schon über 10, 12 oder 13, bis zuletzt an, bis ich schlafen ging. Denn ich sagte mir: Was die Römer, von denen ich hörte, und die alten Germanen, die mußten allerlei aushalten und mußten sich bändigen und durften nicht nachgeben. Ich darf nicht nachgeben, wenn ich das Gefühl habe: Ich bin zu Hause und möchte jetzt in meine Pantoffeln. Und von der Schule aus wurden wir eben gelehrt, konzentriert zu arbeiten, nichts andres zu tun oder zu denken in der Zeit und abgerundet die Sache vor uns zu legen.

In Königsberg hatte ich als schwesterliche Freundin eine Dame, die wohnte im sogenannten Donaschen Palais, ein großes herrliches Gebäude an einem aufsteigenden Platz in Königsberg. Und da haben wir unsre Backfischzeit verlebt, sie und ihre Schwester und ich. Das war ein wunderbarer Kreis. Zum Beispiel die Geburtstage wurden gefeiert in einem wunderbaren sechseckigen Saal, der tiefe Fensternischen hatte, die zeigten einem in der Ferne das Bild des Alten Schlosses, des königlichen, das da grau aufragte über den verbindenden Dächern hin. Und da war eine herrliche Tafel mit Blumen und dergleichen und verstreuten Herbstblättern, da wurde gespeist dran. Und nach der Speise ging man in den Saal, und dann wurde vorgetragen. Der hat seine Kompositionen vorgetragen und der Dichter seine Dichtungen, und der Maler zeigte seine letzten Gemälde, und der Literarhistoriker erzählte. Königsberg war zu der Zeit noch glücklich, es war der Weg nach Petersburg und Moskau, und die Künstler, besonders die Musiker, legten ihr Können schon vor die Welt in Königsberg, nicht erst in Rußland, weil sie durchreisten dahin. Das war sehr schön. Und weil unser Freundeskreis immerzu von Nietzsche sprach, da war ich kaum aus der Schule raus und holte mir Nietzsche. Und da wurde mir vom Bibliothekar gesagt: »Na, werden Sie das auch verstehn?« mit großem Blick. Darauf antwortete ich ihm: »Ich verstehe alles, was ich lese!« Stolz sagte ich das. Und er gab mir lächelnd das Buch, und ich zog damit ab und dachte: Was ne dumme Frage, als ob ich das nicht verstehn könnte. Ich weiß gar nicht mal, ob ich viel davon verstanden habe, denn ich war ja noch sehr jung, eben 17.

Ich liebte Zeichnen und Malen sehr, denn meine Kurzsichtigkeit war damals nicht so groß wie jetzt. Ich hatte 3 Lehrerinnen, eine in der Vorschule für die Akademie, da habe ich ein Jahr lang gearbeitet, den ganzen Morgen hindurch. Und nebenher, am Nachmittag, hab ich mich vorbereitet zu einem Sportexamen und Leibesübungen gemacht. Das war, ich glaube, vor 1906. Und dann bin ich also in die Aufnahme-Woche der Kunst-Akademie, und wir zeichneten, es war Winter, und die hatten einen Ofen, einen gräßlichen Eisenofen, der rauchte furchtbar, und ich konnte nicht richtig sehen, nichts, und verlor den Mut. Und dann sagte ich dem Professor Storch, der damals uns leitete: »Ich möchte doch lieber aufhören und mich nicht melden zur Aufnahme, sondern erst ein Sprachexamen machen und dann wiederkehren.« Darauf sagte der: »Ja, da können Sie in der Zwischenzeit zeichnen und bringen mir alles zur Korrektur.« Was das bedeutete, das hab ich damals nicht erfaßt, denn ich stellte mir nicht vor, daß so ein beschäftigter Mann sich mit Korrekturen abgeben wird. Wenn, wenn ich da gar keine Begabung hätte – aber dieser Dunst, dieser Rauch, der hat mich eben töricht gemacht. Dann ging ich wieder zu Fräulein Krause zurück und meldete mich zu den Sprachexamen für Englisch und Französisch. Und die nahm mich ins Seminar auf, und ich machte das, ich weiß nicht, nach anderthalb oder zwei Jahren.

Und als ich das Examen gemacht hatte, bekam ich sehr bald durch Vermittlung von Freunden einen Posten in England. Ich wollte ja ins Ausland gehn, um englisch und französisch ordentlich zu lernen. Meine Mutter hat mich fahren lassen, aber sie hat mir niemals von den Gefahren, die einem jungen

Menschen begegnen können, erzählt. Nie. Und außerdem hat sie mir nicht einmal die geschlechtliche Aufklärung gegeben, die Fortpflanzung, gar nichts. Ich war 20, 21 oder 22, da hab ich vor den weißen Mäusen der Kinder Philips erfahren, wie der Vater ihnen erzählte, daß die kleinen Mäuse werden und wie sie zur Welt kommen. An den weißen Mäusen hab ichs mit meinen kleinen Schülern, der jüngste davon war 6, gelernt. Nichts hat sie mir gesagt, nichts. Die Zeiten waren so. Aber es ist falsch, jemandem überhaupt nichts zu sagen, auf dessen guten Engel zu hoffen, Schutzengel, daß einem nichts passiert. Allerdings ist mir auch nichts passiert, nie.

In Canterbury war ich also bei einer Familie mit 5 Kindern, 4 hatte ich zu unterrichten. Eines Tages, damals, das muß um 1908 gewesen sein, saß ich im Eßzimmer und schrieb Briefe nach Hause. Es war wunderbar still und friedlich, und die Sonne glänzte, mit einem Male hör ich ein fürchterliches Geschrei aus dem Kinderzimmer. Das war im 3. Stock. Ich denk: Was ist denn da los? War noch eine Erzieherin und auch noch ein Kindermädchen oben, die hätten Ordnung halten können. Also, ich stürme die 3 Treppen hoch, mach die Tür zum Zimmer auf, da sitzen sie alle beim Tee, die Katze Romeo mit eingeschlossen, die in ein Taufkleidchen gesteckt worden war von einem der Kinder. Und ringsherum tobten die anderen, die Erzieherin war aufgestanden, das Kindermädchen wimmelte auch noch herum. Der Jüngste, Lionel, der hatte wohl wieder eins seiner schönen Gebäude aufgeführt, und das war zerschlagen worden. Und daneben stand der 2 Jahre ältere Bruder mit einem Buch in der Hand und lachte, und am Feuer saß der Älteste, der Kadett zur See, und schaute, und er hatte einen seiner Hausschuhe in der Hand. Da hatte dieser spätere Kommandeur zur See, Wurfgeschosse gewöhnt, seinen Schuh in dies Gebäude gefeuert und zerbrach die ganze Architektur. Der Kleinste dachte, das hätte nun der Denis gemacht, der etwas ältere Bruder und Freund, und biß ihn in den Arm. Und daher das ganze Geschrei. Niemand wußte, was man anfangen sollte. Ich hatte gerade gelesen über Strafen, Strafen müßten den Vergehn auf dem Fuß folgen. Also, ich nahm den kleinen Jungen und sagte: »Du kommst mit«, und führe ihn hinaus. Ich setzte ihn auf meine Knie, und er schluchzte an meiner Brust, plötzlich schaun mich die großen braunen Augen an, und er sagte: »Why they destroyed my castle?«, warum haben sie mein Schloß zerstört, und dann dachte ich: So, jetzt ists aber genug mit der Heulerei und sagte: »Sieh mal, du hast den Denis in den Arm gebissen, nicht wahr. Wenn du ein Tiger wärst, wie der da unten im Eßzimmer auf dem Buffet, dann wäre der Denis wahrscheinlich tot, oder du hättest ihm eine große Wunde gebissen. Aber du kannst Gott danken, daß du so kleine Zähnchen hast.« Und dann stellte ich ihn nochmal grade hin und sagte: »Da du doch so gemeingefährlich bist, kannst du nicht in der Gesellschaft der andern bleiben, du kommst mit mir runter und wirst bei mir sitzen.« Dieses bildhübsche Bengelchen tat mir eigentlich leid. Ich sagte nichts weiter, denn es war auch in den Weisungen festgelegt worden, man soll nicht soviel Worte machen vor Kindern. Da guckte er nach einer Weile auf, sagte plötzlich zu mir, mitten aus dem vergnüglichen Spiel heraus: »Denis won't die, well?« Er wird doch nicht gar sterben, nicht wahr? Na, er spielte weiter. Ich denke, so ein Kind ist doch ein merkwürdiges Geschöpf, macht sich gar nichts draus, spielt ruhig weiter. Da geht die Tür auf, und Denis kommt herein, sieht sich lächelnd nach uns um, geht stracks zur Gartentür hinunter, in den Garten, verschwindet. Und da sieht dieser Kleine auf, und sieht aus wie ein Engel und ist so furchtbar glücklich und sagt: »Denis is n't dead«, Er ist ja doch nicht tot, er ist nicht tot! Und das war so beglückend für ihn und mich, ich war vollkommen zufrieden mit meiner Art der Strafe.

Mrs. Philips war übrigens die erste Autofahrerin in ganz Kent. Die hatte einen Wagen mit Kessel, der durch Dampf angetrieben wurde, eine Sorte, die später einging, die man nicht mehr baute. Damit fuhr sie im Land umher, spielte Golf, gewann große Pokale. Ja, das fand ich wunderbar. Aber denken Sie mal, ich hab immer neben ihr gesessen und ließ mich fahren, ich hatte nie den Wunsch, selbst zu fahren. Ich hätt ja bei ihr lernen können, nicht wahr, mir zeigen lassen. Den Wunsch hatte ich gar nicht. Ich habe auch nicht den Wunsch gehabt, Golf zu spielen. Tennis ja, die haben 2 Tennisplätze gehabt, Rasen wunderschön, aber wir spielten nicht so ungeheuer viel Tennis. Na, und nun war ich in England sehr lange Jahre, und das war eine sehr schöne Zeit.

Dann bin ich nach Paris gegangen in ein Internat, ein internationales, dicht beim Bois de Bologne. Ich verdiente nicht viel, denn ich habe niemals hohe Gagen gefordert. Ich wurde auch nie in die Oper geschickt mit den jungen Mädchen. Von Rom durft ich sie holen und so, und dafür hatte ich mir schon ein Kostüm und eine wunderbare Seidenbluse machen lassen, in Dunkelgrün. Aber ein Abendkleid kaufte ich mir nicht, das hielt ich für überflüssig. Ich kam ja aus Ostpreußen. Ich mußte auch die jungen Mädchen hinbegleiten zum Reitstall, obwohl ich kaum älter war als sie, denn damals ging kein Mädchen allein über die Straße, nicht mal quer über die Straße. Ach, ich wollte so liebend gern auf einem Pferd reiten, ich hatte die Pferdeliebhaberei von zu Hause, mein Vater hatte ja die Pferdezucht, doch ich sagte nichts der Vorsteherin. Ich hatte mal den Gedanken, ich könnte doch sagen, ob ich da nicht mitreiten dürfte, aber ich dachte: Nein, da muß ich sagen, daß ich kein Geld dazu habe. Das wollt ich nicht, dazu war ich zu stolz.

Dann kam die Überschwemmung von Paris, in dem Jahr, Winter, es war wohl so 1910, da war plötzlich die Seine übergetreten, die Brücken waren bis ganz oben hin zugedeckt, es konnte überhaupt niemand rüberfahren. Und die Häuser an den Quais, die waren auch überschwemmt, eine alte Frau fand man in ihrem Bett hoch an der Decke schwebend. Wir durften kein Wasser trinken, wir durften auch kein Gemüse zugerichtet bekommen und essen. Wir bekamen jeder so irgendeine Flasche Flaschenwasser, das sollte uns für einen Tag lang genügen zum Waschen und Trinken und zum Zähneputzen. Und das ging so viele, viele Wochen. Da bekam ich Neuralgie im Gesicht, wenn der Kopf erkältet ist, schwellen die Schleimhäutchen an und drücken die Nerven, nicht wahr. Das war ganz furchtbar. Ich hatte einen Raum für mich allein zum Beaufsichtigen beim Essen, mit einem langen Tisch, an dem Tisch mußte ich oben sitzen und das Fleisch ausgeben auf die einzelnen Teller, die dann weitergereicht wurden. Und neben mir saßen junge Mädchen, die Deutsch lernen wollten, rechts und links. Und dann weiter unten saßen Lehrkräfte aus Paris selbst, und die mußte ich doch unterhalten oder eine Unterhaltung anregen bei denen, mal mich ein bißchen mit ihnen befassen, auf französisch, und die andern mußten deutsch korrigiert werden. Und das alles mit diesen Schmerzen im Gesicht. Jeder Lichtstrahl war wie ein Stich, und jedes Geräusch, das war wie ein Schlag, das war entsetzlich. Und Krankheitsurlaub gab es nicht, im Gegenteil. Ich konnte kaum was sehen, und essen wollte ich gar nichts. Und das ging so die letzten Frühlingswochen, dann, dann ging ich heim. Und mit dem Temperaturwechsel oder Klimawechsel verschwanden auch diese Leiden.

Als ich zurückkam, wohnte ich hier in Berlin bei nahen Freunden in der Kaiserallee, jetzt Bundesallee. Ich wollte studieren, ich habe gedacht: Englisch spreche ich ja wie eine Engländerin, wie man mir versichert hatte, und Französisch konnte ich auch, und da wollte ich studieren. Mein Vater hatte meinen Wunsch bestätigt, ich hatte noch mit ihm geredet darüber, da lebte er noch in Königsberg. Er hat gesagt: »Und wie willst du das bloß alles machen, es ist doch zu schwierig für Frauen? Aber probiers. Ich will dir helfen, wenn ich nur irgend kann.« Aber nun nach einem Jahr war er tot. Herzschlag. Wir waren ja ganz entsetzt, meine Mutter und ich. Und ich hatte ja kein Abitur, sondern mein Abschlußexamen war die damals oberste Klasse, eine 9. Klasse, das war nur eine Ergänzung für junge Mädchen, die nichts weiter zu tun hatten. Nun, da bin ich dann hier in Berlin zu dem damaligen Rektor der Universität gegangen, mir wurde erzählt, er wäre ein Damenfreund und fördere alles, was Damen tun. Also sagte ich, er möge mir nun erlauben, daß ich hier studieren dürfte. Und er sagt: »nein«, und holte auch noch den Herrn Dekan herein, und der mußte bestätigen, daß das ganz ausgeschlossen sei, ich müßte das Abitur machen. Und dann kam ich nach Hause zu meinen Freunden, ging in das große Zimmer, ich warf mich auf den Teppich und weinte ganz fürchterlich. Ich war verzweifelt und dachte: Was mach ich nun? Nun kann ich das wieder nicht, nun muß ich das alles so lassen und stehe auf demselben Standpunkt immer wieder still. Ich will doch aber weiter, mehr können, abrunden zu einer Vollendung! Stand auf von dem Teppich, wischte meine Tränen ab und beschloß, Abitur zu machen. Da war ich Mitte 20, ich weiß es nicht mehr genau. Ich hatte meinen, den ganzen wunderbaren Freundeskreis aus Königsberg, der war nach Berlin gezogen. Und da wußte ich, wenn ich in Berlin arbeiten wollte, würde

ich wahrscheinlich mich sehr oft ablenken lassen. Und dann fragte ich um nach andern Städten, wo solche Vorbereitungs- schulen waren, man nannte sie damals Presse. Da hörte ich, in Leipzig sei eine. Also entschloß ich mich, nach Leipzig zu gehn, und trat da in die Schustersche Lehranstalt ein. Wir mußten nun alle Fächer in kürzester Zeit durchmachen. Ich mußte Latein lernen, und später wollte ich griechisch statt Chemie. Griechisch hab ich immer gerne gemocht, und in Königsberg hab ich unsere Freunde, die alle durchs Gymnasium gegangen waren, die hab ich gebeten, mir griechisch zu zitieren und hörte das mit Begeisterung, ich liebte den Laut. Infolgedessen wech- selte ich dann und brauchte durch den Wechsel nicht $1^{1}/_{2}$, son- dern 2 Jahre bis zum Abitur. Ich hätte damals nach Königs- berg reisen müssen, jeder sollte in seine Heimatstadt, aber da war Königsberg in der Festungssperre, und so wurde ich ge- schickt nach Halberstadt, am Dom-Gymnasium zu Halber- stadt fand das Abitur gerade statt. Das war um den 1. Sep- tember herum, da war ja die große Schlacht, die Hindenburg geschlagen hat, bei Tannenberg. Und da besinn ich mich noch auf einen wunderbaren Abend, wie wir zum Fenster hinaus- schauten, die Straßen waren dunkel, und es zogen Scharen von Menschen mit Fackeln und Fahnen durch, und hinter dem Zug her spazierte ein kleines Kerlchen von etwa 4 oder 5 Jah- ren, spazierte wunderbar mit einer Fahne in der Hand und sang immer: »Deutschland, Deutschland, Deutschland, Deutschland«, mehr konnte er nicht, aber er sang. Die sangen alle vaterländische Lieder. Das war noch Gloria.
Und das Abitur, das ging alles gut. Mit Ausnahme, ja, in Ma- thematik hab ich versagt, und in Physik wußte ich das Telefon nicht zu beschreiben. Aber die übrigen Sachen, die waren alle gut und ordentlich, und das machte auch Freude.
Ich wollte studieren. Aber wo sollte ich studieren? Ich hatte gar kein Geld. Meine Mutter war abgeschnitten von mir in Ostpreußen, die Russen, die waren da, und sie lebte bei den Verwandten. Das war im 1. Weltkrieg. Ich wußte nicht recht, wohin, und ging aufs Land in die Nähe von Magdeburg, da unterrichtete ich Kinder im Hause. Der Herr des Hauses war im Krieg, im Felde, und die Dame des Hauses, die hatte auch noch eine kleine Kirche gebaut, nun war sie ja sehr fromm. Und einmal war sie zu Einkäufen weggefahren, und da geh

ich im Park spazieren, ringsherum war Wasser, und da sehe ich auf der andren Seite eine Schar von Männern. Und die sehn, mit Verbänden, sehn aus wie Soldaten, die verletzt worden sind und ihren Spaziergang machen. Sie kamen herein durchs Burgtor, ich war allein da, ich lud sie ein und ließ ihnen einen Kaffee vorsetzen und so weiter. Das war ein schöner Nachmittag gewesen. Und dann kamen sie wieder zu einer andern Zeit, als die Herrin des Hauses zu Hause war. Und die hat sie kaum ausruhn lassen und sagte: »Es ist Sonntag und Nachmittag, wollen Sie bitte zur Kirche mitkommen.« Und dann gingen sie alle zur Kirche, ohne daß sie sie vorher gestärkt hätte, und nach einer Stunde oder wie lang das dauerte, dann saßen sie da, und dann bat sie: »Singen Sie dies Lied. Und singen Sie das Lied!« und kommandierte so ein bißchen. Und dann sind sie abgezogen, das haben sie übelgenommen.

Ich bin dann mal zu der Hochzeit einer Freundin gefahren, die in Leipzig wohnte. Die saß auf der Bank neben mir, als ich zum Abitur arbeitete, aber sie ging sehr viel früher weg, weil sie heiratete. Und ich sollte ihre Brautjungfer werden. Schön, also reiste ich. Ich mußte warten in Halle, weil der nächste Zug ein oder zwei Stunden später ging. Da dachte ich: So, nun siehst du dir die Universität an und gehst vielleicht zum Rektor und fragst ihn, wie das mit dem Studium ist. Es war zufällig ein Mathematiker Rektor, der hieß Gutsmer. Ich nannte ihn nachher nur noch »Gut-zu-mir«, denn ich durfte ihm alles erzählen, und er gab mir den Ratschlag, ich möchte doch nach Halle kommen und zu studieren anfangen. Und da sagte ich ihm: »Ja, aber ich weiß doch nicht, wovon ich leben soll. Meine Mutter ist auf der Flucht von Königsberg, und ich muß sie demnächst unterhalten. Wovon?« Da sagte er: »Kommen Sie ruhig hierher«, es sei eine Konvention, daß man Studenten und Studentinnen arbeiten läßt an den Frankeschen Stiftungen. Es sei eine Mittelschule da und eine höhere Schule, an denen man unterrichten kann. »Da können Sie was verdienen. Und außerdem werde ich zusehn, daß Ihnen der Frauenbund ein Stipendium gibt.« Gertrud Bäumer und Helene Lange, die hatten so was gegründet. Und das geschah dann auch. Also, ich reiste dann zu meiner, der

Hochzeit nach Leipzig, und als Ostern gekommen war, zog ich nun nach Halle.

Ich habe dann Philosophie, Deutsch, Englisch und Kunst studiert, das Kunstwesen hat mich weiter angezogen. Wilhelm Waetzold war mein damaliger Lehrer, und bei dem hab ich dann auch promoviert. Ich hab also zwei ganz einzelne, alleinstehende Examen nebeneinander gemacht, Kunstwissenschaft und sprachliche Prüfung. Ein Professor, bei dem hörte ich wohl Italienisch, da waren wir bloß ganz wenige, nur Mädchen, und zwar nur 4 oder 5. Und wenn der reinkam, sagte er: »Guten Tag, meine Herren.« Der negierte Frauen, Frauen gehören eben nicht auf die Universität. Und wenn sie da saßen, dann waren sie keine, nicht wahr, das meinte er wohl.

Meine Dissertation ging über »Carl Friedrich von Rumohr in seiner Bedeutung für die Kunstwissenschaft«, mit ihm begann die Kunstwissenschaft. 1920 habe ich mein Doktorexamen gemacht. Und wie ich dann damit fertig war, wollte ich natürlich in die Kunstwissenschaft gehn und hatte mich bemüht in Dresden. Ja, ich sollte wohl ins Kabinett kommen, aber sie wollten mir nichts zahlen, es wären so schlimme Zeiten, Kunsthistoriker sind keine Notwendigkeit. Also, wenn man da arbeitet, muß mans freiwillig tun, unbezahlt. Und dieselbe Auskunft bekam ich hier in Berlin: »Gerne, aber umsonst.« Wenn ich allein gewesen wär, dann hätte ich gesagt: »Ja«, und hätte in den Freizeiten für mich gearbeitet, aber ich mußte ja meine Mutter mit unterhalten. Dann hab ich aber in Flensburg einen Posten bekommen, ich sollte nun dorthin und sollte auch bezahlt werden, am Museum. Da schrieb mir der Direktor urplötzlich: »Es ist dänisch-deutscher Grenzstreit, und ich schließe das Museum und gehe nach Kiel, um abzuwarten, ob Flensburg deutsch bleibt oder zu Dänemark gehören wird. Ich möchte nicht Däne werden. Also kann ich Ihnen nur sagen, warten Sie.« Ich wartete erst einmal, und als er mir wieder schrieb, ich möchte doch kommen, aber genau dieselbe Klausel wie hier die andern Museen es gemacht hatten, ich dürfte keine Bezahlung erhalten, denn der Staat hätte dazu kein Geld, da hab ich natürlich absagen müssen.

Während der Studienzeit mußte ich sehr viel unterrichten, denn ich bekam in den Frankeschen Stiftungen für die Stunde bezahlt 1 Mark 25. Und die Nachhilfestunden brachten zwischen 2 und 3 Mark, aber nie mehr. Und wir, meine Mutter und ich, brauchten doch auch zu Anschaffungen, wir hatten ja nichts. Es kam, nachgeschickt und übriggeblieben von dem, was da geplündert worden war in Ostpreußen, ein kleiner, geflochtener Wäschekorb, und dann waren nicht mal alle Sachen unsere.

Ich mußte zum Beispiel von 8 bis 9 eine Vorlesung in Deutsch hören in der Universität, dann wie ein Weberschiffchen durch die schmalen Gassen stürmen zur Frankeschen Stifung zu meiner 1. Stunde, eine Stunde hatten die dann schon gehabt. In der Pause konnt ich noch nicht da sein, ich hatte die Kinder also abgerichtet, daß sie stillsaßen und rechneten oder abschrieben. Einer saß oben zur Aufsicht und konnte aufschreiben, wenn einer unnütz war, war aber keiner unnütz, denn ich hatte ihnen gesagt: »Der liebe Gott sieht euch immer, auch wenn ich nicht da bin. Also benehmt euch danach.« Und dann waren sie ganz still, so daß der Direktor mal, der Professor Fries, draußen vorüberging und dachte, die Klasse wäre leer, machte die Tür auf, da saßen die Kleinen und arbeiteten fleißig. Und wenn ich kam, dann ging der Sturm los, dann mußte ich erst alles hören von jeder, die mir was erzählen wollte. Das war eine Freude, mit denen zu arbeiten, 2 Jahre hab ich die geführt. Beim Rechnen, bei all den Tricks, die ich ihnen zeigte, wie man schnell rechnet, waren die flinker mit dem Herausfinden der Lösungen als ich zum Schluß, das war sehr niedlich. Und ein kleines Mädelchen sagte auch noch: »So, wir haben gestern ein Brüderchen bekommen«, und da steht die Winzigste auf, ein Dreikäsehoch mit blauen Schleifen in hellen Zöpfchen und riesenhaften blauen Augen, wie eine Puppe, steht auf und sagt: »Jetzt, wo die Kinderwagen so teuer sind!« Solche kleinen Erlebnisse, die machten natürlich die Sache sehr hübsch.

Aber wenn ich jetzt im Schulbericht höre, was zu der Zeit alles gewesen ist, dann graut, dann stehn meine Haare zu Berge vor Grauen. Ich war immer irgendwie in, in einem Fluidum, ein Behütetsein war um mich rum, oder ich war so stumpf gegenüber dem politischen Geschehen. Ich hab auch keinen großen Sinn für Politik. Ich bin von Grund aus gegen alle Kriege, das ist ein Irrsinn der Männer, ein Irrsinn. Die

Menschheit wird schon dezimiert durch Krankheit, durch Unfälle, durch Erdbewegungen, durch Wind und Welle und durch alles mögliche. Die Natur wird sich schon zu helfen wissen, wenn zu viele Menschen geboren werden. Ich hab ja 2 Kriege mitgemacht, meine Mutter hatte sogar 3 hinter sich zu liegen gehabt. Aber daß der Kaiser sich dann 1918 zurückzog, das begriff ich nicht so recht. Und das Ganze war mir entsetzlich, ganz furchtbar, war ein Umbruch. Ich war für die Monarchie, mir hatte sie ja kein Böses getan. Ich stand niemals ganz rechts, ich stand niemals ganz links, ich war immer in der Mitten. Aber das Leben ging so für mich weiter, wies gewesen war, und ich hörte immer mit Staunen, was da alles geredet wurde. Ich habe gestaunt oft und sagte mir: Warum, ein Präsident kostet auch Geld, wahrscheinlich kostet er mehr, denn er hat ja noch, muß ja noch mit Pension getragen werden, während die Fürsten alle noch Privatvermögen hatten und davon weiterleben. Also, der Staat büßt ja nichts ein, weil er einen Fürsten trägt, hab ich mir gesagt. Und ein Fürst hat, ist ja nicht Alleinherrscher, wir sind ja nicht in Persien, sondern er hat doch eine Regierung neben sich und die Volksabstimmung. Meiner intimsten Anschauung nach ist das Zählen von Stimmen, das heißt, von intelligenten, wissenden, klugen, erfahrenen Menschen neben denen, die gar nichts wissen und sich treiben lassen, die eine Masse sind, falsch. Es müßte nach dem Bildungsgrad abgestimmt werden, nach der Einsicht.

Mutter und ich wohnten in Halle außerhalb, am Ende der Stadt mit einem großen Feld vor uns. Und nach dem 1. Weltkrieg war ein Aufruhr, war kommunistischer Aufruhr, da wurden die Noske-Truppen, die Truppen unter General Noske, in die Stadt geschickt und sollten da säubern. Sie haben auch meine Wohnung durchsucht nach Gewehren und Schießmaterial und nichts gefunden als Regenschirme. Und ich war so dumm zu widersprechen, ich habe gesagt: »Das ist doch unnötig, ich kann doch nichts haben, ich habe nichts, bleiben Sie draußen. Geben Sie mir Ihren Ausweis«, hab ich gesagt. Ich war allein in der Wohnung. Und da sagten sie: »Hier, unsere Epauletten sind der Ausweis, lassen Sie uns rein!« und waren grob. Das hab ich ihnen verargt, aber ich war ja schuld dran mit meinem Verhalten, ich hätte ja ruhig sagen können: »Obrigkeit ist Obrigkeit, bitte sucht, finden werdet ihr nichts.« Sie fanden auch nichts. Und wenn abends, wenn ich Licht brannte, ich wollte noch fürs Doktorexamen arbeiten und brannte die Lampe in dem kleinen Zimmerchen, wenn meine Mutter schlafen gegangen war, dann ging draußen ein Posten vorüber, der schoß jede Minute, solange ich Licht hatte. Wenn ich das ausgemacht hatte, dann hielt er Ruhe, dann hatte er, was er wollte. Weil der Lichtkegel weit übers Feld schien und eventuell von Feinden ausgenutzt wurde, nicht. Und wenn ich morgens zu den Schulen ging, dann kam auch hier und da eine Kugel geflogen. Das muß 1920 gewesen sein, da waren schlimme Kämpfe. Und einer meiner Mitstudenten, der war Offizier, Reserveoffizier wohl, und der kam zum Staatsexamen und hatte keine Mütze auf dem Kopf und seine Epauletten waren abgerissen, den hatten sie überfallen, und der hat mit ihnen gerungen und kam sehr erregt an. Solche Dinge haben wir da erlebt. Es waren doch große Klassenkämpfe, die waren doch schon aktuell, waren doch schon üblich. Die Forderungen kamen mir töricht vor, ich sagte: »Wir haben doch Sozialpflege, man guckt doch nach denen, die arm sind oder elend sind und will ihnen helfen.« Aber es war damals nicht so ausgiebig, heutzutage wird ja viel mehr getan.

Von Halle sind wir wieder nach Berlin gekommen, zu diesen Freunden in der Bundesallee, da teilten wir die große Wohnung. Inflation, das war die schlimmste Zeit, da war ich in Berlin. Wenn man sein Gehalt bekam, da kriegte man Tausendmarkscheine und so, dann war die Büchertasche voll, mittags um 12, dann mußte man schleunigst mit diesem Geld ausgehn und kaufen, denn um eins wars dann nichts mehr wert. Das war schlimm. Ich war hier am Politischen Kolleg von Professor Spahn und Herrn von Gleichen, der auch dabei war, Heinrich von Gleichen. Wissenschaftliche Hilfsarbeit nannte man das, was ich zu tun hatte, ich hatte meine Sprachen zu verwenden, ich mußte französische und alle englisch gedruckten Schriftstücke lesen. Die Kriegsschuld-Lüge zum Beispiel war etwas, was hier aufgedeckt wurde: Alle, die am Krieg beteiligt waren, haben vorher gerüstet, aber alle haben sie die Schuld auf Deutschland allein abgewälzt. Da war ich noch im Reichstag und habe das mit angehört, fürs Politische

Kolleg hab ich das gehört. Und ich habe auch Ölpolitik getrieben, das Buch hab ich noch, da hab ich so Archiv-Arbeit
gemacht zu dem Stoff und ausgeschnitten, gesammelt, und
später auch für China-Politik und Japan-, Fernost-Politik.
Der Doktor dort hat mir ja ein sehr schönes Lob gesagt und
mir auch später immer wieder versichert, als ich nicht mehr
da war, daß er kein Buch mehr geschrieben hätte, seit ich
meine Assistenz bei ihnen aufgegeben habe. Aber mich hat es
nicht befriedigt. Ich habe nebenher auch noch Unterricht gegeben an einer Fortbildungs- und Berufsschule, und ich habe
auch Privatstunden einen Haufen gegeben immer noch, um
Geld dazu zu verdienen, das brauchen ja die Studentinnen
von heute nicht zu machen.

Und dann tauchte auch Hitler auf. Das erstemal, als ich es
hörte, das war von einem Dienstmädchen, was wir gemeinsam mit meinen Freunden hatten. Sie ging immer mit Stök-
kelschuhen und in Sammet und Seide, putzte Fenster hoch
oben in dem Aufzug und machte alles höchst elegant. Und
die kam hereingestürmt in das große Zimmer und sagte zu
mir: »Hitler is gewählt, und ich freu mich so, als ob ich mich
verlobt hätte!« Ich war entsetzt, ganz entsetzt, das weiß ich
und dachte: Wie ist das möglich! Und dann war ich natürlich
zögernd und mißtrauisch, ich bin an sich kein mißtrauischer
Mensch, aber mein Mißtrauen damals war unmäßig. Ja, ich
weiß nicht, ich sah keine Qualitäten in Hitler, ich sah da ein
Bild von ihm, und das Gesicht erschien mir sehr wenig gut,
gelinde gesagt. Ich konnte ihm nichts weiter zutraun. Außerdem meinte ich, daß er von einer Masse gehoben würde. Und
dann dieser Jesuiten-Zögling Goebbels, er sprach ja sehr gewandt und dachte sehr schlau, er war geistig geübter als –
von Göring hörte ich Gutes, das war, mir kam es vor, als ob
er ein Mitläufer gewesen sei und nur hochgetragen durch
seinen fabelhaften Ehrgeiz, aber er war als Mensch nicht
schlecht, von dem hab ich nichts Schlimmes gehört. Ich habe
auch die Untaten der Partei damals nicht erfahren, außer
der Erschießung eines jungen Mannes. Da hat man einer jungen Frau in Steglitz das blutige Hemd ihres erschossenen
Mannes geschickt, weil, ich weiß nicht, warum. Und das war,
fand ich, so entsetzlich, da sagte ich mir: Wenn eine Partei

oder eine Regierung so ist, dann weg damit, dann tret ich nicht ein. Ich besinn mich auch noch genau auf die Nacht, als die die Synagogen verbrannten, da bin ich zur Schule gegangen, ich war schon in der Louisen-Stiftung. Ich hab meist die Oberstufe gehabt zum Unterricht und sprach da in einer Klasse und sagte: Es wäre doch geradezu entsetzlich, an das Heiligtum eines Menschen, welches es auch sei, welcher Glaube es auch sei, hätten wir nicht zu tasten. Und da weiß ich noch, daß eine einzige Schülerin sagte, sie fände das richtig und trotzig dergleichen. Ich war entsetzt. Wir waren ja eine evangelische Schule.

Die Louisen-Stiftung stand immer unter dem Protektorat der preußischen Könige, sie wurde gegründet für Kinder, eigentlich für Mädchen aus dem Volke, die, die unterrichten wollten. Das war zuerst eigentlich so eine Lehrerinnenbildungsanstalt, später wurden aber die Kinder mehr, und es wurde dann ein Internat für Mädchen. Und jetzt sind Jungen und Mädchen zusammen. Ja, da hab ich 20 Jahre unterrichtet, bis zu meiner Pensionierung. Und dann in der Zeit des 3. Reiches, da wurde man nicht gezwungen, in der Partei zu sein. Die damalige Oberin war sehr, sehr alt und ging zurück in ihre Heimatstadt Leipzig und starb dort. Und dann folgte die ganz bezaubernde Frau S., sanft und zart, genau im Äußeren und im Innern gerade das Gegenteil von der Vorgängerin. Und da hatten wir gute Zeiten unter Frau S., aber die wurde ja auch alt und wollte sich dann nach Marburg zurückziehn, wo sie ein Haus hatte. Und dann sollten wir wählen, das hieß: »Es muß aber jemand sein, der in der Partei ist.« Nun hatten wir eine jüngere Dame da, Fräulein von B., und da sagte ich meiner Oberin und Direktorin: »Warum nicht Fräulein von B., die, die ist sehr jung da hineingekommen, und zwar aus Überzeugung, Begeisterung, und wenn es sein muß und die Existenz der Schule hängt davon ab, ob die Leitung in der Partei steht oder nicht, dann möchte ich das so vorschlagen. Sie ist ein prachtvoller Mensch.« Und da haben sie Fräulein von B. gewählt, obwohl sie sehr jung war für solch einen Posten. Die hat sich bewährt. Dann kam der Umsturz, und der Nationalsozialismus wurde abgeschafft, und sie war nicht länger Direktorin. Sie mußte dann an Volksschulen unterrichten, was ihr sehr schwerfiel, denn die Kinder waren ungebärdig und laut, und in der Stiftung war sie an Disziplin gewöhnt.

Während des Krieges wurde ich nachher versetzt nach Gotha, ausgeliehen von Berlin, als hier die Bomben fielen. Man hat mich in Ruhe gelassen, denn ich wurde von Berlin bezahlt, aber die andern alle, die Lehrkräfte, die dort an der Jungen- und Mädchenschule unterrichteten, die mußten alle in der Partei sein. Eine Klasse, die ich führte, da hatte ich die wildere Abteilung gekriegt, und die hatte wahrscheinlich zu hören bekommen, daß ich nicht zufrieden war, weil ich einmal sagte: »Ich bekomme immer die Wildesten.« Und wie ich dann reinkam, da waren sie gehalten und still. Aber wir haben ein Vierteljahr miteinander gerungen. Und damit wurde es auf einmal nett. Ich sprach zu ihnen, eher menschlich, ich sagte: »Sehn Sie mal, wenn die Glocke läutet, bedeutet das nicht etwa, daß die Lehrkräfte eilenden Fußes zu Ihnen fliegen müßten. Wir können manchmal gar nicht weg, wir haben mit einer Obrigkeit zu sprechen oder noch Anschauungsmaterial zu besorgen, irgendwas wird uns schon zurückhalten, wenn wir nicht mit dem Glockenschlag hier eintreffen. Dann ist dies ein Zeichen, daß Sie zu arbeiten anfangen. Und außerdem, wozu kommen Sie in die Schule? Wollen Sie unsretwegen lernen? Wir brauchen doch Ihre Arbeit für uns nicht, sondern Sie brauchen die Arbeit für sich«, ich hab ihnen das, hab das menschlichst klargemacht, wozu sie da wären. Und eines Tages nun, wir standen uns gut und die anderen Damen hatten weniger zu klagen, laden die mich ein zu einem Klassenschmaus. Einige vom Lande hatten Pakete bekommen, da sind Würste, Schinken und anderes drin, und das sollte aufgegessen werden. Das war eine Ehre, sowas passierte Lehrerinnen nicht, daß sie zu so einem Schmaus eingeladen werden. Also, alles war auf kleinen Tischen da geordnet, und die Schulbänke waren da rechts, und wir aßen und tranken. Und dann sagten sie: Wir ständen ja gut miteinander, es wäre alles sehr schön und gut, aber ich eben sähe nicht, was sie alles für Dummheiten in den Stunden machen. »So«, sagte ich, »da will ichs Ihnen mal sagen!« und setzte mich auf den Stuhl und zeigte jeder, was sie so in den Stunden getan hat. Die hat gestrickt, das sah ich an den Schultern, und die da hat gelesen, die andre hat geschrieben, konnte man doch sehen, nicht wahr, an den Schultern und an den Blicken, und die dritte hat wieder was andres gemacht, undsoweiter. Und die waren erstaunt und geschlagen. Und dann sagten sie zu mir: Na, wenn ich das alles gesehn hätte, warum ich nie ein Wort darüber gesagt hätte, niemanden getadelt. Da sagte ich: »Ja, in früheren Jahren, da bin ich ja an der Seite der Bänke vorübergegangen und habe immer geguckt, was jeder tut. Und dann war mir das lästig. Schließlich werde ich ja doch als Studienrätin bezahlt und nicht als Studienpolizistin!« Dann haben sie alle gelacht. Ich sagte: »Sie werden ja nachher am Erfolg sehn, Sie werden ja sehn, daß die Nummern schlechter sind, als sie sein könnten, wenn Sie da unterm Tisch andre Dinge treiben und dann den Stoff nicht mitkriegen.« Das haben sie eingesehn. Ich habe überhaupt keine Schwierigkeiten mit ihnen gehabt.

Aber der Krieg war schlimm. Um nach Berlin zu kommen, es waren Strecken zerstört, da konnte, da fuhr keine Bahn. Da mußten wir stundenlang zu Fuß gehn, wir übernachteten in einem abgestellten Wagen, Eisenbahnwagen, und spazierten dann weiter, bis wir endlich in Wittenberg auf einen Zug steigen konnten. Wir standen bis Berlin auf so einem flachen Wagen, wo man Kisten drauflegt oder Fässer oder so was, das ist mir noch erinnerlich. Dann kam der Wagen an, irgendwo hinter Lankwitz, und wir mußten über eine zerstörte Brücke, über einen Kanal gehn, und da hab ich mich gefragt: Wie irrsinnig, sowas zu zerstören! Wir mußten wie auf einer Schwebestange gehen, da kam es mir zugute, daß ich das Turnexamen gemacht hatte, da konnt ich wenigstens ordentlich drüber hinweg, sonst, man hätte da hineinplumpsen können. Und dann, meine Menschen, die ich suchte, fand ich oft gar nicht mal oder traf sie auf der Straße wieder in einem Zustand, daß man sie kaum hätte erkennen können. Das waren hier Zustände in Berlin! Aber die Berliner haben sich prächtig herausgefunden.

Heute sitze ich oft am Funk und höre, was so die Regierung vorhat und wie sies behandelt. Es gibt etliches, was mir gefällt, aber das, jetzt hör ich gar nicht mehr richtig zu. Kiesinger scheint mir vernünftig zu sein, der ist gehalten und gemäßigt und, und scheint auch Freiheit zu lassen, glaube ich schon. Aber die Person des Strauß ist mir nicht angenehm, und zwar hängt mir das an von der Zeit, als er mit dem »Spiegel« irgendwas hatte, da war manches, was mich von ihm abstieß, ich fand ihn auch nicht so hochbegabt. Aber gegen die ganzen Unruhen jetzt, hier in Berlin, gegen die bin ich mächtig. Ich sage: »Bitte, alles mit Maßen. Wenn es mir das Maß der Schicklichkeit und der Form verletzt und ins Unrecht und grade ins Verbrecherische geht, zerstören, vernichten, umrennen und, und der Autorität direkt ins Gesicht hauen, dann, dann bin ich dagegen, dann sag ich: Das geht nicht!« Außerdem kennen die jungen Menschen gar nicht den Wert von Erfahrung. Sie übersehen ja nicht, was das für Erfolge haben kann, für, für Effekte haben kann, das ist gar nicht bedacht, das ist bloß, weil sie irgendwas hassen. Denen sollte man geben Kanäle zu graben, Wege zu bauen, Felder umzugraben, zu besäen und einzuernten, solche Dinge müßten sie mal machen in ihrer freien Zeit. Und solche Menschen wollen Lehrer werden, Rektoren und wollen unter sich eine Universität aufmachen, eine kritische Universität. Sie haben ja gar nicht die Einsichten, die erwachsene Menschen haben! Und wenn sie irgendwo Schäden sehn, die sie aufdecken wollen oder müssen, ja dann sollen sies tun, aber manierlich und ordentlich.

Nimmt man jeden einzeln vor, sind sie nett. Ich hatte ein Zimmer vermietet, das war der erste Tischtennismeister von Berlin, und außerdem war er Student für Medizin und machte sein Physikum hier im vorigen Herbst mit 1. Also ein wertvoller Mensch, der sich zusammenreißen konnte und arbeiten konnte. Ja, nun hatte ich eine Einladung bekommen von meinem Neffen, 2 Plätze in der TU, da sollte ein Engländer sprechen, ich weiß nicht mehr, wie das war, ich wollte schrecklich gerne hin. Ich bat den jungen Mann, mich zu begleiten, und nahm eine Droschke, also ein Taxi. Der Saal war schon voll bis draußen. Da hatte ich Gelegenheit zu sehn, daß diese jungen Männer sehr, sehr liebenswürdig und freundlich, mit guten Manieren um mich herum waren. Sie sagten, ich säße da doch schlecht, ich möchte woanders sitzen, und nett mit mir redeten. Aber nachher ging das los, die jungen Mädchen, die Studentinnen und die Studenten, die machten da Radau und Krach, daß von einem Vortrag gar nicht die Rede sein konnte, es wurde auch verhindert, daß dieser englische Professor aus London oder sonst woher, nein, Botschafter war er gar, daß der da hinkam und sprach. Das wurde in einem andern Saal abgetan. Und die saßen da, und die machten Krach und wollten das alles verhindern. Ja wozu, weshalb, weswegen? Warum maßen sich diese jungen, unvernünftigen Menschen an, eine staatswidrige Sache zu tun? Dann kam die Polizei und sagte: »In 15 Minuten müssen Sie hier den Raum verlassen haben.« Wir gingen weg, weil der, der Gerhard sagte, es wäre besser, wir gingen. Er wollte natürlich nicht mit mir zur Polizei abgeführt werden. Das hat mich alles Geld gekostet. Ich hab nur die radaulustigen Menschen gesehn, ohne Sinn und Verstand, und der ganze, schöne Vortrag, auf den wir uns gefreut hatten, ein Fremdling, der kommt und doch was Gutes erweisen will, indem er etwas vorträgt, uns einen Weitblick geben will, der war hin.

Nachwort von Erika Runge

1.

In diesem Buch wollte ich Beispiele gelungener Emanzipation sammeln; ich wollte Vorbilder zeigen und Mut machen. Aber mein Vorsatz war zu optimistisch. Ich habe keinen Fall solcher Emanzipation gefunden. Das liegt weniger an den Frauen selbst, als an den Umständen, unter denen sie sich behaupten müssen. So liefert das Buch Material zum Nachdenken, zum Nachdenken über individuelle und gesellschaftliche Erfahrungen.

2.

Siebzehn Frauen erzählen. Keine ist typisch, und doch ist jede auf ihre Weise repräsentativ. Ihre Auffassungen sind mitbestimmt durch das Milieu, aus dem sie stammen, und das, in dem sie jetzt leben; durch ihre Ausbildung und dadurch, ob sie einem Beruf nachgehen; durch den Mann, mit dem sie zusammen sind oder von dem sie sich getrennt haben; durch die Ansichten, die sie vertreten, und durch die Bedingungen, die ihnen von der Gesellschaft diktiert werden. Jede setzt mit ihrer Erzählung an einem anderen historischen Punkt an; so entsteht ein Mosaik von etwa 70 Jahren deutscher Geschichte im Zusammenhang mit den Entwicklungs- und Emanzipationsmöglichkeiten der Frauen.

3.

Ich habe versucht, das Wesentliche des gesprochenen Stils zu bewahren. Er unterscheidet sich von dem, was man in Schulen und Amtsstuben gewohnt ist; die Bürokratisierung der Sprache wird durch die Umgangssprache gesprengt und korrigiert. Assoziationen bleiben möglich, sie lassen Strukturen des Unbewußten und Einstellungen erkennen, die sonst wohl verschwiegen worden wären. Die für den Leser ungewohnte Ausdrucksweise bewirkt obendrein eine Verfremdung des Inhalts, so daß er zu einer andern, vielleicht aufmerksameren Art der Rezeption gezwungen wird.

4.

Aber: Welche Frau ist eigentlich emanzipiert? Es gibt darüber keine Statistik. Und nur wenige sind sich einig, was der Begriff »Emanzipation« bedeutet.

Heißt Emanzipation für eine Frau:

Einen Beruf ergreifen, der bisher Männern vorbehalten war?

Sexuelle Freiheiten in Anspruch nehmen, die man einer Frau kaum zugestehen wollte?

Oder sich von einem Mann trennen, um überlieferten Unterdrückungsmechanismen zu entkommen?

Heißt Emanzipation, sich über seine individuelle und historische Situation klarwerden und – gemeinsam mit anderen – versuchen, die Erkenntnisse in Taten umzusetzen?

Für mich sind das Elemente der Emanzipation. Aber kann man sie unter den Bedingungen dieser Gesellschaft verwirklichen?

5.

Noch immer werden Mädchen nach einer Rollenvorstellung erzogen, zu der gehört, daß sie die Unterlegenen zu sein haben, und daß ihre Aufgabe im Helfen, Unterstützen und Dienen besteht. Mütter liefern das Vorbild, Schulbücher bestätigen es. Das gleiche suggerieren die Illustrierten, und die Industrie nützt es aus. In der Reklame heißt Emanzipation: Kaufen! Mit Appellen an sexuelle Bedürfnisse, an Schuldgefühle und Befreiungswünsche macht man die Frau zur perfekten Konsumentin. Auch die scheinbar neugewonnene sexuelle Freiheit der Frau wird genutzt, um sie nach alten Vorstellungen funktionieren zu lassen: Sexuelle Befriedigung als Ventil für die Unzufriedenheit mit der eigenen Lage. Hausfrau und Mutter – und natürlich Sexualobjekt – zu sein, gilt nach wie vor als die eigentliche Bestimmung der Frau. Dem entspricht das bei uns geltende Recht, zum Beispiel der § 1356 BGB: »Die Frau führt den Haushalt in eigener Verantwortung. Sie ist berechtigt, erwerbstätig zu sein, soweit dies mit ihren Pflichten in Ehe und Familie vereinbar ist.« Ein Beruf scheint dann natürlich unwichtig oder ist höchstens eine Übergangslösung. Nur 9 Prozent aller berufstätigen Frauen haben eine qualifizierte Ausbildung.

Die Industrie braucht Arbeitskräfte, und es verbreitet sich die

Auffassung, daß ein Mädchen etwas lernen sollte. Frauen erledigen Arbeiten, die kein Mann erledigen könnte – und erhalten dafür die niedrigsten Löhne. Aufstiegschancen haben sie selten, denn es rentiert sich ja nicht, eine Frau zu fördern, weil sie vielleicht Kinder bekommt. Wenn Kinder dasind, hört die Gleichberechtigung völlig auf, dann gilt für die Frauen der Spruch aus dem Grundgesetz nicht mehr, daß Männer und Frauen gleichberechtigt sind. Die Gesellschaft läßt die Frau im Stich. Nur eines von drei Kindern findet einen Kindergartenplatz; es fehlen Hortplätze und Ganztagsschulen. Also muß die Frau herhalten, sie muß um der Kinder willen auf die Entwicklung ihrer intellektuellen und schöpferischen Fähigkeiten verzichten oder sie verkümmern lassen. Viele Frauen glauben, persönlich zu versagen, weil sie Kinder, Ehe, Haushalt und Beruf nicht miteinander vereinbaren können. Ist es ihre Schuld?

Anscheinend schließen Ehe und Emanzipation einander aus. Allerdings nicht für den Mann. Denn er hat ja eine Frau zuhause, die ihm Hausarbeit und Kinder abnimmt, die ihn wieder fit macht für den Kampf um den besseren Posten. Er kann den Druck, dem er als Lohnabhängiger in dieser Gesellschaft ausgesetzt ist, an die Frau weiterreichen und erleichtert dadurch seine Lage. Die Frau jedoch wird nicht nur durch ihn, sondern noch zusätzlich und direkt im Arbeitsprozeß und von der Gesellschaft unterdrückt und ausgebeutet.

Ist nun der Mann der Hauptgegner? Soll die Emanzipation der Frau darin bestehen, daß sie dem Manne gleich Karriere macht und dafür natürlich doppelte Kraft aufbringen oder eben auch jemanden ausnutzen muß: eine andere Frau, eine gute Oma oder eine Hausangestellte? Angleichung der Frau an den Mann und Unterwerfung unter die Prinzipien von Konkurrenz und Profit sind noch keine Emanzipation. Und eine persönliche Entwicklung, die auf der Unterdrückung anderer aufbaut, ist nicht menschenwürdig.

Es liegt zunächst an den Frauen selbst, wenn die Unterdrückung bestehen bleibt. Und mit an den Frauen liegt es, wenn sie endlich zerbrochen wird. Die Frau muß sich über ihre Rolle in der Gesellschaft und gegenüber dem Mann klarwerden und zu neuem Selbstbewußtsein finden. Sie muß sich behaupten, sich organisieren und durchsetzen lernen. Nur so wird ein neues Verhältnis zwischen Mann und Frau möglich: eine Beziehung, die berücksichtigt, daß auch der Mann in dieser Gesellschaft noch nicht frei, sondern ein Abhängiger und Ausgebeuteter ist. Gemeinsam mit ihm kann sie dann neue Bedingungen schaffen, unter denen sich die Menschen zu beruflicher, ökonomischer, psychischer und sexueller Selbstbestimmung entwickeln – Männer *und* Frauen.

Frauenforschung und Feminismus
im Suhrkamp Taschenbuch Verlag

Aus der Zeit der Verzweiflung. Zur Genese und Aktualität des Hexen-
  bildes. Beiträge von Gabriele Becker, Silvia Bovenschen, Helmut
  Brackert, Sigrid Brauner, Ines Brenner, Gisela Morgenthal, Klaus
  Schneller, Angelika Tümmler. es 840

Johann Jakob Bachofen: Das Mutterrecht. Eine Untersuchung über die
  Gynaikokratie der alten Welt nach ihrer religiösen und rechtlichen
  Natur. Eine Auswahl, herausgegeben von Hans-Jürgen Heinrichs.
  stw 135

Seyla Benhabib: Selbst und Kontext. Kommunikative Ethik im Span-
  nungsfeld von Feminismus, Kommunitarismus und Postmoderne.
  Aus dem Amerikanischen von Isabella König. es 1725

Berühmte Frauen. Kalender 1996. Von Luise F. Pusch. st 1996

Silvia Bovenschen: Die imaginierte Weiblichkeit. Exemplarische Untersuchungen zu kulturgeschichtlichen und literarischen Präsentations-
  formen des Weiblichen. es 921

Briefe berühmter Frauen. Von Liselotte von der Pfalz bis Rosa Luxemburg. Herausgegeben von Claudia Schmölders. it 1505

Judith Butler: Das Unbehagen der Geschlechter. Aus dem Amerikanischen von Kathrina Menke. es 1722

Caroline Walker Bynum: Fragmentierung und Erlösung. Aus dem
  Amerikanischen von Brigitte Große. es 1731

Dekonstruktiver Feminismus. Literaturwissenschaft in Amerika. Herausgegeben von Barbara Vinken. es 1678

Denksachen. Zur theoretischen und institutionellen Rede vom Geschlecht. Herausgegeben von Gesa Lindemann und Theresa Wobbe.
  es 1729

Denkverhältnisse. Feminismus und Kritik. Herausgegeben von Eli-
  sabeth List und Herlinde Studer. es 1407

Feminismus. Inspektion der Herrenkultur. Ein Handbuch. Herausgegeben von Luise F. Pusch. es 1192

Nancy Fraser: Widerspenstige Praktiken. Macht, Diskurs, Geschlecht.
  es 1726

Das Geschlecht der Natur. Feministische Beiträge zur Geschichte und
  Theorie der Naturwissenschaften. Herausgegeben von Barbara
  Orland und Elvira Scheich. es 1727

Geschlechtsverhältnisse und Politik. Herausgegeben vom Institut für
  Sozialforschung Frankfurt. Redaktion: Katharina Pühl. es 1730

Susan Griffin: Frau und Natur. Das Brüllen in ihr. Aus dem Amerikanischen von Renate Stendhal. es 1405

Barbara Hahn: Unter falschem Namen. Von der schwierigen Autor-
  schaft der Frauen. es 1723

Frauenforschung und Feminismus
im Suhrkamp Taschenbuch Verlag

Die Hexen der Neuzeit. Studien zur Sozialgeschichte eines kulturellen Deutungsmusters. Herausgegeben von Claudia Honegger. es 743

Luce Irigaray: Ethik der sexuellen Differenz. es 1362

– Speculum. Spiegel des anderen Geschlechts. Aus dem Französischen übersetzt von Xenia Rajewsky, Gabriele Ricke, Gerburg Treusch-Dieter und Regine Othmer. es 946

Ann Jones: Frauen, die töten. Aus dem Amerikanischen von Ebba D. Drolshagen. es 1350

Die Listen der Mode. Herausgegeben von Silvia Bovenschen. es 1338

Mütter berühmter Männer. Zwölf biographische Portraits. Herausgegeben von Luise F. Pusch. it 1356

Psychoanalyse der weiblichen Sexualität. Herausgegeben von Janine Chasseguet-Smirgel. Aus dem Französischen übersetzt von Grete Osterwald. es 697

Luise F. Pusch: Alle Menschen werden Schwestern. Feministische Sprachkritik. es 1565

– Das Deutsche als Männersprache. Aufsätze und Glossen zur feministischen Linguistik. es 1217

Rechtsalltag von Frauen. Herausgegeben von Ute Gerhard und Jutta Limbach. es 1423

Reflexionen vor dem Spiegel. Herausgegeben von Farideh Akashe-Böhme. Mit zahlreichen Abbildungen. es 1724

Adrienne Rich: Um die Freiheit schreiben. Beiträge zur Frauenbewegung. Aus dem Amerikanischen von Barbara von Bechtolsheim. es 1583

Heidi Rosenbaum: Formen der Familie. Untersuchung zum Zusammenhang von Familienverhältnissen, Sozialstruktur und sozialem Wandel in der deutschen Gesellschaft des 19. Jahrhunderts. stw 374

Giselher Rüpke: Schwangerschaftsabbruch und Grundgesetz. Eine Antwort auf das in der Entscheidung des Bundesverfassungsgerichts vom 25. 2. 1975 ungelöste Verfassungsproblem. Nachwort von Peter Schneider. es 815

Werner Schiffauer: Die Gewalt der Ehre. Erklärungen zu einem deutsch-türkischen Sexualkonflikt. st 894

Schreibende Frauen. Frauen – Literatur – Geschichte. Vom Mittelalter bis zur Gegenwart. Herausgegeben von Hiltrud Gnüg und Renate Möhrmann. st 1603

Schwestern berühmter Männer. Zwölf biographische Porträts. Herausgegeben von Luise F. Pusch. Redaktionelle Mitarbeit: Jutta Wasels. st 2348

Frauenforschung und Feminismus
im Suhrkamp Taschenbuch Verlag

Bram van Stolk / Cas Wouters: Frauen im Zwiespalt. Zwischen Frauenhaus und Zuhause: Beziehungsprobleme im Wohlfahrtsstaat. Übersetzt von Michael Schröter. Mit einem Vorwort von Norbert Elias. stw 685

Töchter berühmter Männer. Neun biographische Portraits. Herausgegeben von Luise F. Pusch. st 2349

Von fremden Stimmen. Weibliches und männliches Sprechen im Kulturvergleich. Herausgegeben von Susanne Günthner und Helga Kotthoff. es 1721

Wahnsinnsfrauen. Herausgegeben von Sibylle Duda und Luise F. Pusch. Erstausgabe. st 1876

Wahnsinnsfrauen II. Neue Portraits. Herausgegeben von Sibylle Duda und Luise F. Pusch. st 2493

Ingeborg Weber-Kellermann: Die deutsche Familie. Versuch einer Sozialgeschichte. st 185

Uwe Wesel: Der Mythos vom Matriarchat. Über Bachofens Mutterrecht und die Stellung von Frauen in frühen Gesellschaften vor der Entstehung staatlicher Herrschaft. stw 333

Wie männlich ist die Wissenschaft? Herausgegeben von Karin Hausen und Helga Nowotny. stw 590

104/3/7.95

edition suhrkamp
Eine Auswahl

Abelshauser: Wirtschaftsge-
schichte der Bundesrepublik
Deutschland 1945-1980. NHB.
es 1241

Achebe: Okonkwo oder Das Alte
stürzt. es 1138

Adorno: Eingriffe. es 10
– Gesellschaftstheorie und Kul-
turkritik. es 772
– Kritik. es 469
– Ohne Leitbild. es 201
– Stichworte. es 347

Bachtin: Die Ästhetik des Wortes. es 967

Barthes: Kritik und Wahrheit.
es 218
– Leçon/Lektion. es 1030
– Mythen des Alltags. es 92
– Semiologisches Abenteuer.
es 1441
– Die Sprache der Mode. es 1318

Beck: Gegengifte. es 1468
– Die Erfindung des Politischen.
es 1780
– Risikogesellschaft. es 1365

Becker: Warnung vor dem
Schriftsteller. es 1601

Beckett: Endspiel. Fin de Partie.
es 96
– Flötentöne. es 1098

Benjamin: Das Kunstwerk im
Zeitalter seiner technischen
Reproduzierbarkeit. es 28
– Moskauer Tagebuch. es 1020
– Das Passagen-Werk. es 1200
– Versuche über Brecht. es 172

Bernecker: Sozialgeschichte Spa-
niens im 19. und 20. Jahrhundert. NHB. es 1540

Bernhard: Der deutsche Mittags-
tisch. es 1480

Biesheuvel: Schrei aus dem
Souterrain. es 1179

Bildlichkeit. Hg. von V. Bohn.
es 1475

Bleisch: Viertes Deutschland.
es 1719

Bloch für Leser der neunziger
Jahre. es 1827

Bloch: Abschied von der Utopie?
es 1046
– Kampf, nicht Krieg. es 1167

Boal: Theater der Unterdrückten.
es 1361

Böhme, G.: Natürliche Natur.
es 1680

Böhme, H.: Prolegomena zu
einer Sozial- und Wirtschafts-
geschichte Deutschlands im
19. und 20. Jahrhundert.
es 253

Bohrer: Die Kritik der Romantik. es 1551
– Der romantische Brief.
es 1582

Bond: Gesammelte Stücke. 2
Bde. es 1340

Botzenhart: Reform, Restaura-
tion, Krise. NHB. es 1252

Boullosa: Sie sind Kühe, wir sind
Schweine. es 1866

Bourdieu: Rede und Antwort.
es 1547
– Soziologische Fragen. es 1872

Bovenschen: Die imaginierte
Weiblichkeit. es 921

Brandão: Kein Land wie dieses.
es 1236

Brasch: Frauen. Krieg. Lustspiel.
es 1469
– Lovely Rita. Rotter. Lieber
Georg. es 1562

edition suhrkamp
Eine Auswahl

Braun: Böhmen am Meer.
es 1784
– Verheerende Folgen mangeln-
den Anscheins innerbetriebli-
cher Demokratie. es 1473
Brecht: Der aufhaltsame Aufstieg
des Arturo Ui. es 144
– Aufstieg und Fall der Stadt
Mahagonny. es 21
– Ausgewählte Gedichte. es 86
– Baal. es 170
– Buckower Elegien. es 1397
– Die Dreigroschenoper. es 229
– Furcht und Elend des Dritten
Reiches. es 392
– Die Geschäfte des Herrn Julius
Caesar. es 332
– Die Gesichte der Simone Ma-
chard. es 369
– Die Gewehre der Frau Carrar.
es 219
– Der gute Mensch von Sezuan.
es 73
– Die heilige Johanna der
Schlachthöfe. es 113
– Herr Puntila und sein Knecht
Matti. es 105
– Der kaukasische Kreidekreis.
es 31
– Leben des Galilei. es 1
– Leben Eduards des Zweiten
von England. es 245
– Mann ist Mann. es 259
– Die Mutter. es 200
– Mutter Courage und ihre Kin-
der. es 49
– Der Ozeanflug. Die Horatier
und die Kuratier. Die Maß-
nahme. es 222
– Schweyk im zweiten Welt-
krieg. es 132

– Die Tage der Commune. es 169
– Trommeln in der Nacht. es 490
– Über Politik auf dem Theater.
es 465
– Das Verhör des Lukullus.
es 740
Brecht für Leser der neunziger
Jahre. Hg. von S. Unseld.
es 1826
Brunkhorst: Der Intellektuelle
im Land der Mandarine.
es 1403
Bubner: Ästhetische Erfahrung.
es 1564
– Zwischenrufe. Aus den beweg-
ten Jahren. es 1814
Buch: Der Herbst des großen
Kommunikators. es 1344
– Die Nähe und die Ferne.
es 1663
– Waldspaziergang. es 1412
Bürger: Theorie der Avantgarde.
es 727
Burkhardt: Der Dreißigjährige
Krieg 1618–1648. NHB.
es 1542
Butler: Das Unbehagen der Ge-
schlechter. es 1722
Celan: Ausgewählte Gedichte.
Zwei Reden. es 262
Cortázar: Letzte Runde. es 1140
– Das Observatorium. es 1527
– Reise um den Tag in 80 Wel-
ten. es 1045
Dedecius: Poetik der Polen.
es 1690
Dekonstruktiver Feminismus.
Hg. von B. Vinken. es 1678
Deleuze: Logik des Sinns.
es 1707
– Verhandlungen. es 1778

edition suhrkamp
Eine Auswahl

Denken, das an der Zeit ist. Hg. von F. Rötzer. es 1406

Derrida: Das andere Kap. Die aufgeschobene Demokratie. es 1769

– Gesetzeskraft. es 1645

Dieckmann: Glockenläuten und offene Fragen. es 1644

– Vom Einbringen. es 1713

Digitaler Schein. Hg. von F. Rötzer. es 1599

Dinescu: Exil im Pfefferkorn. es 1589

Ditlevsen: Sucht. es 1009

– Wilhelms Zimmer. es 1076

Dorst: Toller. es 294

Drawert: Spiegelland. es 1715

Dröge / Krämer-Badoni: Die Kneipe. es 1380

Duerr: Traumzeit. es 1345

Duras: Eden Cinéma. es 1443

– La Musica Zwei. es 1408

– Sommer 1980. es 1205

– Vera Baxter oder Die Atlantik- stiände. es 1389

Eco: Zeichen. es 895

Ehmer: Sozialgeschichte des Al- ters. NHB. es 1541

Eich: Botschaften des Regens. es 48

Elias: Humana conditio. es 1384

Norbert Elias über sich selbst. es 1590

Engler: Die zivilisatorische Lük- ke. es 1772

Enzensberger: Blindenschrift. es 217

– Einzelheiten I. es 63

– Einzelheiten II. es 87

– Die Furie des Verschwindens. es 1066

– Landessprache. es 304

– Palaver. es 696

– Das Verhör von Habana. es 553

Eppler: Kavalleriepferde beim Hornsignal. es 1788

Erste Einsichten. Hg. von Ch. Döring und H. Steinert. es 1592

Esser: Gewerkschaften in der Krise. es 1131

Evans: Im Schatten Hitlers? es 1637

Ewald: Der Vorsorgestaat. es 1676

Federman: Surfiction: Der Weg der Literatur. es 1667

Feminismus. Inspektion der Her- renkultur. Hg. von L. F. Pusch. es 1192

Fernández Cubas: Das geschenk- te Jahr. es 1549

Feyerabend: Erkenntnis für freie Menschen. es 1011

– Wissenschaft als Kunst. es 1231

Fortschritte der Naturzerstö- rung. Hg. von R. P. Sieferle. es 1489

Foucault: Psychologie und Gei- steskrankheit. es 272

– Raymond Roussel. es 1559

Denken und Existenz bei Michel Foucault. Hg. von W. Schmid. es 1657

Spiele der Wahrheit. Hg. von F. Ewald und B. Waldenfels. es 1640

Frank: Einführung in die früh- romantische Ästhetik. es 1536

– Gott im Exil. es 1506

– Der kommende Gott. es 1142

edition suhrkamp
Eine Auswahl

Frank: Motive der Moderne.
es 1456
– Die Unhintergehbarkeit von
Individualität. es 1377
– Was ist Neostrukturalismus?
es 1203
Frevert: Frauen-Geschichte.
NHB. es 1284
Frisch: Biedermann und die
Brandstifter. es 41
– Die Chinesische Mauer. es 65
– Don Juan oder Die Liebe zur
Geometrie. es 4
– Frühe Stücke. es 154
– Graf Öderland. es 32
García Morales: Die Logik des
Vampirs. es 1871
– Das Schweigen der Sirenen.
es 1647
Gedächtniskunst. Hg. von A.
Haverkamp und R. Lachmann.
es 1653
Geist gegen den Zeitgeist. Hg.
von J. Früchtl und M. Calloni.
es 1630
Geyer: Deutsche Rüstungspolitik
1860-1980. NHB. es 1246
Goetz: Festung. 5 Bde. es 1793-
1795
– Festung. es 1793
– Krieg. 2 Bde. es 1320
– Kronos. es 1795
– 1989. 3 Bde. es 1794
Goffman: Asyle. es 678
Gorz: Der Verräter. es 988
Goytisolo: Die Quarantäne.
es 1874
Grassmuck / Unverzagt: Das
Müll-System. es 1652
Gstrein: Anderntags. es 1625
– Einer. es 1483

Habermas: Eine Art Schadens-
abwicklung. es 1453
– Legitimationsprobleme im
Spätkapitalismus. es 623
– Die nachholende Revolution.
es 1633
– Die Neue Unübersichtlichkeit.
es 1321
– Technik und Wissenschaft als
Ideologie. es 287
– Theorie des kommunikativen
Handelns. es 1502
Hänny: Zürich, Anfang Septem-
ber. es 1079
Hahn: Unter falschem Namen.
es 1723
Handke: Die Innenwelt der Au-
ßenwelt der Innenwelt. es 307
– Kaspar. es 322
– Phantasien der Wiederholung.
es 1168
– Publikumsbeschimpfung und
andere Sprechstücke. es 177
Happel: Grüne Nachmittage.
es 1570
Henrich: Konzepte. es 1400
– Nach dem Ende der Teilung.
es 1813
– Eine Republik Deutschland.
es 1658
Hensel: Im Schlauch. es 1815
Hentschel: Geschichte der deut-
schen Sozialpolitik 1880-1980.
NHB.
es 1247
Hettche: Inkubation. es 1787
Die Hexen der Neuzeit. Hg. von
C. Honegger. es 743
Hijiya-Kirschnereit: Was heißt:
Japanische Literatur verstehen?
es 1608

edition suhrkamp
Eine Auswahl

Hodjak: Franz, Geschichten-
  sammler. es 1698
– Siebenbürgische Sprechübung.
  es 1622
Holbein: Der belauschte Lärm.
  es 1643
– Ozeanische Sekunde. es 1771
– Samthase und Odradek.
  es 1575
Huchel: Gedichte. es 1828
Irigaray: Speculum. es 946
Jahoda / Lazarsfeld / Zeisel: Die
  Arbeitslosen von Marienthal.
  es 769
Jansen: Reisswolf. es 1693
Jasper: Die gescheiterte Zäh-
  mung. NHB. es 1270
Jauß: Literaturgeschichte als Pro-
  vokation. es 418
Johnson: Begleitumstände.
  es 1820
– Das dritte Buch über Achim.
  es 1819
– Der 5. Kanal. es 1336
– Ingrid Babendererde. es 1817
– Jahrestage 1. es 1822
– Jahrestage 2. es 1823
– Jahrestage 3. es 1824
– Jahrestage 4. es 1825
– Mutmassungen über Jakob.
  es 1818
– Porträts und Erinnerungen.
  es 1499
– Versuch, einen Vater zu finden.
  Marthas Ferien. es 1416
Über Uwe Johnson. es 1821
Jones: Frauen, die töten. es 1350
Joyce: Finnegans Wake. es 1524
– Penelope. es 1106

Judentum im deutschen Sprach-
  raum. Hg. von K. E. Grözin-
  ger. es 1613
Junior: Jorge, der Brasilianer.
  es 1571
Kenner: Ulysses. es 1104
Kiesewetter: Industrielle Revolu-
  tion in Deutschland 1815-1914.
  NHB.
  es 1539
Kipphardt: In der Sache J. Ro-
  bert Oppenheimer. es 64
Kirchhoff: Body-Building.
  es 1005
Kluge, A.: Gelegenheitsarbeit
  einer Sklavin. es 733
– Lernprozesse mit tödlichem
  Ausgang. es 665
– Schlachtbeschreibung. es 1193
Kluge, U.: Die deutsche Revolu-
  tion 1918/1919. NHB. es 1262
Köhler: Deutsches Roulette.
  es 1642
Koeppen: Morgenrot. es 1454
Kolbe: Bornholm II. es 1402
– Hineingeboren. es 1110
Konrád: Antipolitik. es 1293
– Die Melancholie der Wiederge-
  burt. es 1720
– Stimmungsbericht. es 1394
Krechel: Mit dem Körper des
  Vaters spielen. es 1716
Krippendorff: Politische Inter-
  pretationen. es 1576
– Staat und Krieg. es 1305
– »Wie die Großen mit den Men-
  schen spielen.« es 1486
Kristeva: Fremde sind wir uns
  selbst. es 1604

Kristeva: Geschichten von der Liebe. es 1482
– Die Revolution der poetischen Sprache. es 949
Kritische Theorie und Studentenbewegung. es 1517
Kroetz: Bauern sterben. es 1388
– Bauerntheater. es 1659
– Furcht und Hoffnung der BRD. es 1291
– Mensch Meier. Der stramme Max. Wer durchs Laub geht … es 753
– Nicht Fisch nicht Fleisch. Verfassungsfeinde. Jumbo-Track. es 1094
– Oberösterreich. Dolomitenstadt Lienz. Maria Magdalena. Münchner Kindl. es 707
– Stallerhof. Geisterbahn. Lieber Fritz. Wunschkonzert. es 586
Krynicki: Wunde der Wahrheit. es 1664
Laederach: Fahles Ende kleiner Begierden. es 1075
– Der zweite Sinn. es 1455
Lang / McDannell: Der Himmel. es 1586
Lehnert: Sozialdemokratie zwischen Protestbewegung und Regierungspartei 1848-1983. NHB. es 1248
Lem: Dialoge. es 1013
Lenz, H.: Leben und Schreiben. es 1425
Leroi-Gourhan: Die Religionen der Vorgeschichte. es 1073
Leutenegger: Lebewohl, Gute Reise. es 1001
– Das verlorene Monument. es 1315

Lévi-Strauss: Das Ende des Totemismus. es 128
– Mythos und Bedeutung. es 1027
Die Listen der Mode. Hg. von S. Bovenschen. es 1338
»Literaturentwicklungsprozesse«. Die Zensur der Literatur in der DDR. Hg. von E. Wichner und H. Wiesner. es 1782
Llamazares: Der gelbe Regen. es 1660
Löwenthal: Mitmachen wollte ich nie. es 1014
Lüderssen: Der Staat geht unter – das Unrecht bleibt? es 1810
Lukács: Gelebtes Denken. es 1088
Maeffert: Bruchstellen. es 1387
de Man: Die Ideologie des Ästhetischen. es 1682
Marcus: Umkehrung der Moral. es 903
Marcuse: Ideen zu einer kritischen Theorie der Gesellschaft. es 300
Maruyama: Denken in Japan. es 1398
Mattenklott: Blindgänger. es 1343
Mayer: Gelebte Literatur. es 1427
– Versuche über die Oper. es 1050
Mayröcker: Magische Blätter. es 1202
– Magische Blätter II. es 1421
– Magische Blätter III. es 1646
Meckel: Von den Luftgeschäften der Poesie. es 1578

edition suhrkamp
Eine Auswahl

Medienmacht im Nord-Süd-Konflikt. Friedensanalysen Bd. 18. es 1166

Menninghaus: Paul Celan. es 1026

Menzel / Senghaas: Europas Entwicklung und die Dritte Welt. es 1393

Millás: Dein verwirrender Name. es 1623

Miłosz: Zeichen im Dunkel. es 995

Mitscherlich: Krankheit als Konflikt. es 164

– Die Unwirtlichkeit unserer Städte. es 123

Mitterauer: Sozialgeschichte der Jugend. NHB. es 1278

Möller: Vernunft und Kritik. NHB. es 1269

Morshäuser: Hauptsache Deutsch. es 1626

Moser: Besuche bei den Brüdern und Schwestern. es 1686

– Eine fast normale Familie. es 1223

– Der Psychoanalytiker als sprechende Attrappe. es 1404

– Romane als Krankengeschichten. es 1304

Muschg: Literatur als Therapie? es 1065

Mythos ohne Illusion. es 1220

Mythos und Moderne. es 1144

Nakane: Die Struktur der japanischen Gesellschaft. es 1204

Negt / Kluge: Geschichte und Eigensinn. es 1700

Ngũgĩ wa Thiong'o: Der gekreuzigte Teufel. es 1199

Nizon: Am Schreiben gehen. es 1328

Nooteboom: Berliner Notizen. es 1639

– Wie wird man Europäer? es 1869

Oehler: Pariser Bilder I (1830–1848). es 725

– Ein Höllensturz der Alten Welt. es 1422

Oppenheim: Husch, husch, der schönste Vokal entleert sich. es 1232

Oz: Politische Essays. es 1876

Paetzke: Andersdenkende in Ungarn. es 1379

Paz: Der menschenfreundliche Menschenfresser. es 1064

– Suche nach einer Mitte. es 1008

– Zwiesprache. es 1290

Petri: Schöner und unerbittlicher Mummenschanz. es 1528

Plenzdorf: Zeit der Wölfe. Ein Tag, länger als das Leben. es 1638

Politik der Armut und die Spaltung des Sozialstaats. Hg. von S. Leibfried und F. Tennstedt. es 1233

Politik ohne Projekt? Hg. von S. Unseld. es 1812

Powell: Edisto. es 1332

– Eine Frau mit Namen Drown. es 1516

Ein Pronomen ist verhaftet verhaftet worden. Hg. von E. Wichner. es 1671

Pusch: Alle Menschen werden Schwestern. es 1565

– Das Deutsche als Männersprache. es 1217

edition suhrkamp
Eine Auswahl

Raimbault: Kinder sprechen vom Tod. es 993

Rakusa: Steppe. es 1634

Reichert: Vielfacher Schriftsinn. es 1525

Ribeiro, D.: Unterentwicklung, Kultur und Zivilisation. es 1018

Ribeiro, J. U.: Sargento Getúlio. es 1183

Rodinson: Die Araber. es 1051

Rohe: Wahlen und Wählertraditionen in Deutschland. es 1544

Rosenboom: Eine teure Freundschaft. es 1607

Rosenlöcher: Die verkauften Pflastersteine. es 1635

– Die Wiederentdeckung des Gehens beim Wandern. es 1685

Roth: Die einzige Geschichte. es 1368

– Das Ganze ein Stück. es 1399

– Krötenbrunnen. es 1319

– Die Wachsamen. es 1614

Rubinstein: Sterben kann man immer noch. es 1433

Rühmkorf: agar agar – zaurzaurim. es 1307

Russell: Probleme der Philosophie. es 207

Schedlinski: die rationen des ja und des nein. es 1606

Schindel: Ein Feuerchen im Hintennach. es 1775

– Geier sind pünktliche Tiere. es 1429

– Im Herzen die Krätze. es 1511

Schleef: Die Bande. es 1127

Schöne Aussichten. Hg. v. Ch. Döring und H. Steinert. es 1593

Schönhoven: Die deutschen Gewerkschaften. NHB. es 1287

Schröder: Die Revolutionen Englands im 17. Jahrhundert. NHB. es 1279

Das Schwinden der Sinne. Hg. von D. Kamper und Ch. Wulf. es 1188

Segbers: Der sowjetische Systemwandel. es 1561

Senghaas: Europa 2000. es 1632

– Friedensprojekt: Europa. es 1717

– Konfliktformationen im internationalen System. es 1509

– Die Zukunft Europas. es 1339

Sieferle: Die Krise der menschlichen Natur. es 1567

Simmel: Schriften zur Philosophie und Soziologie der Geschlechter. es 1333

Sloterdijk: Der Denker auf der Bühne. es 1353

Sloterdijk: Eurotaoismus. es 1450

– Kopernikanische Mobilmachung und ptolemäische Abrüstung. es 1375

– Kritik der zynischen Vernunft. es 1099

– Versprechen auf Deutsch. es 1631

– Weltfremdheit. es 1781

Söllner: Kopfland. Passagen. es 1504

Staritz: Geschichte der DDR 1949–1985. NHB. es 1260

Steinwachs: G-L-Ü-C-K. es 1711

Stichworte zur ›Geistigen Situation der Zeit‹. 2 Bde. Hg. von J. Habermas. es 1000

edition suhrkamp
Eine Auswahl

Streeruwitz: New York. New York. Elysian Park. es 1800
– Waikiki-Beach. Sloane Square. es 1786
Struck: Kindheits Ende. es 1123
– Klassenliebe. es 629
Szondi: Theorie des modernen Dramas. es 27
Techel: Es kündigt sich an. es 1370
Thiemann: Schulszenen. es 1331
Thompson: Die Entstehung der englischen Arbeiterklasse. es 1170
Thränhardt: Geschichte der Bundesrepublik Deutschland. NHB. es 1267
Todorov: Die Eroberung Amerikas. es 1213
Treichel: Liebe Not. es 1373
Tugendhat: Ethik und Politik. es 1714
Vargas Llosa: Gegen Wind und Wetter. es 1513
– La Chunga. es 1555
Vernant: Die Entstehung des griechischen Denkens. es 1150
Veyne: Foucault: Die Revolutionierung der Geschichte. es 1702
Vor der Jahrtausendwende: Berichte zur Lage der Zukunft. Hg. von P. Sloterdijk. es 1550
Walser: Ein fliehendes Pferd. es 1383
– Geständnis auf Raten. es 1374
– Selbstbewußtsein und Ironie. es 1090
– Über Deutschland reden. es 1553

– Wie und wovon handelt Literatur. es 642
Weiss: Abschied von den Eltern. es 85
– Die Ästhetik des Widerstands. es 1501
– Fluchtpunkt. es 125
– Das Gespräch der drei Gehenden. es 7
– Notizbücher 1960-1971. es 1135
– Notizbücher 1971-1980. es 1067
– Rapporte. es 276
– Rapporte 2. es 444
– Rekonvaleszenz. es 1710
– Der Schatten des Körpers des Kutschers. es 53
– Stücke I. es 833
– Stücke II. 2 Bde. es 910
– Verfolgung ... Marat/Sade. es 68
Sinclair (P. Weiss): Der Fremde. es 1007
Die Wiederkehr des Körpers. Hg. von D. Kamper und Ch. Wulf. es 1132
Wippermann: Europäischer Faschismus im Vergleich 1922-1982. NHB. es 1245
Wirz: Sklaverei und kapitalistisches Weltsystem. NHB. es 1256
Wittgenstein: Tractatus logico-philosophicus. es 12
Zoll: Alltagssolidarität und Individualismus. es 1776
Der Zusammenbruch der DDR. Hg. von H. Joas und M. Kohli. es 1777

316/9/6.93